Les plus belles CATHÉDRALES de France

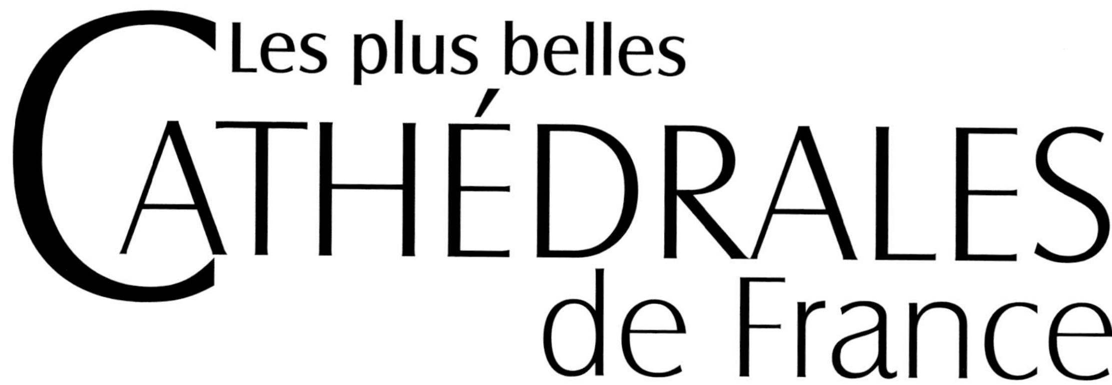

FRANÇOIS COLLOMBET

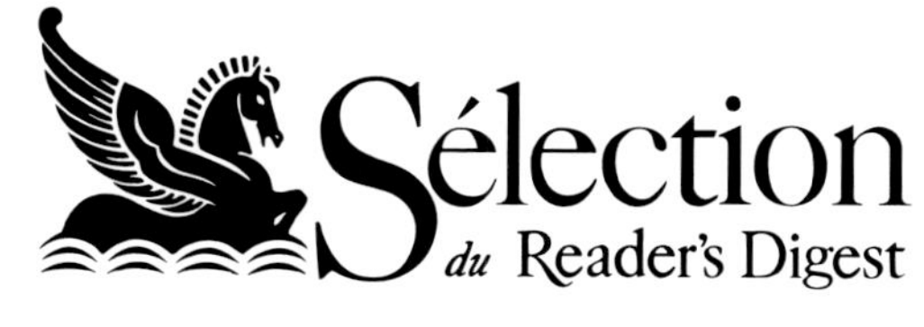

PARIS • BRUXELLES • MONTRÉAL • ZURICH

LES PLUS BELLES CATHÉDRALES DE FRANCE
est une publication de
SÉLECTION DU READER'S DIGEST

Réalisation : Concept-Image Associés
Révision : Nicole Thirion, Denise Péricard-Méa

Sous la direction éditoriale de Sélection du Reader's Digest
Direction éditoriale : Gérard Chenuet
Responsable de l'ouvrage : Christine de Colombel
Suivi éditorial : Bénédicte Robbe
Lecture-correction : Béatrice Argentier
Couverture : Irène de Moucheron
Suivi technique : Olpan

DEUXIÈME ÉDITION
Premier tirage

ISBN : 2-7098-1372-6

(Page de droite : Notre-Dame de Reims, le portail central est consacré à la Vierge, couronnée par son fils au gâble.)

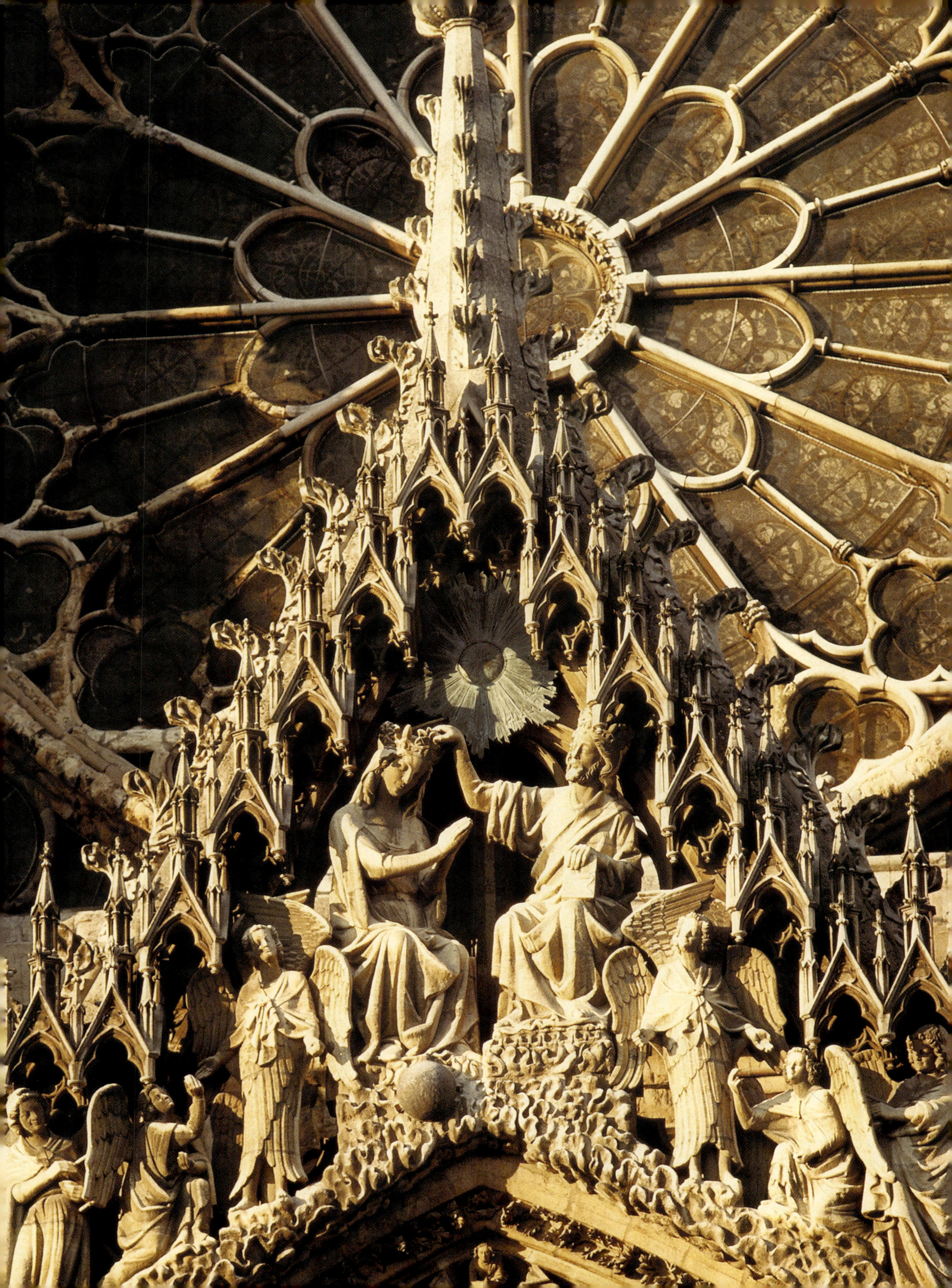

Sommaire

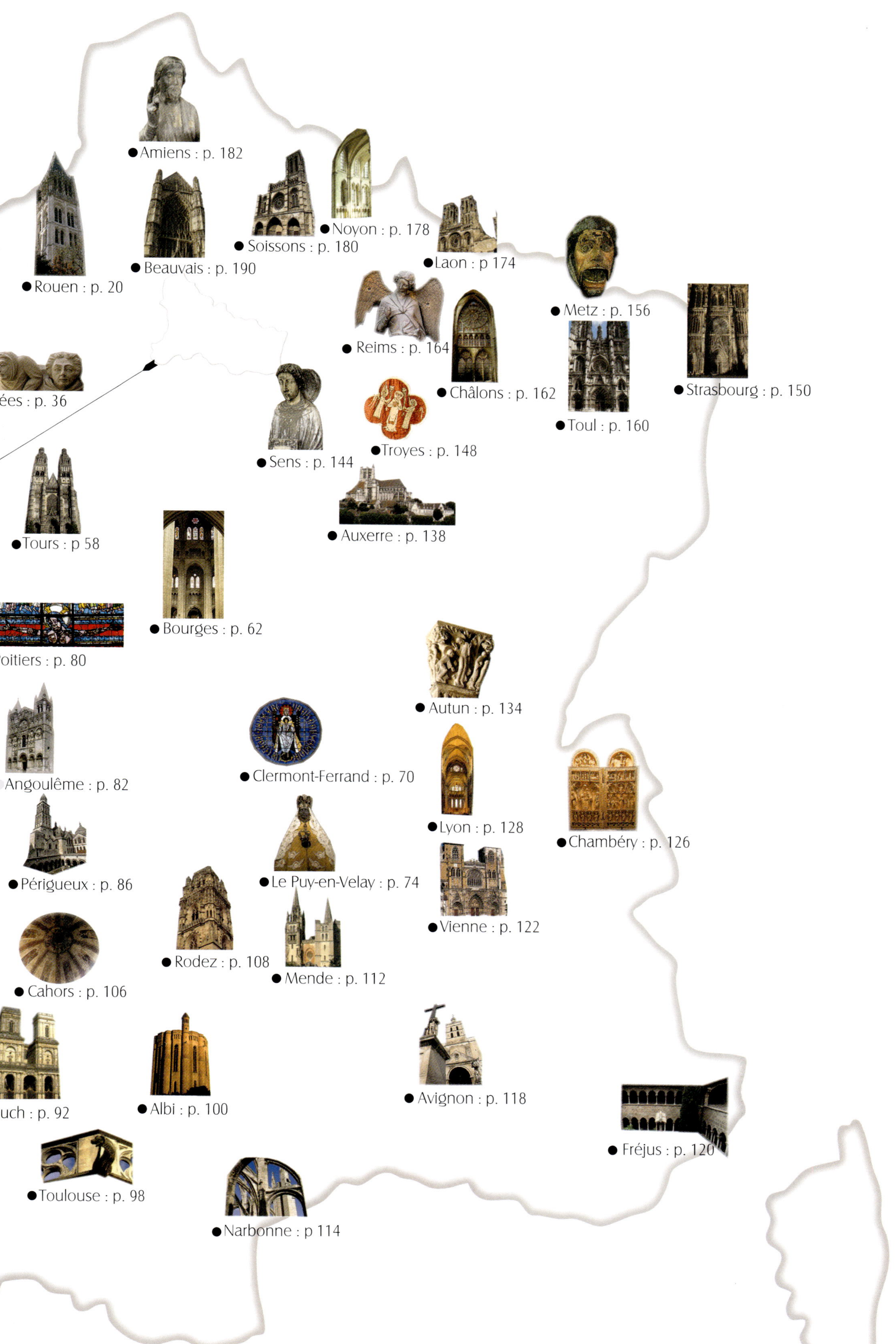

Amiens : p. 182
Noyon : p. 178
Soissons : p. 180
Laon : p 174
Beauvais : p. 190
Rouen : p. 20
Metz : p. 156
Reims : p. 164
Strasbourg : p. 150
Sées : p. 36
Châlons : p. 162
Toul : p. 160
Troyes : p. 148
Sens : p. 144
Auxerre : p. 138
Tours : p 58
Bourges : p. 62
Poitiers : p. 80
Autun : p. 134
Clermont-Ferrand : p. 70
Angoulême : p. 82
Lyon : p. 128
Chambéry : p. 126
Périgueux : p. 86
Le Puy-en-Velay : p. 74
Vienne : p. 122
Rodez : p. 108
Mende : p. 112
Cahors : p. 106
Avignon : p. 118
Auch : p. 92
Albi : p. 100
Fréjus : p. 120
Toulouse : p. 98
Narbonne : p 114

Introduction

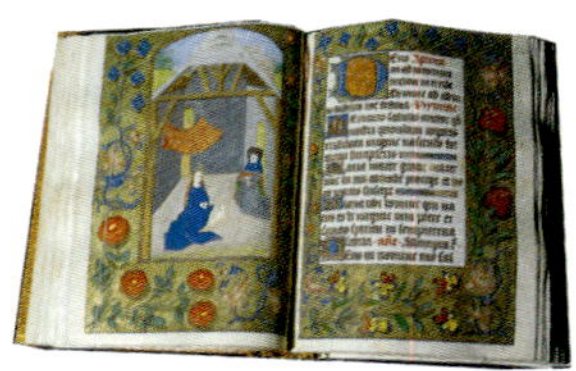

En trois siècles, du XIIe au XVe, la France va élever plus de quatre-vingts cathédrales. Partout, des chantiers s'ouvrent pour supplanter au cœur des villes les anciens édifices romans jugés trop petits, trop sombres, trop démodés. Des chantiers immenses qui nécessitent des fondations de 10 mètres de profondeur. Des nefs gigantesques capables de recevoir des immeubles de dix à douze étages, des millions de mètres cubes de terre et de pierres sont charriés, taillés, façonnés.

La construction de tous ces édifices a demandé les efforts de sept à treize générations. Ainsi, pendant deux à trois siècles, les fils ont relayé les pères dans un effort de perfection pour parachever le rêve fou d'un évêque derrière sa cité. Combien furent-ils à entreprendre, entre 1140 et 1220, ce qui, huit siècles plus tard, domine encore nos villes, ces immenses vaisseaux de 4 000 à 5 000 mètres carrés de surface au sol pouvant recevoir jusqu'à dix mille fidèles ? Elles nous étonnent encore par l'audace de leur élancement, le vertigineux élan de leurs flèches perçant le ciel à plus de 100 mètres de hauteur. À leur pied, la plus haute maison ne comportait pas plus de quatre étages. Alors, à quoi attribuer cette vague de constructions qui bouleversa l'Europe et qui voulait qu'on construisît toujours plus haut, plus beau, plus grand que son voisin ? D'abord, à l'expansion démographique, l'irrésistible montée de la population des villes qu'entraîne la prospérité retrouvée ; ensuite, aux progrès économiques ; enfin, à l'affirmation d'indépendance des communes. Mais c'est surtout une immense confiance dans l'avenir, dans les techniques nouvelles.

L'apport de la science arabe

Pour l'homme du Moyen Âge, rien ne semble impossible. Il quitte sans regret l'étroitesse et l'ombre du roman pour la lumière rayonnante du gothique. Mais, avant d'assister à la naissance du style gothique qui révolutionna l'art de construire, faut-il rappeler que ses fondements théoriques furent tirés de la science arabe ? Aux IXe et Xe siècles, en effet, les savants musulmans avaient traduit les œuvres d'Aristote, de Platon, d'Euclide et de Ptolémée. Remarquables arithméticiens, ils développèrent la chimie et l'algèbre, tout en établissant les règles de la trigonométrie. Cette vaste science fut enseignée aux XIe et XIIe siècles dans leurs universités d'Espagne, fréquentées indistinctement par les étudiants musulmans, juifs ou chrétiens. Le relais fut vite établi. Au milieu du XIIe siècle, à l'école de Chartres, l'enseignement de deux grands professeurs, Thierry de Chartres et Guillaume de Conches, expliquait déjà les théories physiques d'Aristote, formant aux mathématiques les futurs bâtisseurs de cathédrales.

L'acte de naissance du gothique

L'acte de naissance de la cathédrale gothique s'inscrit curieusement, non dans les pierres d'une cathédrale mais dans celles d'une église abbatiale, la prestigieuse abbaye de Saint-Denis, à quelques pas de Paris. On dit que son abbé, Suger, en prit l'idée en voyant se construire à Paris l'église Saint-Martin-des-Champs. Lorsque, le 11 janvier 1144, il procède à la consécration du nouveau chœur, l'élite du royaume est présente. Et c'est l'éblouissement ! Tant de lumière et de légèreté ! Piliers, arcs brisés, voûtes sur croisée d'ogives, une technique étonnante, expérimentée par quelques architectes des vallées de l'Oise et de l'Aisne. Les évêques, les abbés présents ce jour-là n'ont d'yeux que pour les larges et hautes fenêtres dotées, chose inimaginable, de verrières colorées. De retour chez eux, ils n'ont plus qu'une idée en tête, reconstruire pour faire pénétrer la lumière comme Suger l'a fait à Saint-Denis.

Drames dans la cathédrale

Prestigieuses et grandioses, les cathédrales étaient intimement liées à l'homme du Moyen Âge. Foin de ces vastes parvis créés au XIXe siècle, isolant la cathédrale dans un *no man's land* pour mieux en apprécier la hauteur et les proportions ! Lui avait le nez collé dessus. Elle était pour lui

Ci-dessus : Auxerre, livre d'heures (XVe s.).
Ci-contre : Autun, chapiteau représentant la pendaison de Judas (début XIIe s.).

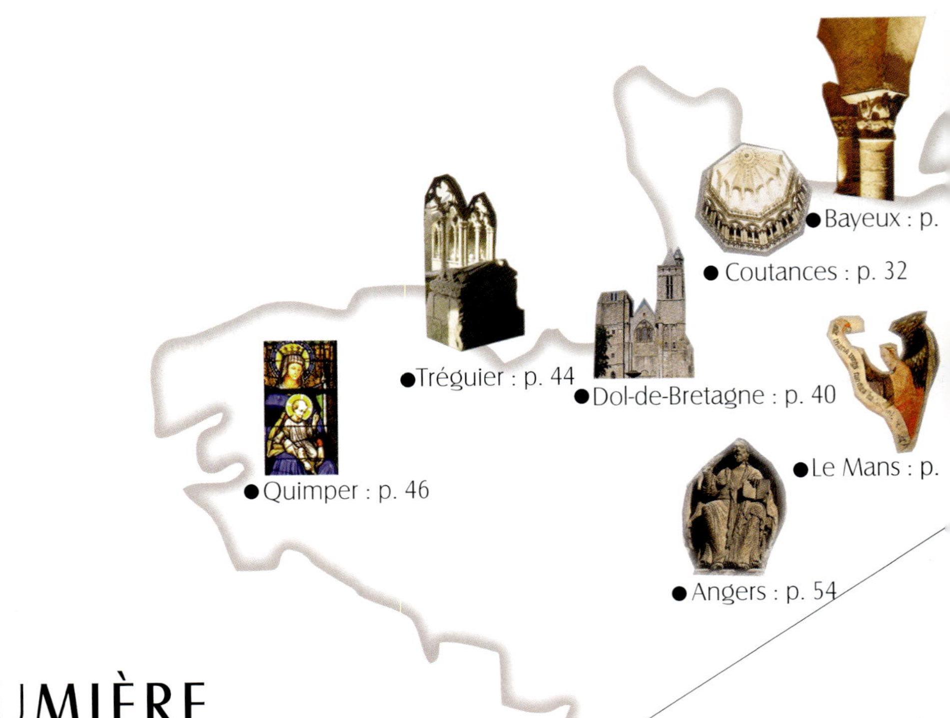

PIERRE ET LUMIÈRE

« Le noble ouvrage brille, mais s'il brille avec noblesse
Qu'il éclaire les esprits et les guide, par de vraies lumières
À la vraie lumière dont le Christ est la vraie porte. »

(Vers de Suger gravés sur les grands portails de Saint-Denis)

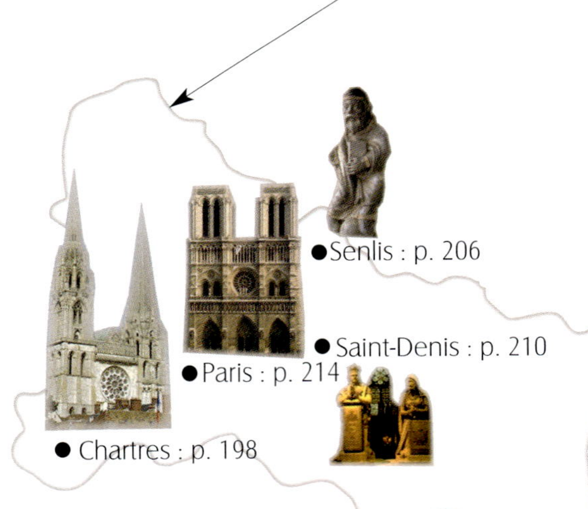

Bordeaux : p.

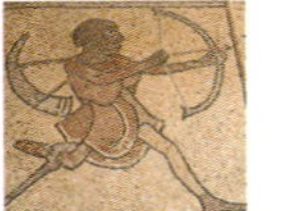

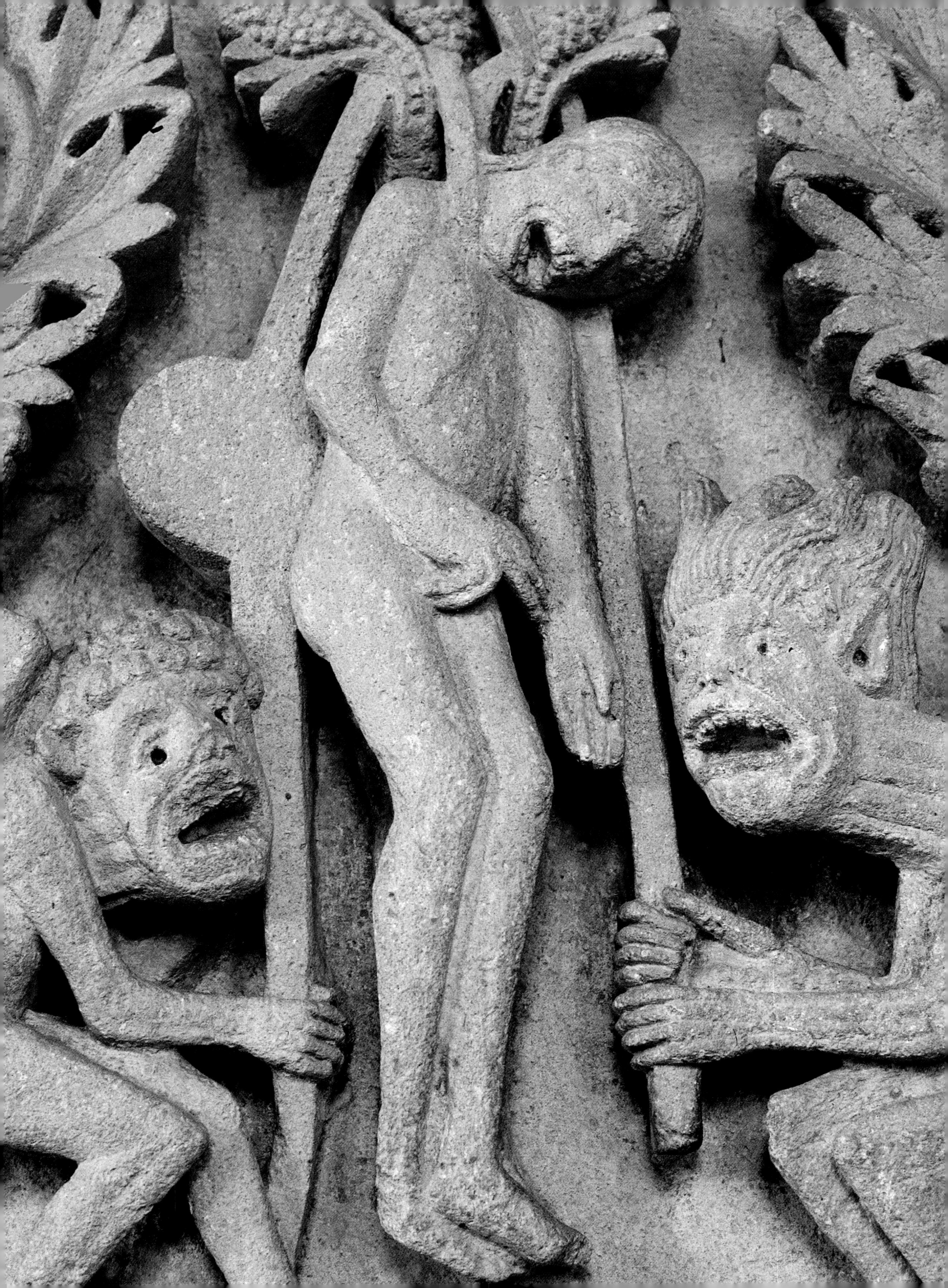

tout à la fois sa fierté, son refuge et sa consolation. Il vivait dans son ombre ; son échoppe, sa maison s'agglutinaient à ses murs. Sa vie y était intimement mêlée. Il fallait qu'elle puisse les accueillir, lui et la totalité des habitants de sa ville, lorsque la cité entière s'entassait sous sa vaste nef pour entendre les offices et baiser les reliques les jours de fêtes, mais aussi tout simplement pour y traiter des affaires de la cité ou accueillir les provisions de foin.

On y jouait également des drames liturgiques, les plus importants ayant lieu au moment de Pâques. Le dimanche des Rameaux, les chœurs se perchaient dans les tours, dans les galeries ou sur le porche. Le jeudi saint, toutes les croix étaient détachées et emmenées avec l'hostie au sépulcre pascal, gardé par des soldats figurant ceux de Pilate. Le jour de Pâques était salué par moult fumée et coups de tonnerre. On jouait alors le mystère de l'ange et des trois Marie, accompagné de chants, de musique et de danses. Mais rien ne valait la veillée pascale de Sens, où l'archevêque se lançait dans une danse effrénée, entraînant derrière lui à travers sa cathédrale clercs et laïques. La foule n'avait d'yeux que pour la mitre dansant sur la tête du prélat.

Une nouvelle image de l'homme...

Lors des grandes cérémonies, lorsqu'on ne pouvait entrer, il restait alors à s'instruire dehors en déchiffrant la sculpture des façades : une véritable bible illustrée à l'usage du peuple, qui détaillait chaque motif avec délectation. Rien de gris, de triste ou d'ennuyeux ; tout était couleur à force d'or, de rouge et de bleu utilisés à profusion. Il en reste quelques traces, visibles encore à Amiens, Angers ou Saint-Jacques-de-Compostelle. Ce sont eux, ces sculpteurs de génie, ces artistes regroupés en ateliers, qui offrent pour la première fois une nouvelle image de l'homme : un homme libre sous la protection de Dieu, de la Vierge, des anges, des apôtres et des saints. Libre à lui de les interpeller pour intercéder au ciel en sa faveur.

Le sculpteur gothique, lui, apporte aux visages son humanité, sa souffrance, sa majesté, ses tourments, sa quiétude, ses doutes. Il joue l'humour, la caricature, le trait méchant lorsqu'il s'agit d'injustice et de vices. La pierre est sa vie, qu'il modèle selon ses envies. Et Dieu ! Que le champ d'une cathédrale est immense ! Et tout est source d'inspiration, modèles de l'Antiquité ou modèles romans. Qu'y a-t-il de plus sensuel que cette Ève d'Autun, sculpture romane, œuvre de Gislebert, première œuvre signée ? Et quelle extraordinaire évolution ! Une statue, l'ange de Reims, esquissera le tout premier sourire. Il nous est destiné à nous, hommes de chair, ce sourire qui allait bouleverser la conception même de la sculpture.

... Et un ordre nouveau

Mais, derrière ces choix iconographiques, derrière un si bel ordonnancement des façades, il existe une volonté farouche d'exprimer un ordre nouveau, la croyance en un univers fondé sur le nombre, le poids et la mesure, comme l'enseignaient les anciens. Suger tout d'abord avait été fortement influencé par les écrits de Denys l'Aréopagite, celui qu'on a longtemps confondu avec un autre Denis, saint Denis, victime des persécutions ordonnées par Domitien. L'épisode est célèbre : Denis, un Grec disciple de saint Paul, décapité, prit dans ses mains sa tête qui continuait à chanter et se mit en route jusqu'à ce qu'il tombe, à l'emplacement où fut fondée l'abbaye de Saint-Denis. D'après l'Aéropagite, Dieu est lumière. Incarner cette lumière dans le chœur de Saint-Denis, cette image d'un ordre tout empreint de clarté, ce désir d'espace et de légèreté qui va aboutir à une nouvelle architecture, fut la grande œuvre de Suger.

Une autre pensée nouvelle fut véhiculée ensuite par les universités et diffusa l'idée que les sciences humaines s'affranchissaient désormais de la théologie et qu'il fallait connaître les sept arts libéraux, science des mots (grammaire, dialectique, rhétorique) et science des choses (géométrie, arithmétique, astronomie, musique). La construction des cathédrales passe par cette connaissance. Voyez à Chartres, sur le portail Royal, la représentation des concordances entre l'Ancien et le Nouveau Testament, entre l'enseignement des anciens et l'éducation chrétienne des sept arts libéraux. Si Pythagore et Euclide, son compas en main, apparaissent sur la façade, c'est pour mieux montrer qu'à la fin des temps, au Jugement dernier, toute connaissance se révélera. L'iconographie des vitraux de Laon, représentant sur la rosace les sept arts libéraux, montre clairement cette pensée nouvelle.

La paix du roi

L'essor des grandes cathédrales gothiques, cette « allégresse » architecturale née dans le chœur de l'abbaye de Saint-Denis, nécropole royale, coïncide – est-ce un hasard ? – avec la montée en puissance du royaume de France.

Confiné à l'Île-de-France, en butte permanente aux attaques de ses puissants voisins, le royaume va irrésistiblement s'étendre dès le XIIe siècle. C'est Louis VI le Gros et plus tard Louis VII, tous deux conseillés par Suger, qui répriment des vassaux trop indépendants, n'hésitant pas à démanteler leurs châteaux. C'est sous Louis VI, alors en guerre contre Henri Ier d'Angleterre, à la reconquête de la

Normandie, qu'apparaît pour la première fois la bannière des rois de France aux couleurs de l'abbaye royale de Saint-Denis. Des rois qui favorisent, là où ils en ont besoin, l'institution des « communes » par des chartes émancipant les villes encore dépendantes des grands féodaux rebelles au roi. Des rois qui jouent délibérément la carte des évêques-comtes, en augmentant leurs prérogatives temporelles. Éveil d'un sentiment national après la victoire de Philippe Auguste à Bouvines en 1214, prospérité retrouvée, il n'en fallait pas plus pour susciter cette folie à élever la démesure comme standard de leur indépendance. Partout, des confréries se forment derrière l'évêque : « En ce temps-là, dit la chronique des évêques d'Auxerre, les populations s'enthousiasmaient pour la construction des églises neuves.» Les communes vont alors rivaliser de zèle ; l'orgueil de la cité est en jeu. Qui présentera le projet le plus téméraire ? On cherche le soutien du roi. On fait appel aux meilleurs architectes. On se bat pour un maître d'œuvre réputé. On ne rêve que de reproduire l'incomparable : le chœur de Saint-Denis, modèle des modèles.

Le style français

Des écoles se forment. D'abord l'école de Sens. Son influence s'étend jusqu'à Jérusalem, dont la basilique du Saint-Sépulcre est reconstruite par des maçons venus de Sens. Son architecture gagne la Champagne, en allégeant au maximum ses piles et ses arcs. La Normandie se caractérise par l'extrême élancement de ses sanctuaires, tels Rouen, Bayeux ou Coutances : une élévation sur quatre niveaux, chère aux architectes anglo-normands. La voûte bombée marque le style angevin, appelé Plantagenêt : une voûte en dôme sur huit arcs d'ogives dont le meilleur exemple est sans doute la cathédrale d'Angers. Il existe quelques variantes au Mans, à Angoulême ou à Poitiers. Dans cette dernière, on trouve le type d'église « halle » aux nefs de hauteur égale, répandu dans le Sud-Ouest. Mais, sans conteste, ce fut l'édification de Notre-Dame de Paris, entreprise par Maurice de Sully en 1163, qui « arrêta » le modèle des grandes cathédrales gothiques.

Dès la fin du XIIe siècle, ce style « français », injustement baptisé « gothique » par dérision à la Renaissance, va s'exporter partout en Europe en suivant tout bonnement la route des pèlerinages. En Angleterre, par les architectes maîtres d'œuvre de Sens ; dans les pays rhénans, par Strasbourg et Cologne. Il atteint l'Espagne et le Portugal. Partout, on fait appel aux maîtres français. Ils travaillent en Bohême, en Hongrie, en Pologne, en Suède. Ils suivent les croisés à Chypre et Saint Louis jusqu'en Terre sainte.

Ceux qui décident

Entreprendre l'édification d'une cathédrale n'est pas une décision prise à la légère. Elle est toujours décidée par un évêque énergique soutenu par son chapitre de chanoines et par sa population de bourgeois. Le roi de France intervient peu dans l'ouverture d'un nouveau chantier. Il se contente d'être donateur ou fondateur.

Une fois la décision prise, les chanoines administrent et gèrent. Ils choisissent parmi eux un *operarius*, un chanoine ouvrier, qui a pour tâche de surveiller les travaux.

C'est surtout l'effet du sort – parfois suscité par l'évêque lui-même – qui provoque la volonté de construire : l'un de ces grands incendies très fréquents au Moyen Âge, dus à l'imprudence, la foudre, la guerre ou la fatalité (imaginez que les flèches étaient faites de charpente enrobée de plomb fondu sur place !). Les plus spectaculaires ont frappé les imaginations : Bayeux en 1160, Sens en 1184, Tours en 1188, Chartres en 1194, Rouen en 1200, Amiens en 1218, Beauvais en 1258... Ils ont des allures de catastrophes nationales. La reconstruction est entreprise plutôt que la restauration, sous la férule d'un évêque bâtisseur. Leurs noms ont marqué de leur empreinte l'histoire de toutes les grandes cités du Moyen Âge. Associés aux architectes, ils eurent quelquefois leurs noms gravés sur le labyrinthe de leur cathédrale. Faudrait-il citer quelques-uns d'entre eux ?

Maurice de Sully à Paris, Baudouin de Flandres à Noyon, Nivelon de Chérisy à Soissons, Regnault de Monçon à Chartres, Évrard de Fouilloy à Amiens, Aubri de Humbert à Reims, Simon de Vermandois à Laon.

À Auxerre, l'évêque Seignelay, au début du XIIIe siècle, se décida à la vue des cathédrales qui l'entouraient. Auxerre ne pouvait rester à l'écart. Il y allait du prestige et de l'autorité de la cité. Geoffroy de Montbray, à Coutances, y consacra sa vie et sa fortune. Au tout début des travaux, pour récolter des fonds, il fit lui-même la quête auprès de ses amis normands jusqu'en Apulie (les Pouilles, en Italie). Mais sa cathédrale est mise à mal par un tremblement de terre (en Normandie !) et par quelques fortes tempêtes. Alors, il n'hésite pas. Il ramène d'Angleterre le meilleur plombier pour réparer la toiture et replacer le coq doré de sa cathédrale. On dit que, peu après, mourant, il aurait maudit celui qui, par malheur, viendrait à endommager son œuvre.

Le plus exemplaire des bâtisseurs n'est autre que l'abbé Suger, au XIIe siècle. Nul ne connaît l'architecte qu'il choisit, sûrement un homme de grand talent maîtrisant parfaitement la géométrie, l'optique, les calculs de résistance des matériaux. Dans le chœur de Saint-Denis, tout est si parfaitement pensé qu'il s'agit assurément d'une œuvre commune. Suger, l'architecte de la lumière, contrôle au quotidien les travaux. Il s'assure « au moyen d'instruments géométriques et arithmétiques » de l'alignement du nouveau chevet sur l'ancienne nef. C'est lui qui conduit ses charpentiers en forêt pour leur désigner le meilleur bois pour les poutres. Il dirige tout, jusqu'au choix des vitraux, de l'ornement intérieur, de l'orfèvrerie. Dans ses écrits, ne se vante-t-il pas du délai extrêmement court qu'il lui fallut pour achever son œuvre ?

Ceux qui œuvrent

À quelques exceptions près, ce sont les grands inconnus de l'histoire des cathédrales. Pour les reconnaître, gravés sur leur pierre tombale, le compas, l'équerre et la verge. Leurs secrets soigneusement gardés se transmettent de père en fils. Ils sont admirés, respectés ; ils fondent des dynasties célèbres : les Deschamps, les Chambiges, etc. Leur appellation « *magister operis, artifex, magister fabricoe, coementarius, architector* », etc.

Quelques-uns voient leur nom gravé sur la dalle centrale des labyrinthes de nos cathédrales. Ainsi, à Reims, quatre architectes se sont succédé : Jean d'Orbais vers 1211, Jean le Loup et Gancher de Reims ; Bernard de Soissons y travaille trente-cinq ans, de 1255 à 1290. On lui doit la façade et la grande rose.

À Amiens, de 1220 à 1288, trois noms sont inscrits : Robert de Luzarches, Thomas de Cormont et son fils Regnault. À Paris, une épitaphe résume l'affection et l'attachement qu'on pouvait porter à de tels hommes : « Ci-gît Pierre de Montreuil – le plus grand architecte de son temps, il réalisa la nef de Saint-Denis, travailla à Notre-Dame et à l'abbaye de Saint-Germain-des-Prés – Fleur parfaite des bonnes mœurs en son vivant, docteur ès pierres, que le roi des Cieux le conduise aux hauteurs des pôles ! » Et quelle plus belle marque de reconnaissance ? Sa femme Anne eut l'honneur d'être enterrée dans la chapelle à ses côtés. En visitant Notre-Dame de Paris, arrêtez-vous dans le soubassement du transept sud et ayez une pensée émue pour Jean de Chelles, l'auteur du transept. Sur 8 mètres de long, vous y lirez cette inscription : « Maître Jean de Chelles a commencé ce travail le deux des ides du mois de février 1258. »

La chambre aux traits

Leur rôle ne fut pas immédiat. Au départ, peu de différences les séparaient des tailleurs de pierre, des maçons ou des sculpteurs. Ils avaient les mêmes connaissances de base. Leur statut évoluera dès la fin du XIIe siècle. À cette époque, ils ne participeront déjà plus au travail manuel. À la différence des ouvriers, ils reçoivent un salaire annuel, des vêtements, une maison et de la nourriture pour leur famille et leurs serviteurs. Mais écoutons plutôt le prédicateur Nicolas de Biard, au début du XIIIe siècle, vilipender, et de quelle façon, ces architectes qui ne mettent plus « la main à la pâte » : « Dans ces édifices, il a accoutumé d'avoir un maître principal qui les ordonne seulement par la parole, mais n'y met que rarement ou n'y met jamais les mains et cependant il reçoit des salaires plus considérables que les autres. » Et plus loin : « Les maîtres des maçons ayant en main la baguette et les gants disent aux autres : "Par ci me le taille", et ils ne travaillent point. »

L'architecte est choisi sur son expérience. C'est devant l'évêque et son chapitre de chanoines qu'il discute du projet. Il s'agit d'être clair et convaincant. Le plan est présenté sur des parchemins aux dessins remarquables de précision avec, s'il le faut, l'appui de maquettes, de modèles réduits. Puis, moment d'extrême tension, le devis est dressé poste par poste, contesté, débattu.

Plus tard, toutes les grandes décisions se prendront dans une pièce spéciale, réservée à l'architecte : la chambre aux traits, au sol recouvert de plâtre, où chaque élément – arc, chapiteau, tympan, etc. – est tracé grandeur nature. Le charpentier venait alors, à l'aide de planches, réaliser des « moles », sorte d'immenses patrons qui permettent aux tailleurs d'exécuter les bonnes coupes.

Les docteurs ès pierres

N'ont été conservés que de très rares parchemins de plans : voir notamment ceux de Strasbourg, datant de 1250, au musée de l'Œuvre de la cathédrale : des dessins d'une précision étonnante qui représentent une partie de la façade principale. Le parchemin était très cher et souvent réutilisé. Un seul carnet d'architecte médiéval nous est parvenu, celui de Villard de Honnecourt, rédigé vers 1230. Il comporte trente-trois feuillets de parchemin couverts de dessins à la plume. Villard de Honnecourt, originaire de Picardie, architecte lui-même, est le témoin rêvé de cette Europe qui voyait les grandes cathédrales surgir de leur gangue de coffrages et d'échafaudages.

Le carnet d'un architecte

« Villard de Honnecourt vous salue et prie tous ceux qui travaillent aux divers genres d'ouvrages contenus en ce livre de prier pour son âme et de se souvenir de lui ; car dans ce livre on peut trouver grand secours pour s'instruire sur les principes de la maçonnerie et des constructions en charpente. Vous y trouverez aussi la méthode de la portraiture et du trait, ainsi que la géométrie le commande et l'enseigne. » Tout est dit dans ce petit texte de présentation qui ouvre le carnet : intérêt pour la charpente, élément essentiel au point que le maître charpentier recevait le même salaire que le maître maçon tailleur de pierre : quatre sous par jour que venait compléter une gratification de cent sous versée à la Toussaint.

Il faut aussi rajouter qu'il avait « bouche à cour » et qu'il disposait d'un cheval ferré. Le carnet malheureusement n'est pas complet ; il comprend de la mécanique, de la géométrie, de la trigonométrie pratique et, surtout, des dessins d'architecture ramenés de ses visites à Chartres, Reims, Amiens, Laon, Meaux et Cambrai. Y figurent également des dessins d'ornement. Il étudie le corps humain ; il réalise des croquis animaliers. On trouve des machines de guerre, des appareils de levage, essentiels pour de tels chantiers, ainsi qu'une scie hydraulique.

La loge des maçons

Si l'appellation « franc-maçon » apparaît pour la première fois en Angleterre, concerne-t-elle au départ le matériau, cette pierre blanche qu'il fallait tailler, ou bien la franchise dont jouissaient les constructeurs de cathédrales face notamment à la juridiction de l'évêque ? Chaque chantier avait sa loge, où les ouvriers travaillaient, protégés des intempéries. Elle était accolée à la cathédrale. Sans y habiter, les maçons s'y restauraient et y faisaient la sieste. À force de cohabiter durant tant d'années, la loge va instaurer des règles de travail et surtout des règles morales. Elle aura des statuts ; elle sera dirigée par un maître maçon qui doit prêter serment. C'est lui qui est le seul responsable devant le chapitre et l'évêque. C'est lui également qui inflige des amendes en cas de travail mal fait. Est fixé le statut de l'apprenti qui peut rester dans sa loge d'origine – il devient alors compagnon – ou voyager à travers l'Europe, accueilli dans d'autres loges, entraînant cette grande fraternité des maçons.

Le travail commence au lever du jour ; il se termine au coucher, avec plusieurs pauses dans la journée. Près de neuf heures de travail en hiver, plus de douze heures en été. Mais Dieu ! Que les fêtes carillonnées étaient nombreuses ! Sur la plupart des chantiers, le travail de maçonnerie s'arrête en hiver à la Saint-Martin, le 11 novembre. On réduit alors les effectifs ; on recouvre de paille et de fumier ce qui n'a pas été achevé et on attend les beaux jours.

Ceux qui financent

Pas d'amateurisme, pas de bénévolat. Une entraide en cas de coup dur, oui ! C'est de celle-là dont parle Suger : « Toutes les fois qu'on tirait du fond de la carrière de grands blocs de pierre attachés à des câbles, les gens du pays et ceux même des contrées voisines, nobles ou roturiers, se faisaient attacher avec des cordes par les bras, par la poitrine et les épaules et conduisaient les fardeaux à la manière de bêtes de somme. »

La comptabilité est à toute épreuve ; un montage financier très complexe ; des charges de travail bien établies et de solides devis, au départ âprement discutés par l'évêque et son chapitre de chanoines. Combien de projets grandioses, lancés dans l'enthousiasme général, se réduisaient quelques années plus tard à un bien modeste édifice ! Ici plus qu'ailleurs, l'argent est le nerf de la guerre.

Première constatation : ne rien attendre ni du roi ni des princes. Une abbaye pour la paix de leurs âmes, certainement ; une chapelle pour le repos éternel, à la rigueur ; une verrière ou quelques statues dans la plupart des cas. Les Plantagenêts, eux, étaient beaucoup plus larges, car beaucoup plus riches. À Rouen, Henri II Plantagenêt et Richard Cœur de Lion ont beaucoup donné, et même Jean sans Terre, qui, après le grand incendie de 1200, offrit deux mille livres, une somme considérable, pour la reconstruction de la cathédrale. Lors de la reconquête de la Normandie par Philippe Auguste, ce fut aux bourgeois et au clergé d'assumer la fin de la construction.

Les comptes d'exploitation brûlés à la Révolution

La règle pourtant était simple. Le pape Gélase (492-496) n'avait-il pas prescrit que l'on réserve à la construction et à l'entretien des églises le quart des revenus ecclésiastiques et des dons des fidèles ? Qu'en est-il au XIIe et au XIIIe siècle ? Aucune cathédrale n'a malheureusement conservé son compte d'exploitation. Ils disparurent tous à la Révolution.

Nul doute qu'une partie des coûts était supportée par les revenus du diocèse, entre l'évêque pour les deux tiers et le chapitre pour le tiers restant. À titre d'exemple, à Beauvais, l'évêque Milon établit que les revenus de tous les bénéfices vacants du diocèse – et cela pendant dix ans – seraient réservés à la construction de la cathédrale ; que l'évêque lui-même et le chapitre, pendant cette même période, s'engageraient à verser un dixième de leur revenu et ainsi de suite jusqu'au rang le plus bas dans la hiérarchie diocésaine. Alors, qu'en est-il pour le reste ?

Heureuses étaient les cathédrales qui possédaient d'illustres reliques, qu'on exploitait comme de véritables filons à offrandes. D'abord, l'évêque, comme à Senlis en 1180, fait dresser l'inventaire des reliques du diocèse, les vraies pompes à finances de l'époque. Ensuite, quand cela ne suffit plus, on expédie, comme à Laon, les châsses miraculeuses sur les routes ; l'obtention du miracle étant relative aux dons versés.

Les voyages de reliques

Lorqu'en 1112 l'évêque de Laon fut assassiné par ses bourgeois en colère qui, non seulement proclamèrent la commune, mais pillèrent et incendièrent la ville, il fallut reconstruire la cathédrale. Dès mars 1113, neuf chanoines munis de châsses sont envoyés sur les routes en quête d'argent. Ils traversent la Manche, échappent aux pirates, débarquent à Douvres, se rendent à Cantorbéry, sont reçus par Guillaume de Sens, gagnent Bristol. Ils sont détroussés plusieurs fois par des brigands retrouvés et pendus haut et court. Et, quel paradoxe ! ils sont considérés, eux, pauvres chanoines et porteurs de reliques, comme des magiciens. À leur retour à Laon, ils ramènent cent vingt marcs et des tapisseries.
L'immense générosité des fidèles, des bourgeois, des groupements de métiers et des paysans est également au rendez-vous. On installe des troncs un peu partout dans la cité ; on envoie des quêteurs dûment accrédités par les lettres patentes du roi Louis VII aux archevêques, évêques et clercs du royaume pour les inciter à participer à la reconstruction de la cathédrale Notre-Dame de Senlis.

Beurre, indulgences et aumônes...

Et quand l'argent manque, l'imagination est au pouvoir. Ainsi, à Bourges, à Rouen et dans bien d'autres cités, autorisation est donnée moyennant aumônes de consommer du beurre pendant le carême. De là viennent les nombreuses tours de Beurre qui flanquent nos cathédrales. Autre source de revenus, les indulgences tant dénoncées plus tard par Luther ; le procédé est simple. Il se développe au milieu du XIIIe siècle. À Reims, une année d'indulgence plénière est accordée par le pape Honorius III pour tout généreux donateur. À Bordeaux, l'ancien archevêque Bertrand de Got, devenu pape sous le nom de Clément V, en fait bénéficier sa ville en février 1307 et de nouveau en novembre 1308. Cela n'étant toujours pas suffisant, il décide que la partie des revenus de la première année de toute nouvelle charge ecclésiastique destinée aux caisses du Vatican ira à la construction de la cathédrale.

La consécration !

Les travaux avancent. On fixe des étapes, avec, à chaque fois, un coup de fouet aux ardeurs des travailleurs et aux dons des fidèles : l'achèvement d'une travée, le premier carillon des cloches, la pose d'un vitrail, le dévoilement d'une série de sculptures. Que penser de ce côté merveilleux, presque magique, lorsqu'il s'agit, à Chartres, d'installer un ange doré sur le toit du chevet pointant son doigt en permanence vers le soleil ? Ces jours-là, les cérémonies prennent un caractère exceptionnel. Tous ceux qui ont contribué à l'œuvre de la cathédrale, les corporations et guildes qui ont doté de vitraux, de statues et parfois de chapelles la cathédrale, des plus humbles aux plus nobles, tous ont consenti à une taxe, à une offrande, repoussant le spectre des guerres, des famines, des épidémies qui obligeaient à débaucher, à retarder, à modifier les plans.
Le grand jour est arrivé. À peine échafaudages et cintrages enlevés, les derniers artisans, ferronniers, menuisiers, peintres, couvreurs, verriers partis, il est procédé aux cérémonies de consécration.
La foule est partout innombrable, des princes, des évêques, des abbés, des prélats en grand apparat ; une foule de bourgeois, de soldats, de représentants des guildes, des corporations ; toute une société est là, consciente que ce jour marquera à tout jamais l'histoire de leur cité.
L'évêque conduit la procession. Entouré de son chapitre de chanoines, il se rend devant la façade ouest, la façade principale. Un prêtre manque à l'appel. Il est caché à l'intérieur de la cathédrale ; c'est lui qui joue le rôle du diable.
L'évêque s'avance maintenant devant le portail central. Il frappe trois fois à la lourde porte. Une énorme clameur monte alors de la foule, un chant entonné par toute l'assistance : « Ouvrez-vous, ô grilles, ouvrez-vous, ô portes éternelles et le roi glorieux entrera. » Soudain un grand silence se fait et de l'intérieur on entend : « Qui est le roi glorieux ? » « Le seigneur des hosties est le roi glorieux ! » lui répondent des milliers de voix. Les portes s'ouvrent alors. Un long cortège y pénètre, entraînant derrière lui toute cette armée des ombres, ces bâtisseurs de l'éternité, ceux qui crurent, mus par une foi ardente, que la pierre des hommes pouvait rejoindre la lumière du ciel.

Bourges : détail du vitrail (XIIIe s.) le Christ de l'Apocalypse.

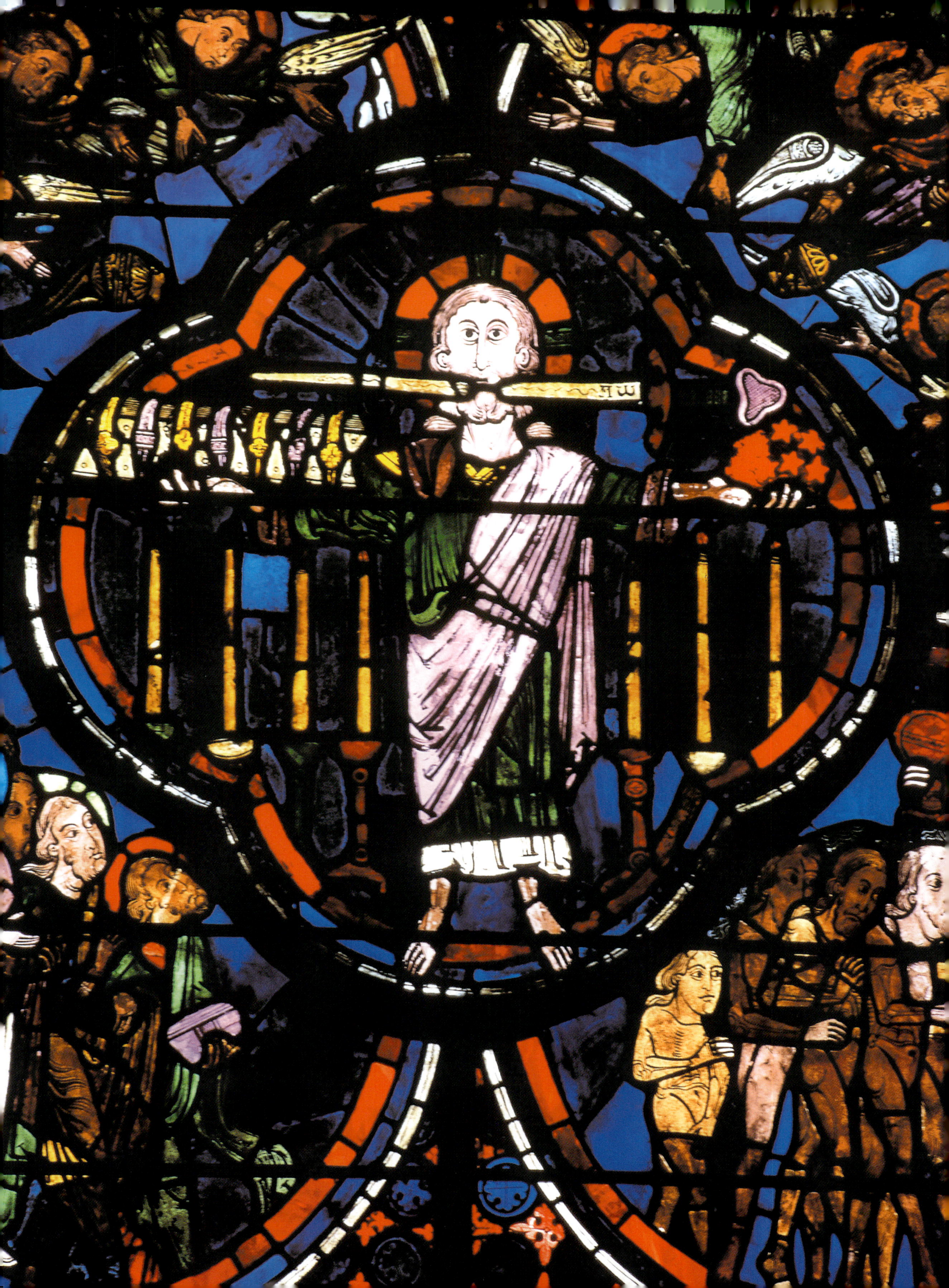

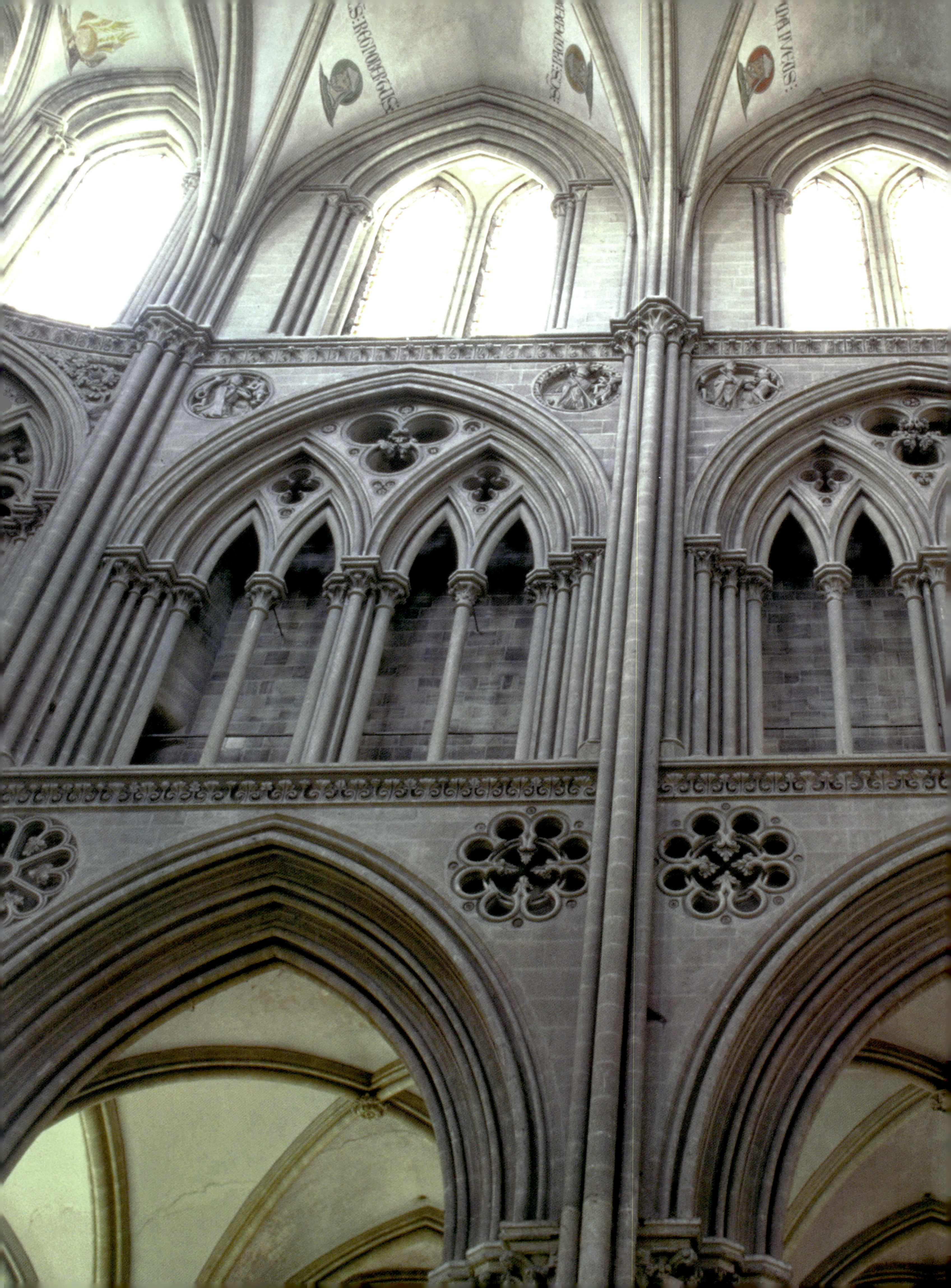

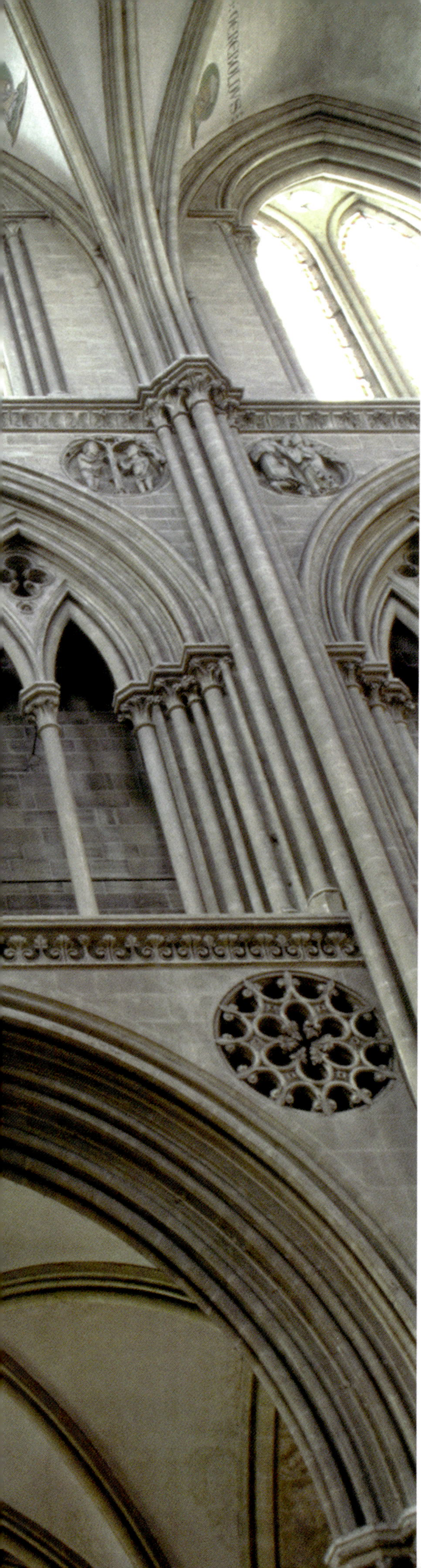

L'Ouest

Pays de lumière et de nuages, lieu de rencontre
entre les hommes de la mer et les possesseurs
de la terre, la Normandie est profondément
marquée par l'empreinte romane.
Combien de tours carrées, de tours-lanternes
surplombent ici la croisée des transepts ?
Mais, très vite, les murs s'évident,
les tribunes disparaissent. Partout,
jusqu'en Bretagne, le style gothique normand
s'étend : prouesses architecturales,
besoin d'espace, de lumière et de verticalité.

Bayeux : l'élévation de la nef.

Rouen

Notre-Dame, toujours plus de lumière

XIIIe-XVIe s.

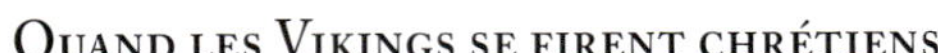

Rouen, cette cathédrale chef-d'œuvre de tous les gothiques, n'aurait-elle qu'une façade ? Une façade grandiose, à la largeur presque exagérée, avec deux tours mal rattachées, deux portails latéraux et une partie centrale qui, jusqu'au pinacle, s'élève dans un style flamboyant qui touche au paroxysme. Une façade capable de nous faire oublier le reste, la silhouette admirable de légèreté, la flèche démesurée... Une façade qui, de 1892 à 1894, fut l'obsession du peintre Claude Monet alors qu'il devenait aveugle. Pour mieux l'étudier, il s'installa dans un appartement vide face à la cathédrale. Là, chaque matin, il la redécouvrait, voilée de ces brumes tenaces et grises remontant de la Seine et si bien décrites par Flaubert. De son séjour à Rouen, Monet nous laisse une impressionnante série de tableaux, que l'on pourrait lire comme autant de symboles de l'histoire de la cathédrale : la brume évoque les temps sombres ; le plein soleil, les moments de gloire ; le rougeoiement des crépuscules, les incendies et les bombes...

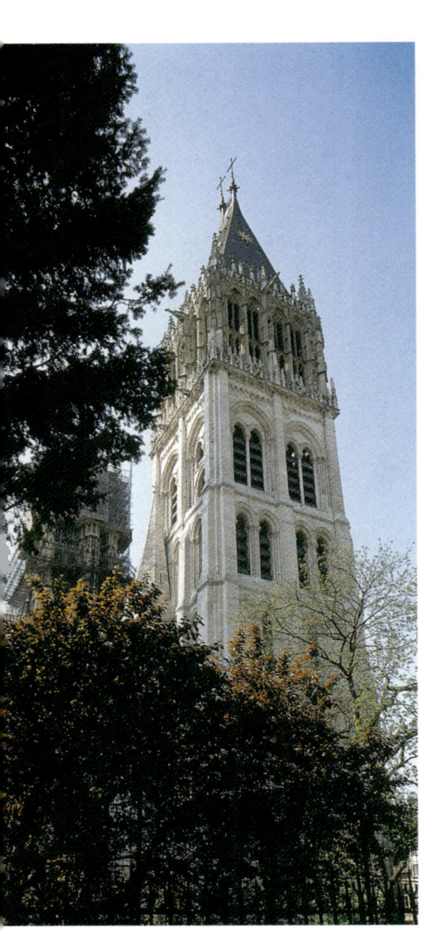

Ci-dessus : la tour Saint-Romain, de style très dépouillé, est la plus ancienne. La base date du début du XIIe s. Les étages furent élevés vers 1160 ; le dernier étage, flamboyant, est du XVe s.

Ci-contre : au-dessus du portail Saint-Étienne, les niches sont garnies de statues des XIVe et XVe s.

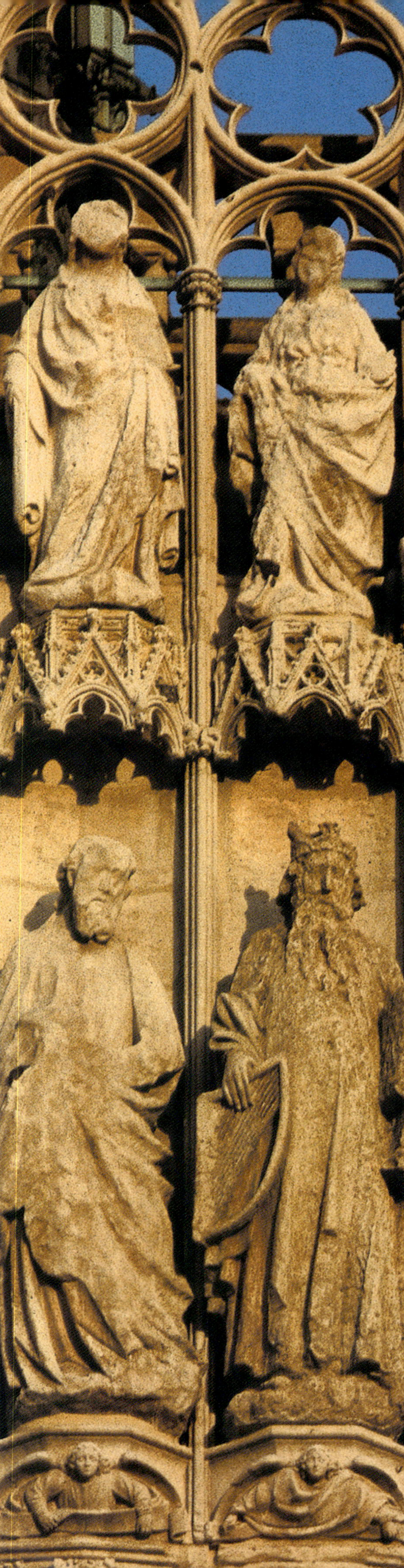

Quand les Vikings se firent chrétiens

Dès le IVe siècle, Rouen est dotée d'une cathédrale, déjà vouée à Notre-Dame. En 911, lorsque le terrible Rollon fut devenu duc de Normandie et qu'il souhaita se convertir au christianisme, il ne conçut son baptême que dans un édifice embelli de ses mains. Ce qu'il fit. Au XIe siècle, la ville, enrichie par le commerce de son grand port et son marché aux esclaves, irlandais ou flamands pour la plupart, pense alors à se doter d'un édifice plus imposant. C'est d'autant plus nécessaire que la cité est le siège d'un archevêché dont dépendent les autres évêchés de Normandie. Le duc Guillaume le Bâtard se charge du financement. La consécration du nouvel édifice a lieu en 1063, trois ans avant que le duc ne devienne à jamais Guillaume le Conquérant.

Mais voilà qu'en 1144 l'archevêque Hugues d'Amiens est invité à la dédicace de l'église de la grande abbaye de Saint-Denis-en-France. Il en revient ébloui. Il veut une cathédrale aussi belle. Il a les moyens financiers ; il lui suffit de puiser dans l'immense pactole amassé après la bataille

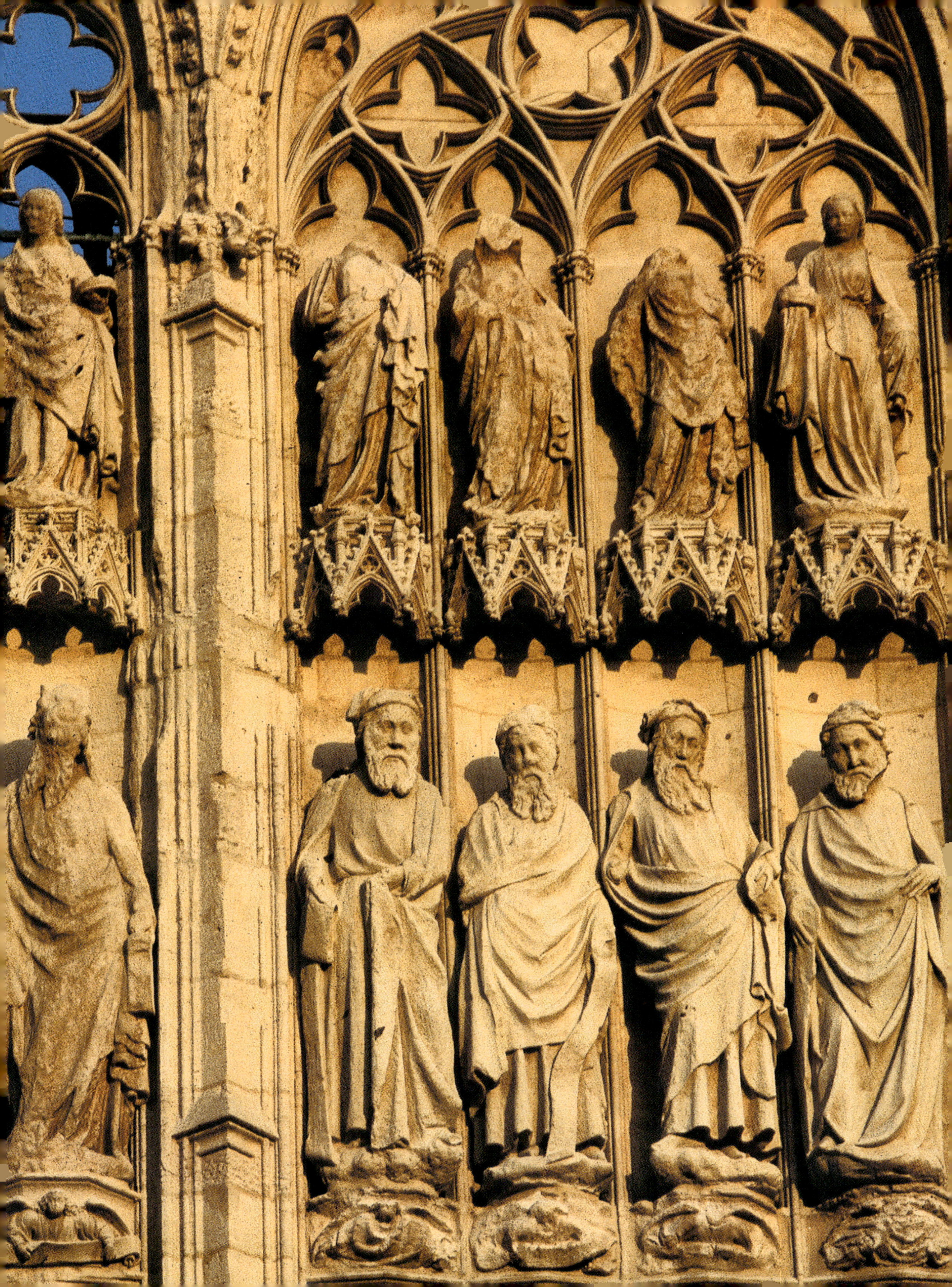

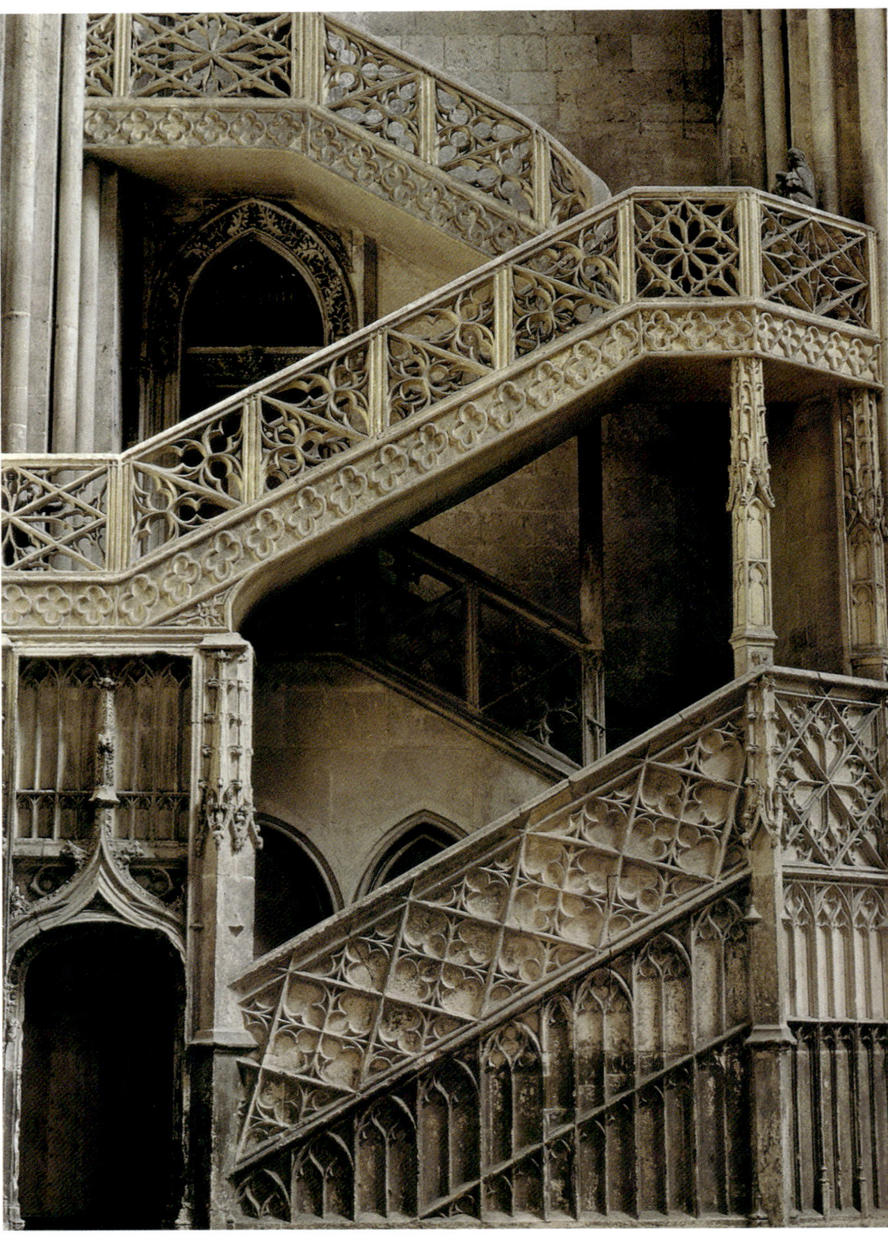

dans la nef en pleins travaux. Le nouveau chœur est deux fois plus grand que le précédent, plus large même que la nef centrale. On ajoute une tour médiane et un large transept.

En 1240 s'achève la construction des voûtes de la nef et du chœur à déambulatoire. Ce sont de pures merveilles. Où, en effet, trouve-t-on pareille simplicité de lignes, ressent-on pareille impression de légèreté en découvrant une nef immense aux superbes proportions ? Une nef ponctuée de onze travées à quatre étages, avec des bas-côtés étrangement hauts car toujours en

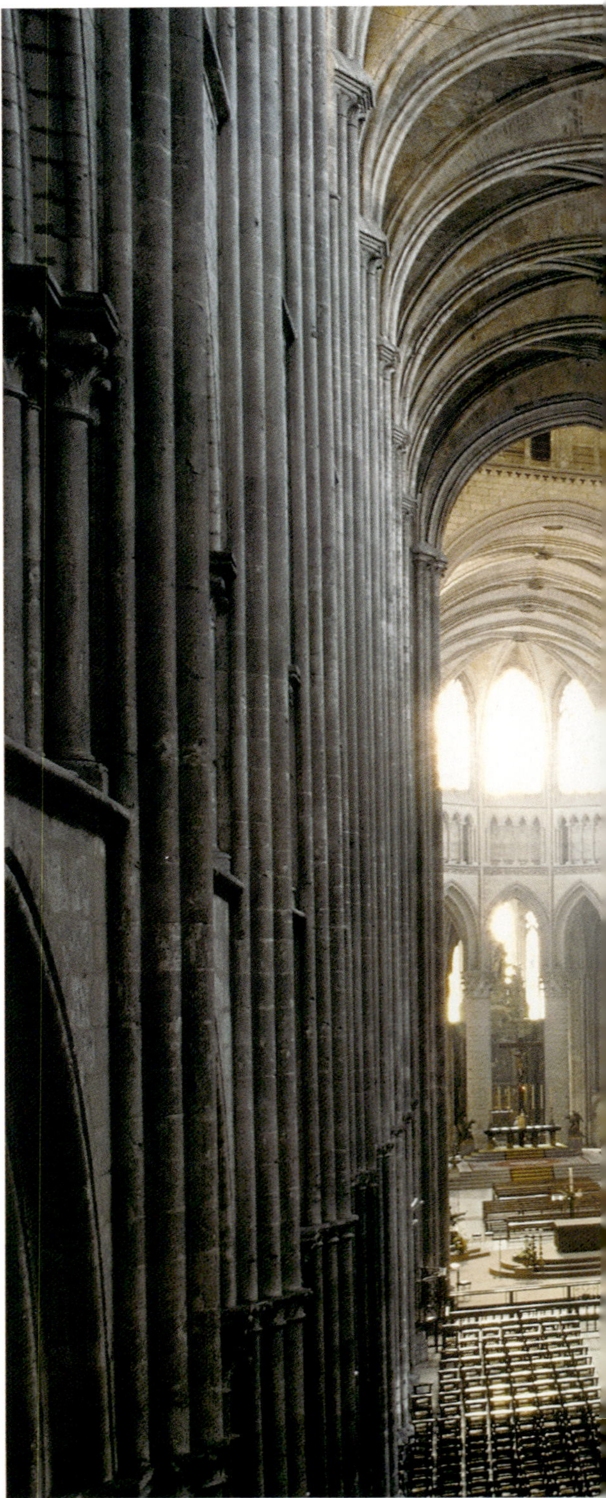

Ci-dessus : l'escalier des Libraires, œuvre de Guillaume Pontifs. Une porte surmontée d'un gable donne accès aux deux volées des XVe et XVIIIe s.

Ci-contre : la nef gothique, à quatre étages, vue du buffet d'orgues. Elle s'élève à une hauteur sous voûte de 24 m.

d'Hastings. Dès l'année suivante, il met en chantier un nouvel édifice. Les travaux vont bon train, on pense à la pose des voûtes gothiques lorsque, dans la nuit de Pâques de l'an 1200, se déclare un incendie catastrophique qui anéantit la moitié de la ville. Dans la cathédrale ne sont épargnées que la crypte et la tour Saint-Romain, construite par l'archevêque Hugues d'Amiens à 6 mètres des murs de l'église, ce qui la sauve probablement.

Toujours plus de lumière

La reconstruction démarre immédiatement, financée par le fameux Jean sans Terre, alors au faîte de son éphémère puissance. Elle est confiée à l'architecte Jean d'Andely, auquel succédera maître Enguerrand. Mais très vite survient, en 1204, la reconquête de la Normandie par le roi de France Philippe Auguste. Celui-ci s'intéresse immédiatement à ce chantier. Il est accueilli en vainqueur

attente de tribunes, prévues à l'origine mais jamais élevées. Il reste encore à bâtir les chapelles latérales et à agrandir les baies, et cela en fonction de ce seul mot d'ordre : toujours plus de lumière. Ainsi, autour des années 1280, l'archevêque Guillaume Ier de Flavacourt et l'architecte Jean Davy percent-ils les façades latérales pour élever les portails des bras du transept : au sud, le portail de la Calende, où une confrérie se réunit à chaque calende ; au nord, surmonté d'une grande rose, le portail dit des Libraires, ceux-ci y tenant de nombreuses échoppes. Avec la chapelle de la Vierge construite en 1302, qui se voulait une imitation de la Sainte-Chapelle de Paris, l'édifice mesure 134 mètres de long et 31 mètres de large. Malgré l'épidémie de peste de 1348, les famines, les émeutes de 1382 et la guerre de Cent Ans, les travaux continuent. Et pourtant le pire est à venir : en 1418, Henri V d'Angleterre, le vainqueur d'Azincourt, assiège Rouen. La ville tiendra six mois, du 29 juillet au 19 janvier suivant, expulsant douze mille bouches indésirables, qui mourront de faim au pied des remparts, devant les troupes anglaises.

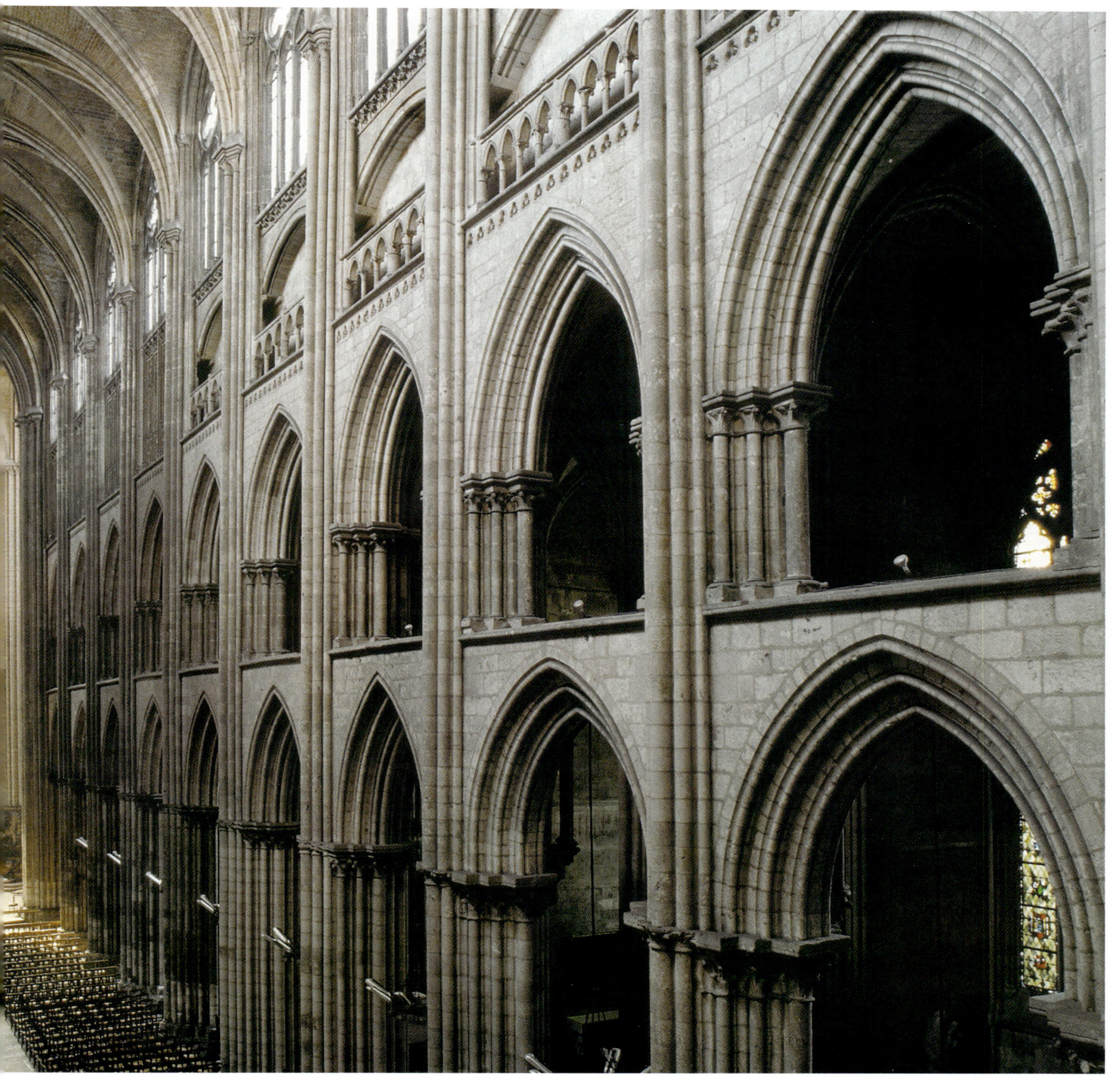

À NE PAS MANQUER
LA FAÇADE,
LES PORTAILS,
LA TOUR SAINT-ROMAIN,
LA TOUR DE BEURRE,
LA TOUR-LANTERNE,
L'ESCALIER
DES LIBRAIRES,
LE MAÎTRE-AUTEL,
LA CHAPELLE DE LA VIERGE,
LES GISANTS,
LE TOMBEAU
DES CARDINAUX,
LA CRYPTE,
LE PUITS À MARGELLE.

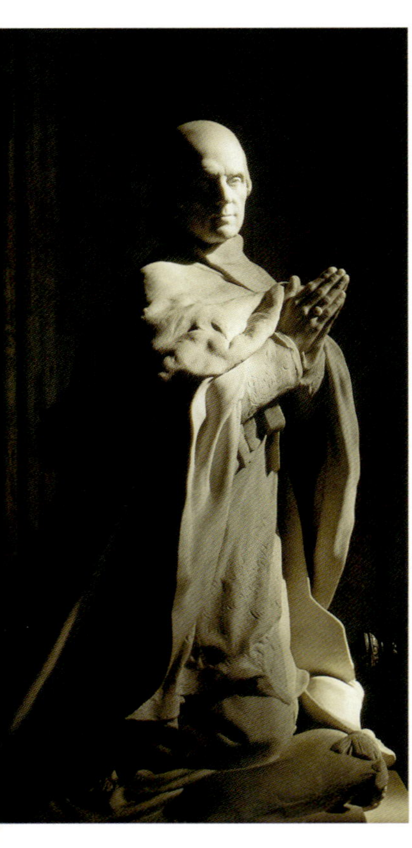

Ci-dessus : dans la chapelle de la Vierge, le gisant d'un prélat.

Pages suivantes : détail du tombeau des cardinaux d'Amboise (1516-1520) ; les vertus cardinales.

Rouen découvre le style flamboyant

En 1477, un événement considérable marque l'essor de la ville. Louis XI décide de transférer la foire de Caen à Rouen. Ce nouvel apport de richesse sert magnifiquement la cathédrale. La vieille tour Saint-Romain, datant de l'édifice du XIe siècle, est surélevée d'un étage flamboyant. Il faut alors lui construire un pendant. Mais l'argent manque. Qu'à cela ne tienne ! Un impôt particulier fera l'affaire : l'impôt gourmandise, payé par tous les bons bourgeois de Rouen. Autorisation est donnée de faire gras en carême contre paiement d'une amende. Ainsi naîtra la tour de Beurre, haute de 77 mètres, achevée en 1506. La façade ? L'architecte Roland le Roux va tout simplement revêtir l'ancienne construction romane d'un « paravent de pierre ». Une splendeur ! Reste à élever une nouvelle tour-lanterne à la croisée du transept : la voici, impressionnante par ses quatre énormes piles à 51 mètres du sol à la clef de voûte, dotées chacune de vingt-sept colonnes. En 1542, on la couronnera d'une flèche en plomb atteignant la belle hauteur de 132 mètres.

Le tombeau des grandes familles

La cathédrale renferme nombre de tombeaux des Grands qui ont marqué profondément l'histoire de la Normandie. Celui de l'évêque-constructeur du XIIe siècle Hugues d'Amiens, inhumé dans sa cathédrale avant même qu'elle ne soit achevée. Puis le gisant d'Henri le Jeune, fils du grand Henri II Plantagenêt, mort tragiquement en Auvergne alors qu'il combattait son père. Et le gisant de son frère aîné Richard Cœur de Lion, dont le tombeau est à Fontevraud. Au XIVe siècle, quelque évêque pensa à ériger un tombeau à Guillaume Longue-Épée, fils de Rollon, peut-être déjà inhumé dans la cathédrale. Hommage évident à la dynastie des ducs de Normandie alors que s'intensifiaient les conflits entre France et Angleterre. La fin de la guerre de Cent Ans voit l'arrivée en Normandie de quelques grandes familles venues des bords de Loire. Elles ne manquent pas de marquer de leur influence la ville et sa cathédrale. Leurs tombeaux, érigés de 1518 à 1525, sont d'une étonnante qualité. On remarque le tombeau en marbre blanc et noir de Louis de Brézé, époux de Diane de Poitiers, et surtout le célèbre tombeau des cardinaux d'Amboise, chef-d'œuvre attribué à Roland le Roux. Ils sont situés dans la chapelle axiale de la Vierge, la plus belle de la cathédrale, dont les vitraux du XIVe siècle représentent les quelque vingt-quatre archevêques de Rouen honorés comme saints. À peine achevée, la cathédrale subit de plein fouet les guerres de Religion : le 3 mai 1562, pendant l'office du dimanche, elle est saccagée par les huguenots sous la conduite de leur chef, le prince de Condé, avec le soutien des Anglais. Le trésor, qui avait été muré par précaution, est trouvé et pillé. Et ce fut à nouveau une alternance de restaurations et de pillages.

De restauration en restauration...

Parmi les événements les plus marquants, le foudroiement en 1822 de la si belle flèche du XVIe siècle. Son remplacement provoque un scandale, l'architecte ayant choisi un matériau très moderne, la fonte. Déjà les Anglais l'avaient utilisée pour restaurer un monument ancien, à Salisbury, en Angleterre. Viollet-le-Duc s'indigne et raille cette « grande pyramide de ferrailles ». Pourtant, en 1881, le travail est achevé. Ce matériau moderne avait permis de hausser la flèche de 18 mètres, ce qui fit de Rouen la plus haute cathédrale de France.

Vint le temps de la fin de la Seconde Guerre mondiale. La libération de la Normandie eut un prix très lourd à payer. Dans la nuit du 19 avril 1944, la ville fut écrasée sous les bombes. Vision d'Apocalypse. Sept projectiles sont tombés sur la cathédrale, anéantissant le côté sud. L'une des quatre piles qui supportent la tour-lanterne est atteinte. Et voici que, le 1er juin suivant, l'incendie ravage le haut de la tour Saint-Romain, faisant fondre la grande cloche Jeanne-d'Arc, la salle d'Albane et l'ensemble des bâtiments le long de la cour des Libraires. Fort heureusement, instruits par les dégâts occasionnés lors des bombardements de la Première Guerre mondiale, les responsables avaient fait déposer les vitraux dès 1938. Les plus anciens dataient du XIIIe siècle. Après une admirable restauration, la cathédrale a été rendue au culte le 17 juin 1956. Il resta ensuite à consolider la flèche, refaire les roses, reconstruire les parties hautes de la tour Saint-Romain. Puis un nettoyage complet. Depuis plus de cinquante ans, cette cathédrale officiellement achevée en 1530 est toujours en chantier. Mais qui croira qu'un jour Rouen puisse se lasser d'embellir et de consolider les pierres vives de sa cathédrale ?

Page ci-contre : dans la chapelle de la Vierge, le tombeau de Louis de Brézé élevé par sa veuve, Diane de Poitiers, représentée en pleurs.

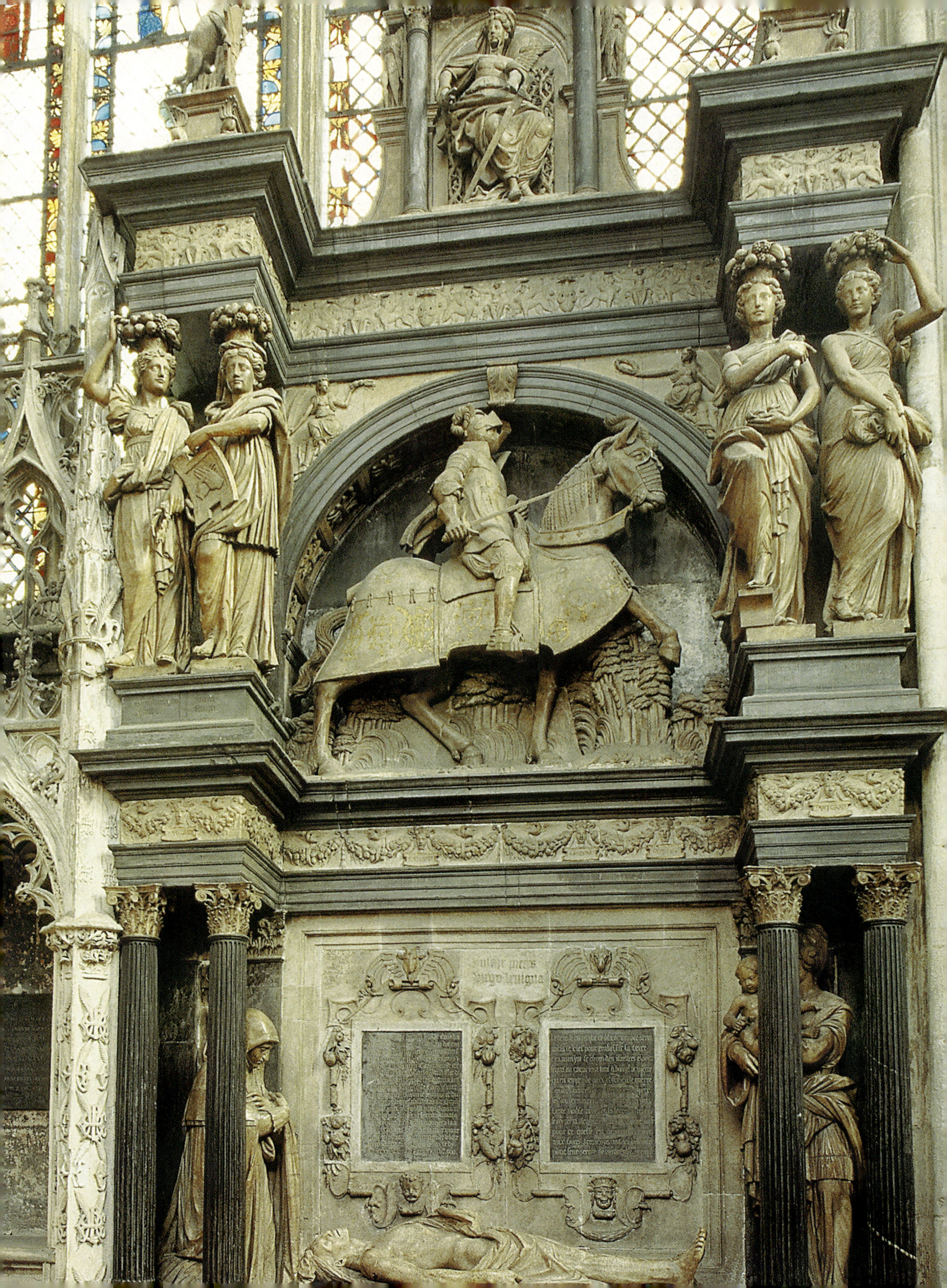

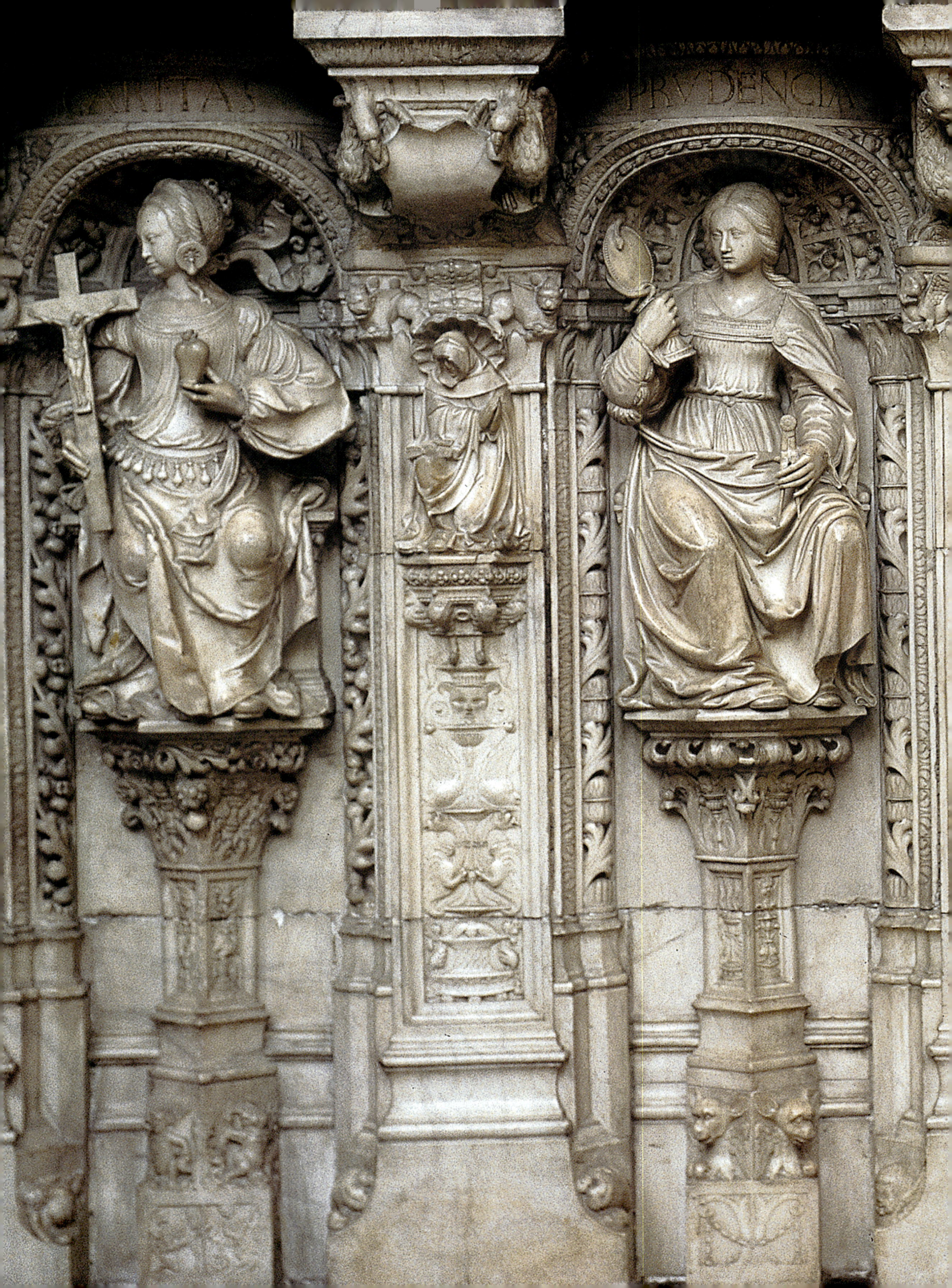
PRVDENCIA

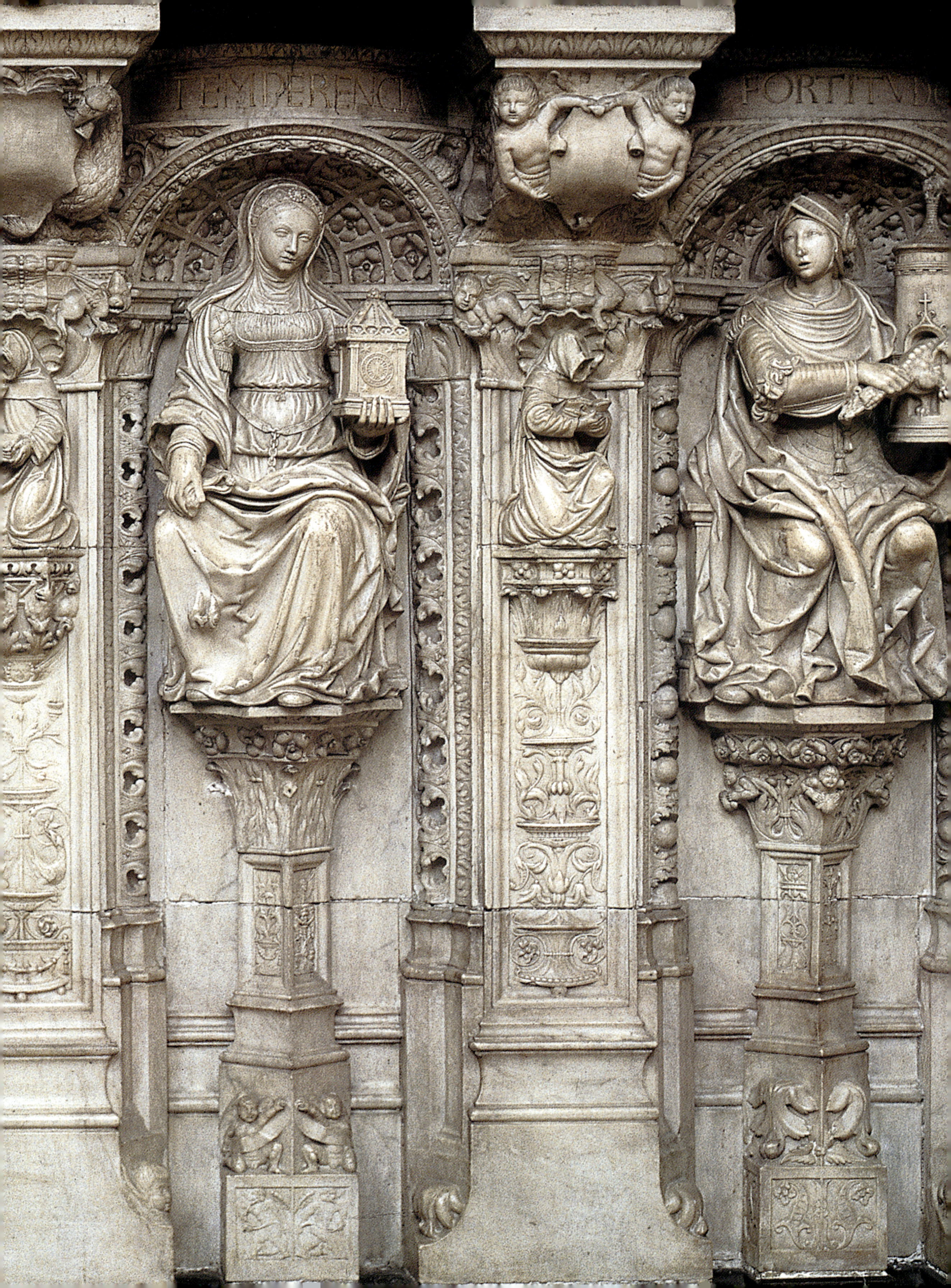
TEMPERENCIA
FORTITVD

Bayeux

Notre-Dame, la rencontre de tous les styles

XIIe-XIXe S.

À NE PAS MANQUER
LA FAÇADE,
LE CHŒUR,
LES CHAPELLES RAYONNANTES,
LES STALLES,
LA CRYPTE,
LE TRÉSOR,
LA SALLE CAPITULAIRE.

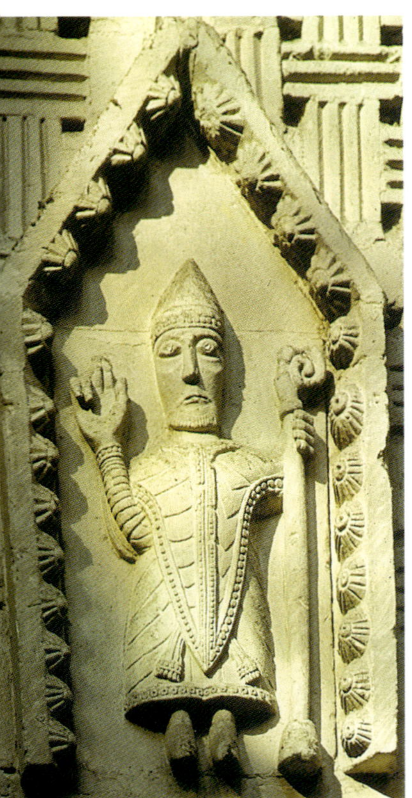

Ci-dessus : un évêque, exemple de sculpture romane normande, en décoration d'un écoinçon de la nef.

Page ci-contre : les voûtes du chœur sont ornées de fresques restaurées figurant les têtes des premiers évêques de Bayeux accompagnées de leur nom.

Bayeux intrigue, Bayeux surprend. Une voûte d'une seule portée qui recouvre déambulatoire et absidioles, la rencontre de tous les styles, du roman au classique, dans un ensemble d'une grande harmonie.
Et puis il y a ce goût du décor, cette exubérance de l'ornement, fréquent dans les églises normandes romanes et gothiques, et dont Bayeux nous présente l'un des exemples les plus spectaculaires. Regardez, par exemple, les écoinçons, entre les arcades, de la nef et du chœur.

UNE CATHÉDRALE TYPIQUEMENT NORMANDE

Tout commence vers 360, lorsque saint Exupère bâtit une première église en bois à l'emplacement d'un temple gallo-romain. À cette époque, la cité abandonne son nom d'Augustodunum pour celui de Baiocas, du nom de la tribu gauloise des Bajocasses.
Dès le Xe siècle, les fameux Vikings, ou Danois, s'installent en nombre dans la région. Ils colonisent la ville, lui léguant une langue qui sera parlée jusqu'au XIIe siècle – le duc Richard Ier (942-996) n'y fut-il pas, dit-on, envoyé dans son enfance pour y apprendre le danois ? Avant de traiter en 911 avec le roi de France Charles le Simple, Rollon s'est emparé de la ville, tuant le comte Bérenger et enlevant sa fille Popa. Devenue son épouse, celle-ci lui donne un fils, Guillaume Longue-Épée, premier descendant du fondateur de la dynastie ducale normande. La reconstruction en pierre de la cathédrale, décidée par l'évêque de Bayeux Hugues II, sera poursuivie après sa mort, en 1049, par le nouvel évêque Odon (ou Eudes) de Conteville, un demi-frère de Guillaume le Conquérant. Le 14 juillet 1077, Guillaume, devenu roi d'Angleterre, assiste à la dédicace du nouvel édifice à peine achevé, entouré de ses barons et en présence de la reine Mathilde. Cérémonie grandiose.

LA TOILE DE LA CONQUÊTE

Ce n'est que quelques années plus tard que la cathédrale sera ornée de la fameuse tapisserie qui venait d'être commandée en Angleterre par l'évêque Odon. Cette toile de la Conquête, longue de 70 mètres, relate l'épopée de Guillaume le Conquérant. Les fidèles, éblouis, ne manquent pas d'affirmer très vite qu'une scène au moins se passe dans leur cathédrale, la scène 23, où Harold prête serment ! Ce que s'empresse de rapporter le bon chanoine Robert Wace lorsqu'il écrit, un siècle plus tard, son *Roman de Rou*... Lui aussi est très fier de sa cathédrale.
Pendant sept siècles, jusqu'à la Révolution, cette tapisserie de la reine Mathilde – puisque telle est maintenant son appellation usuelle – a été suspendue dans la cathédrale lors de toutes les grandes cérémonies. Mais, en 1793, elle a bien failli disparaître car ses grandes dimensions l'avaient fait repérer pour couvrir un grand chariot à bagages. Miraculeusement, un membre du directoire du district, mais néanmoins amateur d'art et d'histoire, Le Forestier, s'y opposa. Puis la tapisserie fut exposée au tout nouveau musée du Louvre, sur ordre de Napoléon Ier, qui aurait bien aimé la garder à Paris. Bayeux s'y opposa. En 1838 seulement la tapisserie trouva sa nouvelle place au musée. Au fil des siècles, la cathédrale eut à souffrir bien des vicissitudes. En 1105, elle servit de refuge aux habitants de la ville assiégée par les Anglais et le comte du Mans. Les attaquants y mettent le feu. La toiture s'effondre sur une partie de la nef, mais les deux tours de la façade tiennent bon, si bien que, visitant la ville quelque temps après, le sinistre Raoul Le Tourtier, moine de Saint-Benoît-sur-Loire, s'étonne de la prodigieuse hauteur des tours et de la qualité des statues du porche, alors rares en Normandie.

LA CATHÉDRALE GOTHIQUE

À partir de 1150, les seigneurs de Bayeux sont les puissants comtes de Harcourt. Tout naturellement, les évêques sont de la même famille et le premier, Philippe de Harcourt, entreprend alors de grands travaux. Mais il ne démolit pas, il adapte. Du roman il garde involontairement la crypte, qui est murée. En revanche, les deux tours de la façade et les piliers de la nef sont l'objet de tous ses soins. Il réalise une véritable prouesse technique, qui consiste à consolider la tour centrale en la reprenant en sous-œuvre, au lieu de la démolir. Les piliers de la nef sont renforcés afin de pouvoir soutenir des voûtes plus hautes. Il conserve également les superbes décorations sculptées des murs de la nef, splendeur de la cathédrale d'aujourd'hui.

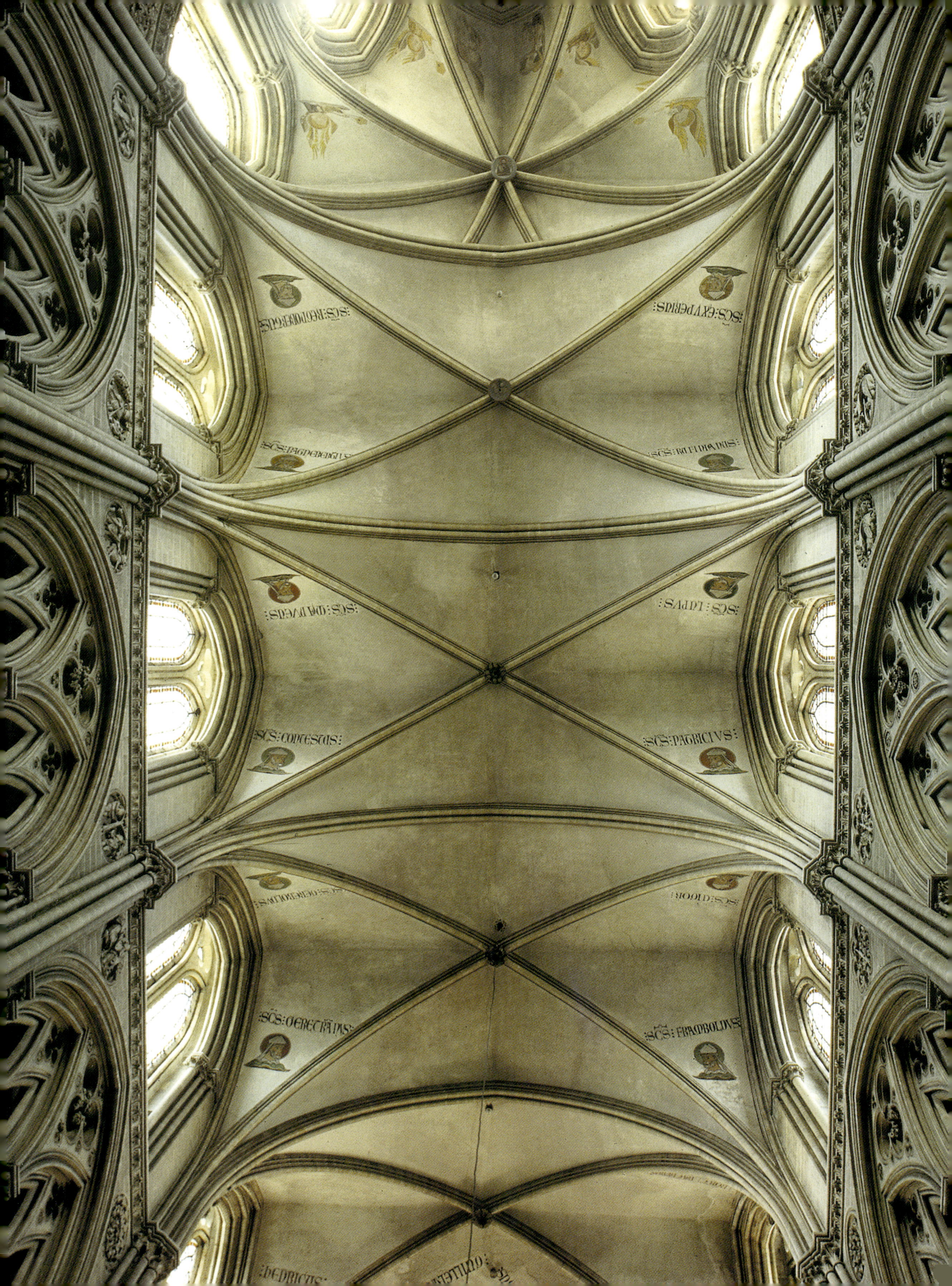
SCS CONTESTUS
SCS PATRICIUS
SCS FRAMBOLDUS

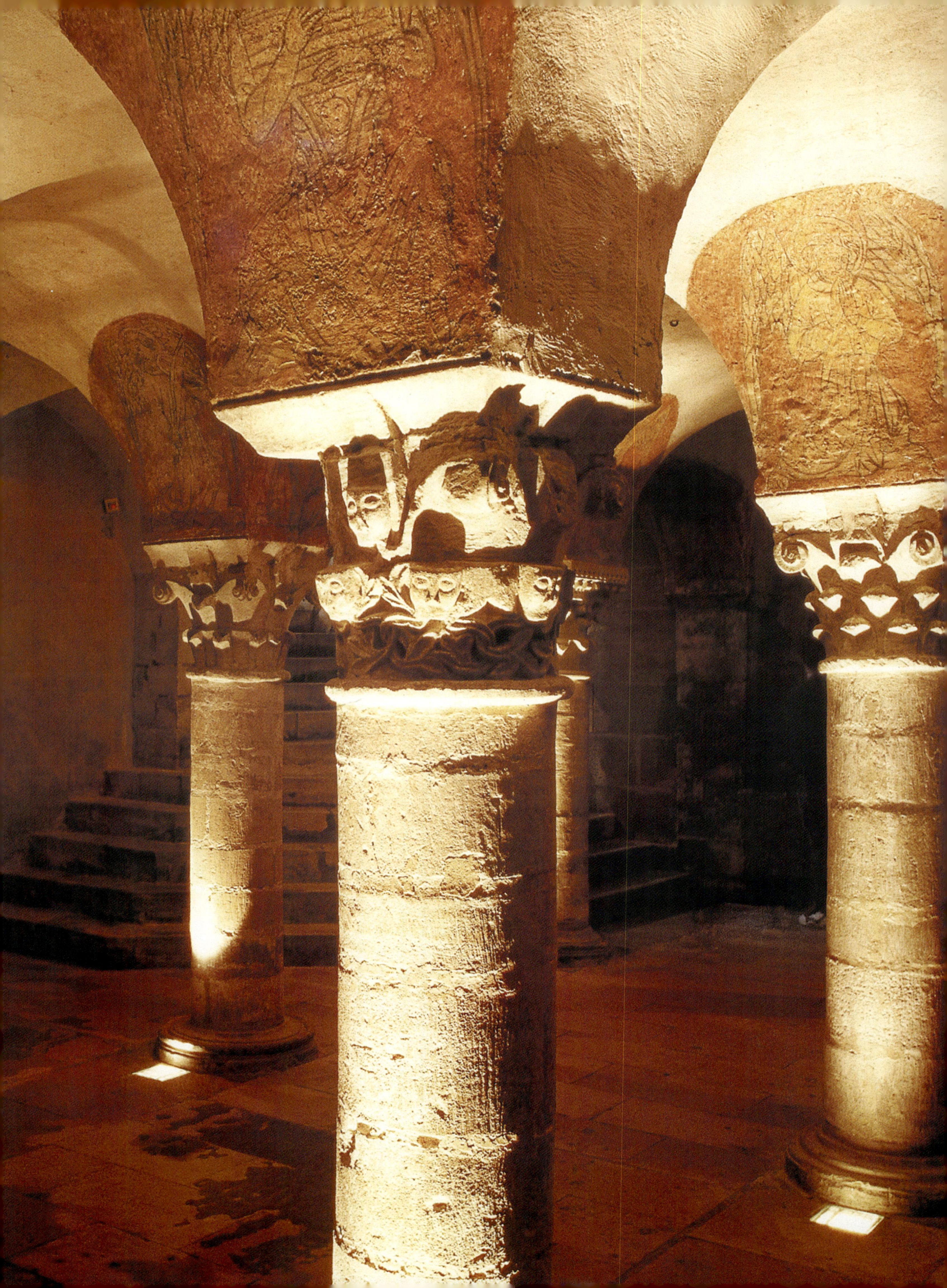

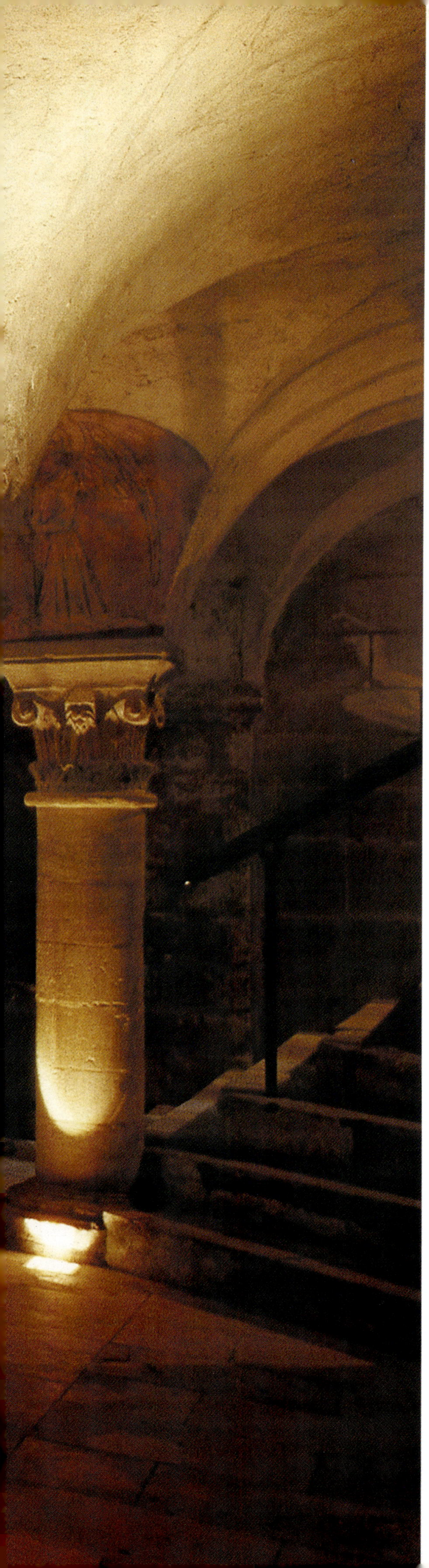

Dans la première moitié du XIIIe siècle, le chœur est entièrement repris, ainsi que le haut de la nef et une partie du transept. Au XIVe siècle sont ajoutées les chapelles latérales entre les piliers de la nef, ce qui oblige à doubler la portée des arcs-boutants, afin de consolider la nef.

Lors de la guerre de Cent Ans, la cathédrale, sujette à de permanentes attaques anglaises, se transforme en forteresse abritant une solide garnison. Mais les travaux continuent. En 1412, la crypte romane est redécouverte. Au-dessus des voûtes est érigé un étage octogonal de style gothique flamboyant. La tour-lanterne, endommagée par la foudre en 1425, est restaurée par l'évêque Louis d'Harcourt. En 1486, la flèche est achevée. Les archives mentionnent par deux fois un fait qui nous semble exceptionnel mais qui devait être au contraire relativement fréquent : lors de cérémonies grandioses où la cathédrale s'avérait trop petite, l'évêque montait sur l'une des tours et officiait depuis le sommet, pour la foule massée à l'extérieur, dans toutes les rues avoisinantes. À Bayeux, le fait s'est produit par deux fois : en 1499, lors de l'intronisation d'un nouvel évêque, et en 1513, lors de la levée de l'excommunication du roi Louis XII.

La cathédrale d'aujourd'hui

En 1562, les huguenots s'acharnent sur l'édifice, pillant le trésor, arrachant les statues, les autels, les vitraux, détruisant les reliquaires. Puis les embellissements se succèdent. En 1713, la tour centrale, objet de tous les soins, est coiffée d'un dôme de pierre. Ce qui avait échappé à la fureur protestante tombe en 1793 aux mains des révolutionnaires. La cathédrale devient alors le temple de la Raison et de l'Être suprême. En 1850 pèsent sur le bel édifice de graves menaces d'éboulement. Viollet-le-Duc veut démolir la tour centrale. Après de longues tractations, elle est sauvée par l'ingénieur Lebas, celui-là même qui avait dirigé l'installation de l'obélisque sur la place de la Concorde à Paris.

Juin 1944 : Bayeux retient son souffle. Bien que située à une quinzaine de kilomètres des plages du débarquement, la ville sort indemne de la guerre, échappant à la tourmente comme sa tapisserie avait esquivé les ravages de la Révolution.

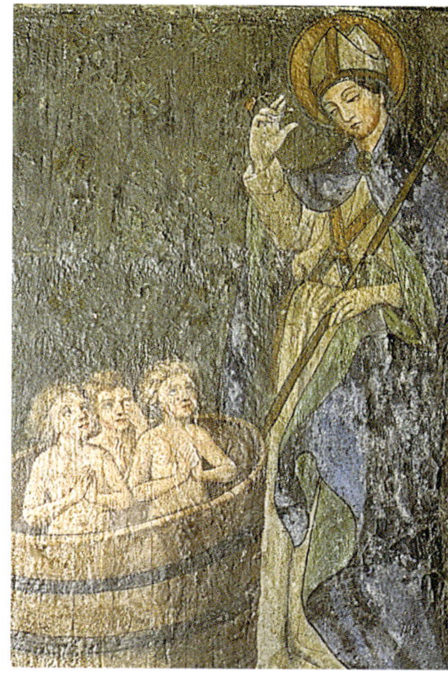

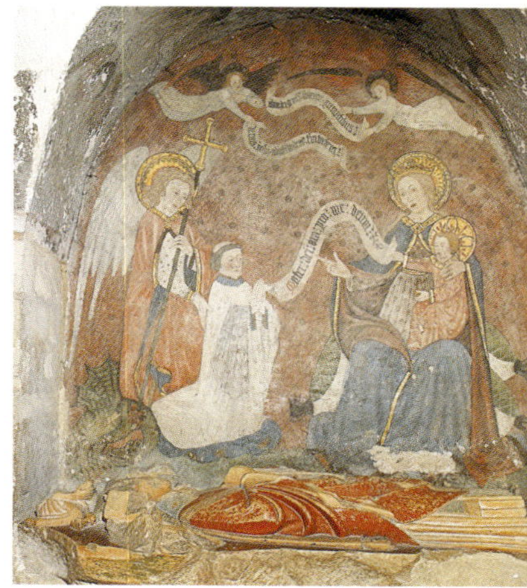

En haut : dans le croisillon droit, une peinture du XVe s. illustrant la vie de saint Nicolas.

Ci-dessus : dans la crypte, située sous le chœur, un enfeu aux anges musiciens du XVe s. et le gisant du chanoine Gervais de Larchamp.

Ci-contre : la crypte du XIe s., vestige de la première cathédrale. Elle fut murée et redécouverte par hasard lorsque l'on creusa le caveau de l'évêque Jean de Brissay en 1412.

Coutances

Notre-Dame, des prouesses architecturales et artistiques

XIIIe s.

À NE PAS MANQUER

La façade,
les tours romanes,
le chœur,
les chapelles rayonnantes,
la chapelle dite la Circata,
les stalles,
le maître-autel,
la statue de Notre-Dame de Coutances,
les parties hautes.

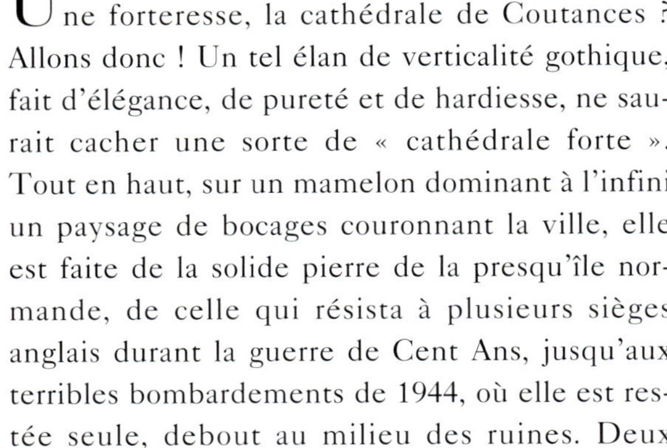

Une forteresse, la cathédrale de Coutances ? Allons donc ! Un tel élan de verticalité gothique, fait d'élégance, de pureté et de hardiesse, ne saurait cacher une sorte de « cathédrale forte ». Tout en haut, sur un mamelon dominant à l'infini un paysage de bocages couronnant la ville, elle est faite de la solide pierre de la presqu'île normande, de celle qui résista à plusieurs sièges anglais durant la guerre de Cent Ans, jusqu'aux terribles bombardements de 1944, où elle est restée seule, debout au milieu des ruines. Deux tours flanquées de clochetons, une superbe tour-lanterne inondant de lumière la croisée du transept : non, décidément, rien ici ne semble défensif ou militaire. Et pourtant...

Un courageux évêque quêteur

Coutances, qui a donné son nom à toute la presqu'île du Cotentin, devint siège d'évêché en 511 et se flatte de compter un saint parmi ses évêques, saint Lô, le troisième. En 866, les Danois brûlent la ville et l'évêque abandonne sa cathédrale pour se réfugier à Rouen. Ce statu quo durera jusqu'en 1030, date à laquelle, sous la protection des ducs de Normandie, Herbert II retrouve son diocèse et entreprend, après plus de cent soixante ans d'absence épiscopale, de rebâtir une nouvelle cathédrale. La Normandie connaît alors une extraordinaire floraison d'abbayes (Jumièges, Le Bec, Caen, etc.).

La construction s'achève sous le très long épiscopat de Geoffroy de Montbray (1048-1093), compagnon de Guillaume le Conquérant. Pour financer les travaux, l'évêque n'a pas hésité à quérir des subsides auprès de ses richissimes compatriotes coutançais établis en Italie du Sud, comme l'ont fait à la même époque les évêques de Sées et du Mans. Il revient avec beaucoup d'or. Mais la cathédrale à peine achevée, une partie s'effondre. Incendie ? Tremblement de terre ? Défaut technique ? On a tout supposé mais on ne sait rien.

L'Histoire est muette sur le XIIe siècle, pendant lequel, semble-t-il, la cathédrale fut utilisée telle quelle.

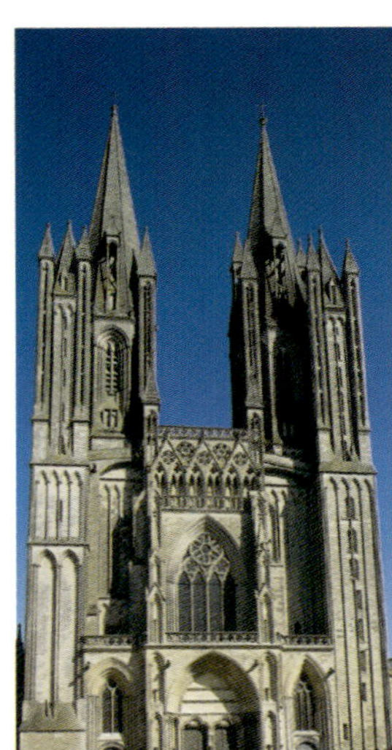

Ci-dessus : les deux tours de la façade occidentale sont cantonnées de tourelles effilées et ajourées de baies, appelées fillettes.

Page ci-contre : le chevet et la tour-lanterne. Toutes les lignes du chevet semblent converger vers l'audacieuse tour-lanterne.

Une enveloppe gothique enfermant le roman

Puis vint le temps de la reconquête de la Normandie par le roi Philippe Auguste et des grands bouleversements politiques, suivis de l'émigration des Normands pro-anglais et de l'arrivée massive de dignitaires civils ou religieux pro-français. Un nouvel évêque, évidemment favorable à la France, Hugues de Morville (1208-1238), épris de la nouvelle architecture gothique, décide de grands travaux « à la française », qui dureront jusqu'en 1270. À l'extérieur il pousse au maximum l'élan vertical, la sensation d'envol par le décollement et l'évidement des tourelles, par l'aigu de ses deux clochers de façade dont les flèches, orgueil du pays, atteignant 77 mètres de haut, sont flanquées de clochetons et d'une cage d'escalier d'une hardiesse et d'une légèreté incomparables (d'une solidité à toute épreuve aussi, car elles n'ont jamais été restaurées depuis lors). À l'intérieur, cette même impression est donnée par la vaste nef aux cent faisceaux de colonnettes élancées. La merveille des merveilles est la tour-lanterne à laquelle s'accrochent quatre tourelles, colonne de lumière qui, du haut de ses 57 mètres, mène directement au paradis.

Ces prouesses architecturales sont complétées des prouesses artistiques qui ont incité l'architecte à préserver ce qui restait de l'édifice roman en l'habillant de gothique. Il a ainsi conservé le pied des tours de la façade et surtout la vaste nef, entièrement transcendée par la légèreté et l'élégance de la nouvelle mode. Et, près du sommet de la tour-lanterne, il a accroché les cloches à un beffroi de charpente qui amortit les formidables secousses. Malgré tout cela, le nom de cet artiste est resté inconnu !

Un Harcourt la protège, l'autre l'assaille

La cathédrale est achevée sous l'épiscopat de Jean d'Essey (1251-1274), par la reconstruction du transept et du chœur ainsi que l'érection de puissants piliers devant la façade et leur conversion en portails profonds au-dessus desquels une grande fenêtre enserrant une rosace est créée. L'ensemble sera déséquilibré par l'agrandissement de la chapelle axiale au XIVe siècle.

Pendant la guerre de Cent Ans, la position stratégique de la ville en fait une place forte naturelle dont a besoin le pouvoir royal. L'évêque Robert d'Harcourt transforme l'évêché en château fort et fait cerner la cathédrale de solides remparts à l'intérieur desquels on bâtit un cloître. Mais un autre Harcourt se charge d'assiéger la ville au siècle suivant : Geoffroy, allié des Anglais pen-

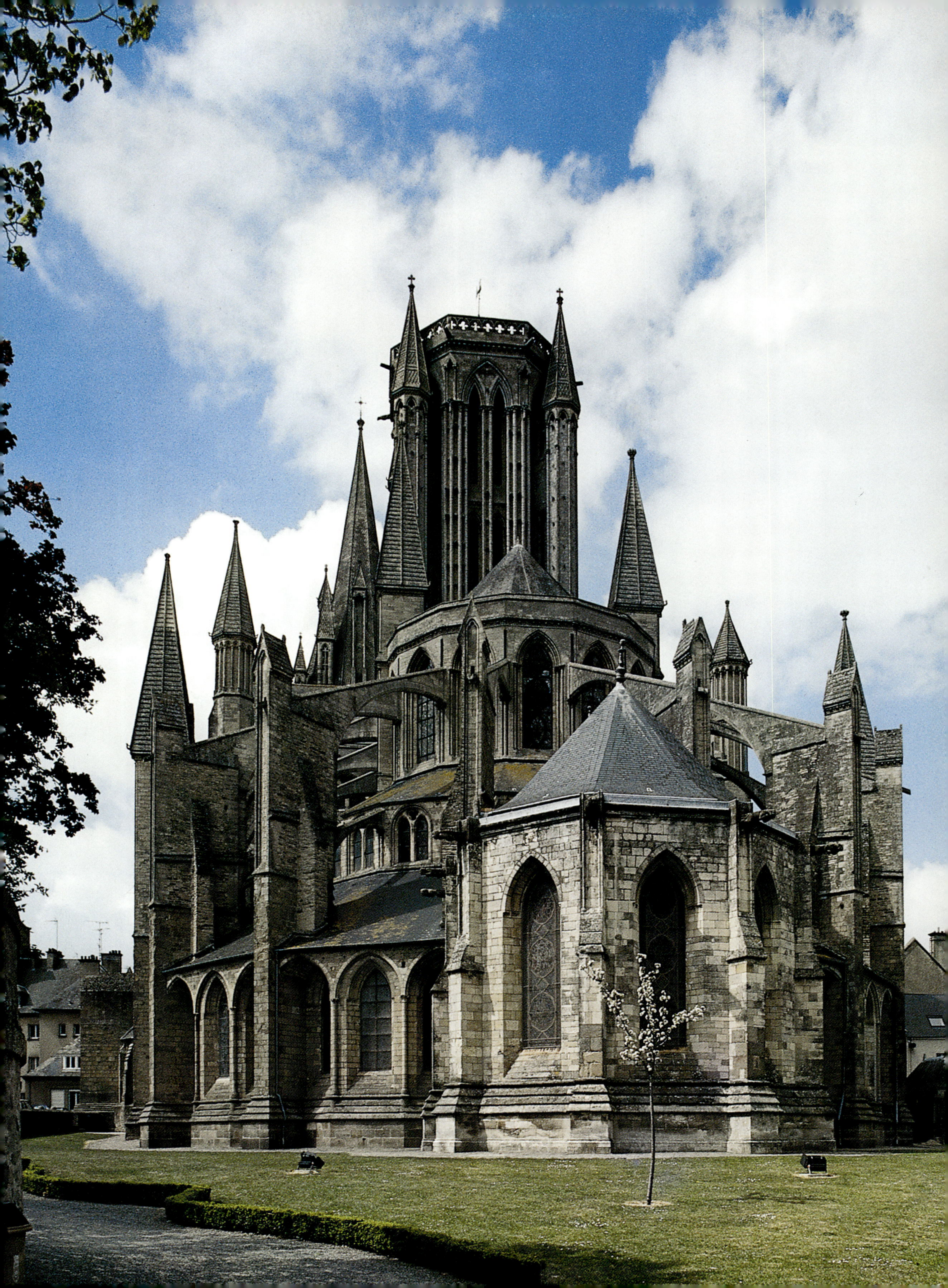

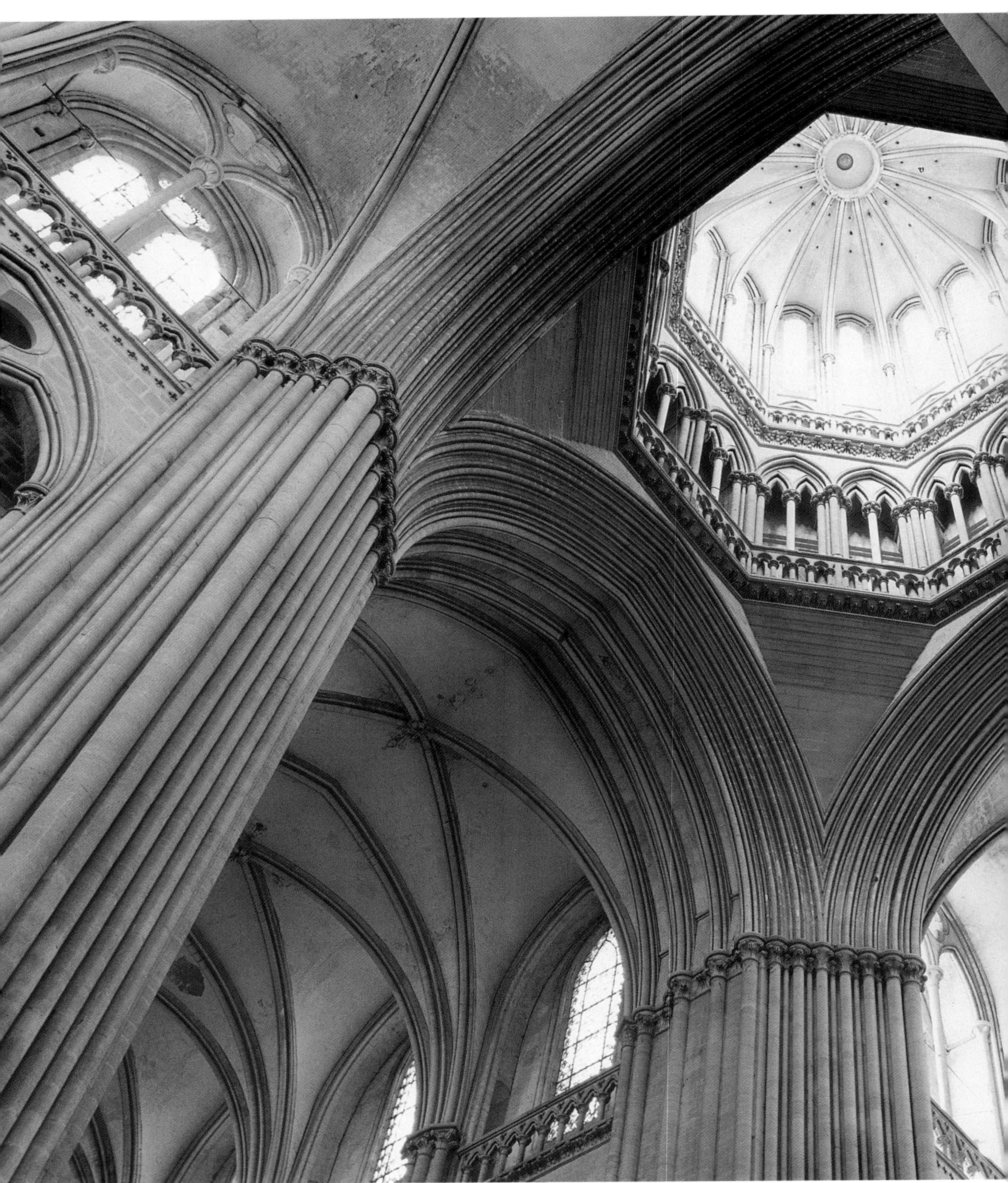

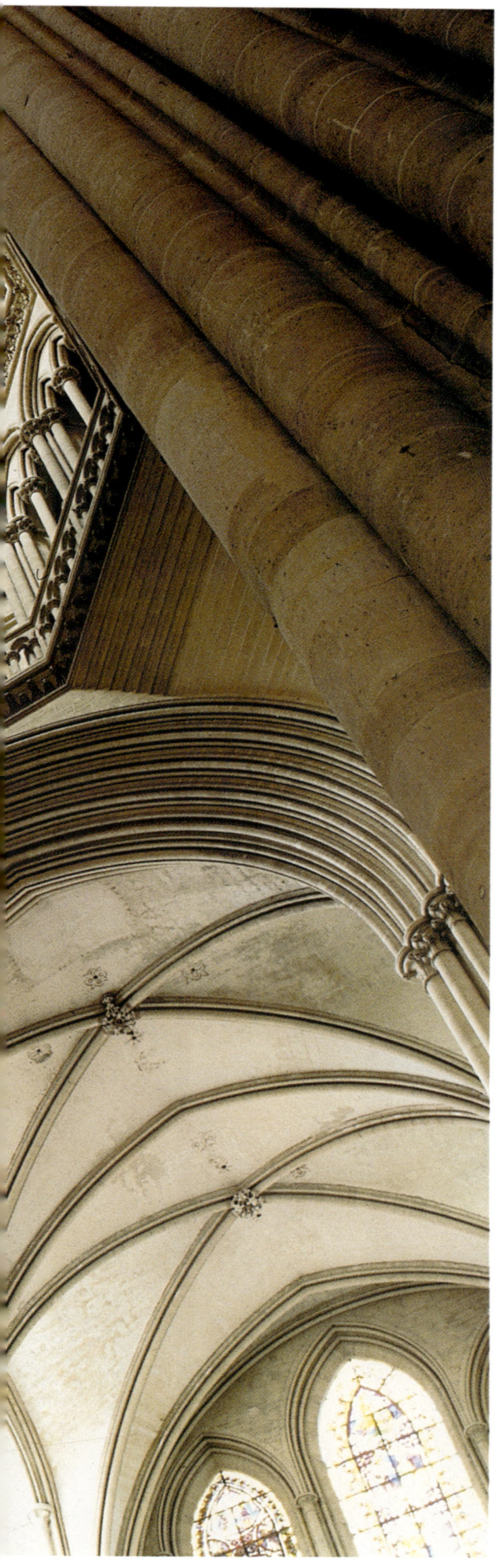

dant la guerre de Cent Ans. Les bas quartiers ne pouvant résister, les troupes montent à l'assaut de la cathédrale. Mais flèches et clochers servent admirablement les assiégés. La cathédrale tient bon. Elle est dégagée par l'armée royale, qui y installe le siège d'un gouvernement militaire. Maintes fois prise et reprise, Coutances est libérée en 1449. Les huguenots, en 1562, les révolutionnaires, en 1794, mutileront statues et sculptures, mettant paradoxalement en valeur cette solide et fière verticalité qui, ici, est l'expression du plus pur des gothiques.

Ci-contre : l'une des plus belles tours-lanternes de Normandie. Elle passe du plan carré au plan octogonal, avec au premier étage une balustrade et à mi-hauteur une galerie.

Ci-dessous : la nef vue du triforium du chœur (1210-1220).

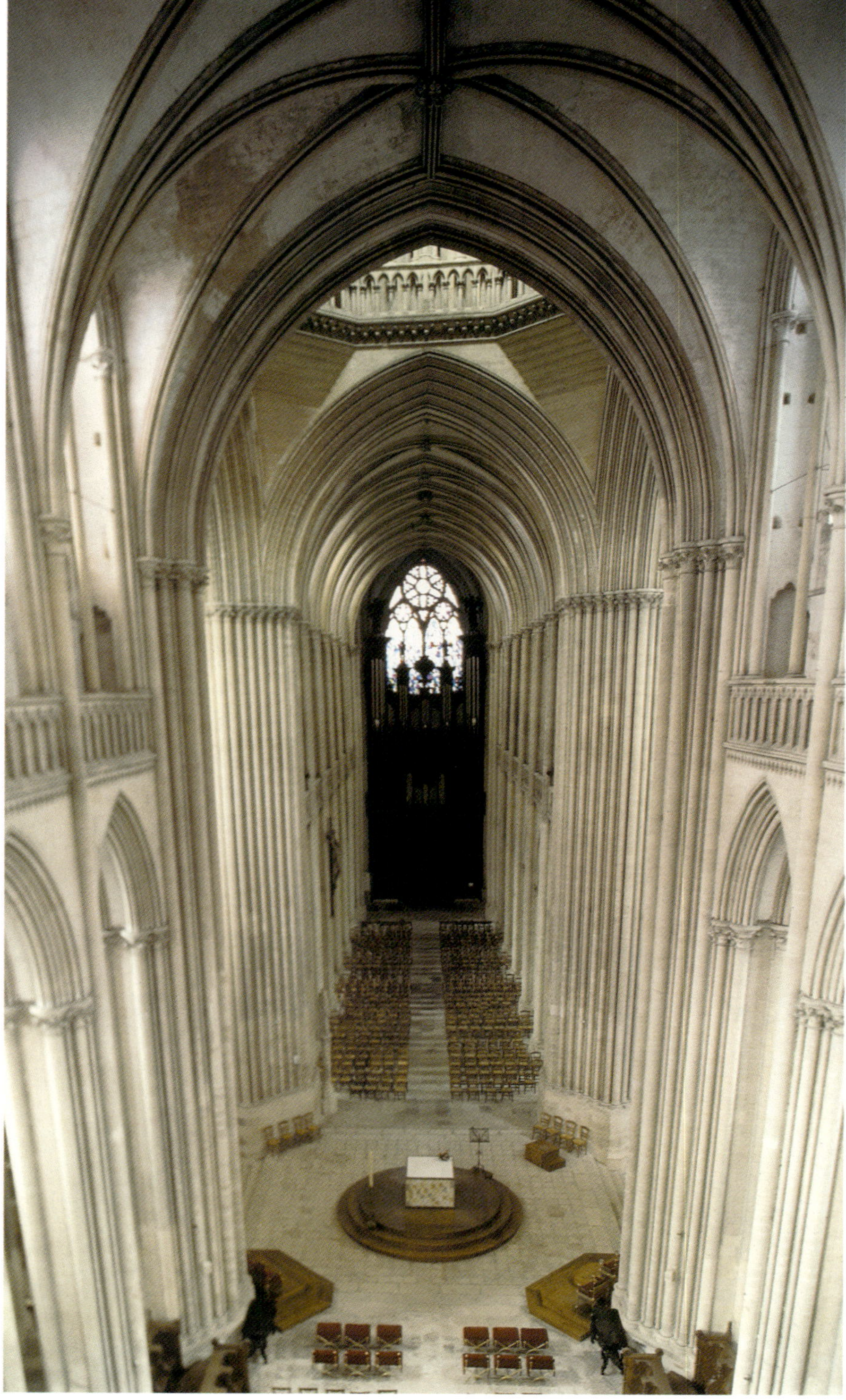

Sées

Notre-Dame, un équilibre chancelant

XIIe, XIVe ET XIXe S.

À NE PAS MANQUER
LE CHŒUR,
LE TRANSEPT,
LES VERRIÈRES,
LE MAÎTRE-AUTEL,
LE GRAND ORGUE.

Deux flèches ajourées repérables à des kilomètres à la ronde, un somptueux palais épiscopal et un bourg d'à peine six mille habitants, situé en bordure de l'Orne naissante : voici Sées, l'un des très rares chefs-lieux de canton à abriter le siège d'un évêché depuis que saint Latuin, son premier évêque, s'y est installé au IVe siècle. La ville vit en parfaite harmonie avec sa cathédrale, chef-d'œuvre du gothique normand bien que plusieurs fois reconstruite.

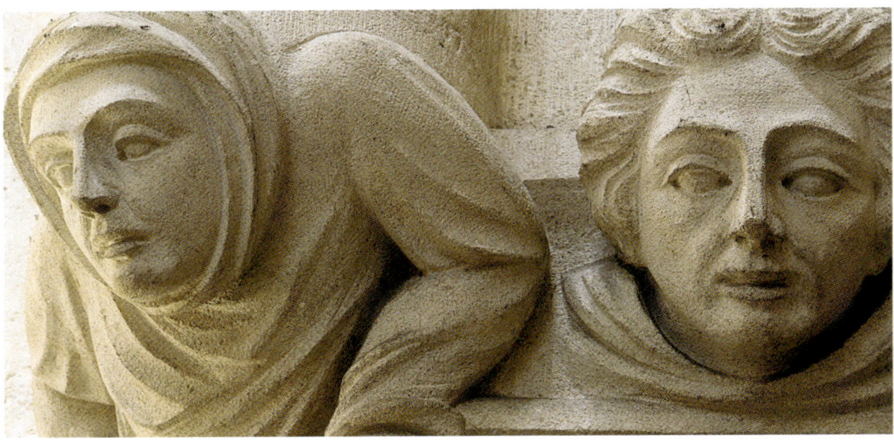

Ci-dessus : détail d'un pilier du transept.

Page ci-contre : un pilier du transept. Le décor floral est caractéristique du milieu du XIIIe s.

PLUSIEURS ÉDIFICES SUCCESSIFS

Une première cathédrale est édifiée au Ve siècle à la place d'un temple romain. Elle est détruite par les Normands au IXe siècle. Lui succèdent un deuxième, puis un troisième édifice qui, en 1048, fut incendié par son évêque, Yves de Bellême, qui voulait en chasser des brigands y ayant trouvé refuge. On dit que, pour trouver des fonds, le malheureux évêque n'hésita pas à aller quêter jusqu'en Italie du Sud et en Sicile, où ses compatriotes normands étaient richement installés. Il rapporta de l'argent et une belle source de revenus : une relique de la Vraie Croix. Mais la cathédrale ne fut terminée qu'en 1178.

UN SOL PEU STABLE

Dès les débuts de l'édifice, semble-t-il, le sol était si peu stable qu'il fallait en permanence consolider et étayer. C'est vraisemblablement pour cela que déjà au XIIIe siècle fut reprise la nef et au siècle suivant le chœur et les clochers. Et ce fut à nouveau le temps des pillages et des incendies pendant la guerre de Cent Ans. Après le dernier passage des Anglais, en 1450, il ne restait que les murs, les voûtes et les tours... Des travaux importants reprirent. À l'origine, il existait une tour-lanterne qui coiffait la croisée du transept et qu'il fallut abattre pour des raisons de sécurité. Puis, un beau jour de fête de l'an 1516, alors qu'une messe était dite sur le parvis de la cathédrale, les fidèles crurent voir les flèches vaciller. La panique gagna la foule, entraînant la mort de plusieurs personnes. En toute hâte, on ajouta des contreforts à la façade.
En 1568, pendant les guerres de Religion, Sées fut pillée par les huguenots. Laissée ensuite sans entretien pendant près de deux siècles par des évêques négligents, la cathédrale se retrouve dans un tel état que, le 11 janvier 1740, on en interdit l'entrée. Le futur roi Louis XVIII, alors comte de Provence, fit nommer un nouvel évêque, son précepteur, Mgr d'Argentré. Après avoir obtenu de Louis XVI l'argent nécessaire, ce dernier lança une campagne de travaux colossaux : aménagement du chœur, charpente neuve, restauration du grand clocher, renforcement du côté nord par une chapelle. Le maître-autel en marbre et appliques de bronze fut installé trois ans avant la Révolution. Dorénavant, la cathédrale se voit affecter le vocable de Notre-Dame.
Le XIXe siècle vit plusieurs campagnes de restauration se succéder, menées par des architectes travaillant avec des compagnons du Tour de France. En 1840, rénovation de la flèche de la tour sud. À partir de 1848, des fondations plus profondes sont enfin entreprises. Le chœur est ainsi entièrement démonté pierre à pierre pour être remonté sur de nouvelles bases. La chapelle axiale est allongée d'une travée. Le portail est flanqué de colonnes disposées en quinconce comme à Lisieux. Et, au début du XXe siècle, les nefs latérales sont à leur tour rebâties sur de nouvelles fondations.
Après sept siècles d'un équilibre chancelant, la cathédrale était enfin assise sur du solide. Curieusement, tant de travaux n'ont pas porté atteinte à la remarquable unité intérieure.
Il est tout aussi étonnant qu'au milieu de tant de bouleversements la cathédrale ait gardé son puits, profond de 10 mètres, et encore en eau. Ces puits, autrefois présents dans presque toutes les cathédrales, sont aujourd'hui rarissimes.

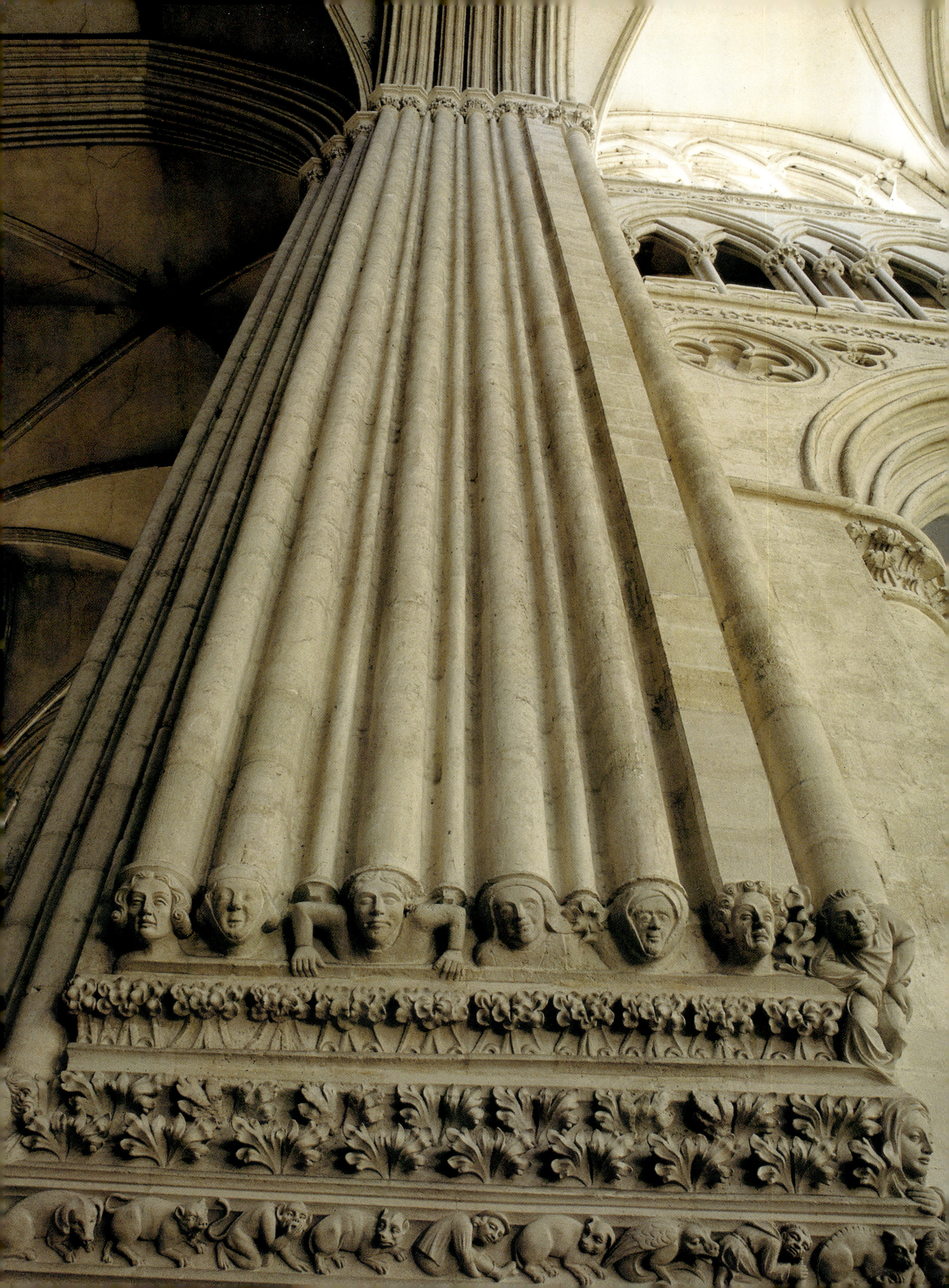

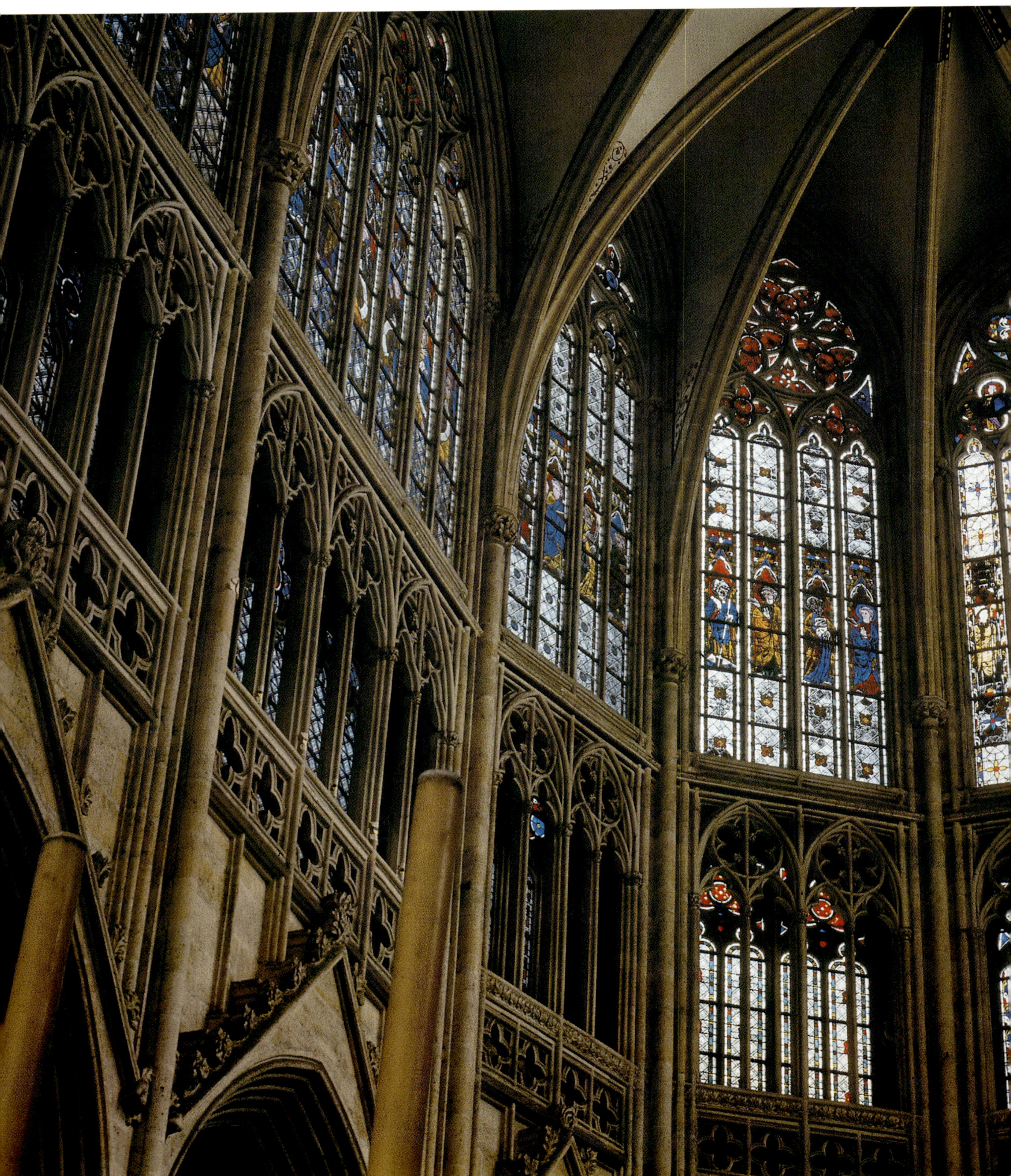

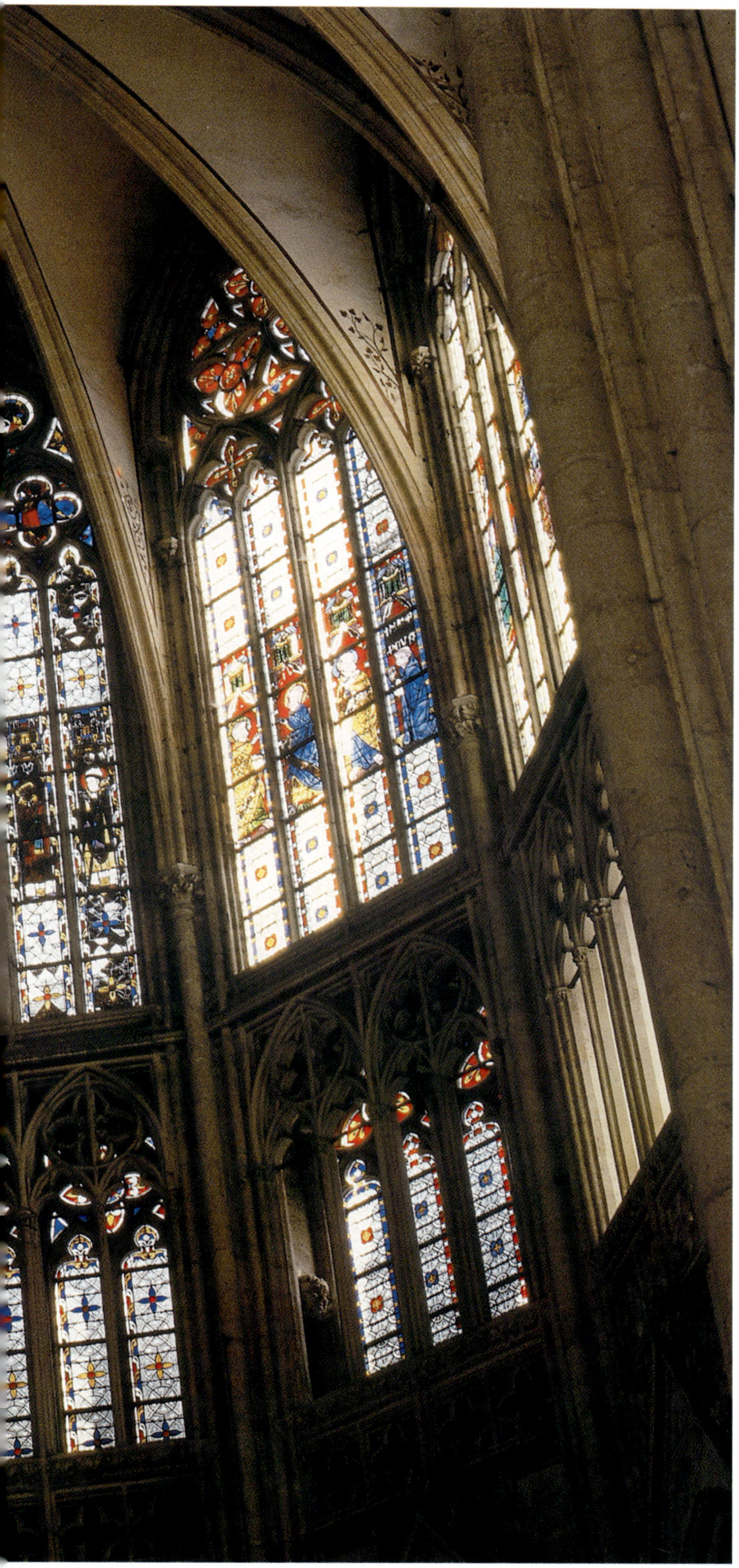

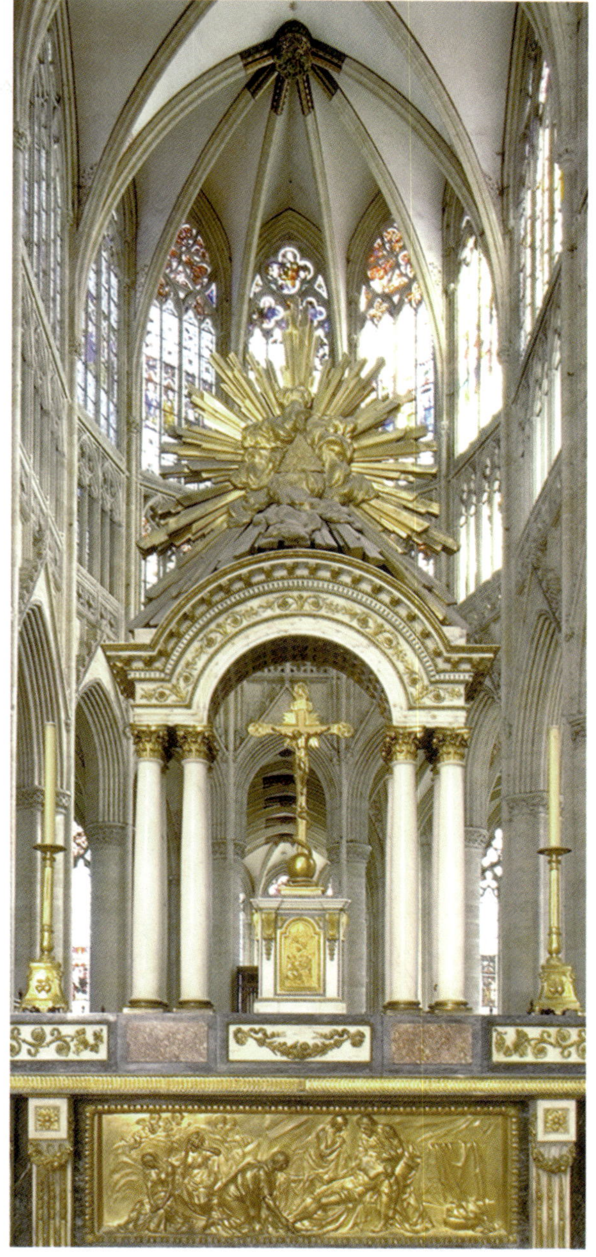

Ci-dessus : le maître-autel en marbre de Turquin ; le bas-relief en bronze doré représente la Mise au tombeau.

Ci-contre : le chœur du XIIIe *s. est éclairé par d'immenses verrières.*

Dol-de-Bretagne

Saint-Samson, au pays des Celtes et des druides

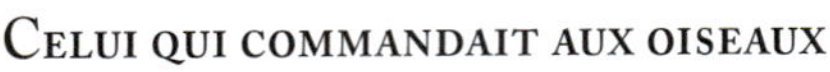

XIIIe-XIVe S.

À NE PAS MANQUER

LE GRAND PORCHE SUD,
LE PETIT PORCHE SUD,
LA VERRIÈRE DU CHŒUR,
LES STALLES,
LE TRÔNE ÉPISCOPAL,
LE TOMBEAU DE L'ÉVÊQUE THOMAS JAMES,
LE CHRIST AUX OUTRAGES.

Pourquoi l'une des plus importantes cathédrales de Bretagne dans un bourg qui ne dépasse guère, aujourd'hui comme hier, les cinq mille habitants ? Parce que celle qui ne possède plus qu'un titre, celui de petite capitale du « marais », est une ancienne ville maritime abandonnée par la mer au XIe siècle, qui fut jusqu'au XIIe siècle le siège d'un archevêché dont dépendaient tous les autres évêchés bretons. Dol, campée en bordure de falaise, est désormais au cœur d'un pays de dunes et de marécages. La proximité du mont Dol, qui fait ici figure de montagne, vaut peut-être à la cathédrale son côté forteresse, aussi solide que le granit qui la compose. Sans doute ce caractère massif, austère, défensif, lui était-il nécessaire pour tenir en ces terres de guerres perpétuelles, aux confins de la marche de Bretagne.

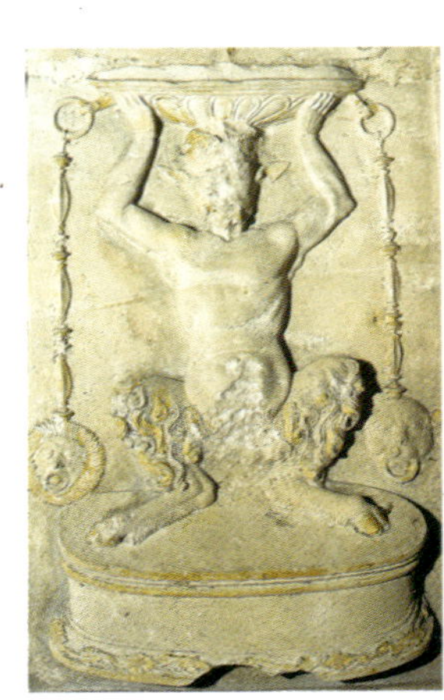

Ci-dessus : dans le croisillon nord, détail des sculptures du tombeau de l'évêque Thomas James, exécuté par les Florentins Antoine et Jean Juste (XVIe s.).

Ci-contre : la tour inachevée déséquilibre la façade de cette cathédrale du XIIIe s., dont la silhouette rappelle celle de Salisbury, en Angleterre.

Celui qui commandait aux oiseaux

La cathédrale porte le nom d'un moine gallois, Samson. Venu de Cardiff au VIe siècle évangéliser l'Armorique, pays des Celtes et des druides, celui-ci fonda à Dol un monastère. Le rayonnement spirituel de Samson lui valut d'être élu évêque par le peuple. Il savait, dit-on, commander aux oiseaux quand ils détruisaient les récoltes, aux oies quand elles gênaient le chant des vêpres... Mais il sut également défendre la couronne ducale de Bretagne contre les usurpateurs, si l'on en croit ses biographes, qui ne l'ont pas connu. Il érigea une cathédrale qui fut détruite en 1014 par les Vikings et dont on a découvert les vestiges en 1969.

Une seconde cathédrale fut consacrée en 1194, construite par la dynastie angevine des Plantagenêts. Elle fut presque aussitôt incendiée par l'abominable Jean sans Terre, qui voulait s'emparer du duché de son neveu mineur alors sous tutelle de Philippe Auguste.

D'inspiration gothique normande

Sous l'égide du roi de France, une nouvelle cathédrale s'érige rapidement au temps de l'évêque Jean de Lisannet. À sa mort, en 1231, la nef, magnifique vaisseau de 100 mètres de longueur et de plus de 20 mètres de hauteur sous voûte, est achevée. L'évêque qui succède à Jean de Lisannet, Clément de Vitré, introduit de nouvelles

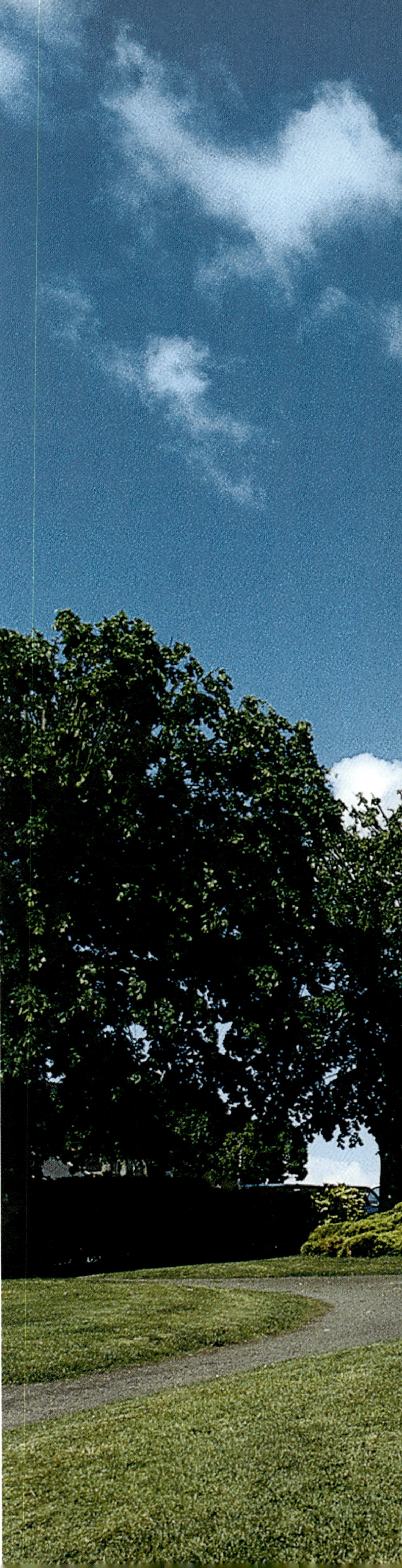

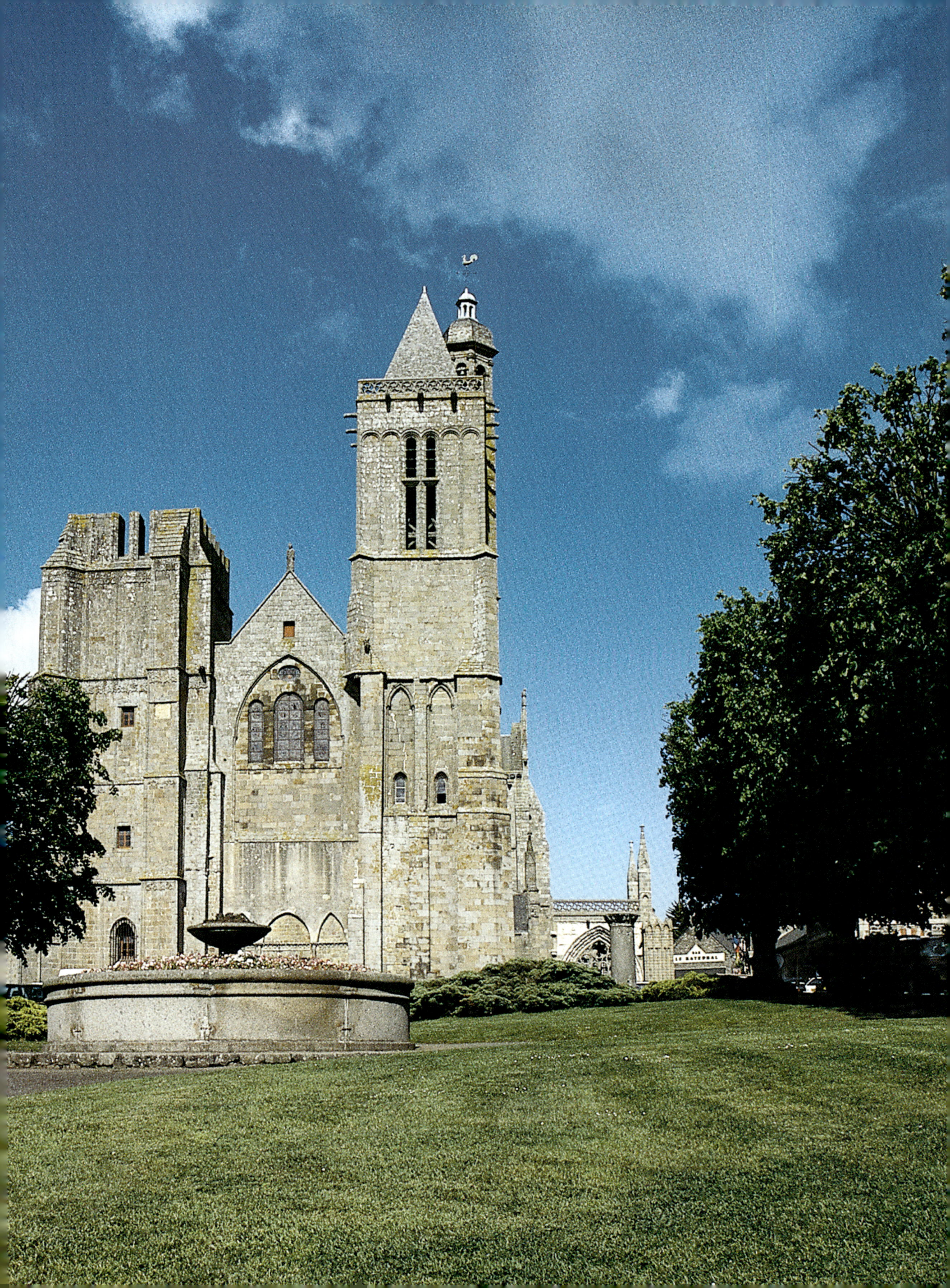

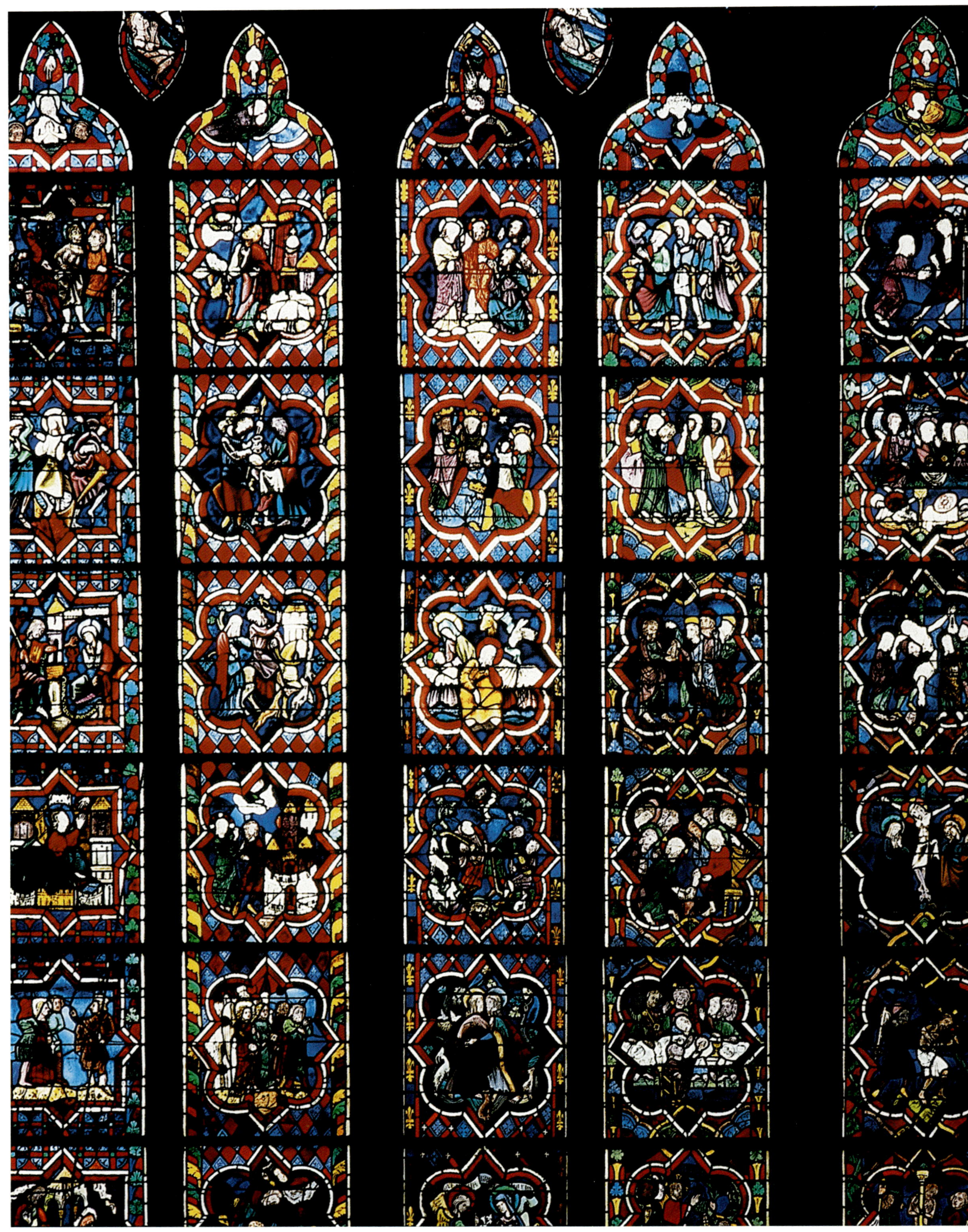

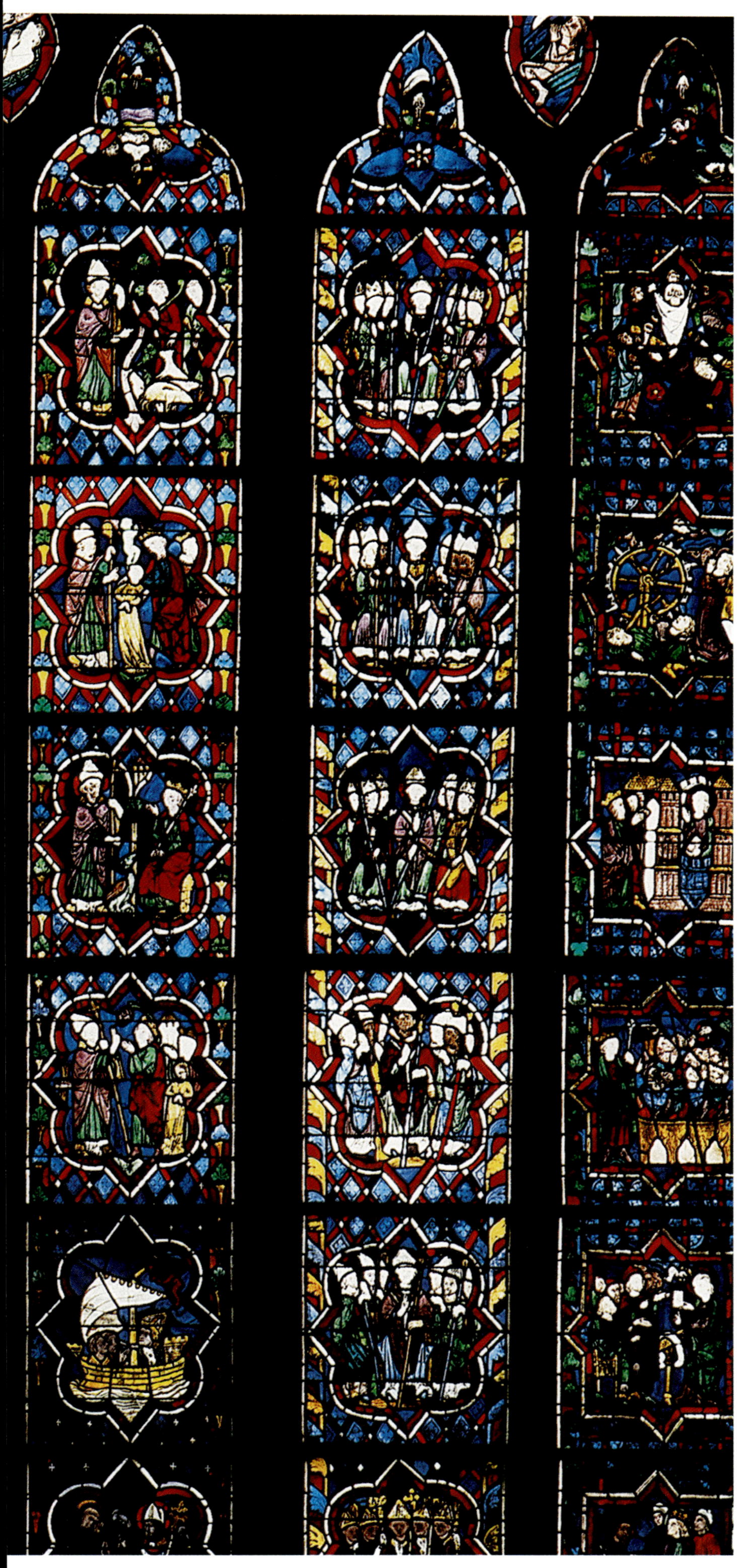

techniques en amenant sur son chantier des ouvriers ayant travaillé à l'élaboration d'autres cathédrales. On lui doit un chœur à chevet droit. Comme les reliques de saint Samson attiraient un grand nombre de pèlerins, il fut nécessaire de leur construire un déambulatoire afin que leur passage ne dérange pas les offices. À cause de ce chevet, le chœur fut donc construit selon un plan rectangulaire tout à fait rare. Le tout est terminé en 1265. L'édifice compte trois niveaux et possède, selon la coutume normande, une galerie de circulation située en dessous des hautes fenêtres. La belle unité extérieure de l'ensemble est seulement animée d'un porche plus tardif, doté au flanc droit rectangulaire de larges arcades ajourées et couronné d'une balustrade flamboyante.

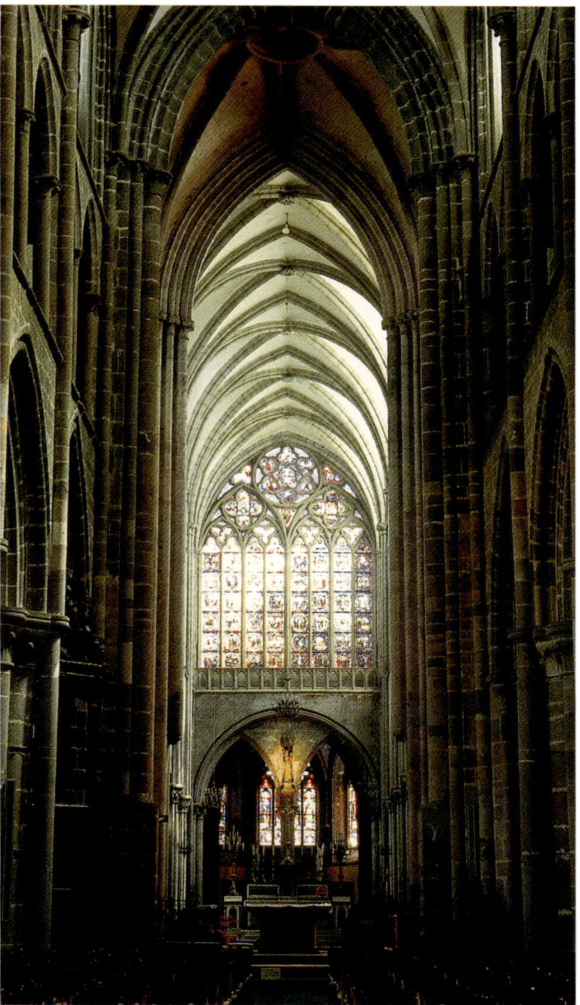

Ci-dessus : la nef de sept travées forme un long vaisseau de 100 m de long aboutissant à un chevet plat.

Ci-contre : les verrières à médaillons du chœur (XIIIe s.) racontent l'histoire d'Abraham et du Christ, de saint Samson, et des six premiers archevêques.

Tréguier

Saint-Tugdual, une modeste merveille

XIVe-XVIIIe S.

À NE PAS MANQUER
LA TOUR HASTINGS,
LE PORCHE DES CLOCHES,
LA GRANDE VERRIÈRE
DU TRANSEPT DROIT,
LE TOMBEAU
DE SAINT YVES,
LE GROUPE EN BOIS
DE SAINT-YVES,
LE TRÉSOR,
LE CLOÎTRE.

Cette vieille ville épiscopale qui s'étage sur une colline dominant l'estuaire de Tréguier possède l'une des plus belles cathédrales de Bretagne, malgré sa taille relativement modeste. Un superbe édifice tout en granit datant des XIVe et XVe siècles, de style gothique flamboyant.

Trois tours alignées au-dessus du transept

Il n'y a pas meilleur raccourci pour saisir l'histoire de cette cathédrale que de s'arrêter aux trois tours qui s'élèvent au-dessus du transept. C'est une disposition très rare. La plus ancienne de ces tours surmonte le croisillon nord. C'est elle qui porte les cloches. Flanquée d'une tourelle ronde, elle est le vestige d'une cathédrale antérieure construite au XIe siècle par un évêque inconnu de l'Histoire. C'est la célèbre tour dite Hastings, du nom – dit une légende plausible – d'un pillard normand qui, à la fin du IXe siècle, avait construit à cet emplacement un donjon de bois juché sur une éminence de terre. Selon d'autres, cette tour serait un vestige du premier monastère construit par saint Tugdual.

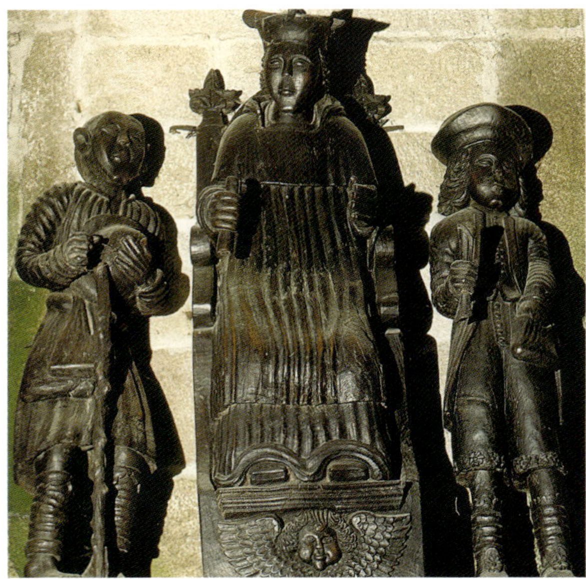

Ci-contre : Saint Yves entre riche et pauvre, *groupe en bois (XVe s.).*

Page ci-contre : l'un des plus beaux cloîtres gothiques de Bretagne, (1450-1479). Sous les voûtes, a été conservée une collection de gisants (XVe-XVIIe s.)

La tour du milieu, de style gothique, ne sera jamais achevée, mais elle porte les amorces d'une flèche. Au croisillon sud enfin s'élève le clocher, qui date de 1483. Il est surmonté d'une flèche ajourée de 63 mètres de haut, construite entre 1785 et 1787. Quelques marches pour descendre vers la nef et atteindre le chœur. Un chœur aux voûtes peintes, orné de quarante-six stalles en chêne sculpté du XVIIe siècle.

Mais le plus cher au cœur des Trégorois ne peut être vu qu'en se déplaçant jusqu'au transept droit. Saint Tugdual y est représenté sur la grande verrière dans les entrelacs d'une vigne mystique, au milieu de ses pairs, fondateurs comme lui des premiers évêchés bretons.

L'avocat des pauvres

La construction de cette cathédrale doit certainement beaucoup à un saint enfant du pays, saint Yves, aujourd'hui patron de la Bretagne tout entière. Yves Helori de Kermartin, né en 1253 au Minihy-Tréguier, eut le privilège d'étudier à Paris et de recevoir l'enseignement de saint Bonaventure, l'éminent professeur franciscain. De retour à Tréguier, il exerce les fonctions d'official de l'archevêque, c'est-à-dire qu'il dirige la justice de l'évêque, celle dont relèvent tous les clercs du diocèse. Poste important qui l'amène à s'opposer aux agents du fisc envoyés par Philippe le Bel pour saisir le trésor de la cathédrale. Il est vraisemblable qu'il a contribué par des dons à l'édification de l'édifice. Mais sa vocation était autre. Il se fait moine franciscain et « l'avocat des pauvres ». Sa mort est ressentie dans la région comme une catastrophe. Il fut inhumé dans la cathédrale à une place d'honneur, dans la chapelle du duc, et une foule innombrable vint alors en pèlerinage sur son tombeau. Le tombeau actuel date seulement de 1890, le précédent ayant été détruit en 1793. Du XVe siècle date encore, près du porche sud, un groupe en bois du XVe siècle intitulé *Saint Yves entre riche et pauvre*, accueillant la requête d'un pauvre et repoussant la bourse d'un riche... Saint Yves est resté le patron des gens de loi. C'est pourquoi un groupe d'avocats américains, belges et français a offert en 1937 les vitraux qui éclairent la chapelle où est situé son tombeau.

Une merveille, le cloître

Comme dans toute cathédrale, l'édifice était complété d'un palais épiscopal et de bâtiments pour les chanoines du chapitre, en particulier d'un cloître propice à la prière. Celui de Tréguier, adossé au palais, s'ouvre sur le flanc nord de la cathédrale. Il date du XVe siècle. Quadrilatère légèrement irrégulier, il n'est doté d'arcades que sur trois côtés afin de ne pas cacher les fenêtres du chœur.

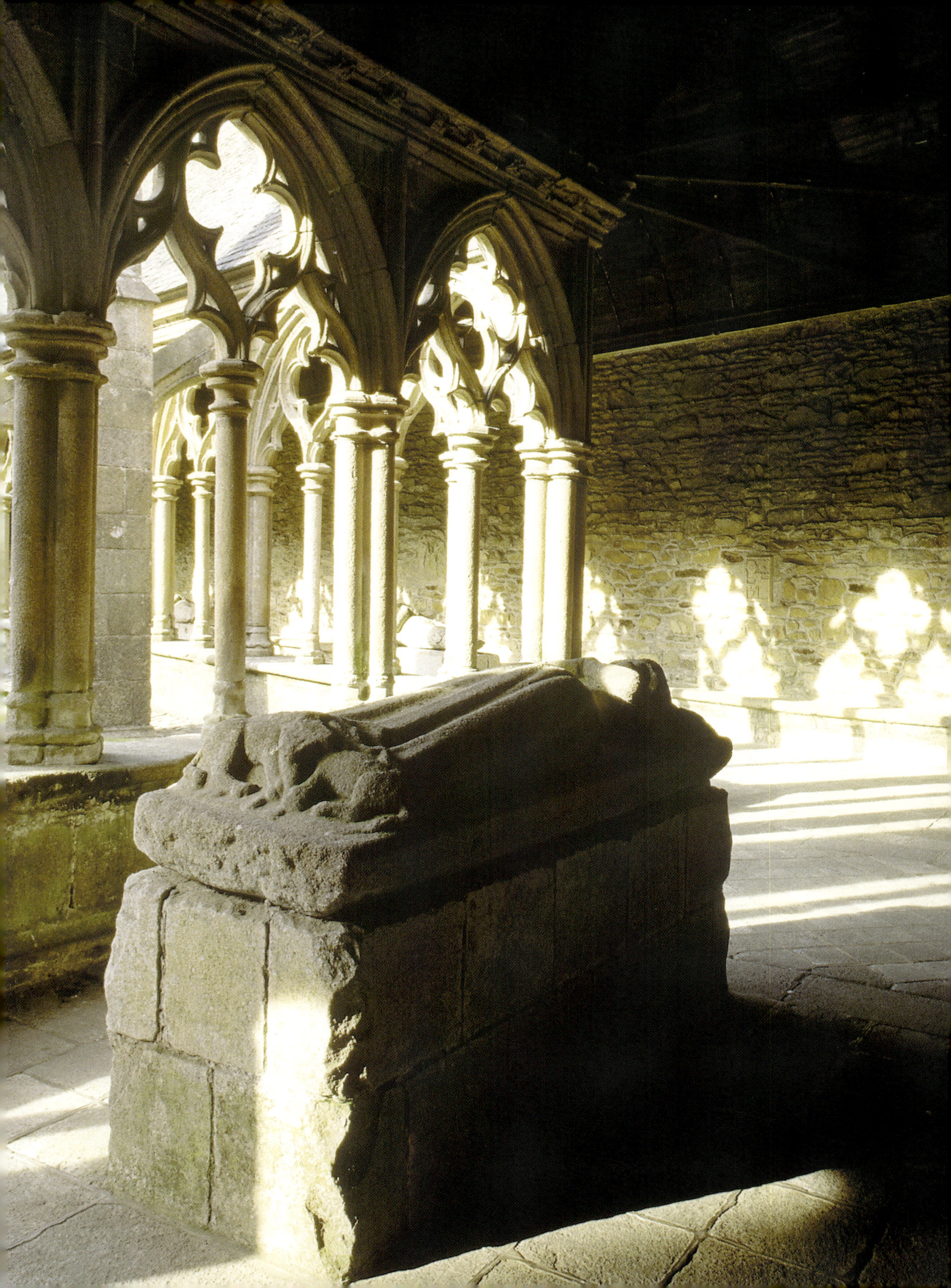

Quimper

Saint-Corentin, entre mer et ciel

XIIIe-XVe ET XIXe S.

À NE PAS MANQUER
LES DEUX FLÈCHES,
LA NEF,
LE TRANSEPT,
LE CHŒUR,
LES VITRAUX DU XVe S.,
LA CHAIRE DU XVIIe S.

Jamais capitale – Quimper est l'ancienne capitale de la Cornouaille – ne fut si étroitement liée à son saint patron. La ville entière s'ordonne autour de la cathédrale. Ce n'est pas par hasard qu'on l'a appelée, jusqu'au XVIIIe siècle, Quimper-Corentin, du nom de son premier évêque, celui à qui est dédiée cette belle cathédrale érigée à la pointe de la Bretagne. L'élévation de cette œuvre d'inspiration gothique s'est faite en plusieurs étapes : commencée en 1240, elle ne s'acheva qu'au XIXe siècle. Célèbres entre toutes, les deux tours de Saint-Corentin, hautes de 76 mètres, encadrent un grand portail flamboyant et s'achèvent par deux flèches de style gothique breton.

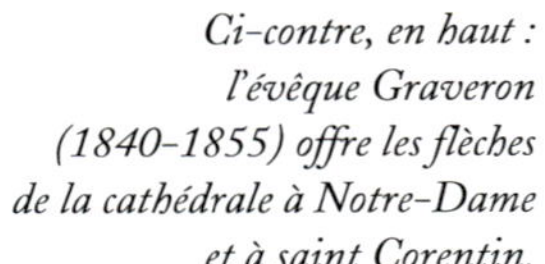

Ci-contre, en haut : l'évêque Graveron (1840-1855) offre les flèches de la cathédrale à Notre-Dame et à saint Corentin.

Page ci-contre : vue de la cathédrale depuis les quais de l'Odet.

Ci-dessous : le chevet. Des arcs-boutants légers et à double volée soutiennent la nef.

ARCHITECTURE FRANÇAISE EN BRETAGNE

Le chœur, remontant au XIIIe siècle, présente une curieuse déviation due sans doute à un édifice antérieur dont on ignore tout. Les constructeurs avaient tout simplement décidé de lui adjoindre comme chapelle absidiale un petit sanctuaire dont il était séparé par une rue.

La nef, longue de 92 mètres, ne fut pas terminée avant le XVe siècle. Elle est éclairée par d'admirables vitraux représentant tout un monde de chanoines et de seigneurs entourés de leurs saints patrons. Les architectures, qu'elles soient du XIIIe

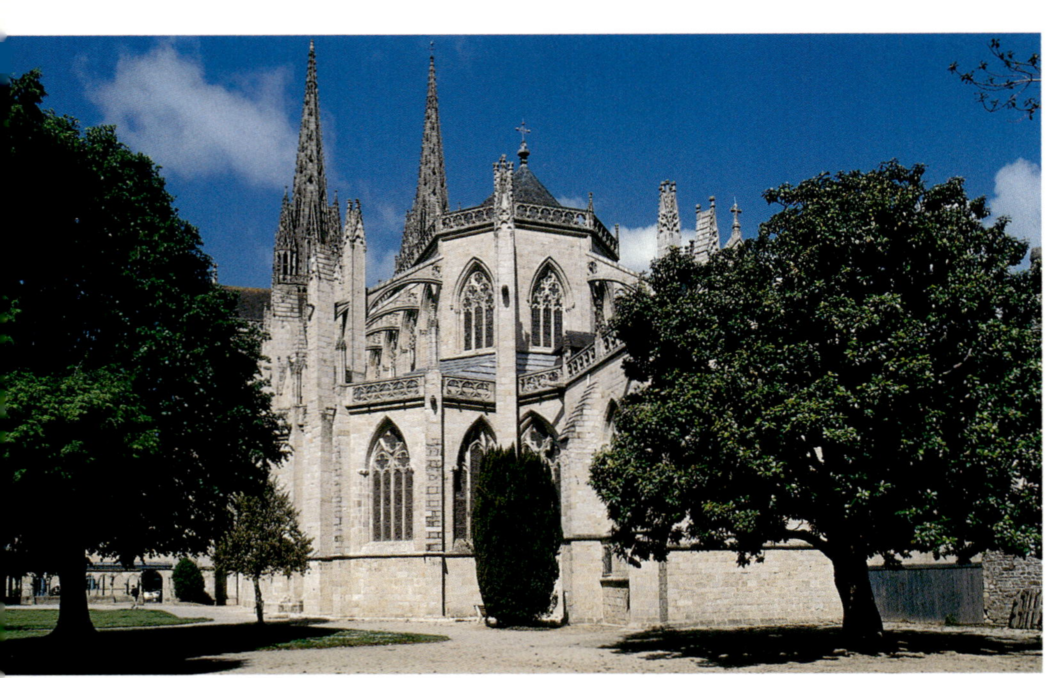

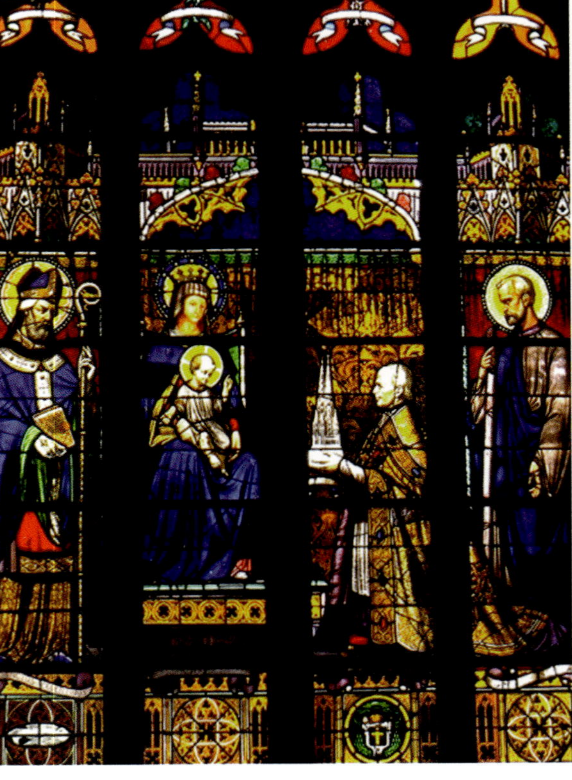

ou du XVe siècle, révèlent l'ouverture du duché au monde extérieur et rappellent que, contrairement aux idées reçues, il n'était pas replié sur lui-même mais intégré au royaume de France, tout en conservant ses particularités régionales.

La cathédrale servit de refuge aux habitants de Quimper pendant les guerres de Religion. On s'y entassa durant de longs mois, dans un désordre indescriptible et une hygiène douteuse ayant engendré une épidémie de peste qui fit plus de mille cinq cents victimes. Le 12 décembre 1793, jour de la Saint-Corentin, fut un jour tragique pour la cathédrale : après avoir rebaptisé la ville Montagne-sur-Odet, les révolutionnaires brûlèrent toutes les statues de bois de la cathédrale dans un gigantesque autodafé.

UNE CATHÉDRALE BIEN INSTABLE

Une grande instabilité des voûtes fut constatée dès leur construction. Des tirants métalliques les ont consolidées en 1777 puis en 1870. Depuis 1982, avec des techniques modernes, il semble qu'enfin l'ensemble soit solide.

En 1854, l'évêque souhaita rehausser les tours de deux flèches pour lesquelles il instaura le fameux sou de Saint-Corentin : les fidèles du diocèse furent invités à participer au financement à hauteur de un sou par habitant et par an pendant cinq ans. En 1856, les fameuses flèches étaient lancées. Mais aujourd'hui qu'elles sont patinées par l'air marin, qui pourrait les différencier de l'ensemble gothique de la cathédrale ?

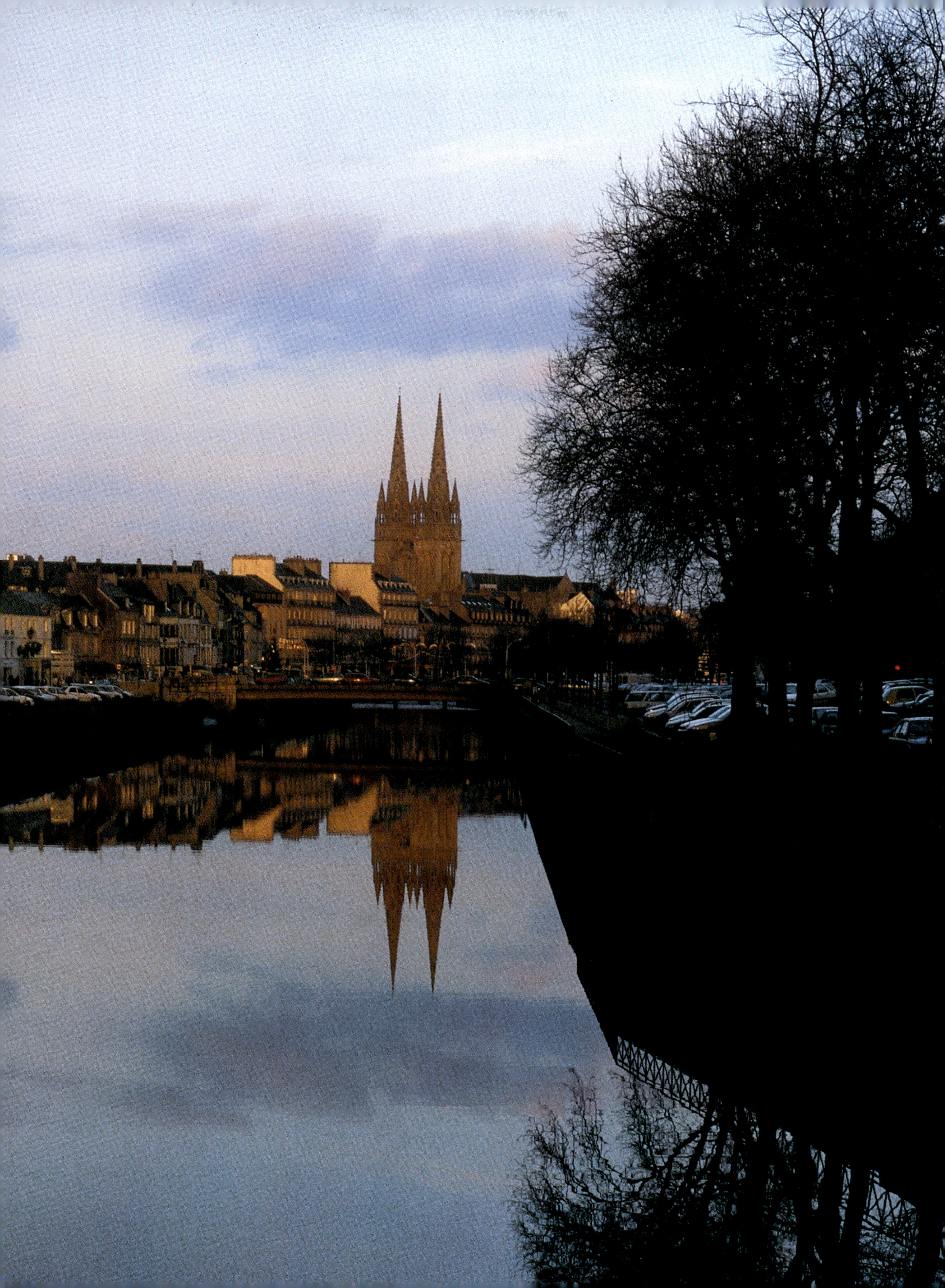

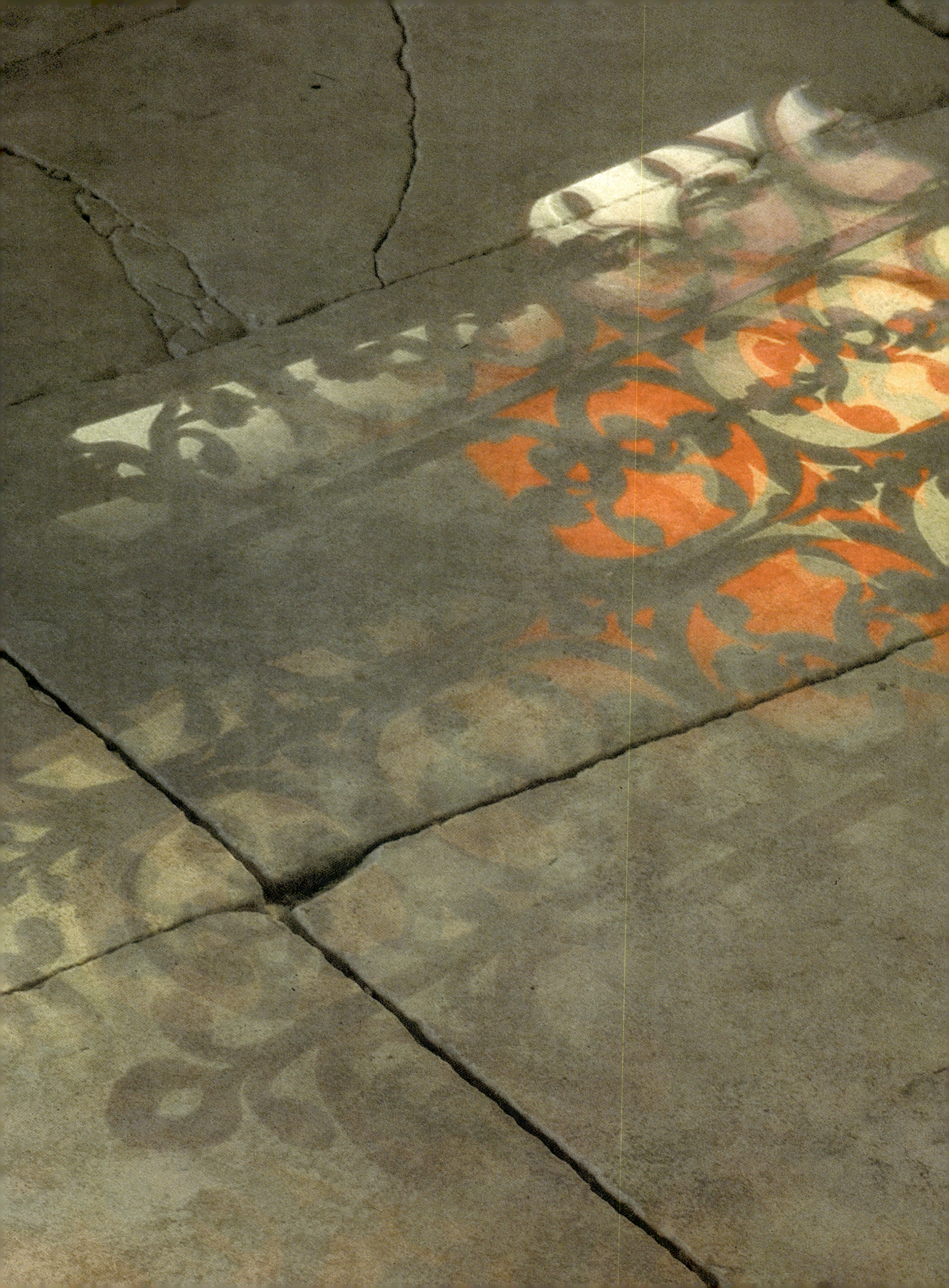

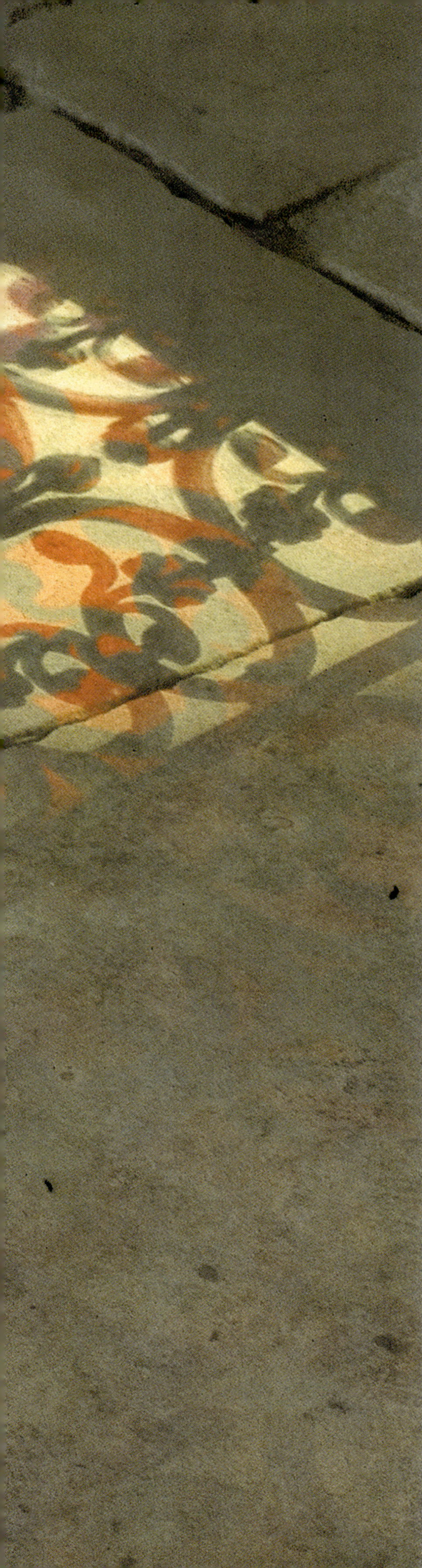

Le Centre

Terre d'influence, terre des particularités :
style Plantagenêt en Anjou,
nef à coupoles aux voûtes bombées
sur croisée d'ogives jusqu'au Mans,
si proche mais déjà happé par l'Île-de-France.
Alors Bourges, splendeur du gothique pur,
serait-elle l'exception, le modèle unique ?
Quant à ces terres du Poitou,
elles furent si longtemps occupées
par les Anglais qu'elles adoptèrent
une forme d'église-halle.
Plus au centre encore, Clermont-Ferrand,
inachevée au Moyen Âge, devra-t-elle attendre
le retour du néogothique au XIXe siècle ?
Sans oublier l'incursion du roman
au Puy-en-Velay, à la façade bigarrée,
telle une broderie... arabe.

Bourges : jeux d'ombre et de lumière à Saint-Étienne.

Le Mans

Saint-Julien, légèreté et équilibre du chœur

XIIe-XVe S.

À NE PAS MANQUER
LE CHEVET,
LE PORTAIL SUD,
LE TRANSEPT,
LE CHŒUR,
LES VITRAUX DU XIIIe S.,
LES STALLES,
LES TAPISSERIES,
LES FRESQUES
DE LA CHAPELLE.

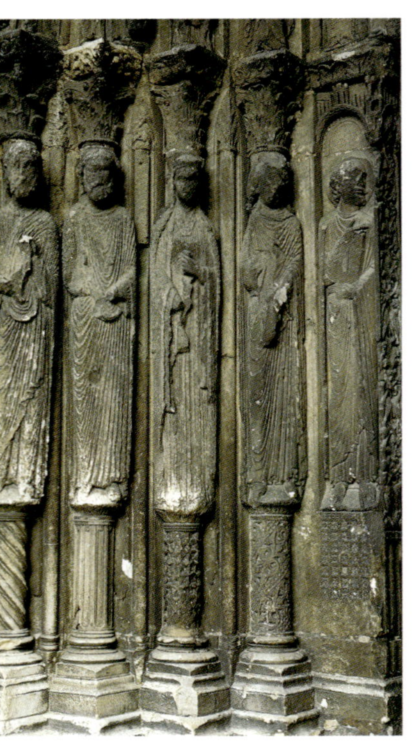

Ci-dessus : le portail méridional roman. Dans les piédroits, saint Pierre et des personnages de l'Ancien Testament (années 1150).

Page ci-contre : les contre forts du chevet confèrent majesté et puissance à tout l'édifice.

Cette cathédrale, en partie romane mais d'aspect magnifiquement gothique, est vouée à Julien, son premier évêque, envoyé par Rome au IVe siècle évangéliser les Cénomans, dont la capitale portera plus tard le nom du Mans. La vie de saint Julien raconte, comme toutes les autres vies de saints, de merveilleux miracles dont celui-ci : lors d'un siège, l'eau manque. Julien fait jaillir une source. Les habitants, bouleversés, se convertissent et le prince offre son palais pour en faire une église.

Plusieurs saints évêques lui succèdent : Innocent, Principe, Domnole, Pavin, Bertrand, Hardouin, Mérole, avant qu'Aldric ne bâtisse, au IXe siècle, une nouvelle cathédrale, où seront transférées les reliques de saint Julien, qui garde toujours la première place dans le cœur des Manceaux.

Entre un menhir et un dolmen

Alors que les premières cathédrales sont souvent édifiées sur les débris d'un temple gallo-romain, celle du Mans témoigne de lieux de culte bien plus anciens puisqu'elle s'est placée entre un menhir et un dolmen vieux de plusieurs millénaires. Le premier est encore debout dans l'angle sud-ouest de la nef, beau menhir de grès rose haut de 4,55 mètres. Le second, appelé « pierre au lait », a disparu en 1778, condamné par un clergé exaspéré qu'il serve de support à des pratiques superstitieuses qu'il condamnait. Le lieu fut choisi tout en haut de la colline qui domine la rive gauche de la Sarthe.

Après une longue période de troubles et de saccages, dus alternativement aux Normands et aux Bretons, Le Mans est devenu une puissante et industrieuse cité qui mérite une nouvelle cathédrale. Vers 1060, l'évêque Vulgrin pose la première pierre de ce qui sera la cathédrale Saint-Julien, au même endroit et en respectant toujours menhir et dolmen.

La construction s'avère plus délicate que prévu, car une partie de l'édifice s'effondre une vingtaine d'années plus tard, préservant miraculeusement le tombeau de saint Julien. Tout est à reprendre. Arnaud, qui en cette fin du XIe siècle succède à Vulgrin, bâtit les fondations ; Hoël édifie le chœur, le transept et une partie de la nef, une nef assez vaste pour accueillir les pèlerins venant nombreux se recueillir sur le tombeau de saint Julien, une nef dont on sait aussi qu'elle servait à entreposer des marchandises ou à abriter des chevaux (comme ailleurs, le chœur seul était lieu consacré). En 1093 eut lieu la dédicace, mais la cathédrale n'est pas achevée avant le milieu du XIIe siècle. La ville, riche, est alors aux mains des puissants comtes d'Anjou, qui lui ont octroyé nombre de privilèges municipaux. C'est d'ailleurs sur l'autel de la cathédrale que Foulques d'Anjou a voué son fils Geoffroi V le Bel, né en 1113 et premier des Plantagenêts, à saint Julien.

À cette époque, la cathédrale doit beaucoup à un grand évêque, Hildebert de Lavardin, brillant écrivain et bâtisseur passionné. Comme ses collègues normands de Sées et de Coutances, il a obtenu des fonds de l'un des riches émigrés siciliens, Roger de Sicile. Vers le milieu du XIIe siècle, Le Mans est dotée sur le flanc sud de sa nef d'un superbe portail où des personnages de l'Ancien Testament s'allongent devant de hautes colonnes tandis qu'en tympan figure le Christ en gloire et que les Apôtres conversent dans le linteau.

La beauté du chœur

Mais voici que la ville est prise, perdue, reprise et reperdue par Philippe Auguste devant son ennemi Jean sans Terre. En 1217, Philippe Auguste autorise l'évêque Maurice à entreprendre les travaux de modernisation. Tout en respectant toujours le dolmen, il fait élever le porche sud, voûté d'ogives, dont la décoration sculptée évoque celle du portail Royal de Chartres, cerné des mêmes statues-colonnes représentant les ancêtres du Christ. Ce portail est connu sous le nom de « cavalier » ou de la « pierre au lait ».

Mais chanoines et évêques ont un seul modèle en tête : la cathédrale de Bourges, dont les travaux sont déjà très avancés. Pour agrandir le chœur de la leur, ils obtiennent l'autorisation de s'étendre au-delà des murs de la cité, aujourd'hui place des Jacobins.

Et le nouveau chœur, immense, est bâti, avec un double déambulatoire et treize chapelles rayonnantes en forme de couronne, aussi haut que celui de Notre-Dame de Paris (34 m de hauteur sous voûte) et éclairé par cent huit baies – dont certains vitraux des XIIe et XIIIe siècles à dominantes rouges et bleues seront le produit de dons d'origines diverses : abbayes du Maine, différents corps de métiers et jusqu'aux joueurs de tric-trac.

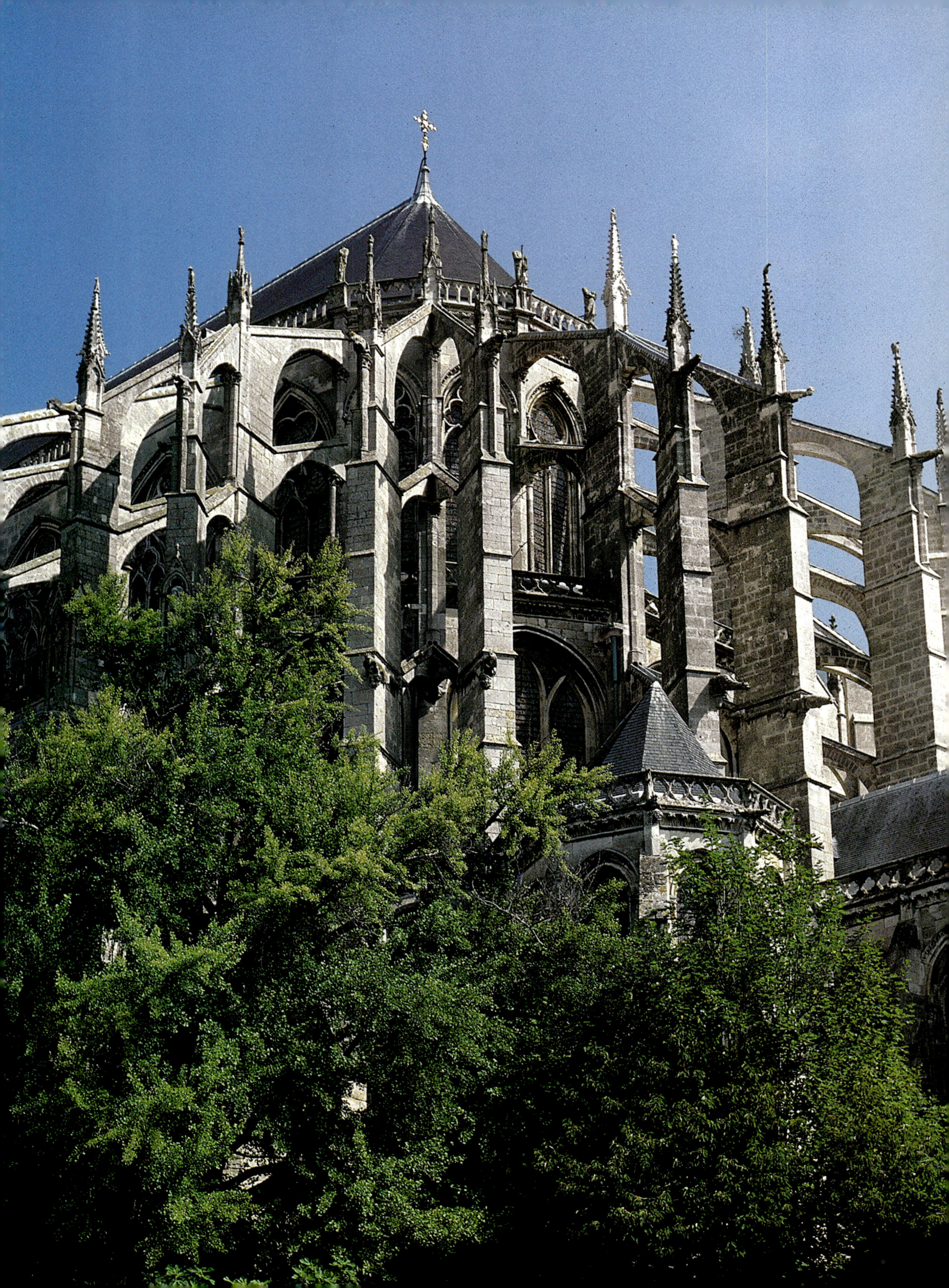

Vue de l'extérieur, la grandiose abside qui abrite ce chœur est incontestablement la plus belle partie de cette magnifique cathédrale, tant par ses dimensions que par sa décoration. Tout ici est légèreté et équilibre, jusqu'à cette futaie de contreforts et d'arcs-boutants qui l'enserrent. Il suffit pour s'en convaincre d'admirer l'extraordinaire effet optique d'étirement vers le haut, inspiré par le modèle de Coutances. Saisissant !

Quant au vieux transept roman, offert aux Manceaux par Charles VI le Bien-Aimé, ce n'est pas avant le XVe siècle qu'il fut transformé en cette sublime architecture de lumière faite d'immenses fenêtres et de la grande rose du croisillon nord.

Ci-contre : le chœur, haut de 34 m, est l'un des plus beaux du gothique de l'âge d'or. Il s'élève sur deux étages séparés par une galerie de circulation.

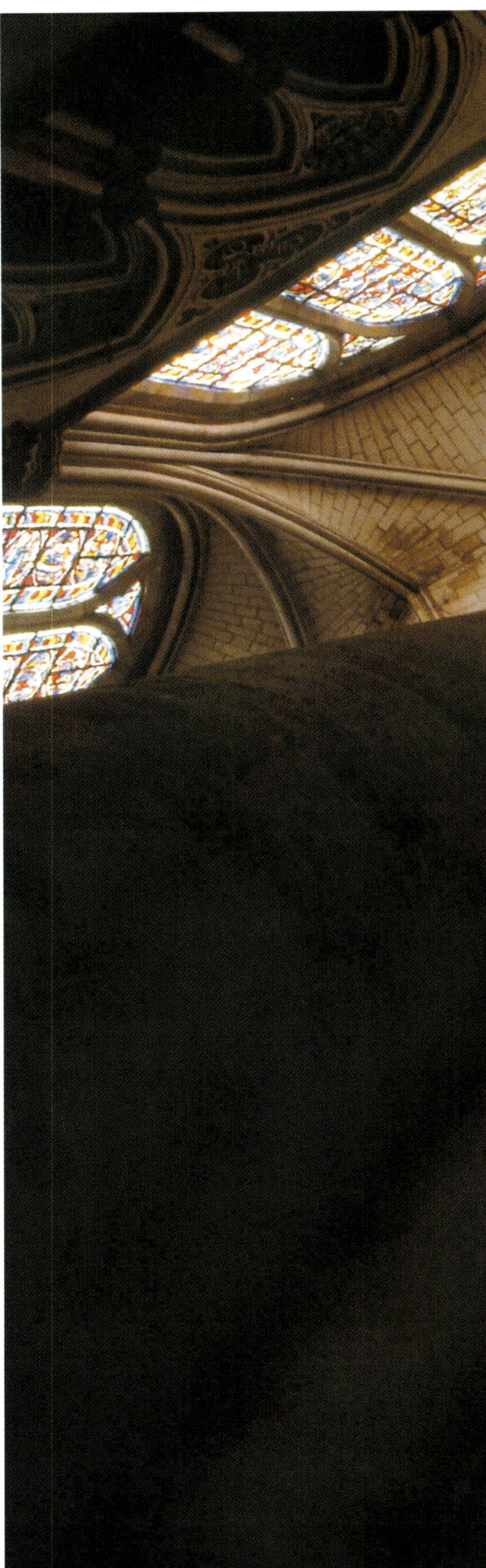

Ci-dessous : les voûtes de la chapelle axiale Notre-Dame-du-Chevet sont ornées de peintures de la fin du XIVe s. d'une extrême finesse représentant un concert d'anges.

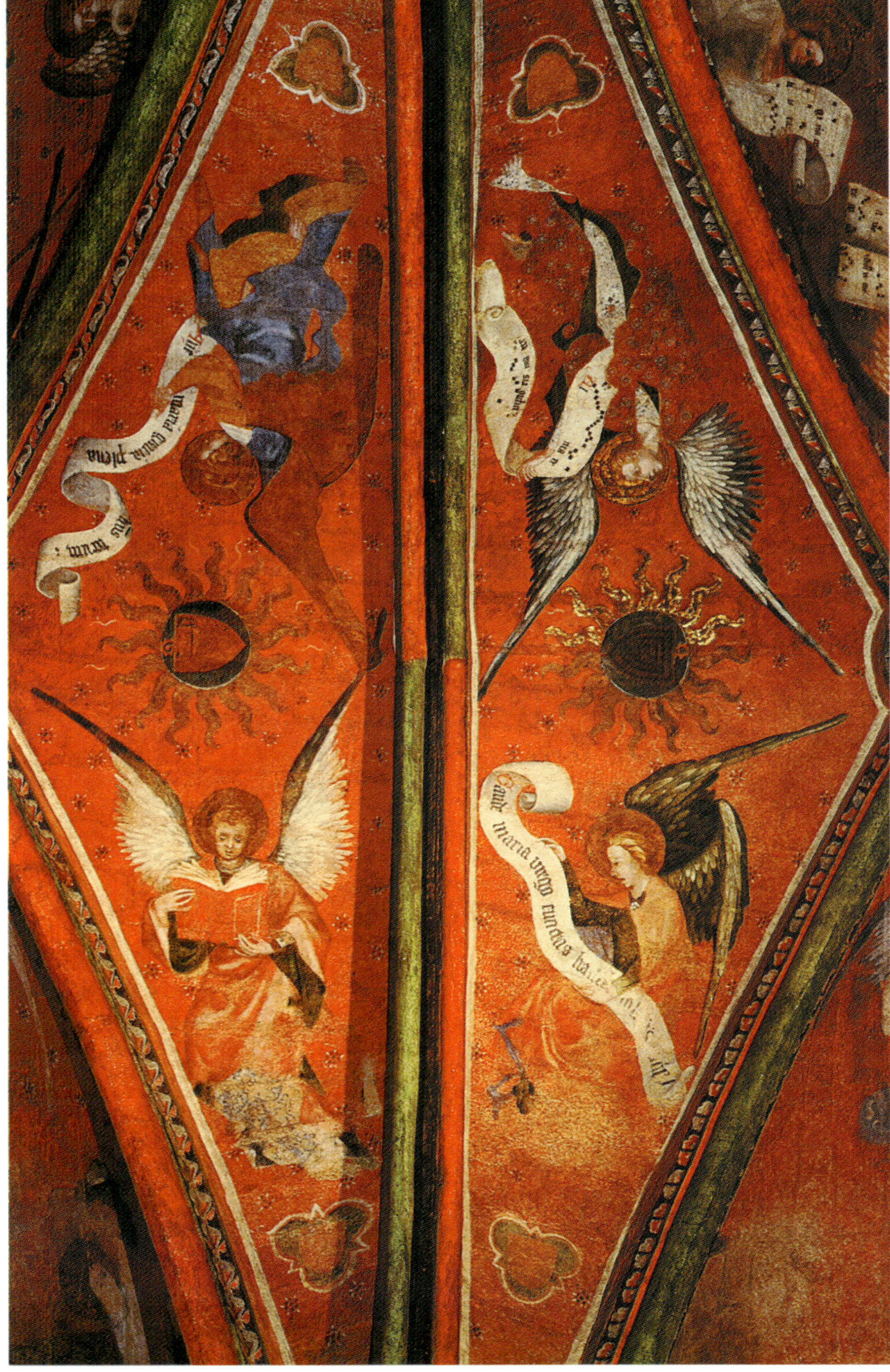

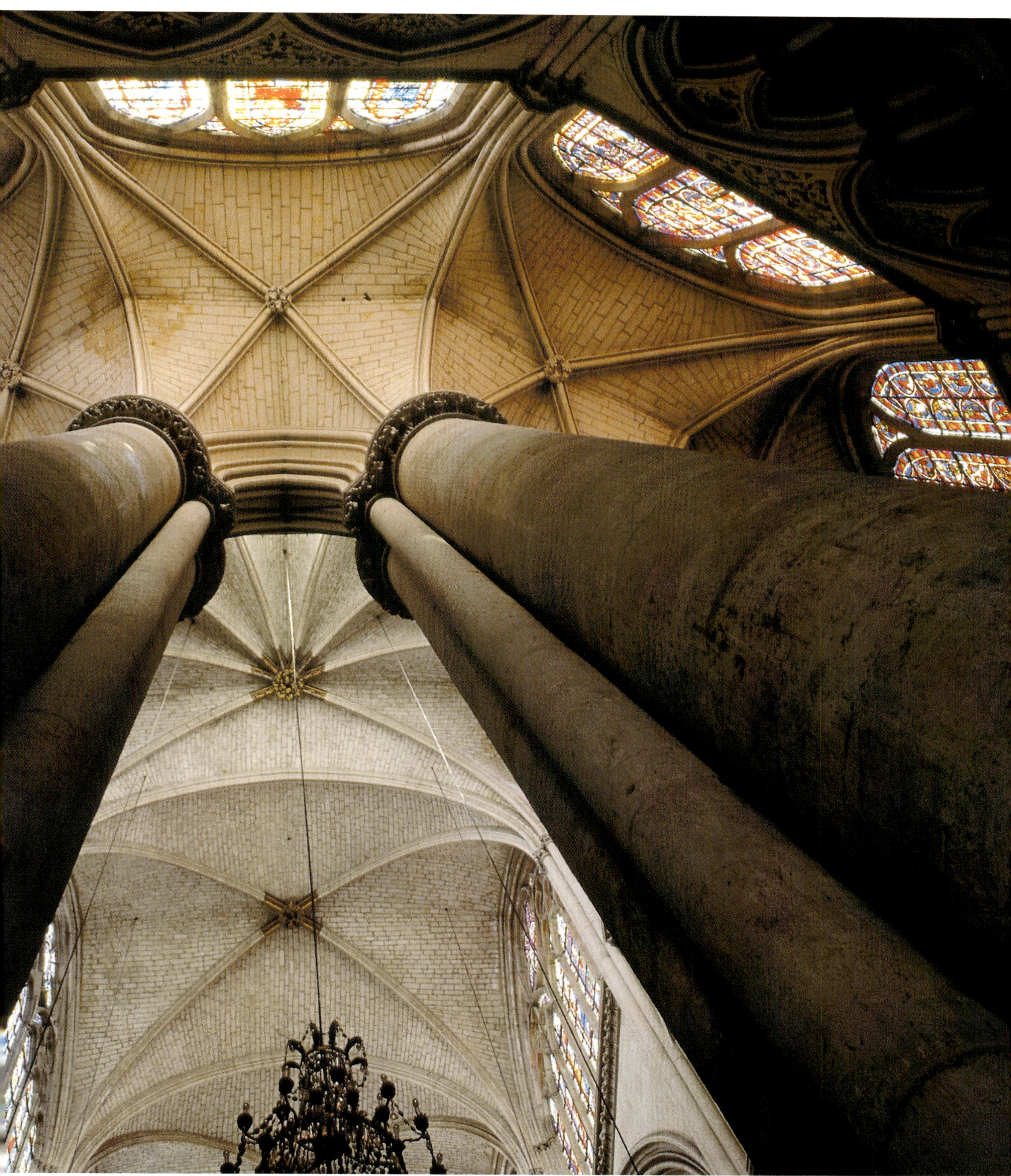

Angers

Saint-Maurice, fleuron du gothique en Anjou

XIe-XVe S.

À NE PAS MANQUER
LA FAÇADE,
LE PORTAIL,
LES VOÛTES ANGEVINES,
LES VITRAUX,
LES ORGUES,
LE MAÎTRE-AUTEL,
LES STALLES,
LA STATUE
DE SAINTE CÉCILE.

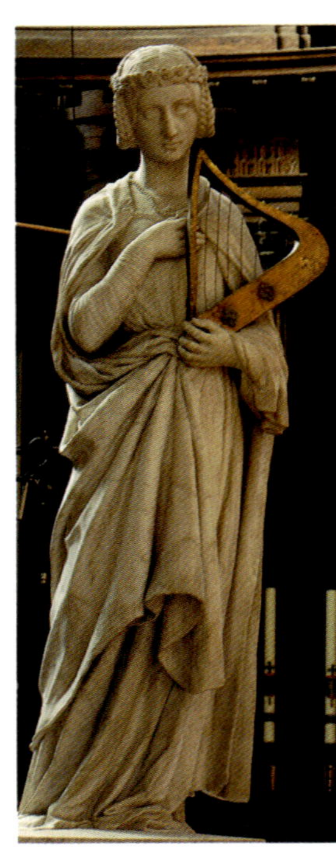

Ci-dessus : dans le chœur, la statue de sainte Cécile, œuvre de David d'Angers.

Page ci-contre : la nef, formée de trois travées, est couverte de ces fameuses voûtes bombées, dites Plantagenêt.

Pages suivantes : le portail polychrome de la façade occidentale. Au tympan, le Christ en majesté présente le livre de vie, entouré des symboles des quatre évangélistes. On devine encore les couleurs d'origine.

Voûte Plantagenêt ? Style angevin ? Lorsque vous aurez gravi la montée et pénétré à l'intérieur de la cathédrale Saint-Maurice, vous comprendrez. Vous comprendrez en découvrant la nef unique sans collatéraux, les trois travées courtes aux piles puissantes et les trois voûtes fortement bombées qui font l'effet de coupoles. Des voûtes dites Plantagenêt, dont on a là un bel exemple, un style particulier à l'Anjou. Et si cette particularité architecturale porte le nom fleuri de cette dynastie, c'est parce qu'elle ne se rencontre que dans les territoires qu'elle a autrefois dominés.

UNE BRANCHE DE GENÊT FLEURI

Au XIIe siècle, l'Anjou appartient à cette puissante dynastie qui, par alliances et mariages successifs, finit par régner sur une bonne partie de l'ouest de l'Europe, du nord de l'Angleterre jusqu'aux Pyrénées. Tout commence en 1127, lorsqu'un comte d'Anjou, Foulques V, décide, avant de partir pour Jérusalem, de marier son fils Geoffroi, dit Plantagenêt parce qu'il a l'habitude, dit-on, de porter une branche de genêt fleuri à son chapeau. Il a choisi Mathilde, héritière du royaume d'Angleterre et du duché de Normandie.
La suite, vous la connaissez. Leur fils Henri II épouse en 1152 Éléonore d'Aquitaine, qui vient de divorcer du roi de France Louis VII. Celle-ci apporte aux Plantagenêts la Guyenne, la Gascogne, le Poitou et... tous les ingrédients d'un conflit qui va se prolonger pendant trois siècles.

UNE NEF UNIQUE

La cathédrale actuelle s'élève à l'emplacement d'une première église dotée au IVe siècle par saint Martin d'une relique d'une valeur inestimable : quelques gouttes du sang de saint Maurice, martyr de la foi, mort en 302. Dominant la rive gauche de la Maine, elle se dresse en haut d'un escalier monumental.
Au XIe siècle, une première cathédrale fut élevée par Hubert de Vendôme. À cette époque, l'Anjou était dirigé par les puissants comtes d'Anjou, dont l'un, Foulques Nerra (972-1040), fut aussi violent et sanguinaire que pieux. Il compensa le mal qu'il fit par des dons et des pèlerinages dont, à deux reprises, celui de Jérusalem. Ce fut en outre un bâtisseur infatigable. Il jalonna le pays d'églises et d'abbayes autant que de forteresses.
Mais, au XIIe siècle, ce qu'entreprit l'évêque Ulger est à tous points de vue exceptionnel. Il fit bâtir une nef, un vaisseau unique large de plus de 16 mètres, en trois travées d'une remarquable élégance de proportions. Cette nef fut coiffée d'une file de voûtes en coupoles entre 1150 et 1162, ce qui constitue une extraordinaire prouesse technique, compte tenu de la largeur de l'édifice. À la nef unique correspondit alors un portail unique également, surmonté de deux tours.

LA TENTURE DE L'APOCALYPSE

Au XIIIe siècle, le chœur fut orné d'un cycle peint représentant les miracles de saint Maurille en vingt scènes. Perchées à 3 mètres du sol, ces peintures murales se développent sur 60 mètres carrés, sur une hauteur d'environ 2 mètres. Considérées comme majeures pour l'histoire de la peinture gothique, elles ont été cachées par les stalles que les chanoines ont fait construire au XVIIIe siècle. Redécouvertes en 1980, elles ont été dégagées depuis.
Une autre merveille connue depuis longtemps : la fameuse tenture de l'Apocalypse. Elle fut offerte à la cathédrale par le bon roi René d'Anjou mais avait été commandée en 1373 pour décorer les palais de Louis Ier d'Anjou. Cette longue tapisserie, véritable féerie de couleurs, illustre l'Apocalypse selon saint Jean en dix-huit tableaux élaborés à partir des dessins d'Hennequin de Bruges, et tissée par le Parisien Nicolas Bataille. Elle est restée dans le trésor de la cathédrale jusqu'à la Révolution, exposée seulement lors des grandes fêtes, et c'est bien miracle si aujourd'hui on peut encore l'admirer dans les anciens locaux de l'hôpital Saint-Jean.

UN PORTAIL VICTIME D'ACHARNEMENT

La façade, ornée d'un remarquable portail vers 1155, fut embellie au XVIe siècle. On lui ajouta au troisième étage, dans des niches couronnées, huit chevaliers barbus, armés, en costume militaire de l'époque, ainsi qu'une troisième tour en 1540. Ces beautés la désignèrent à la vindicte des protestants, qui la mutilèrent. Au XVIIIe siècle, les chanoines supprimèrent linteau et trumeau du portail afin de faciliter le passage aux processions. Enfin, en 1807, on lui ôta le vaste porche gothique à deux niveaux qui le précédait, ce qui depuis engendre de graves problèmes de conservation car il n'est plus protégé des intempéries.

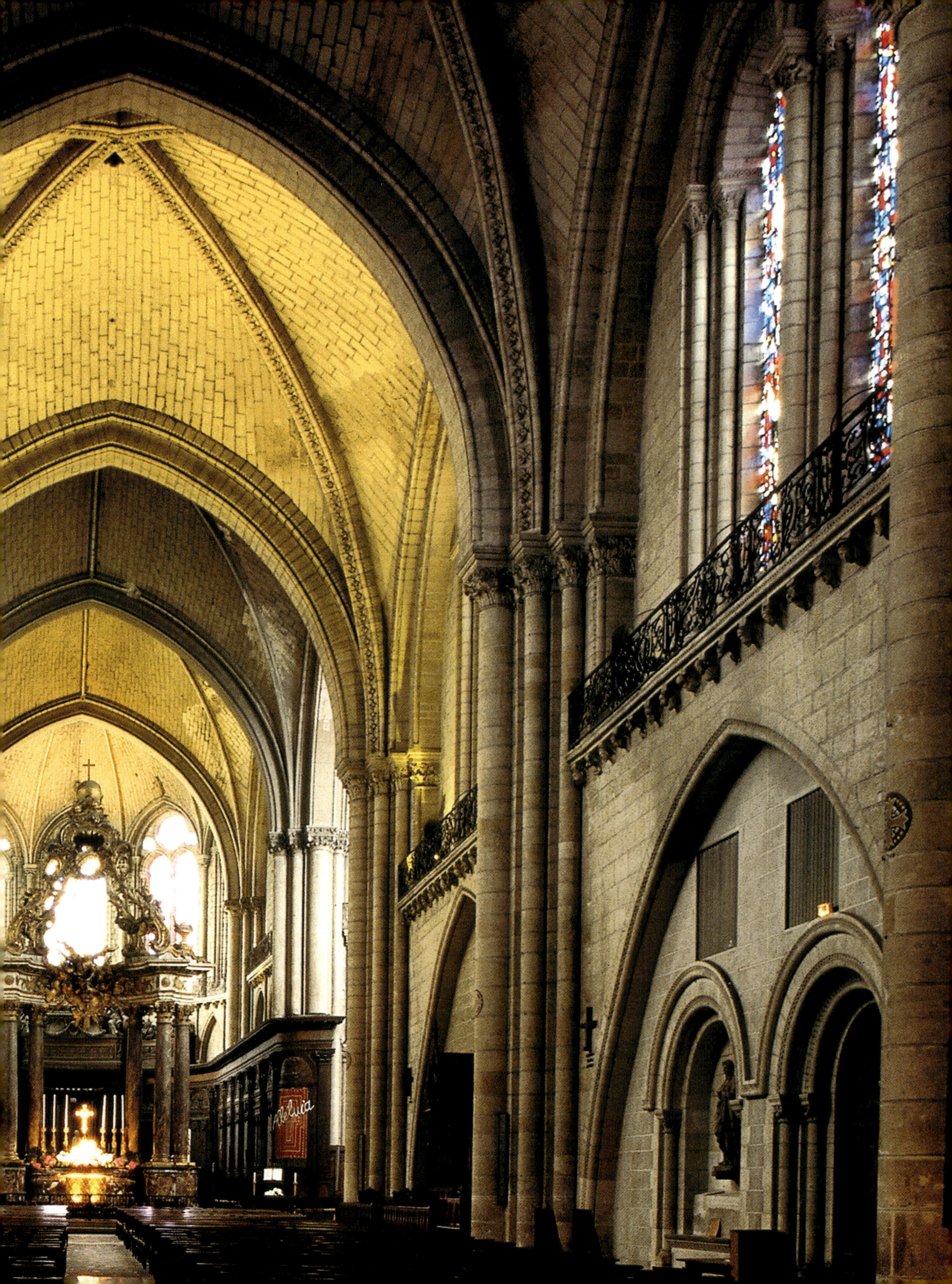
Alleluia

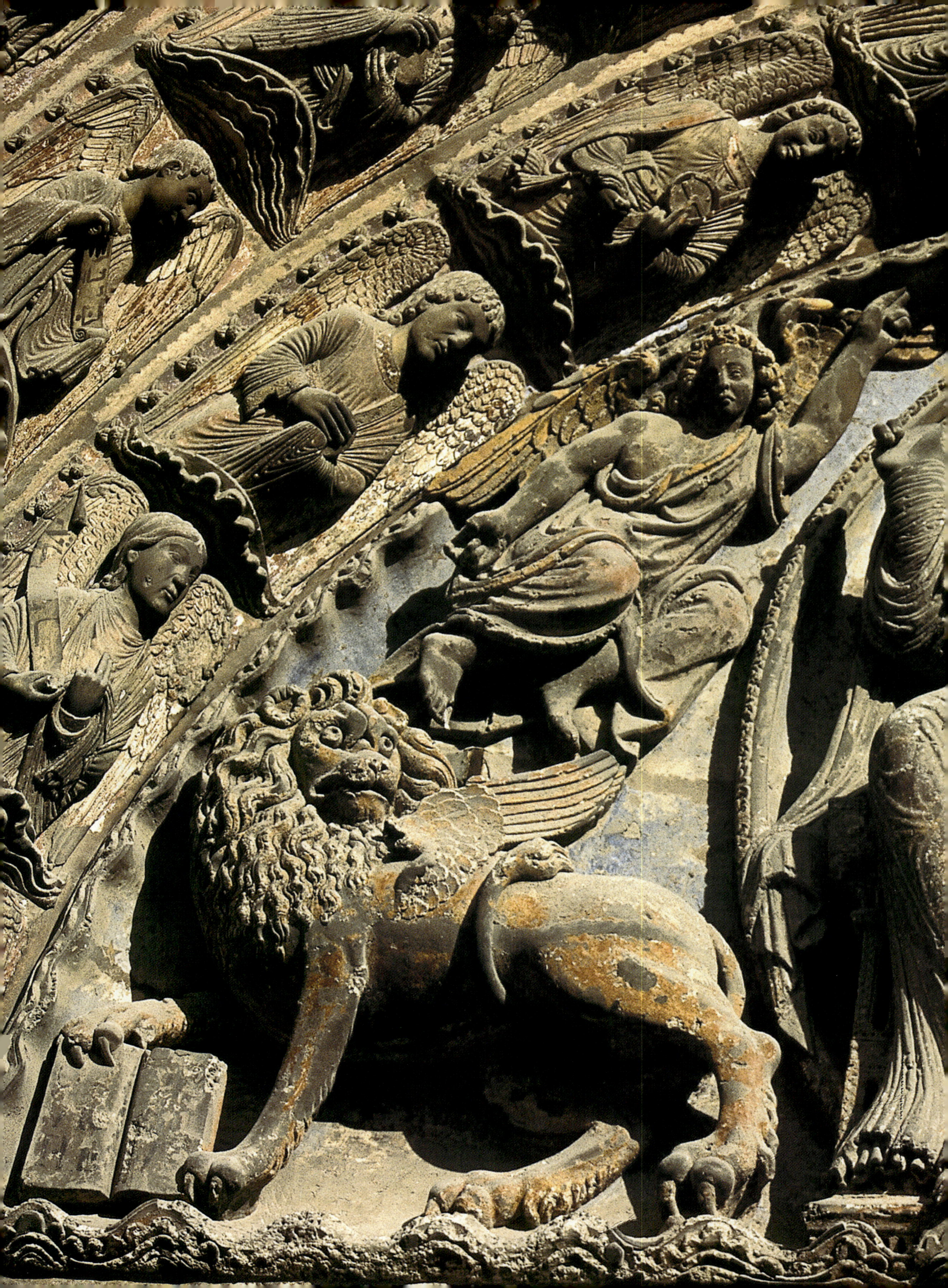

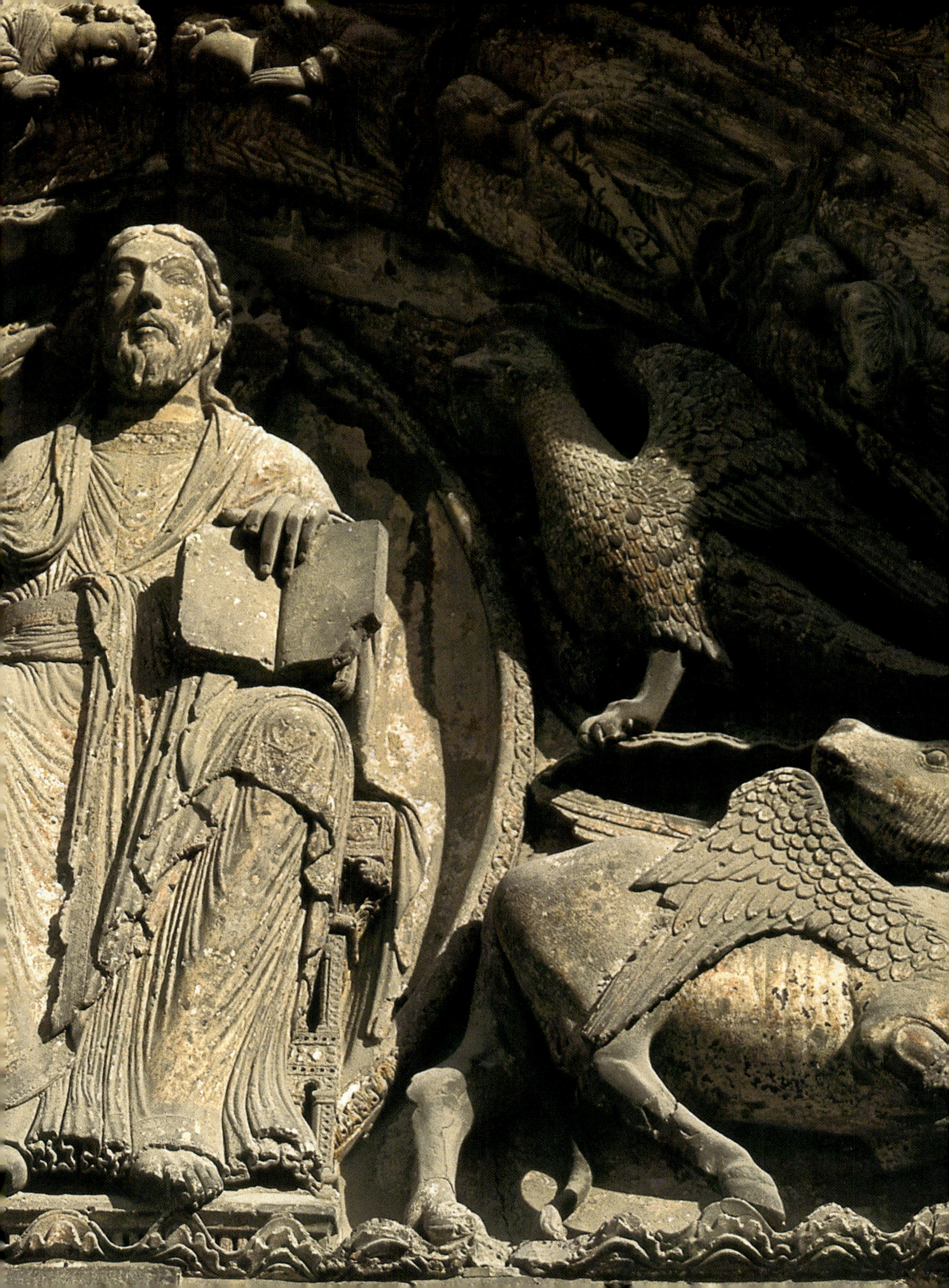

Tours

Saint-Gatien, un écrin pour les reliques de saint Martin

XIIᵉ-XVIᵉ S.

À NE PAS MANQUER
LA FAÇADE FLAMBOYANTE,
LE CHŒUR,
LES VERRIÈRES,
LE TOMBEAU DES ENFANTS DE CHARLES VIII.

« À Tours, écrit Viollet-le-Duc en 1868, on sent l'étude, le soin, la lenteur dans l'exécution. » Cette lenteur fut certainement la conséquence de l'éclat et de la richesse de sa voisine, l'abbaye qui conservait le corps de saint Martin, premier évêque de la ville. Bien qu'elle ait été siège d'un archevêché, cette cathédrale mettra effectivement près de quatre siècles à s'élever. Pourtant, le temps ne fut pas un obstacle. Du XIIIᵉ au XVIᵉ siècle, elle traversa avec bonheur tous les stades du gothique en une juxtaposition extrêmement réussie de différents styles architecturaux. Au passage, elle a troqué au XIVᵉ siècle son vocable de Saint-Maurice pour celui de Saint-Gatien, ce qui la fit surnommer la Gatienne.

Ci-dessous : la verrière de la rose sud du transept.

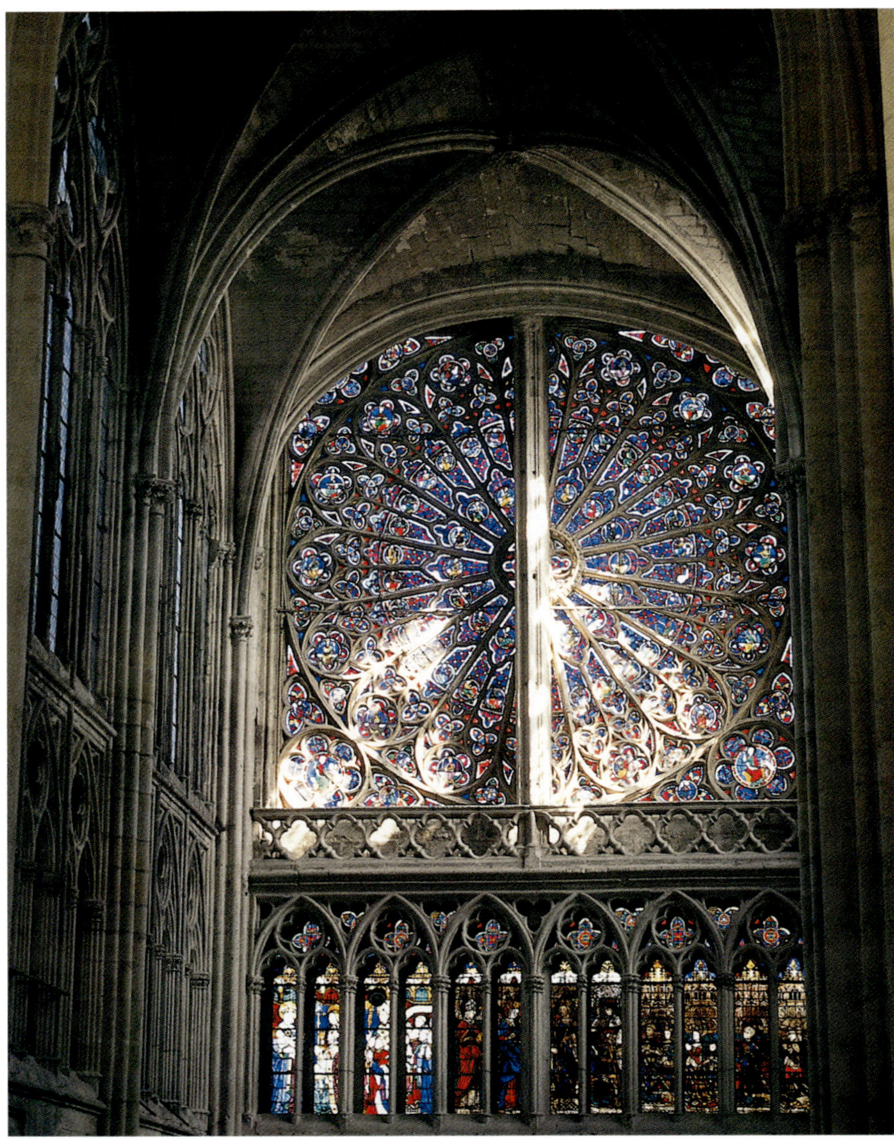

QUATRE CATHÉDRALES SUCCESSIVES

Une première église est érigée au IVᵉ siècle, à l'intérieur du castrum romain, sur une butte insubmersible située entre Loire et Cher, la butte de César – d'où le nom de Caesarodunum que prendra la toute nouvelle cité gallo-romaine en pays des Turanes, celle qui deviendra Tours. La deuxième cathédrale est l'œuvre de Grégoire de Tours, le célèbre évêque du VIᵉ siècle, grand ami des rois mérovingiens et grand historien. C'est auprès de lui que vint se retirer la reine Clotilde à la mort de son époux Clovis. C'est à lui que l'on doit l'*Histoire des Francs*, l'un des rares documents écrits contemporains de cette époque. En 573, il rebâtit la cathédrale en ruines. Protégée par les remparts du castrum et par le corps de saint Martin dont on a brandi la châsse au-dessus des fortifications, l'église résista aux incursions normandes. Elle résiste également aux guerres que se livrent les comtes de Blois et d'Anjou pour la possession de la Touraine.

Les travaux de la troisième cathédrale furent dirigés par l'évêque Hildebert de Lavardin (1125-1133), grand lettré et grand bâtisseur qui, auparavant, avait dirigé le chantier de la cathédrale du Mans. Il obtint pour cela l'autorisation de raser une partie des remparts gallo-romains. Cette cathédrale brûle en 1167. Peu à peu, ce qui en reste se détériore. Dans une lettre à son collègue de Rouen écrite en 1233, l'archevêque Juhel de Mathafelon précise que le chœur s'est effondré et que l'édifice doit être entièrement reconstruit.

DE ROYAUX COMMANDITAIRES

La quatrième cathédrale fut commencée en 1236, sous l'épiscopat d'Étienne de Mortagne. Un maître d'œuvre d'exception fut désigné, ne serait-ce qu'en l'honneur des royaux commanditaires de l'ouvrage – Louis VIII est membre du chapitre, son épouse Blanche de Castille et son fils Louis IX apportent leur concours financier.

Si l'évêque n'a pas lui-même conçu le chœur, il en dirige néanmoins le chantier vers 1279. Bien que le raccord à la nef romane plus étroite ait été difficile, il réalise un pur chef-d'œuvre, ce que le XIIIᵉ siècle a su faire de plus beau.

Tout ici est perfection : la place accordée aux verrières par rapport aux murs, les arcs-boutants à deux étages et le chevet constitué de cinq chapelles rayonnantes semi-circulaires. Comment, en le voyant, ne pas penser à la Sainte-Chapelle, à ses vitraux et à ses fenestrages si rapprochés ? Les quinze verrières du chœur de Tours, d'une remarquable composition avec leur bordure de

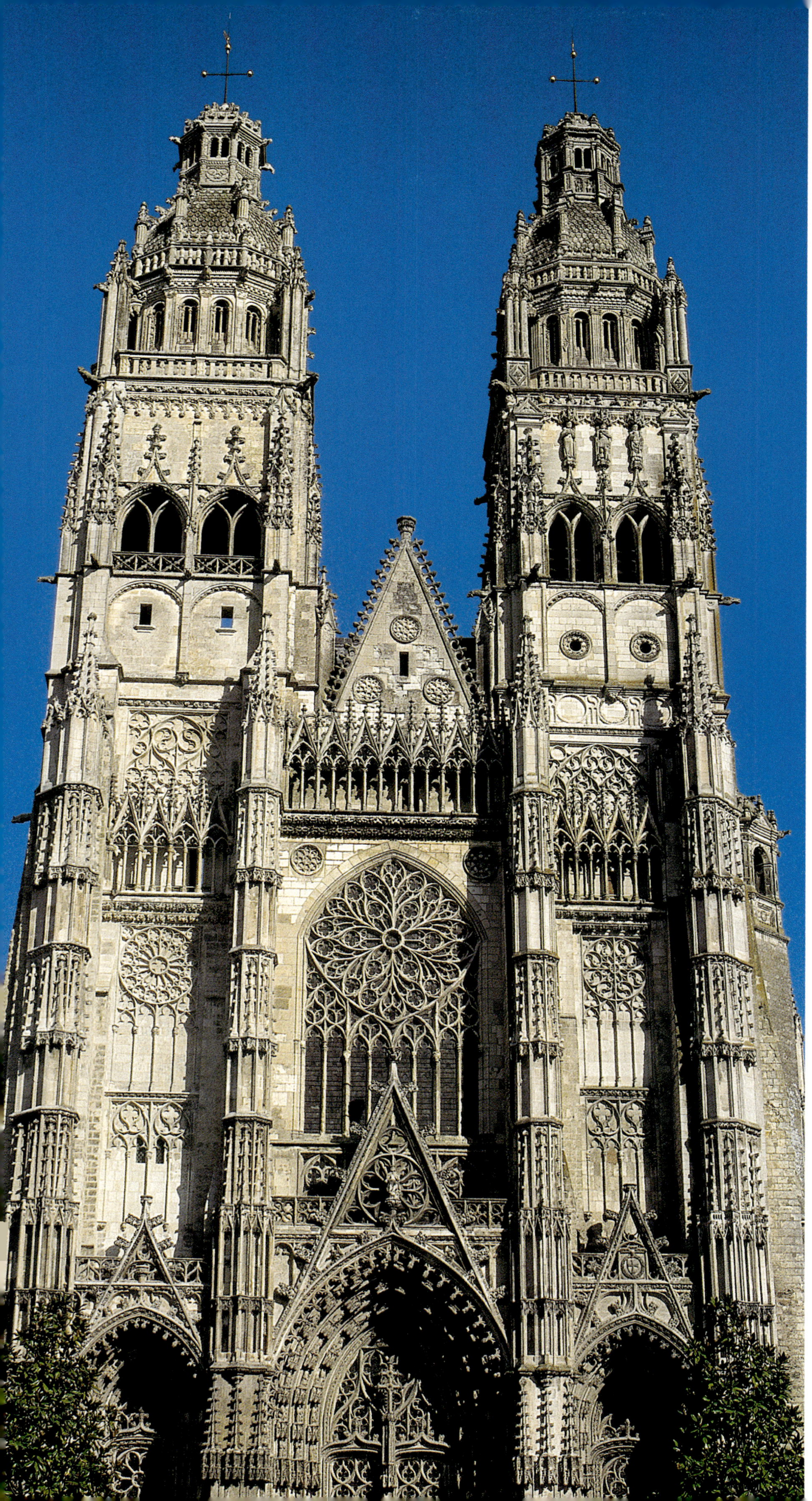

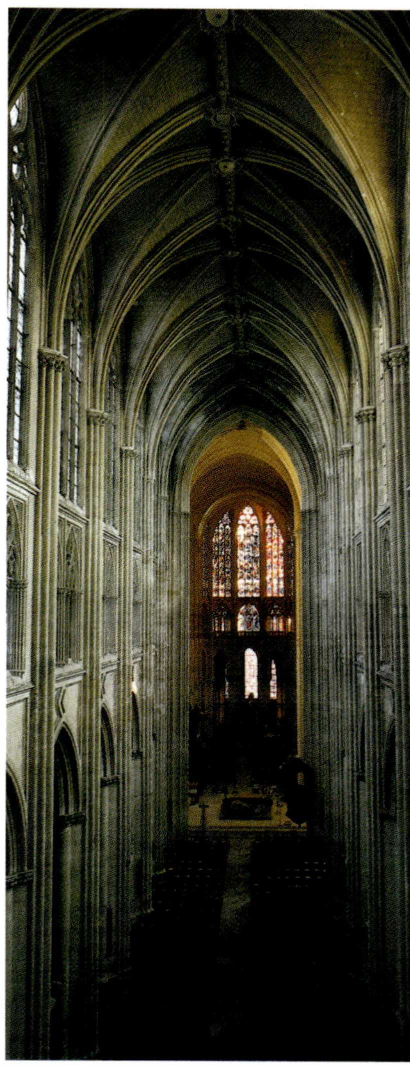

Ci-dessus : la nef, très étroite (10 m seulement), est à peine plus longue que le chœur.

Ci-contre : la façade, avec ses trois porches aux tympans et gâbles ajourés, fut achevée dans le goût de la Renaissance. Les tours furent complétées en 1507 d'un tambour, d'une coupole et d'un lanternon.

fleurs de lys et de tours de Castille, sont attribuées à Richard le Vitrier, qui les aurait réalisées entre 1260 et 1270.

Le 12 mai 1267, les reliques de saint Martin sont transférées dans le nouveau chœur de la cathédrale – cadeau du roi au chapitre. La concurrence est vive avec l'abbaye voisine, gardienne du saint tombeau ! Et 1279 marque sans doute l'achèvement des travaux, qui ne reprendront qu'un siècle plus tard.

Vers l'achèvement

À la fin du XIVe siècle, le transept fut confié à Simon du Mans, qui le bâtit sur les vestiges du XIIe siècle, en étayant avec de puissants arcs-boutants. La partie haute de la nef, elle, ne sera achevée qu'au milieu du XVe siècle, grâce aux libéralités de Charles VII. Bientôt cernée par les multiples et magnifiques châteaux des bords de Loire, Tours devient le cœur de la monarchie française. Tout semble alors possible. Ainsi le

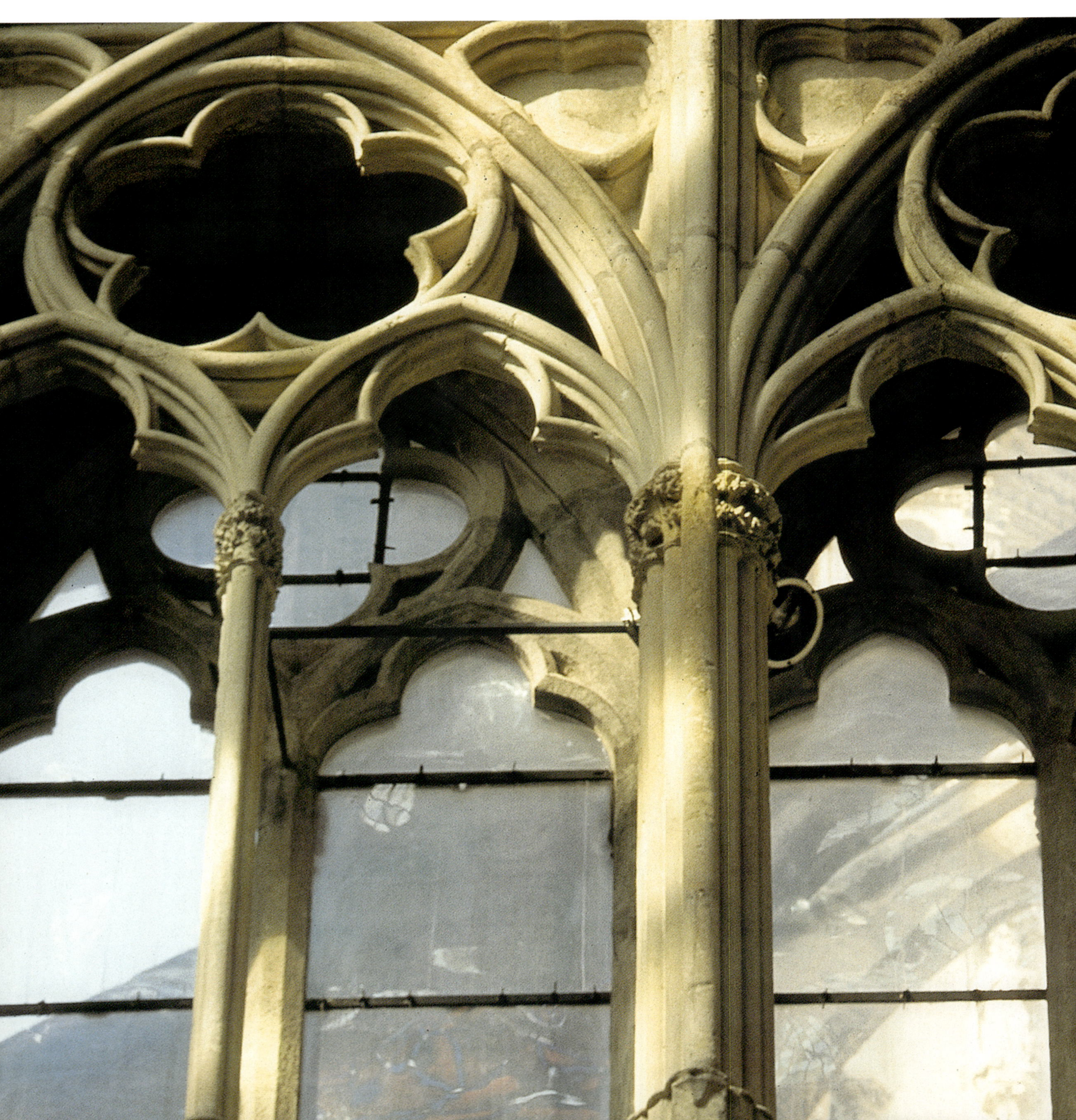

chapitre de la cathédrale décide-t-il de confier à Pierre de Valence, l'architecte chargé des travaux hydrauliques de la ville, l'achèvement de la tour gauche de la façade. Il est donc probable que le célèbre escalier royal à vis qu'elle abrite soit l'une de ses prouesses architecturales.

En 1547, l'achèvement de la tour droite, sous la direction de Pierre Gadier, vient apporter la touche finale à l'édifice. La célèbre façade achevée à ce moment fut plaquée sur une structure

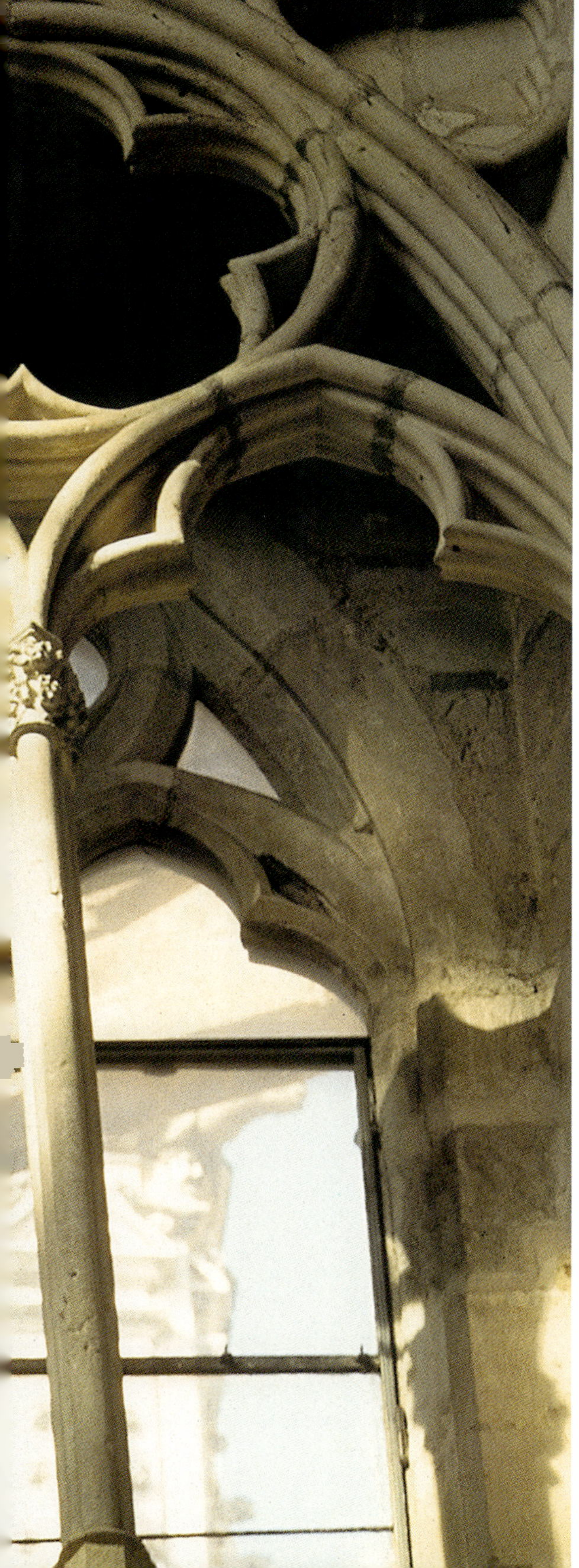

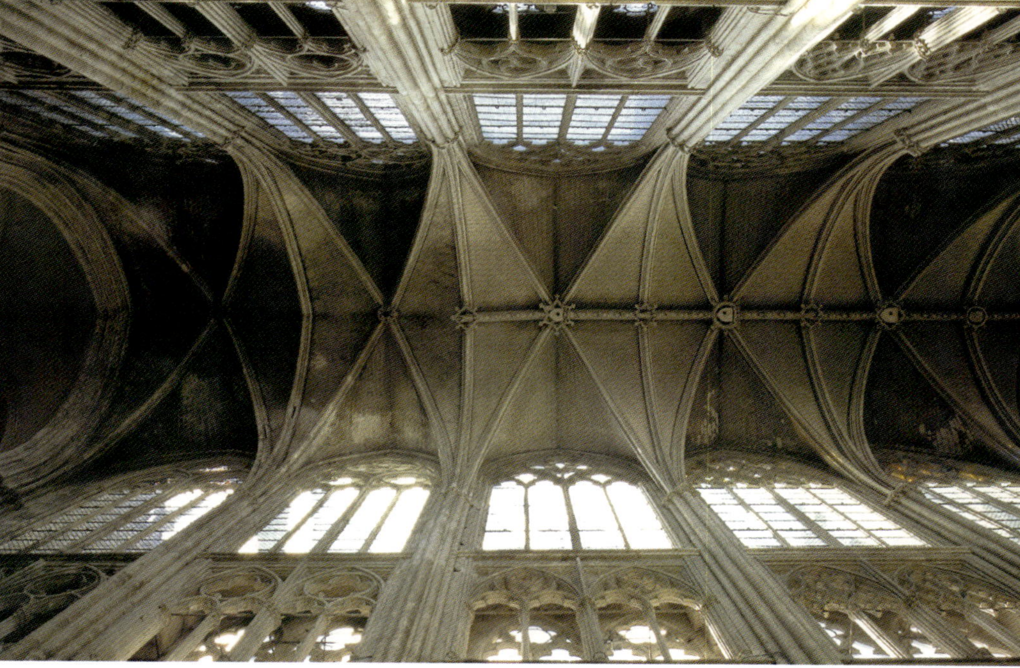

plus ancienne, percée de trois portails profonds. Tout ici n'est que jeu de lignes élégantes, de sculptures ajourées et de créneaux s'enchevêtrant. À l'époque, une foule de statuettes, de saints et de saintes, s'abritaient dans les voussures. Mais, délogées au XVIe siècle par les guerres de Religion, elles n'ont été remplacées que partiellement en 1849, dans la partie centrale.

Deux hautes tours flanquent les portails. Des tours Renaissance ! Oui, mais qui renferment dans leurs parties basses les vestiges de l'édifice du XIIe siècle, deux salles aux voûtes Plantagenêt, « la chambre des métaux », atelier des maîtres verriers et serruriers et « la Calende », qui date du XIIIe siècle et servait de pièce de réunion au maître d'œuvre et à ses ouvriers.

En 1787, le jubé n'étant plus au goût du jour, il est tout simplement abattu. Au début du XIXe siècle, Saint-Gatien échappe de justesse à la démolition ordonnée par le préfet de Pommereul. Elle est néanmoins rendue au culte en 1802 et classée monument historique seulement en 1862. L'abbaye Saint-Martin n'eut pas cette chance. La cathédrale hérita du tombeau des enfants de Charles VIII et d'Anne de Bretagne, tous morts en bas âge, transféré à Saint-Gatien en 1820. Tout comme elle hérite du célèbre vitrail de saint Julien, déposé de l'église de l'ancienne abbaye alors en ruines.

De grands travaux ont encore été réalisés en 1934-1936, en particulier le renforcement de la tour nord par une armature interne en béton. Des campagnes de restauration sont actuellement en cours.

Ci-dessus : détail des voûtes barlongues de la nef. Les clés sont ornées des armoiries des donateurs : armoiries de France, d'Alençon, de Bourbon-Sicile, d'Anjou-Sicile, et celles de deux archevêques.

Ci-contre : détail du triforium à claire-voie avec son remplage trilobé.

Ci-dessous : le tombeau des enfants de Charles VIII, érigé en 1506.

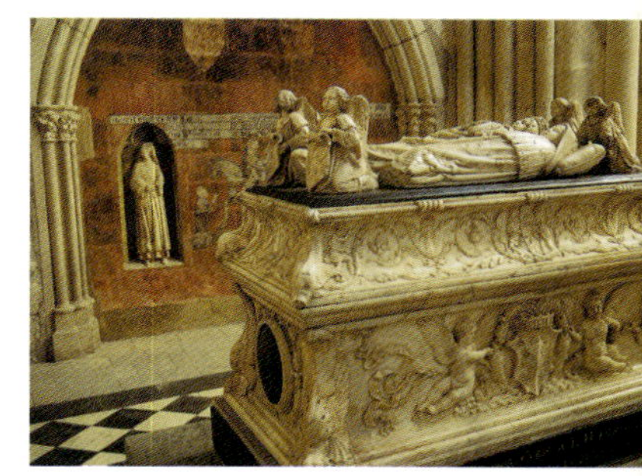

Bourges

Saint-Étienne, patrimoine mondial

XIe-XVIe S.

À NE PAS MANQUER
LA FAÇADE,
LE GRAND PORTAIL,
LE CHEVET,
LE VAISSEAU,
LES VITRAUX,
LA CHAPELLE SAINT-JEAN-BAPTISTE,
LA CHAPELLE DES TULLIER,
LES CHAPELLES LATÉRALES,
LE GRAND ORGUE,
L'HORLOGE ASTRONOMIQUE,
LA CRYPTE,
LA MONTÉE À LA TOUR NORD.

En ce 1er novembre 1422, qui croirait que le Dauphin proclamé roi ici même, dans la cathédrale de Bourges, par ses partisans régnerait sur autre chose qu'une modeste partie du royaume située entre Bourges et Poitiers ? Son père, Charles VI le Bien-Aimé, « l'insensé », le fou, vient de mourir à Paris après avoir déshérité son fils aîné. En 1420, il avait promis son royaume au mari de sa fille, Henri V, roi d'Angleterre.

Nous sommes en pleine guerre de Cent Ans. La guerre civile entre Armagnacs et Bourguignons se double d'une reprise des hostilités entre la France et l'Angleterre, après la défaite d'Azincourt en 1415. Orléans, assiégée, ne résistera pas. Alors, il ne reste guère au « roi de Bourges » qu'une cathédrale aussi vaste que celles d'Amiens, de Chartres ou de Reims, où furent sacrés ses pairs. Pour le reste, il lui faudra attendre qu'une petite bergère de seize ans vienne de sa Lorraine natale lui offrir la légitimité... Un an plus tard, en cette même cathédrale, Charles VII fait baptiser son fils.

Archevêque de Bourges, primat des Aquitaines

L'histoire tourmentée de cette ville perchée sur un éperon calcaire au milieu de marécages et au croisement de deux rivières remonte au premier âge du fer. Dans ses *Commentaires de la guerre des Gaules*, César décrit Bourges (Avaricum) comme une place forte et l'une des plus belles cités de la Gaule. Son importance est telle que, pour la protéger des invasions barbares, on la ceint au IVe siècle de puissantes fortifications. C'est là, appuyée sur la muraille orientale de la ville, que sera édifiée la cathédrale d'origine, consacrée à saint Étienne. Ursin, son premier évêque, avait rapporté de Rome les reliques de ce martyr chrétien.

Très vite l'évêque devient archevêque, contrôlant tous les évêques d'Aquitaine si importants qu'ils soient, jusqu'à Bordeaux. La cathédrale est reconstruite au XIe siècle. Lorsque, vers 1100, le roi Philippe Ier achète la vicomté de Bourges et la réunit à la France, la ville archiépiscopale se transforme, puisqu'elle appartient désormais au

Ci-contre : les cinq portails de la façade ouest révèlent l'ordonnance intérieure de l'édifice (cinq nefs). Les portails les plus anciens sont ceux de droite. Le portail central, surnommé le « grand housteau », date de la fin du XIVe s.

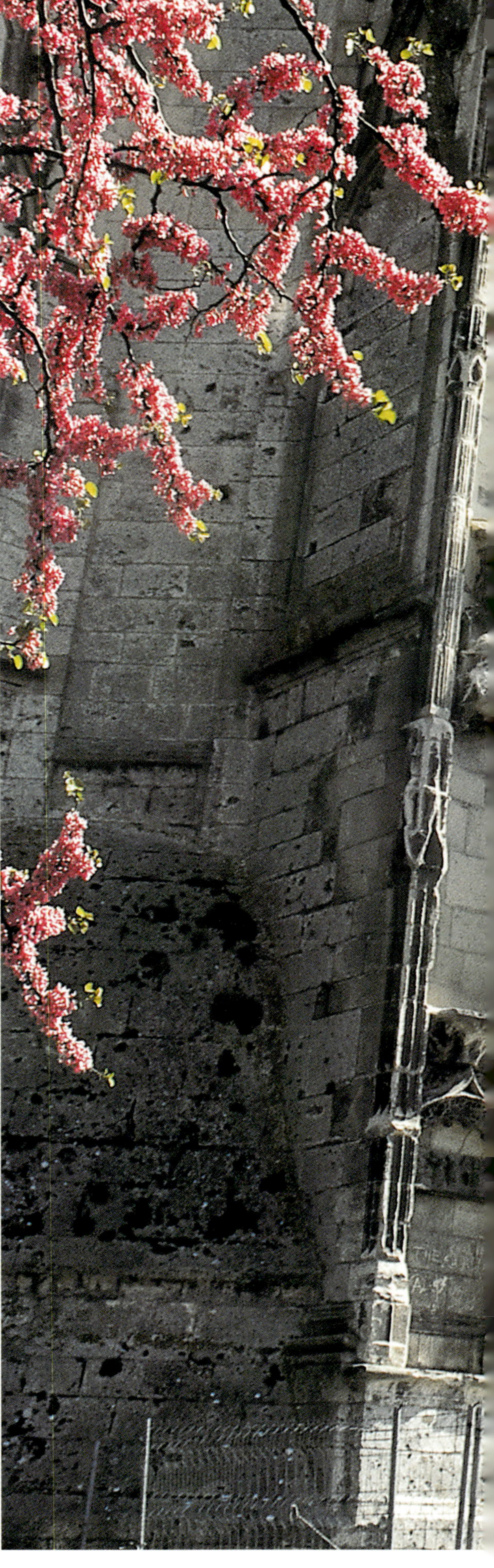

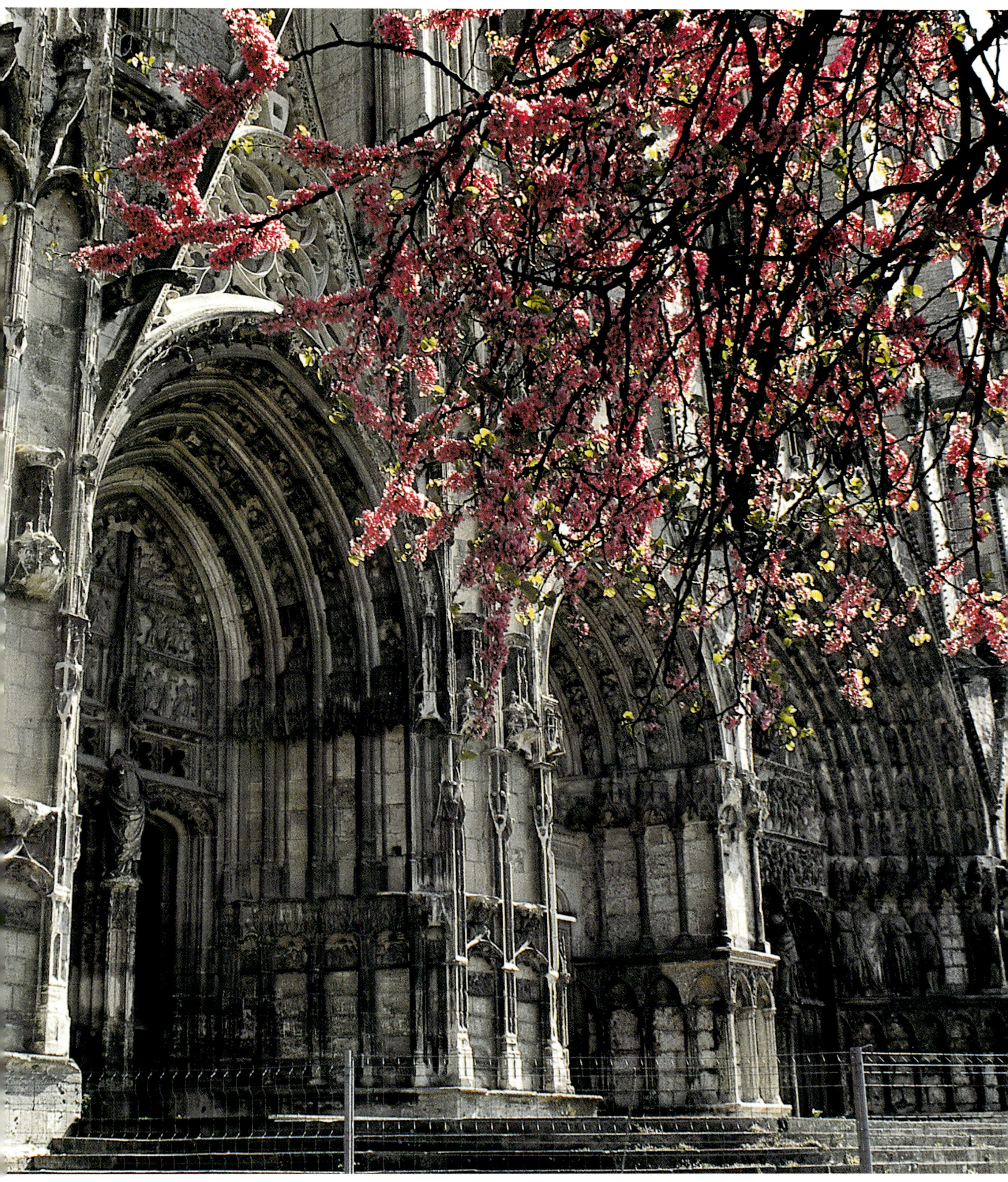

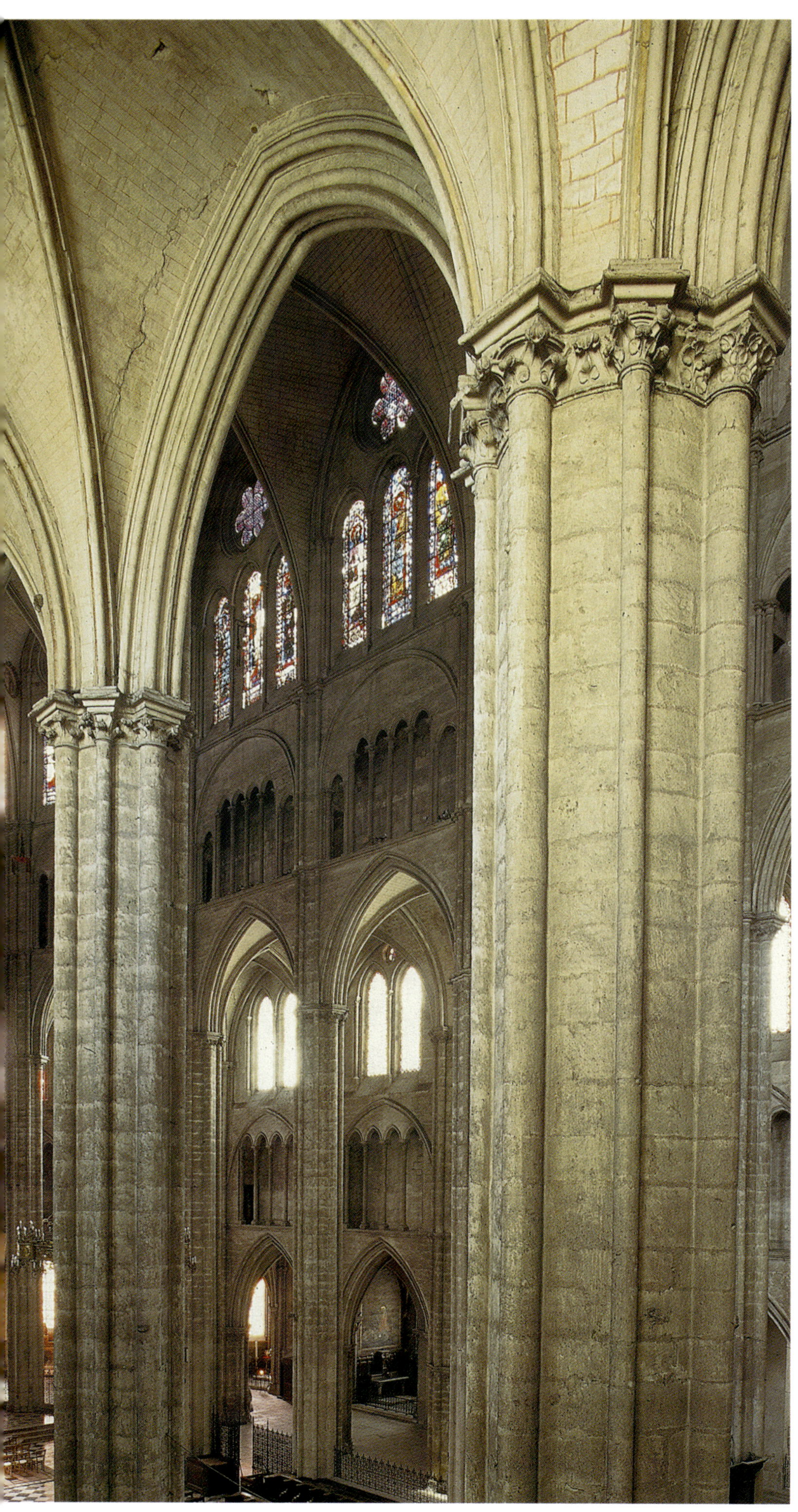

bien petit domaine royal – ce qui entraîne des modifications dans la cathédrale. Cette dernière est vraisemblablement la proie des flammes vers 1195. Se pose alors la question d'en construire une nouvelle, dans la mouvance architecturale qui tend à s'imposer en Île-de-France. Nécessité qui se fait d'autant plus pressante qu'en cette fin du XIIe siècle la ville connaît une véritable explosion démographique. Le pouvoir de Philippe Auguste se renforce et le roi favorise les villes qui lui ont été fidèles.

Un édifice unique

L'édifice roman, jugé trop petit et trop vétuste, est rasé. Ne seront conservés que les deux portails latéraux, intégrés ensuite aux porches nord et sud. L'architecte de Bourges auquel Henry de Sully fait appel vers 1195 peut être considéré comme un visionnaire. Il reprend le plan de Notre-Dame de Paris, à cinq nefs, sans transept, monte les voûtes de ces nefs à trois hauteurs différentes, et ouvre les vaisseaux les uns sur les autres en hissant les grandes arcades à 21 mètres. Ainsi sont multipliés les angles de vue, les volumes secondaires... Étant donné le nombre de piliers, l'architecte a su merveilleusement augmenter les dimensions apparentes en jouant sur leur diamètre, dont les dimensions vont diminuant de l'entrée vers le chœur d'une part et d'autre part de la base vers le sommet, ce qui prolonge considérablement les effets de perspective. Ainsi, aucune autre cathédrale d'Europe ne peut rivaliser avec Bourges, même celles dépassant ses 40 mètres.

Vues de l'extérieur, depuis les jardins de l'évêché, les cinq nefs semblent n'en faire qu'une seule, soutenue par une formidable ceinture d'arcs-boutants, ce qui accentue encore l'impression de hauteur et de fragilité. Quant aux cinq portails, il faut les découvrir de face, au détour des petites rues environnantes qui ont gardé leur disposition médiévale. Rehaussés par la pente naturelle et par les marches de l'étroit parvis, ils semblent ouvrir directement sur le ciel. Impression renforcée par le Jugement dernier sculpté au tympan du portail central. Vision unique que cette façade enchâssée dans les maisons qui l'ont vue naître.

Le seul archevêque canonisé, saint Guillaume

À la disparition d'Henri de Sully, en 1199, n'est achevée que la crypte sous le chœur, véritable église souterraine construite sur l'emplacement du mur gallo-romain. Son successeur, Guillaume,

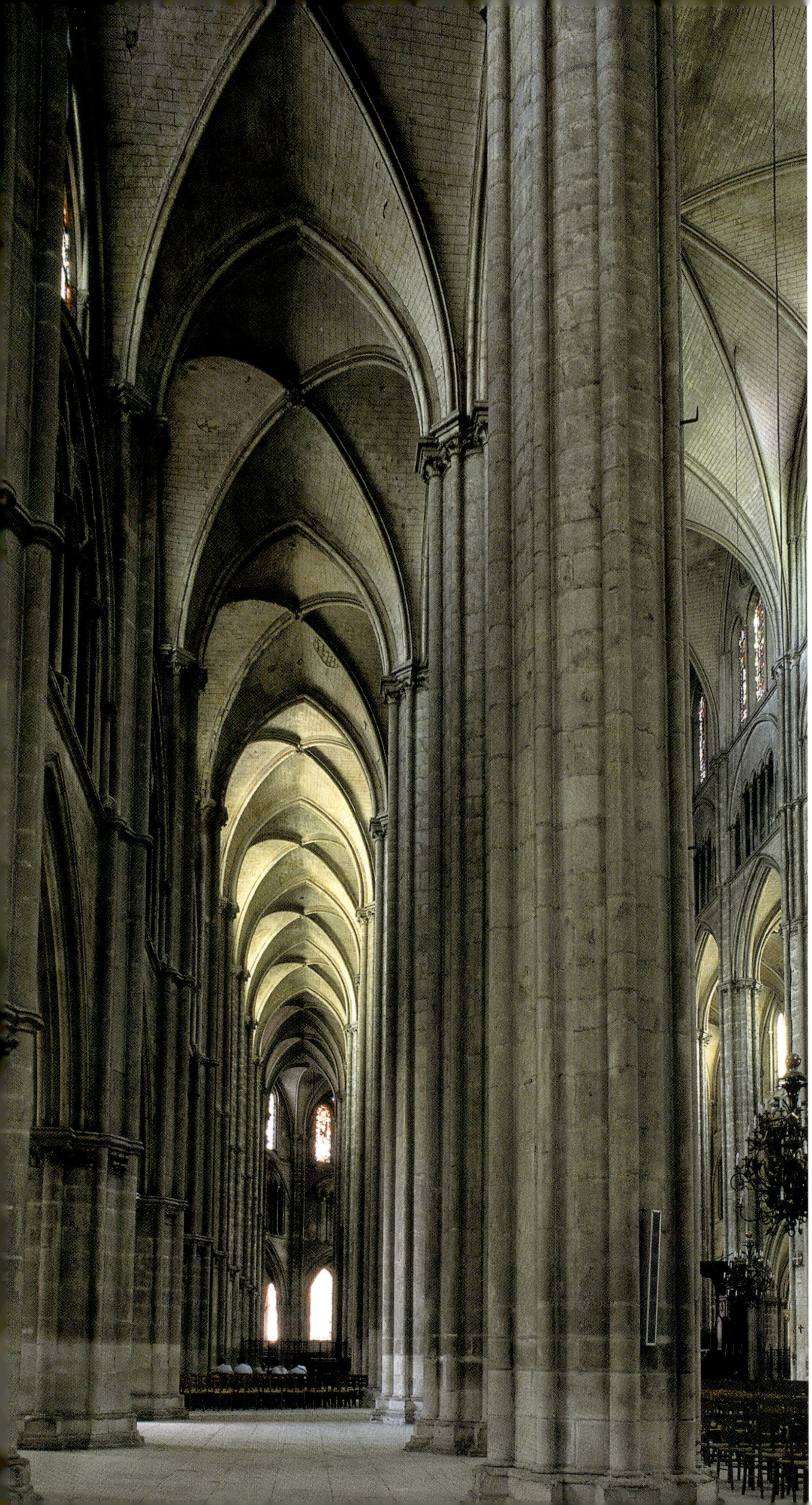

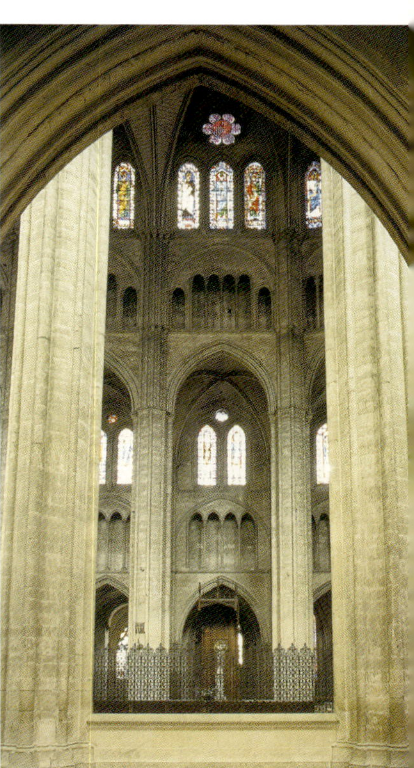

Les différentes vues du vaisseau donnent une impression d'infini.

Page ci-contre : ce qui frappe, c'est la multiplicité de perspectives sans cesse renouvelées.

Ci-contre : vue d'un des collatéraux.

Ci-dessus : l'élévation de la nef peut être dite à cinq étages : ceux que forment les fenêtres basses, le triforium et les fenêtres du collatéral intermédiaire, le triforium et les fenêtres de la nef principale.

Datant du XIIIe s., les vitraux du déambulatoire sont consacrés aux grands thèmes classiques.

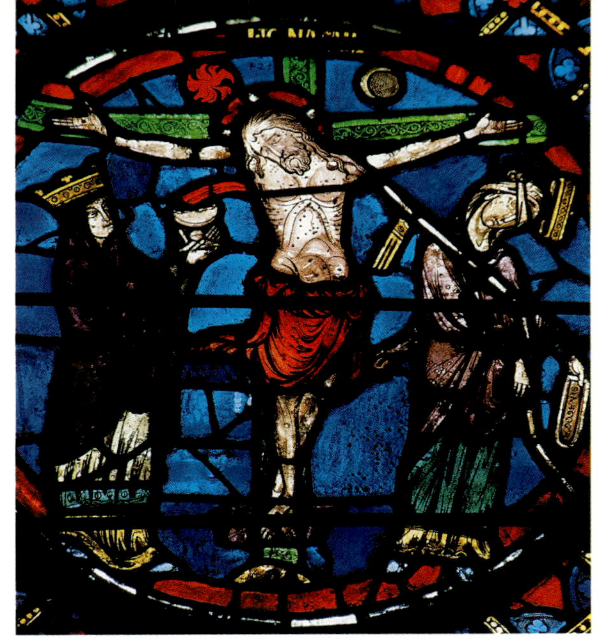

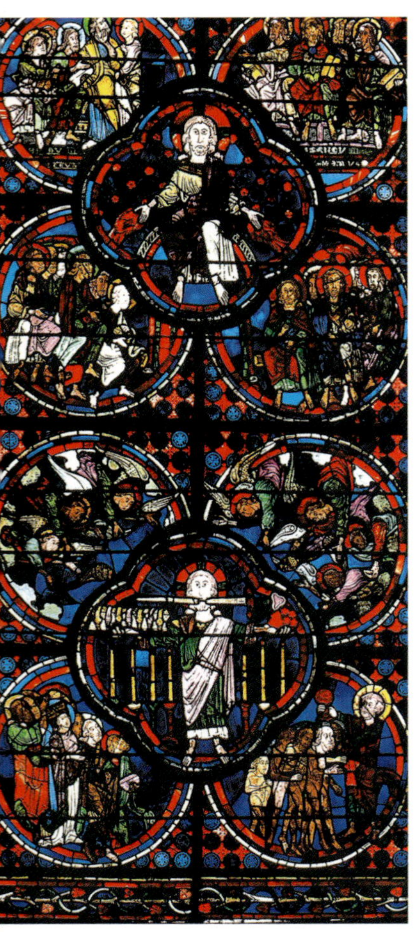

*Ci-dessus : détail du vitrail de l'*Apocalypse.

En haut : détail du vitrail de la Nouvelle Alliance.

Page ci-contre : le vitrail du Bon Samaritain, *qui a la particularité de se lire de haut en bas, contrairement à tous les autres.*

Pages suivantes : extérieurs de la nef, avec ses volées d'arcs-boutants calés par des piles verticales, vus depuis l'ancien jardin de l'archevêché.

entreprend le gros œuvre et étend le chantier sur une trentaine de mètres à l'est, au-delà de la vieille enceinte. Guillaume de Donjeon, de la famille des comtes de Nevers, est un moine cistercien, ancien abbé de Chaalis. C'est par tirage au sort, lors d'une messe, qu'il est devenu archevêque de Bourges. Il mourut en 1207, ayant pris froid dans sa cathédrale en chantier alors qu'il s'apprêtait à partir en croisade contre les albigeois. Bourges le pleura longuement et en fit un saint, canonisé en 1218. À Guillaume succèdent Gérard de Cros, puis le neveu d'Henri, Simon de Sully, et enfin Philippe Berruyer, qui mènera la construction à son terme. Les travaux sont retardés par un incendie et par la crainte de voir les deux tours, trop lourdes, s'affaisser – la tour sud, à laquelle Philippe IV le Bel a contribué financièrement, ne recevra jamais son clocher, d'où son surnom de « sourde ». Nef et façade sont achevées aux environs de 1280. Mais le projet initial a dû être modifié. Des glissements de terrain successifs ont obligé les architectes à renforcer les murs par des piliers butants et des contreforts.

Le temps des mécènes...

Le 5 mai 1324, soit cent trente ans après le début des travaux, l'archevêque Guillaume de Brosse peut enfin célébrer la dédicace de la cathédrale. L'œuvre des chanoines et des archevêques s'achève, celle des mécènes commence. Les mécènes, ce sont les ducs de Berry, dont le célèbre Jean, frère du roi Charles V, prince puissant épris d'art. Vers 1390, il fait réaménager la partie centrale de la façade par l'architecte Guy de Dammartin en perçant une monumentale verrière appelée le « grand housteau ».

Le XVe siècle est une période faste. La cathédrale s'embellit. En témoignent ses chapelles latérales, dons des différentes corporations de la ville et des grands serviteurs du royaume. La plus célèbre est sans doute celle de Jacques Cœur, grand argentier de Charles VII ; destinée à lui servir de mausolée, elle deviendra, suite à sa disgrâce, celle de son frère Nicolas.

Le 31 décembre 1506, la tour nord s'effondre, ce que l'on craignait depuis longtemps. Sa reconstruction, œuvre de Guillaume Pelvoysin, durera trente-deux ans. D'un gothique tardif, cette tour de beurre est plus haute et plus massive que la précédente. Comme son homonyme rouennaise, elle tient son nom des indulgences en matière de consommation de beurre pendant les jours de jeûne exigés par le dogme.

... Et le temps du vandalisme

En 1562, les protestants, menés par le comte de Montgomery, pillent la ville. Ils s'acharnent sur la cathédrale. Les bas-reliefs sont brisés à coups de marteau. Les statues des saints, des prophètes et des rois sont arrachées de leurs niches à l'aide d'une corde passée autour de leur cou. Au XVIIIe, les chanoines de Saint-Étienne achèvent l'œuvre de destruction. Ils suppriment dix-huit verrières des bas-côtés du chœur, sans toucher heureusement à celles du XIIIe siècle, qui, pour être moins connues que celles de Chartres, leurs sont largement comparables. Ils vont jusqu'à démanteler le jubé orné de sculptures du XIIIe siècle, qu'ils jugent ne plus être au goût du jour (depuis peu, les débris retrouvés ont été réorganisés et exposés, d'abord au Louvre puis à Bourges). Ils le remplacent par des marbres, stucs, bronzes et fers forgés qui finissent de ruiner les finances de la cathédrale. Par chance, la Révolution passe sans trop de dégâts.

Des curiosités

Une magnifique horloge astronomique datant du XVe siècle, restaurée récemment, est encore en état de marche dans la nef... Suspendus aux voûtes du chœur depuis un temps que l'on ne connaît pas, les chapeaux des cardinaux défunts. Ils servent à faire mesurer aux fidèles la durée de l'éternité : lorsqu'ils tombent en poussière, alors seulement l'âme du cardinal défunt quitte le purgatoire pour entrer au paradis...

Une autre façon de faire comprendre l'abstrait : au XIXe siècle, lors de rénovations, on coula un fil de cuivre dans le dallage de la nef, matérialisant le passage en cet endroit du méridien de Paris. C'est en 1992, seulement, que Saint-Étienne fut inscrite au Patrimoine mondial par l'UNESCO, une reconnaissance très tardive pour l'une des plus belles cathédrales d'Europe.

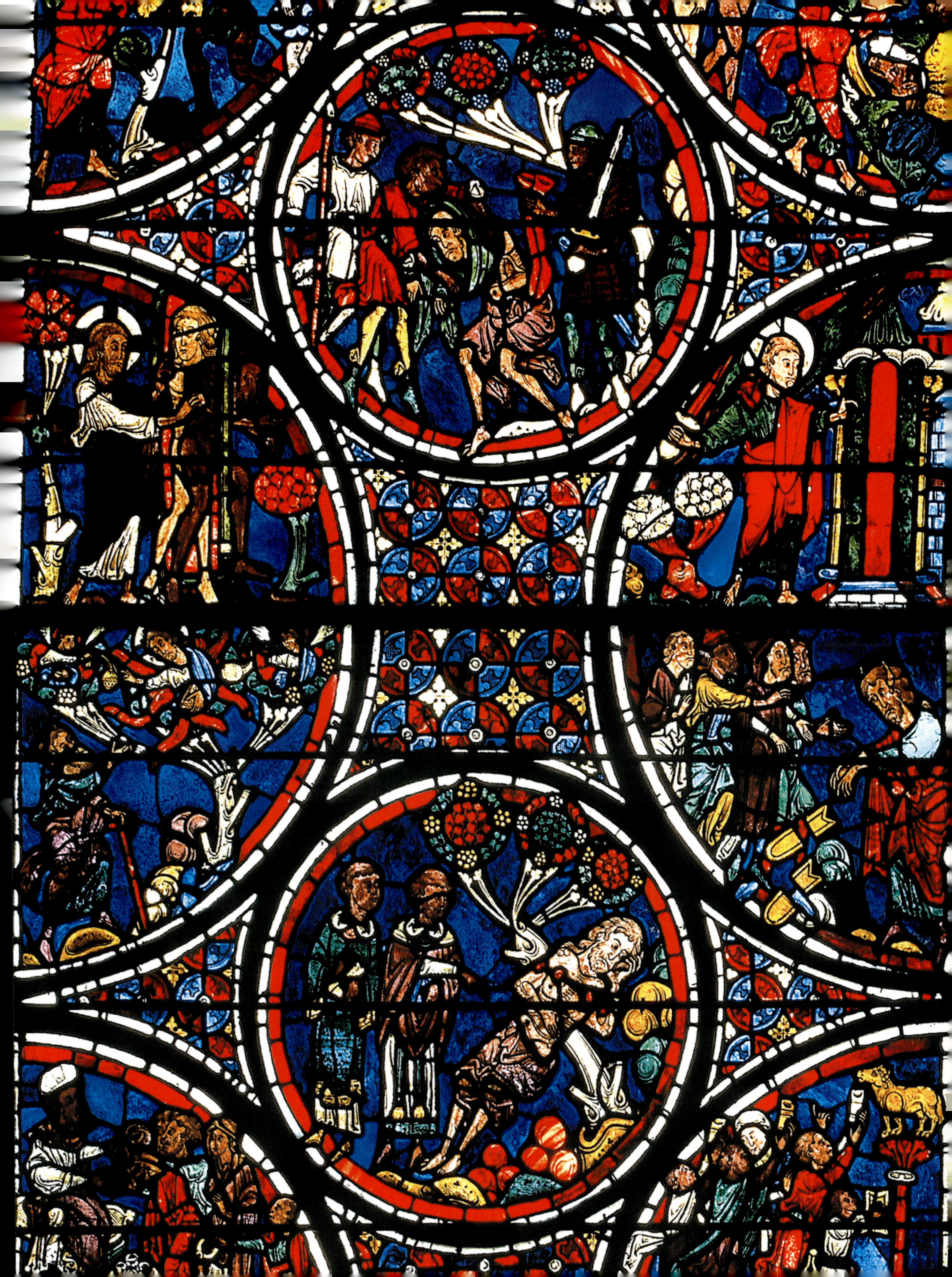

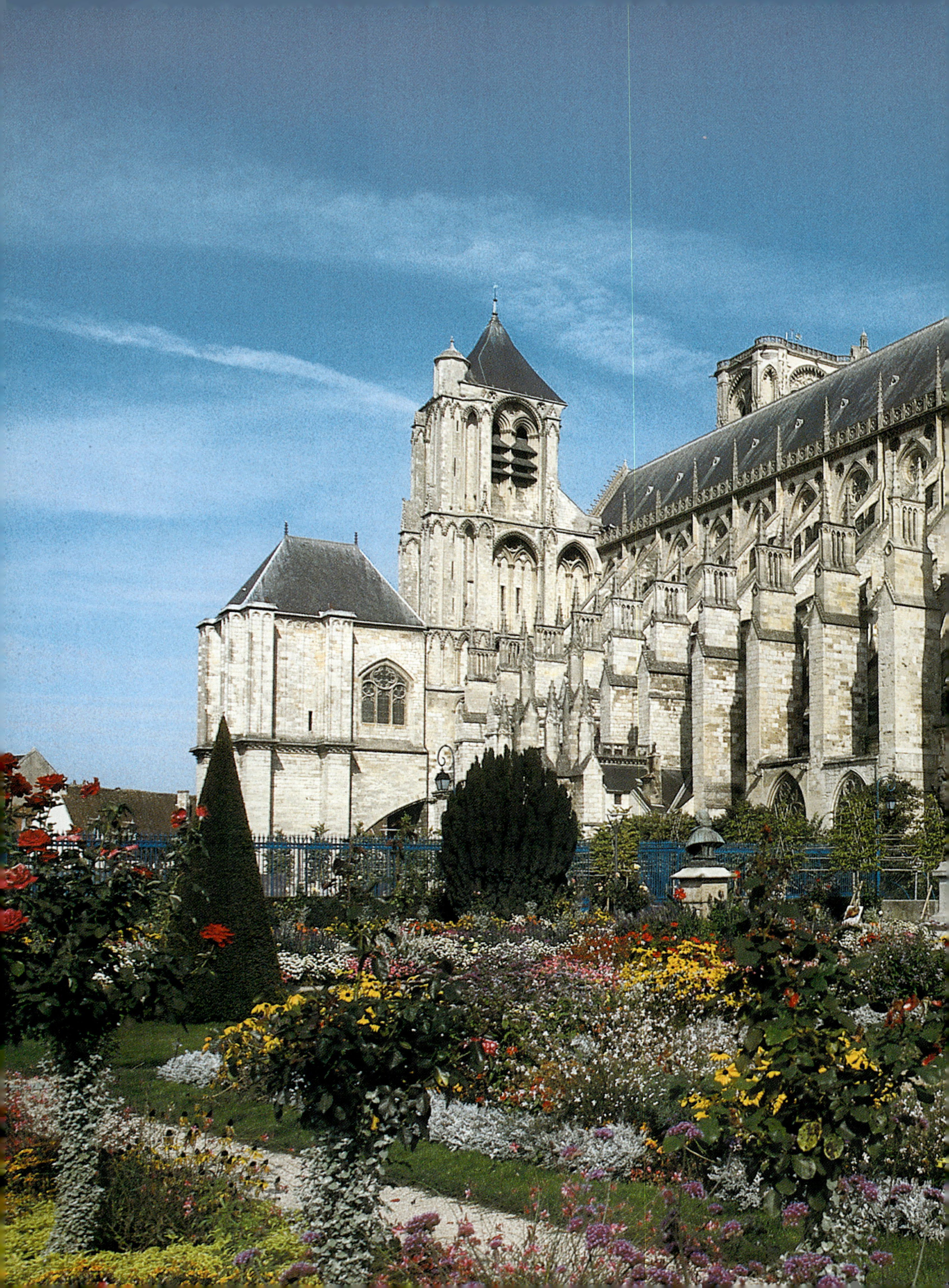

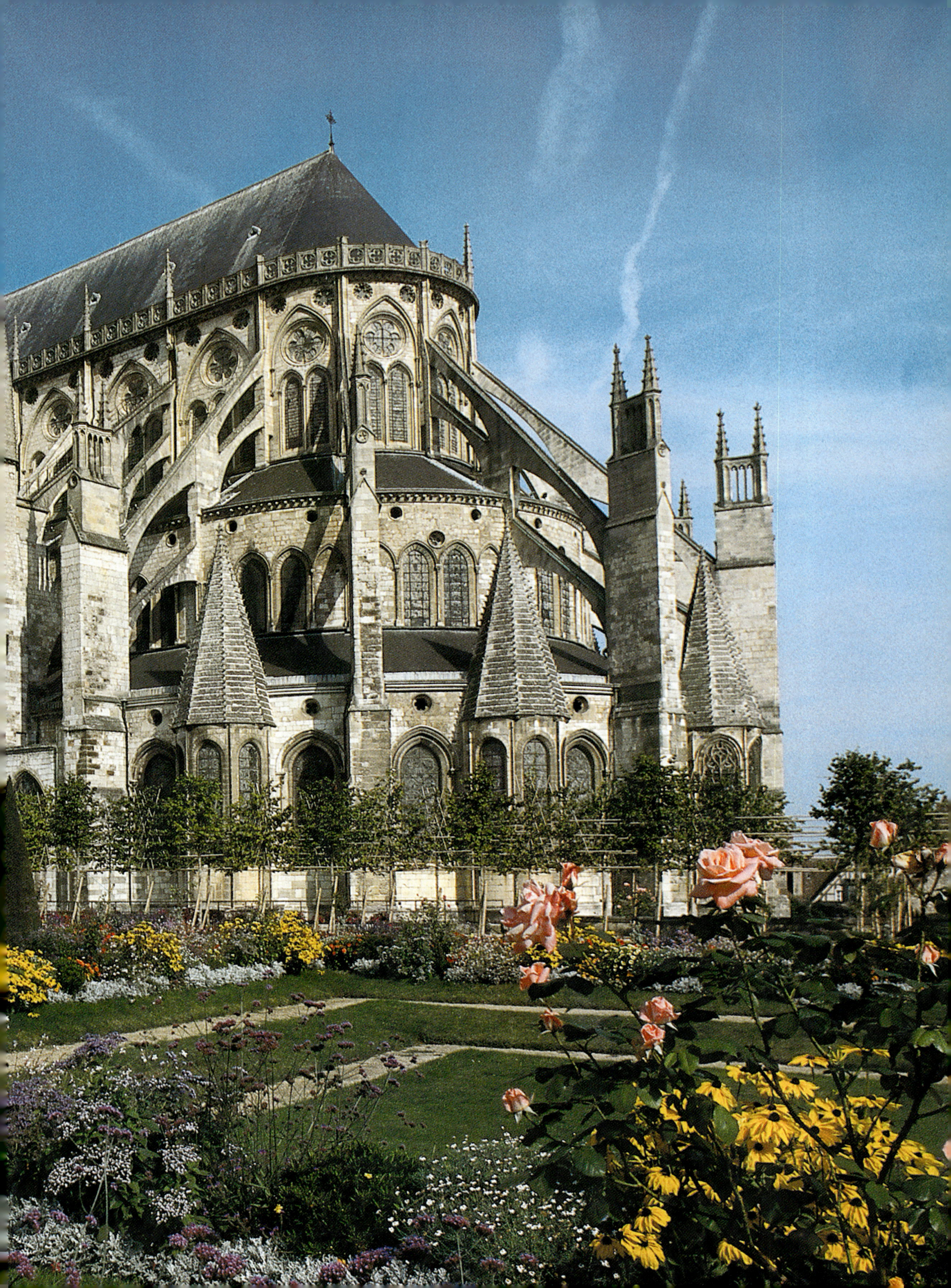

Clermont-Ferrand

Notre-Dame, un chantier gigantesque

XIIIe ET XIXe S.

À NE PAS MANQUER
LA NEF,
LE DÉAMBULATOIRE,
LE CHŒUR,
LE MAÎTRE-AUTEL,
LES CHAPELLES ABSIDALES,
LES VITRAUX,
LES PEINTURES MURALES,
L'HORLOGE À JAQUEMARTS,
LA TOUR DE LA BAYETTE,
LA CRYPTE,
LE TRÉSOR.

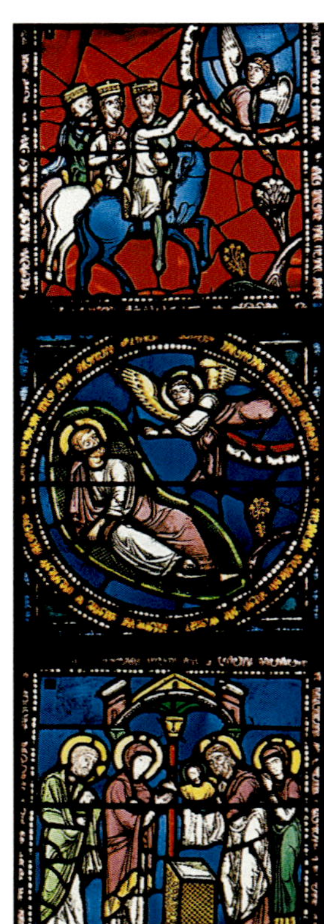

Ci-dessus : détail du vitrail de la chapelle absidale représentant l'enfance du Christ (vitrail du XIIe s. réemployé au XIIIe s.).

Page ci-contre : la nef, dont l'édification a nécessité plus d'un siècle.

La cathédrale de Clermont-Ferrand se dresse au pied des anciens volcans de la chaîne des Puys, élégante et sombre silhouette d'une des plus belles cathédrales gothiques du centre de la France. Cathédrale gothique certes, mais à laquelle vint se rajouter du néogothique au XIXe siècle, Viollet-le-Duc – pourquoi pas ? – ayant achevé l'édifice resté incomplet. Il a ajouté deux travées à la nef, un narthex et les deux immenses flèches dominant la ville du haut de leurs 108 mètres, le tout prévu dès l'origine.

Les cathédrales antérieures

La cité, appelée Clarus Mons (Clermont), capitale de l'Auvergne, a été évangélisée vers l'an 257 par son premier évêque, saint Austremoine. Une première puis une deuxième cathédrale sont édifiées, celle-là décrite par Grégoire de Tours au VIe siècle. Le grand évêque historien la connaissait bien car il était originaire de la région. Une troisième, dédiée cette fois à la Vierge, est consacrée en 946 ; il en subsiste la crypte, redécouverte en 1855. Il y fut placé une statue d'une Vierge en majesté (sans doute la première de ces magnifiques Vierges auvergnates), aujourd'hui connue seulement par un dessin daté d'avant sa disparition. Événement majeur, en 1095, le pape français Urbain II choisit la cathédrale pour y tenir un important concile, au cours duquel il lança l'appel à la première croisade.

Hugues découvre à Paris la croisée d'ogives

En 1248, Hugues de La Tour est évêque de Clermont. Cette année-là, le roi Saint Louis lui demande, comme à la plupart des évêques de son royaume, d'assister à la dédicace de la Sainte-Chapelle, à Paris. Ébloui, il découvre là l'élégance, la légèreté, le triomphe de la croisée d'ogives, cette exaltation de la lumière permise par des murs qui ne sont que bordures légères, que faisceaux de colonnettes destinés à mettre en valeur l'extraordinaire chatoiement des vitraux. Au retour, sa cathédrale lui semble bien sombre et bien lourde. Dès lors, il n'a plus qu'une idée en tête : collecter les fonds nécessaires à l'érection d'une grande cathédrale moderne. Des quêteurs partent jusqu'à Bourges, Narbonne et Bordeaux. Fondations pieuses et legs se multiplient. Le chantier peut commencer. Hugues de La Tour confie les travaux à un architecte probablement auvergnat, Jean Deschamps. Assisté de son chapitre, l'évêque participe à l'établissement du plan d'ensemble puis gagne Aigues-Mortes, où il embarque avec Louis IX pour la septième croisade. Il y trouve la mort un an plus tard, à la prise de Damiette, en Égypte.

La relève est assurée par son neveu, Guy de La Tour. On commence par construire un nouveau chœur distant de 25 mètres au moins de celui de la cathédrale romane, ce qui permit de démanteler et de réutiliser au fur et à mesure l'ancien édifice. Suivirent le chevet, le transept éclairé par deux splendides rosaces et la première travée de la nef. Deux autres magnifiques rosaces surmontent les façades nord et sud du transept. En 1275, Pierre Deschamps prend la relève de son père, décédé (père et fils ont travaillé à Narbonne, d'où quelques ressemblances entre les deux cathédrales).

En 1329, Pierre de Cébazat, le nouvel architecte nommé par l'évêque, l'un des maîtres d'œuvre de La Chaise-Dieu, complète la nef de trois travées et élève les chapelles latérales. Mais, par manque de fonds – le contexte est loin d'être propice : peste noire, guerre de Cent Ans, incursions des grandes compagnies –, les travaux cessent pratiquement là. Ils ne reprendront qu'en 1866, sous la direction de Viollet-le-Duc.

Pendant ces XIIIe et XIVe siècles, les murs ont été dotés de belles séries de peintures murales, celles du chevet et du déambulatoire contemporaines du chantier. Elles ont été commandées par les chanoines, dont certains se sont fait représenter, tel le chanoine Gautier. D'autres décors peints datent du XVIe siècle.

Un matériau dur et résistant

Clermont représente l'élégance, l'élancement, produit d'un gothique rayonnant à la virtuosité inégalée. Cette impression de grande légèreté a pu être obtenue grâce à la lave de Volvic, dure, résistante, qui a permis d'alléger au maximum les

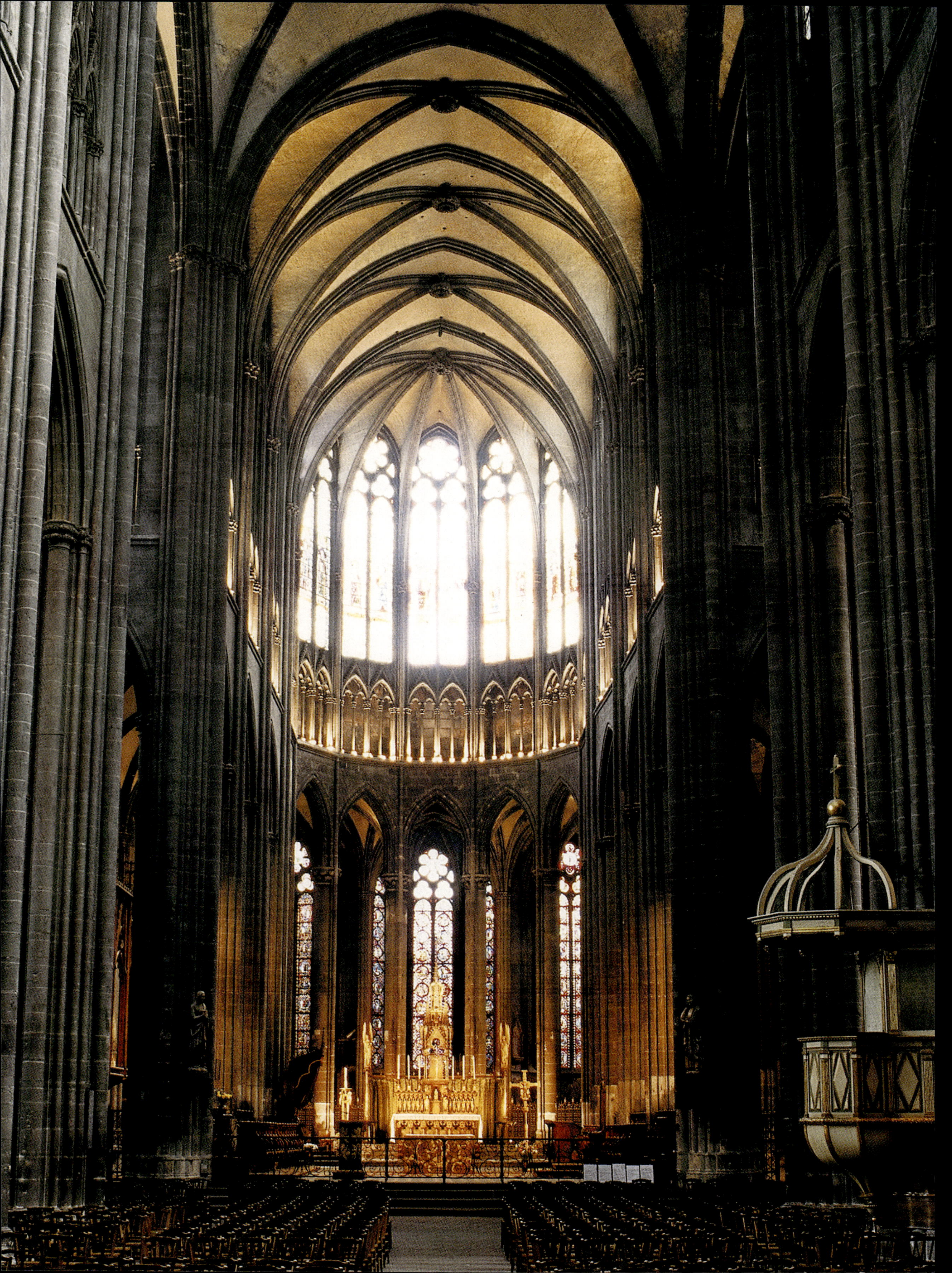

supports de la cathédrale. En ce XIIIe siècle, on commence dans la région à exploiter et à utiliser ce matériau dont on saura seulement au XVIIIe qu'il est d'origine volcanique. Il remplace peu à peu la blonde arkose, ce grès employé dans les merveilleuses églises romanes auvergnates.
D'où, à l'intérieur de la cathédrale de Clermont, cet ample vaisseau constitué de cinq nefs séparées par de hauts piliers ; d'où ces chapelles rayonnantes, dont les vitraux du XIIIe siècle sont des imitations de ceux de la Sainte-Chapelle : voyez les semis de lys et les tours de Castille, offerts sans doute en 1262 par Louis IX à l'occasion du mariage de son fils, le futur Philippe III le Hardi, avec Isabelle d'Aragon dans l'ancienne cathédrale romane.

Tremblements de terre en Auvergne
En 1477, 1478 et 1489, les murs pourtant solides de la cathédrale furent ébranlés par de forts tremblements de terre, les mêmes que ceux qui détruisirent Riom. Il fallut restaurer. Un projet de façade de style flamboyant est élaboré, mais on ne donna pas suite. Puis la Révolution abattit les tours qui flanquaient les portails du transept, à l'exception d'une seule, celle de la façade nord, appelée la Bayette, du mot *bayer*, qui signifie guetter. Haute de deux cent cinquante marches, elle servait effectivement de tour de guet. Balayée également, au trumeau du portail nord, la très célèbre et vénérée statue de la Vierge Notre-Dame-de-Grâce. Puis ce fut l'achèvement par Viollet-le-Duc.

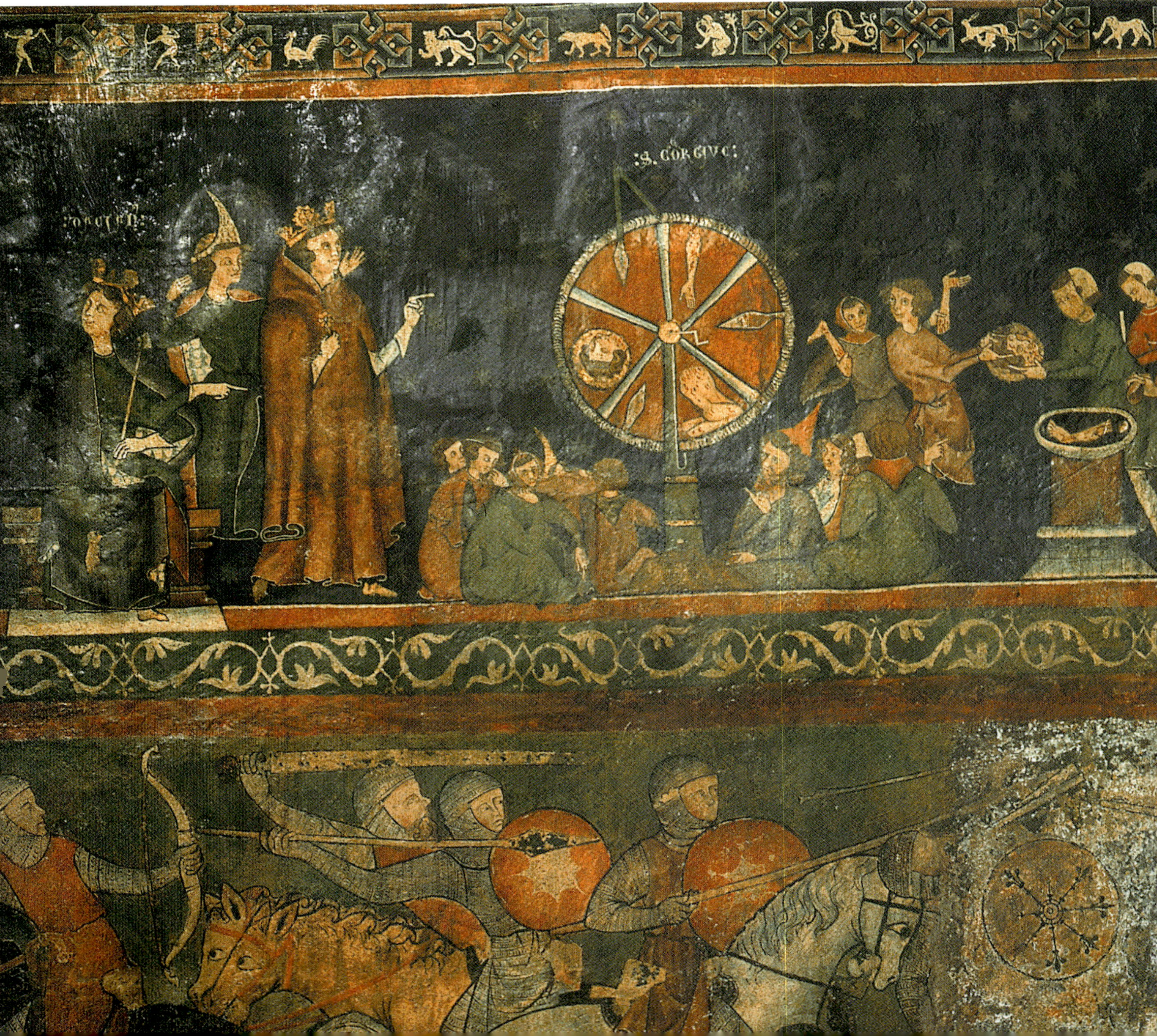

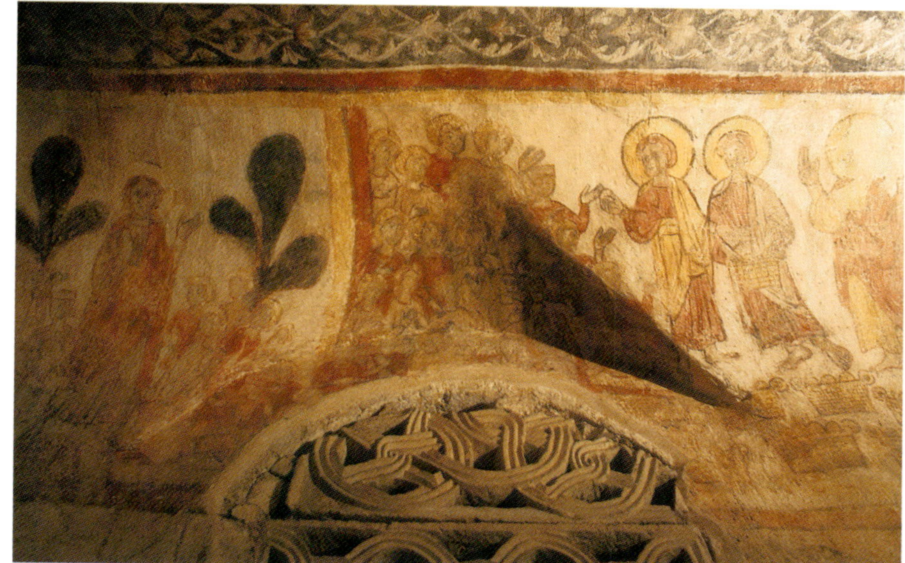

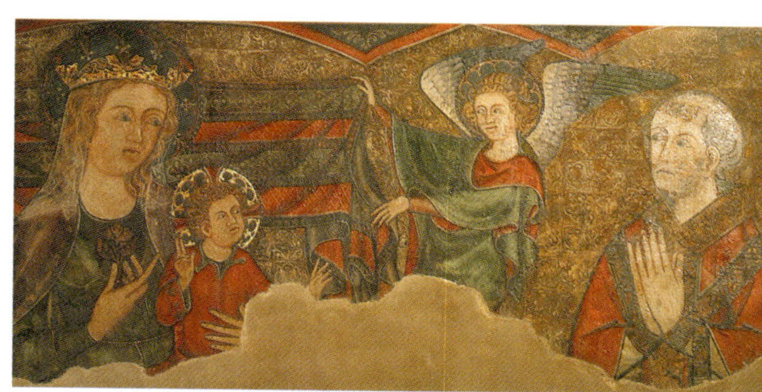

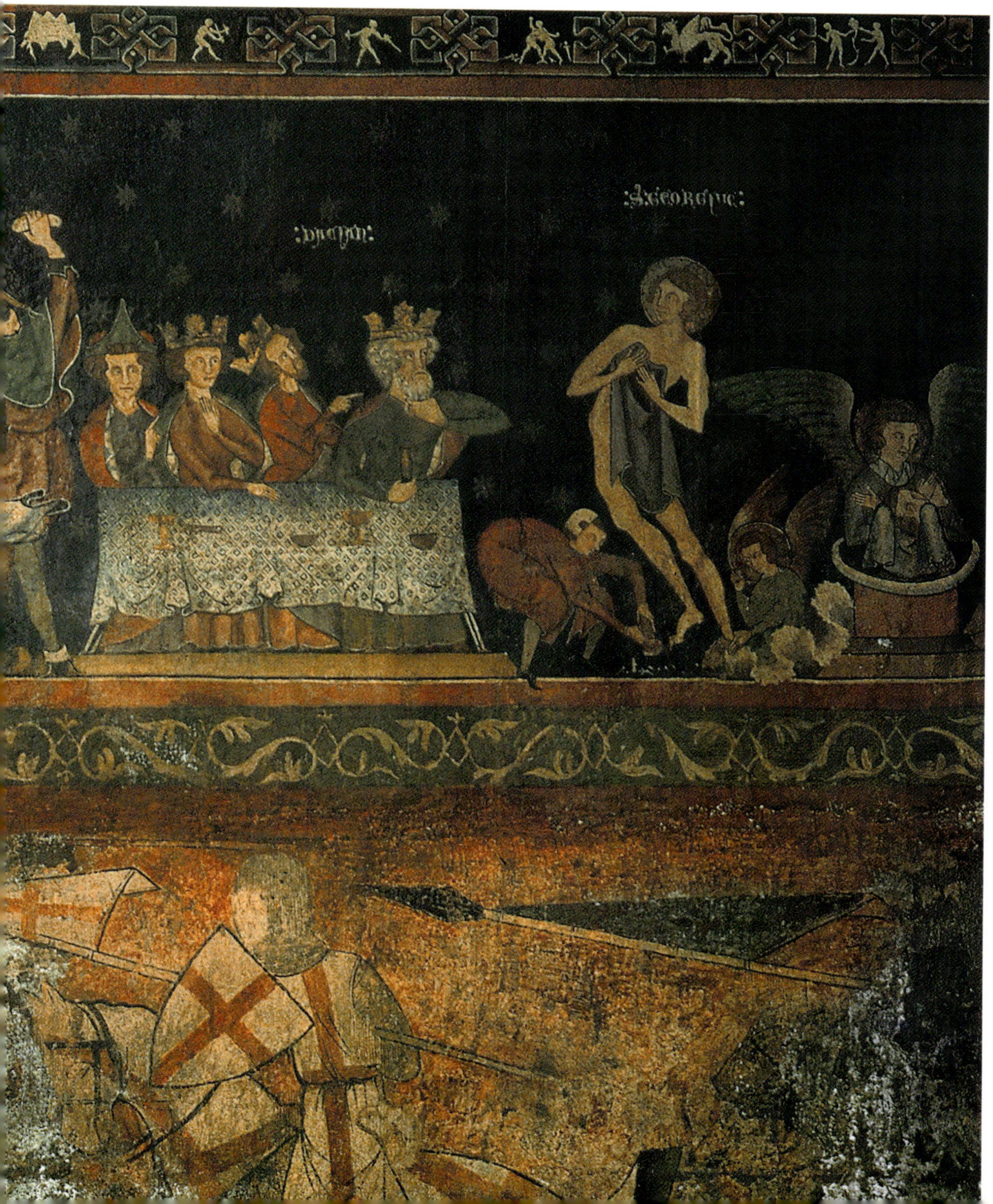

Ci-dessus, à gauche : dans la crypte, la Multiplication des pains, *peinture murale (début* XIII*e* *s.) proche de l'art roman. Les silhouettes des personnages sont cernées de traits noirs. La palette des couleurs est réduite à deux tons, l'ocre rouge et l'ocre jaune.*

*Ci-dessus : peinture votive (*XIII*e* *s.) du déambulatoire nord, représentant une Vierge couronnée, son enfant sur ses genoux.*

Ci-contre : registre supérieur représentant le martyre de saint Georges avec réalisme et humour. Les épisodes se succèdent en frise dans un long espace rectangulaire. Registre inférieur, scènes de bataille entre chevaliers croisés et sarrasins.

Le Puy-en-Velay

Notre-Dame, une cathédrale romane pour une Vierge noire

VIe-XIIe ET XIXe S.

À NE PAS MANQUER

LA FAÇADE,
LE PORCHE SAINT-JEAN,
LE PORCHE SAINT-FOR,
LA NEF À COUPOLES,
LA CHAIRE,
LE MAÎTRE-AUTEL,
LA STATUE
DE LA VIERGE NOIRE,
LES FRESQUES ROMANES,
LA FRESQUE
DE SAINT MICHEL,
LE CLOÎTRE,
LE TRÉSOR,
LA CHAPELLE
DES RELIQUES,
LA CHAPELLE
DES PÉNITENTS,
LE BAPTISTÈRE
SAINT-JEAN.

Ci-contre : vue de la cathédrale élevée sur les pentes du mont Anis, enchâssée dans une couronne de cratères.

Ci-dessous : située sur le maître-autel, la Vierge noire, copie de la statue d'origine détruite pendant la Révolution.

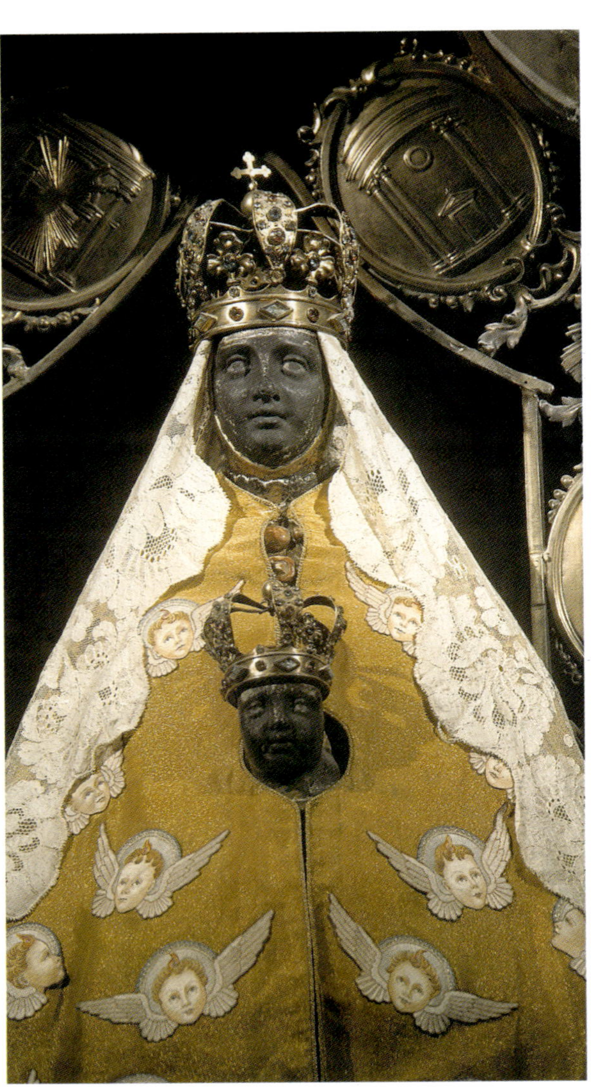

Le 8 juin 1794, jour de la Pentecôte. Une foule d'édiles et de gendarmes surexcités gravissent l'escarpement de la colline Anis. Ils empruntent le grand escalier qui les mène au cœur de la cité épiscopale, jusqu'à la vieille cathédrale romane. Ils viennent violer l'un des plus grands sanctuaires marials de la chrétienté, lieu du célèbre pèlerinage à la Vierge noire. Ils se saisissent de la statue, telle une vulgaire accusée. Il faut la tuer. N'a-t-elle pas le visage noir déformé, le nez disproportionné, les yeux exorbités ? N'a-t-elle pas, dit-on, été ramenée du Soudan par un croisé ? On la brandit à bout de bras. On la jette sur une charrette à ordures pour un tour des rues jusqu'à l'hôtel de ville. Y a-t-il eu simulacre de procès ? Un soldat, d'un coup de sabre, lui sectionne le nez. On la transporte mutilée jusqu'à la place du Martouret, où un bûcher a été dressé. Elle brûle longtemps avant d'être entièrement consumée. Ses cendres encore chaudes seront dispersées à tout vent.

La pierre aux Fièvres

Mais la fièvre révolutionnaire ne pouvait pas effacer l'empreinte sacrée inscrite dans les lieux. Car la topographie ne laisse pas d'être étonnante : un immense cirque volcanique hérissé de pics, tels des stalagmites. Sur l'un d'eux, le rocher Aiguilhe, s'accroche le sanctuaire dédié à saint Michel, dominé depuis 1860 par une Vierge colossale fondue dans le bronze des canons de Sébastopol. Sur la colline Anis, un culte était rendu à un élément minéral, une pierre druidique que la christianisation n'osa pas détruire, préférant l'intégrer à son discours. Ce fut la Vierge qui demanda aux malades de se coucher dessus afin qu'ils soient guéris.

La première cathédrale d'Anicium, bâtie vers 473, abrita donc la pierre du miracle. La légende rapporte qu'elle n'eut pas besoin de consécration officielle. Elle fut un jour baignée d'une lumière surnaturelle ; et les cloches se mirent à sonner. Ainsi devint-elle pour tous « la chambre angélique ». Bientôt, une foule vint en permanence se prosterner devant la « pierre aux Fièvres » posée

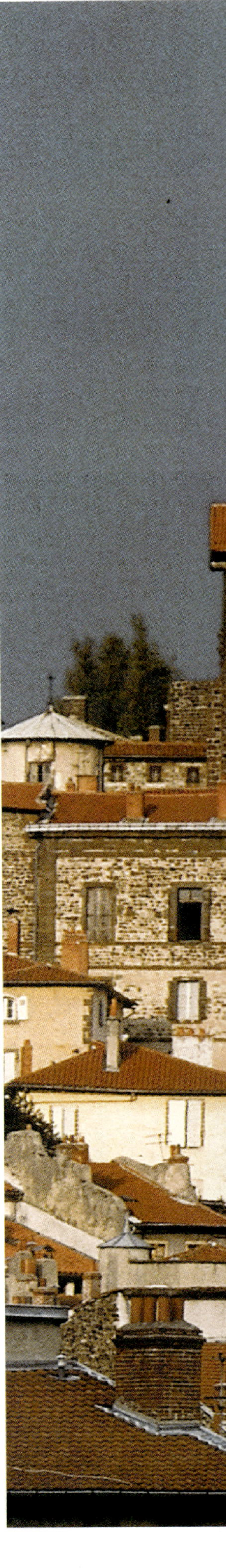

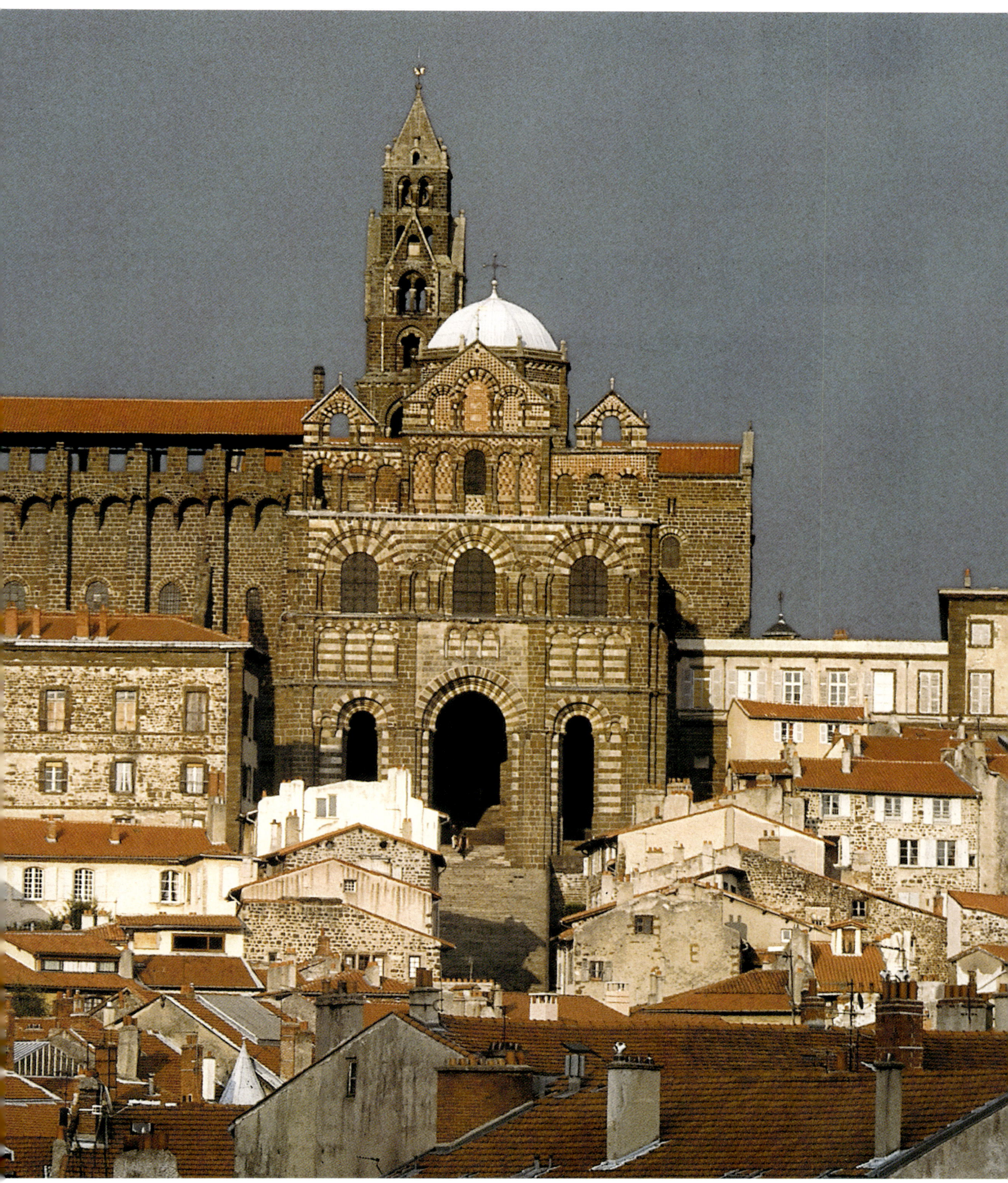

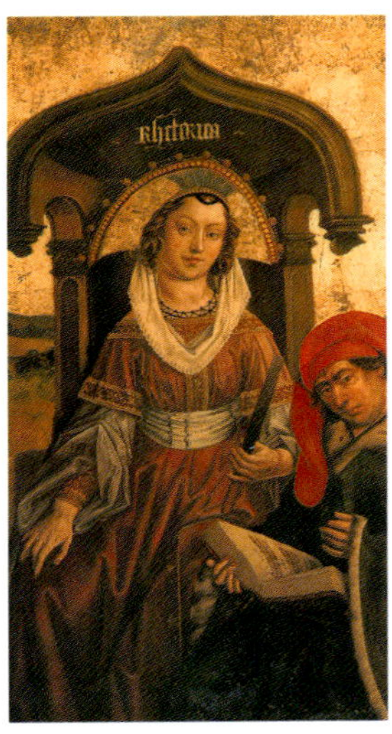

sur le maître-autel, voire s'y allonger, et cela dans un tel désordre qu'on la déplaça à l'endroit où se trouve aujourd'hui le cloître. Mais, suite à une profanation – un adultère accompli à même la pierre sacrée –, elle fut brisée en quatre morceaux par la foudre (l'un d'eux est encore visible sur la quatrième travée de la nef). On ne sait ni comment s'opéra la transition entre cette pierre et la Vierge noire, apparue à Anis vers le XIIe ou le XIIIe siècle, ni si celle-ci fut apportée par Louis VII, ou par un croisé revenu du Soudan, ou par Saint Louis – ne dit-on pas aussi qu'elle fut sculptée par le prophète Jérémie quelque sept siècles avant la naissance du Christ ?

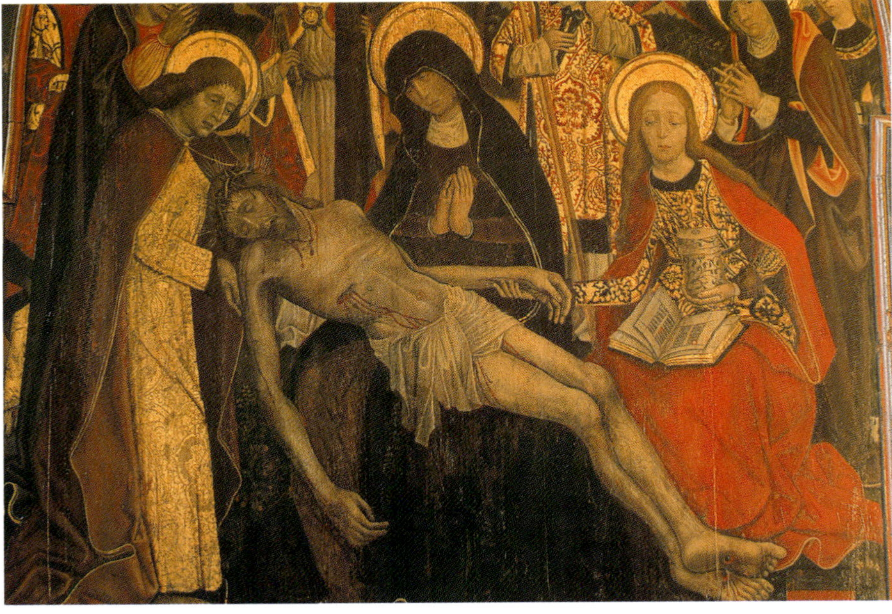

En haut : dans la chapelle des Reliques, détail de la peinture des Arts libéraux *(XVe s.), représentant la rhétorique, avec Cicéron.*

Ci-dessus : dans le trésor de la sacristie, la Pietà. *Peinture sur bois (XVe s.) de l'école bourguignonne.*

Page ci-contre : vue du plafond de la nef avec ses coupoles du XIIe s.

Pages suivantes : vue du cloître, d'influence orientale, entièrement restauré au XIXe s.

Une cathédrale romane pour la Vierge noire

Cette cathédrale présente la particularité de ne jamais avoir été détruite, mais seulement agrandie au fil des siècles, de collatéraux dès le VIe siècle, puis travée par travée aux VIIIe et IXe siècles, pour arriver à l'édifice roman du XIIe siècle. On peut dire qu'elle est l'une des rares cathédrales romanes à avoir subsisté, avec un chœur bien antérieur.

C'est en effet l'une des plus étonnantes cathédrales que l'on puisse voir ! Elle est flanquée de son superbe cloître, roman lui aussi ; on y accède par un large escalier de cent deux marches qui conduit à la monumentale façade et prolonge sous le porche pour déboucher directement dans la nef. « On entre à Notre-Dame du Puy, dit-on, par le nombril et on en sort par les oreilles. » Car cet escalier se continue sous l'église, impressionnante et complexe, et de surcroît fort vaste. Il fallait en effet accueillir les milliers de pèlerins venus se prosterner devant la Vierge noire. On arrive de toute part pour implorer cette image de la Vierge, dont les traits – elle a été refaite à l'identique d'après des dessins anciens – font penser à de l'art copte. Le Puy sait vite tirer parti d'un tel trésor. L'évêque et son chapitre prolongent une dernière fois la nef au prix d'une incroyable prouesse architecturale : les deux dernières travées et le porche sont élevés au-dessus du vide, les arcades servant de pilotis.

Dorénavant, on ne pouvait pas aller plus loin. Tout, ici, indique une forte influence orientale, voire musulmane, particulièrement nette dans les chapiteaux et l'appareillage de pierres noires, rouges, ocre, lie-de-vin, somptueuses mosaïques faites d'un assemblage de calcaire, de lave et de pouzzolane.

Obscure comme tous les édifices romans

Aujourd'hui encore, une chape de dévotion et de mystère semble imprégner ses murs. À l'intérieur, le rouge sombre presque usé de la pierre, les gigantesques piliers, la lumière tamisée qui filtre par de petites fenêtres extrêmement haut placées, font de Notre-Dame du Puy, et pour cause, l'une des cathédrales les plus obscures de France.

Que reste-t-il aujourd'hui des peintures qui couvraient piliers, voûtes et coupoles ? Quelques fresques restaurées dans le bras gauche du transept : *les Saintes Femmes du tombeau, le Martyre de sainte Catherine d'Alexandrie*... Et puis, au bout d'un petit escalier que l'on emprunte dans la tribune du transept nord, un gigantesque archange saint Michel, haut de ses 5 mètres, au regard étonné d'avoir traversé tant de siècles.

Une cathédrale néoromane

En fait, Notre-Dame du Puy n'est plus aujourd'hui qu'une cathédrale néoromane, ainsi que l'atteste la rectitude de ses lignes trop neuves. Car elle menaçait ruine au XIXe siècle et il a fallu la reconstruire presque entièrement. Le chevet fut totalement détruit et réédifié pierre après pierre. Il en fut de même pour le clocher, à l'exception des deux étages inférieurs. La coupole de la croisée du transept fut également refaite. Ne sont restées en l'état que les troisième et quatrième travées de la nef.

Il fut un temps où personne n'osait avouer ces reconstructions. On laissait penser que le sanctuaire avait traversé les siècles sans dommages. Ce point de vue est aujourd'hui dépassé et on commence à admettre, dans la longue lignée des constructeurs, les restaurateurs du XIXe siècle.

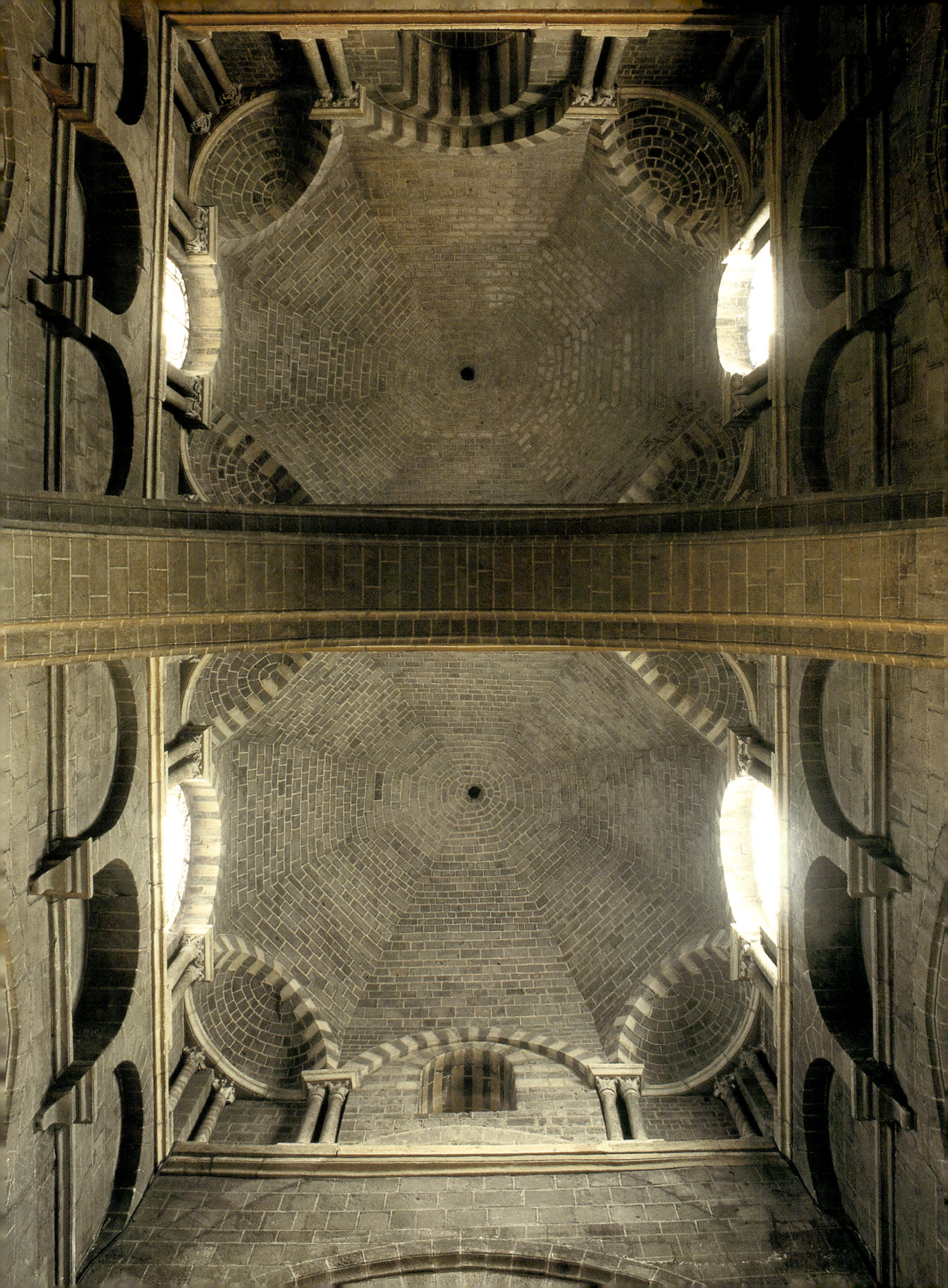

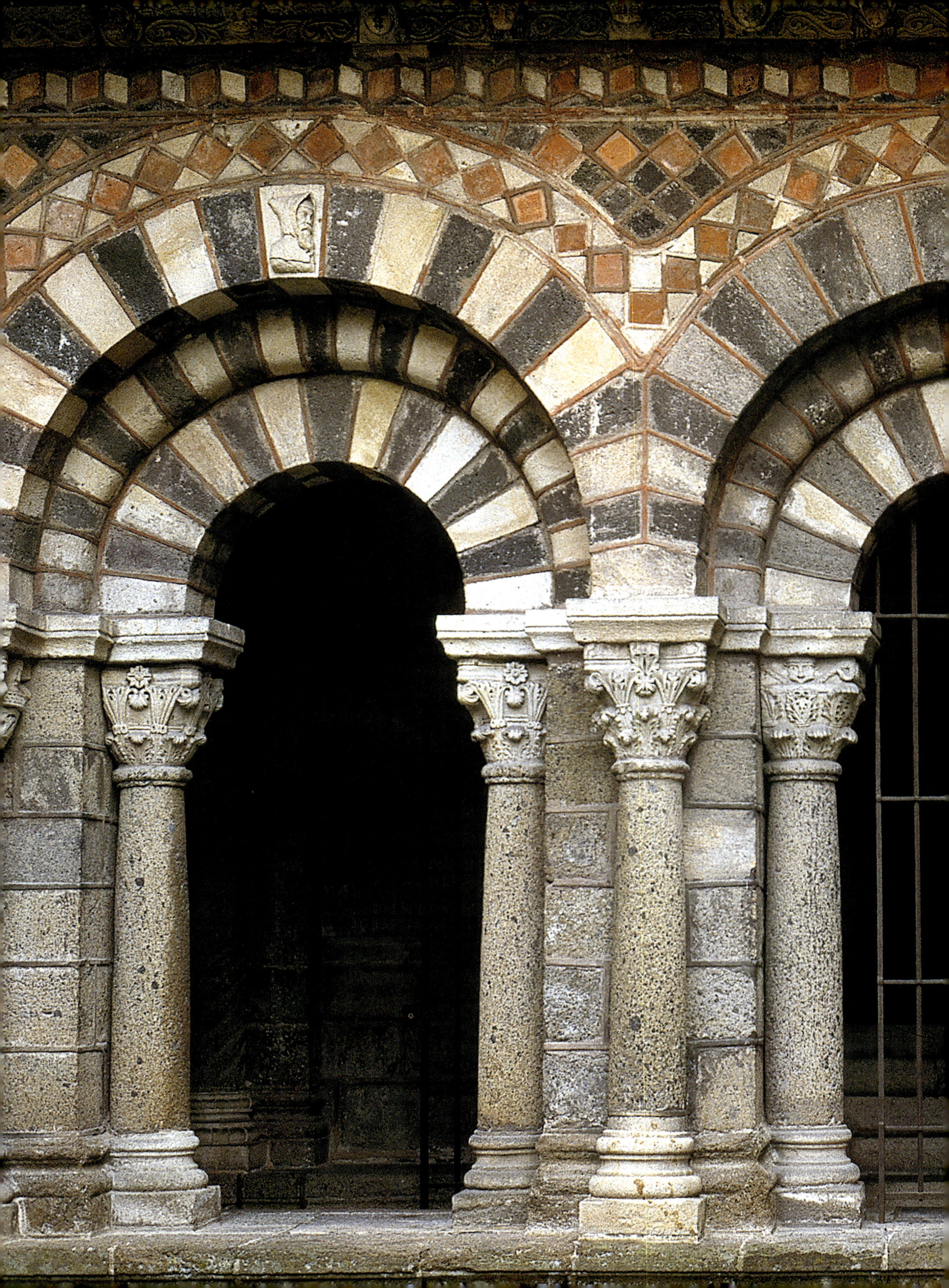

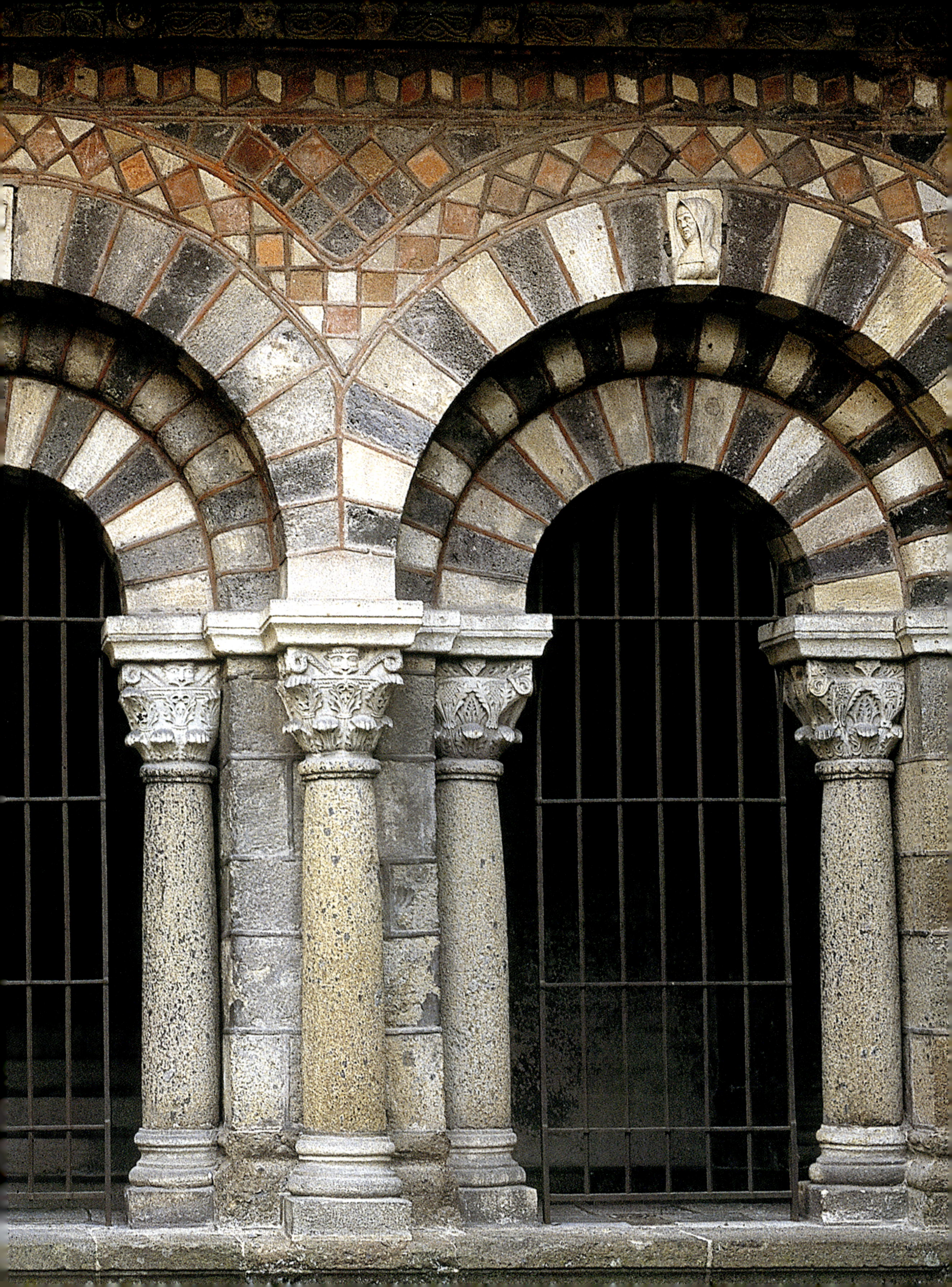

Poitiers

Saint-Pierre, sous influence anglaise

XIIe-XIVe S.

À NE PAS MANQUER
LA FAÇADE,
LE CHEVET,
LES TROIS NEFS,
LES VERRIÈRES,
LE VITRAIL
DE LA CRUCIFIXION,
LES STALLES,
LE BAPTISTÈRE
SAINT-JEAN.

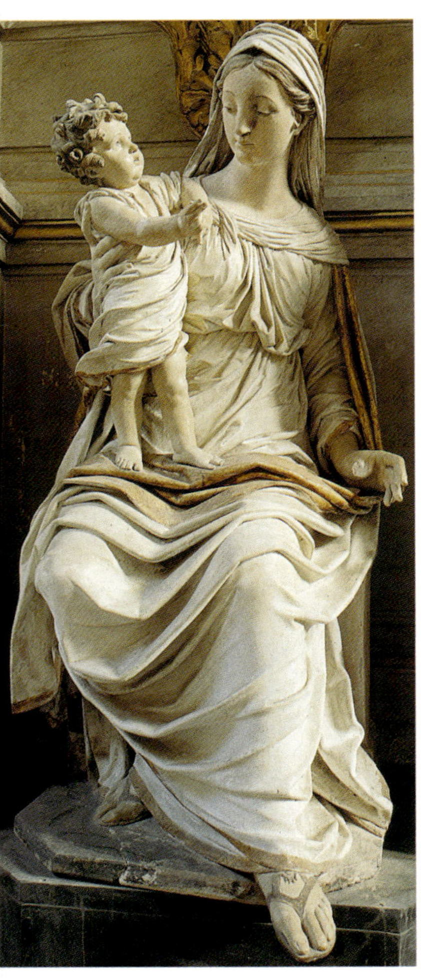

Ci-dessus : statue de la Vierge à l'Enfant en marbre blanc de Gênes.

Dans une ville sept fois rebâtie sur sa colline, l'une des plus riches et des plus anciennes de France, le plus vaste de tous les lieux fut bien le groupe épiscopal comprenant la cathédrale Saint-Pierre et, entre autres, le baptistère Saint-Jean, considéré comme le plus ancien monument chrétien de France. L'antique Limonum, la ville des ormes, est évangélisée au IVe siècle par son premier évêque, saint Hilaire. Elle devient un grand centre religieux et l'une des résidences des rois wisigoths. Jusqu'à l'époque carolingienne, Poitiers appartint à ses comtes et évêques, puis au royaume et au duché d'Aquitaine.

UN GROUPE CATHÉDRAL GARDANT SON BAPTISTÈRE

Guillaume le Grand, puissant duc d'Aquitaine (990-1030), fit restaurer et agrandir la cathédrale. Le groupe cathédral compte alors, outre la cathédrale, le palais de l'évêque et les bâtiments où vivent les chanoines, l'église Saint-Hilaire et la chapelle Saint-Martin-entre-les-Églises. Un peu plus loin, le fameux baptistère Saint-Jean, dont on pense qu'il date de l'évangélisation de la ville. À cette époque où les baptêmes étaient reçus par des adultes, la cérémonie ne devait pas se dérouler dans une église, où seul un chrétien pouvait entrer. Ce sacrement était conféré uniquement par l'évêque et se faisait par immersion totale dans l'eau d'une piscine. Les baptistères de ce type ont cessé d'être utilisés après le VIIIe siècle, lorsque le baptême fut conféré par les prêtres aux enfants nouveau-nés, et par simple aspersion. Les fonts baptismaux ont alors été placés dans l'église, mais près de l'entrée et du côté nord. Le baptistère de Poitiers a été miraculeusement conservé alors que tant d'autres ont disparu.

Passée sous influence anglaise avec le mariage d'Henri Plantagenêt et d'Aliénor d'Aquitaine, Poitiers est, au XIIe siècle, l'une des résidences des Plantagenêts. La construction de la cathédrale Saint-Pierre débute par le chœur, à la fin du XIIe siècle – sur une clé de voûte on peut lire l'inscription ADAM (Aliénor Dux d'Aquitaine Monarchiae), accompagnée d'une date qui peut se lire comme 1167 – et s'achève en 1271, sous les Capétiens. Elle est consacrée un siècle plus tard, en 1379.

UN BEL EXEMPLE DE GOTHIQUE ANGEVIN

Ce grandiose vaisseau rectangulaire de 90 mètres de longueur et 27 mètres de hauteur sous voûtes est divisé en huit travées. La quatrième est traitée comme un transept. Sa clé de voûte ressemble curieusement à un oculus entouré de têtes d'anges. Avec ses trois larges nefs et ses collatéraux étonnamment élevés, Saint-Pierre offre un remarquable exemple du style qu'on appelle couramment Plantagenêt ou encore gothique angevin. L'extérieur donne une extraordinaire impression de puissance, de solidité. Parmi les vingt inestimables verrières de la première moitié du XIIIe siècle qui éclairent l'intérieur, il en est trois, situées au chevet, où dominent le rouge et le bleu. Elles datent du début des travaux de la cathédrale. Regardez bien, il s'agit là d'un des plus beaux vitraux français : d'un côté, la Résurrection, de l'autre l'Ascension, et au centre la Crucifixion du Christ, avec celle de saint Pierre tête en bas. Les donateurs représentés sur le vitrail seraient Aliénor et son époux Henri Plantagenêt.

La façade, percée dans sa partie centrale par une rose, possède trois portails où se font nettement sentir les influences du gothique de l'Île-de-France. En 1204, en effet, sous Philippe Auguste, la ville est revenue à la Couronne. La cathédrale n'est pas tout à fait terminée. Il lui manque les deux premières travées de la nef et la partie haute de la façade. Sur le tympan central, un Jugement dernier avec, à gauche, la mort et le couronnement de la Vierge et, à droite, l'incrédulité de l'apôtre Thomas. Dessous, le somptueux palais bâti pour le roi des Indes par saint Thomas – le saint patron des tailleurs de pierre selon la Légende dorée. Quant aux tours, elles ne seront achevées qu'au XVe siècle pour l'une et au XVIe pour l'autre.

Sous la Révolution, la cathédrale, vendue aux enchères, échoit à un spéculateur qui en fait un grenier à fourrages. Vidée de ses trésors mais conservant ses splendides vitraux, la première « église-halle gothique » est sauvée !

Page ci-contre : vitrail de la Crucifixion, l'un des chefs-d'œuvre de l'art du vitrail. Il s'agit d'un fragment de la verrière centrale du chœur (fin du XIIe s.) mesurant 8,35 m de haut et 3,10 m de large. Au centre, le Christ est figuré les yeux ouverts, sur une croix qui a la couleur du sang versé.

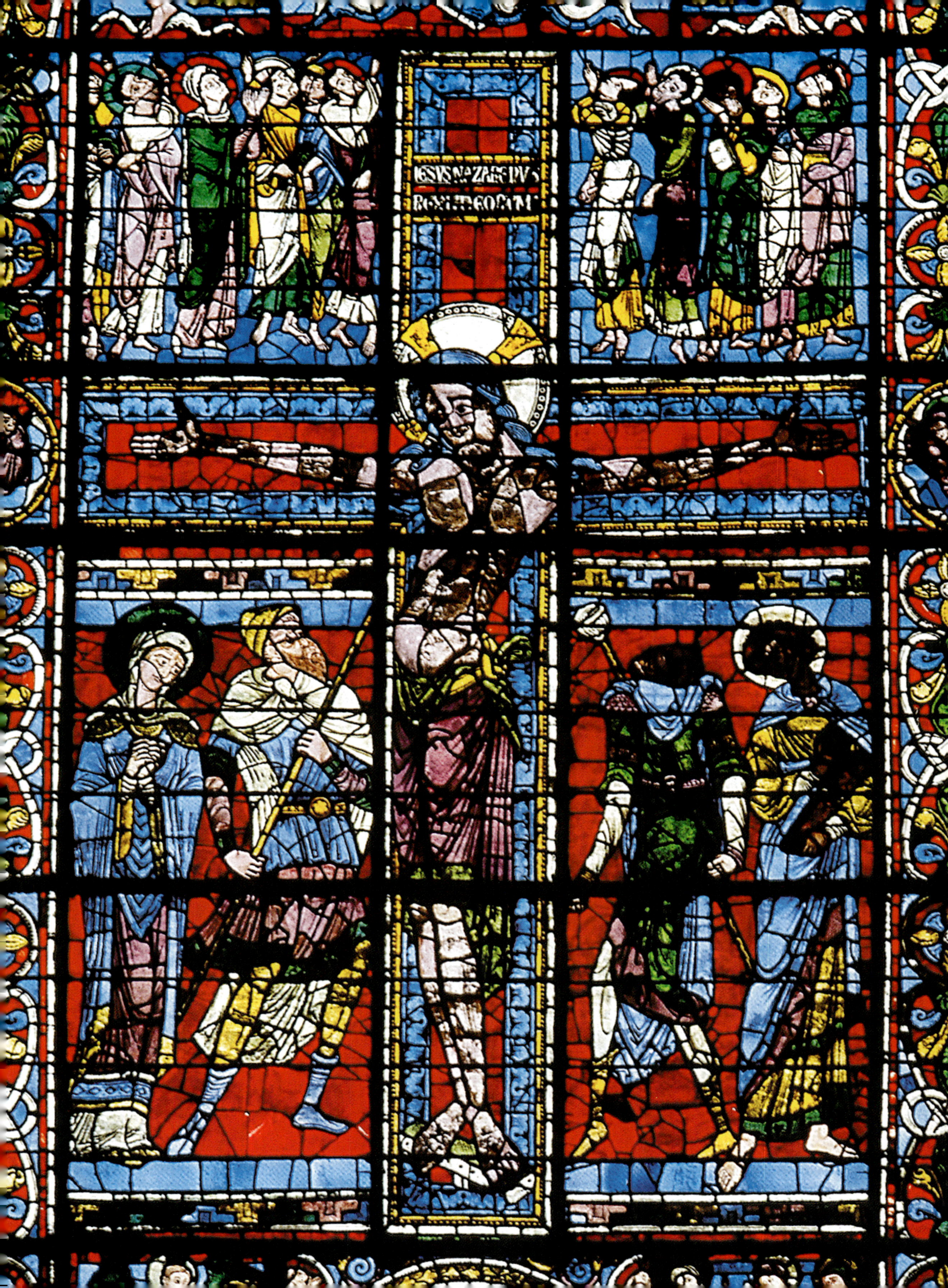

Angoulême

Saint-Pierre, une merveilleuse page d'enluminures

XIIe-XIXe S.

À NE PAS MANQUER
LA FAÇADE,
LA NEF À COUPOLES,
LES CHAPITEAUX,
LE BAS-RELIEF ROMAN,
LE CHŒUR.

L'un est le génial bâtisseur, l'autre, le restaurateur abusif. Le premier s'appelle Girard de Blaye, il est d'origine modeste et épris de beauté. En 1101, il est évêque d'Angoulême. Sa passion : faire de sa cathédrale une immense sculpture, un édifice autant bâti que sculpté. L'autre, c'est Paul Abadie, l'architecte du Sacré-Cœur de Montmartre. Son erreur : vouloir, au XIXe siècle, reconstruire plutôt que restaurer Saint-Pierre d'Angoulême. Au visiteur de faire la part des choses.

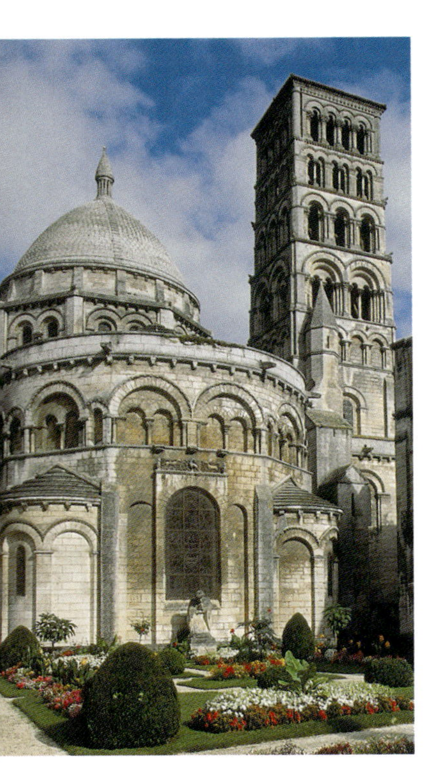

Ci-dessus : le chevet est une alternance de fenêtres et d'absidioles. La coupole centrale est une construction néoromane du XIXe s. Quant à la tour qui s'élève à l'extrémité du croisillon gauche, elle a été reconstituée par Abadie vers 1866.

Ci-contre : scènes de combat tirées d'épisodes de la Chanson de Roland *au linteau du portail latéral.*

Une envolée de coupoles sur pendentifs

Depuis l'époque gallo-romaine, quatre cathédrales se sont succédé à Angoulême. La première fut saccagée par les Barbares ; la deuxième, attribuée à Clovis, fut incendiée par les Normands en 981. La troisième, consacrée en 1025, était un vaste édifice en forme de croix grecque que l'on devait à Grimoard, abbé de Brantôme et de Saint-Cybard. Celle d'aujourd'hui, la quatrième, est l'œuvre de Girard de Blaye, l'un de ces grands personnages qui ont marqué l'aube du XIIe siècle. Ami de Robert d'Arbrissel, fondateur de Fontevrault, légat de plusieurs papes, ce personnage très ambitieux prit fait et cause pour l'antipape Anaclet II lors du schisme qui divisa alors l'Église ; une prise de position qui lui vaudra d'être déclaré schismatique.

Lorsque, trente-quatre ans plus tôt, Girard, enfant du pays aux dons exceptionnels, fut élu évêque d'Angoulême, il décida de faire de sa cathédrale l'un des plus fastueux édifices de la région. Cet ancien chanoine de Saint-Étienne de Périgueux eut l'idée de recourir, comme à Périgueux, à la coupole pour couvrir la nef. Aujourd'hui encore, après avoir descendu les quelques marches qui donnent accès à celle-ci, on est frappé par cette impressionnante envolée de coupoles sur pendentifs. L'ensemble de l'édifice appartient de toute évidence au modèle roman périgourdin, à l'exception de la façade. Le clocher à cinq étages d'arcatures est sans doute le plus beau clocher roman de l'Angoumois. Malheureusement, son pendant surmonté d'une haute flèche a été abattu lors des guerres de Religion.

Pour sa cathédrale, Girard de Blaye voyait grand, tellement grand que les immenses revenus des abbayes de Saint-Cybard, de Saint-Amant-de-Boixe et de Cellefouin n'y suffirent pas, même avec l'apport d'une cinquantaine d'églises. Il dut faire appel à de généreux donateurs comme le chanoine Itier Archambaud, dont on voit les initiales, G.I.T. (Girard et Itier Archambaud), sur la façade. La cathédrale fut consacrée en 1128.

Comme une page d'enluminures

La façade, entièrement sculptée de soixante-quinze statues et bas-reliefs, est purement poitevine, à l'exception du pignon et des deux tours ajoutés par Abadie. Il faut la lire, l'admirer comme une merveilleuse page d'enluminures. En bas, le combat des chevaliers inspiré par la Chanson de Roland ; à l'étage médian, cette Vierge au milieu des apôtres, vêtue et coiffée à la manière des femmes du XIIe siècle ; sur l'arcade centrale, les anges dansant, ou encore, tout en haut, le Christ en majesté isolé dans une mandorle, prêt à s'élever dans les cieux.

Lors du siège d'Angoulême par l'armée protestante de l'amiral de Coligny, la cathédrale subit des dégâts considérables. De longues années furent nécessaires à sa restauration, avant que la révocation de l'édit de Nantes, en 1685, ne porte un coup fatal à la prospérité de la ville. À la Révolution, elle devint temple de la Raison, Raison dont le culte fut célébré le 30 novembre 1793. Enfin, entre 1866 et 1875, elle fut en partie refaite, reconstruite diront certains, par Paul Abadie. La coupole surmontant le carré du transept, détruite en 1568, fut transformée en dôme bien trop surélevé, monté sur un tambour polygonal, qui donne à Saint-Pierre ce faux air byzantin, surprenant au cœur de l'Angoumois.

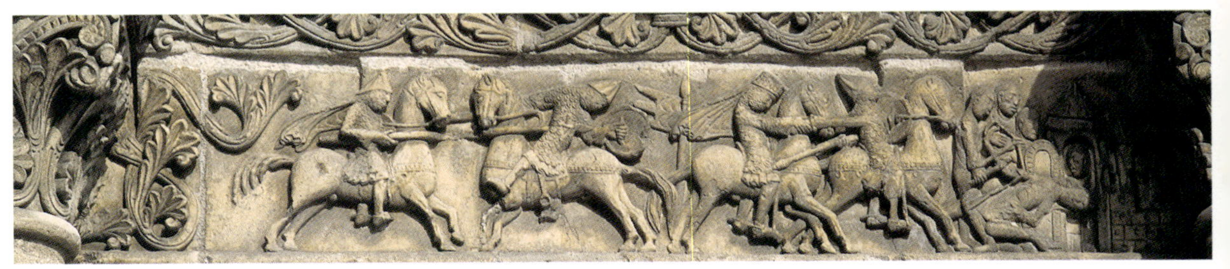

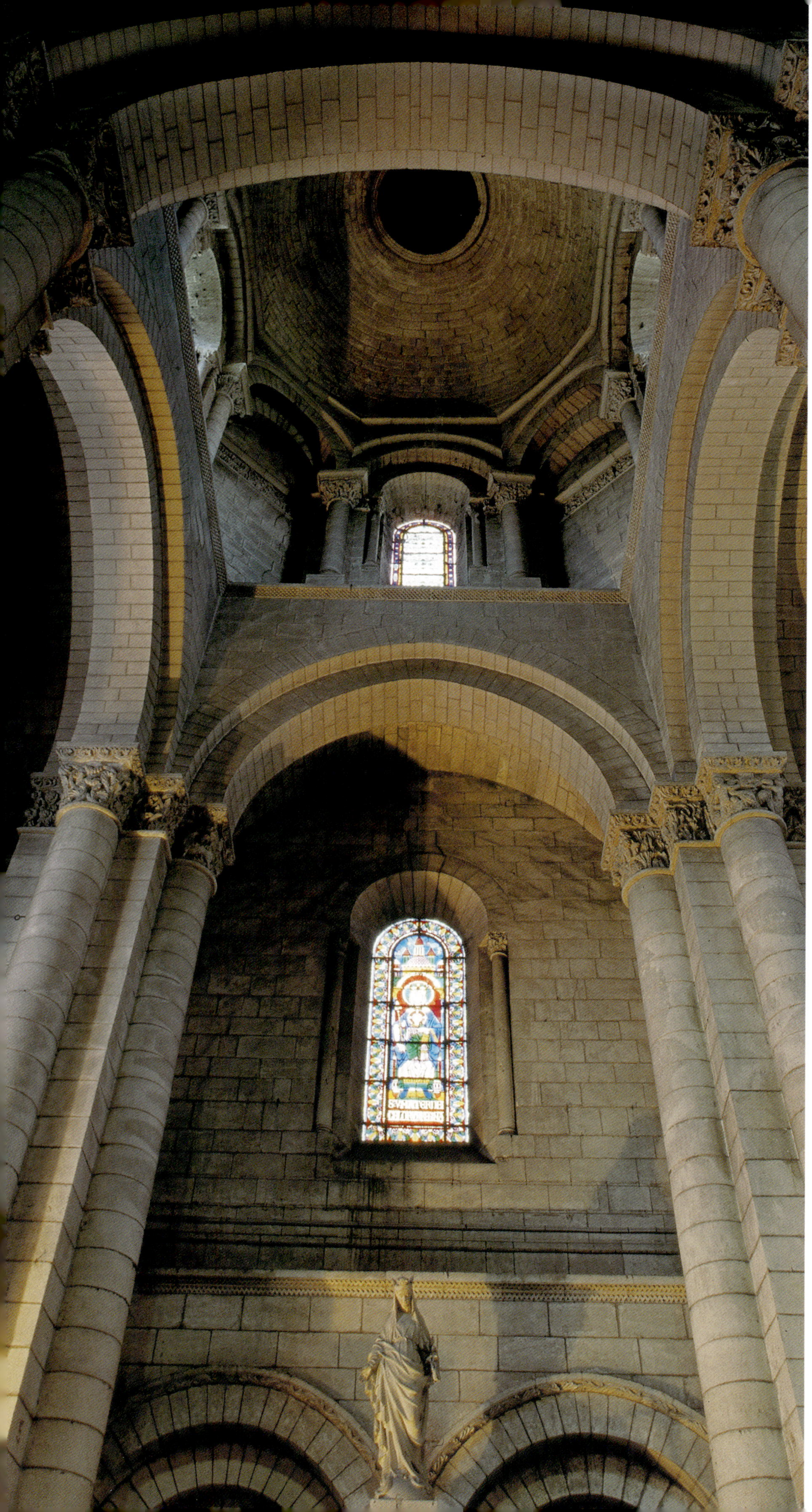

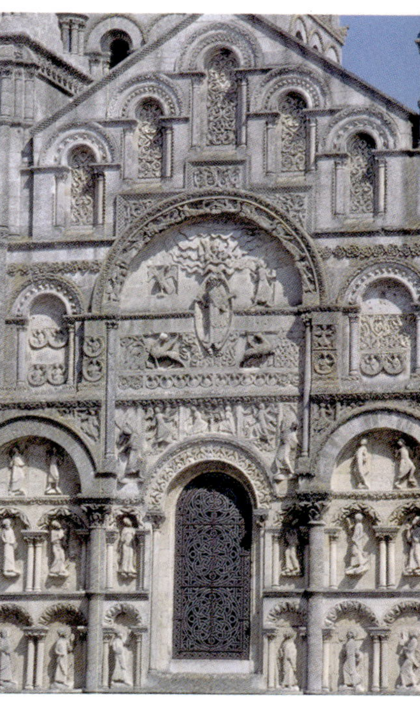

Ci-dessus : la façade, commencée en 1118 est ornée de 75 personnages illustrant le thème du Jugement dernier.

Ci-contre : la nef est formée de trois coupoles sur pendentifs reposant sur d'énormes piliers incrustés de colonnes.

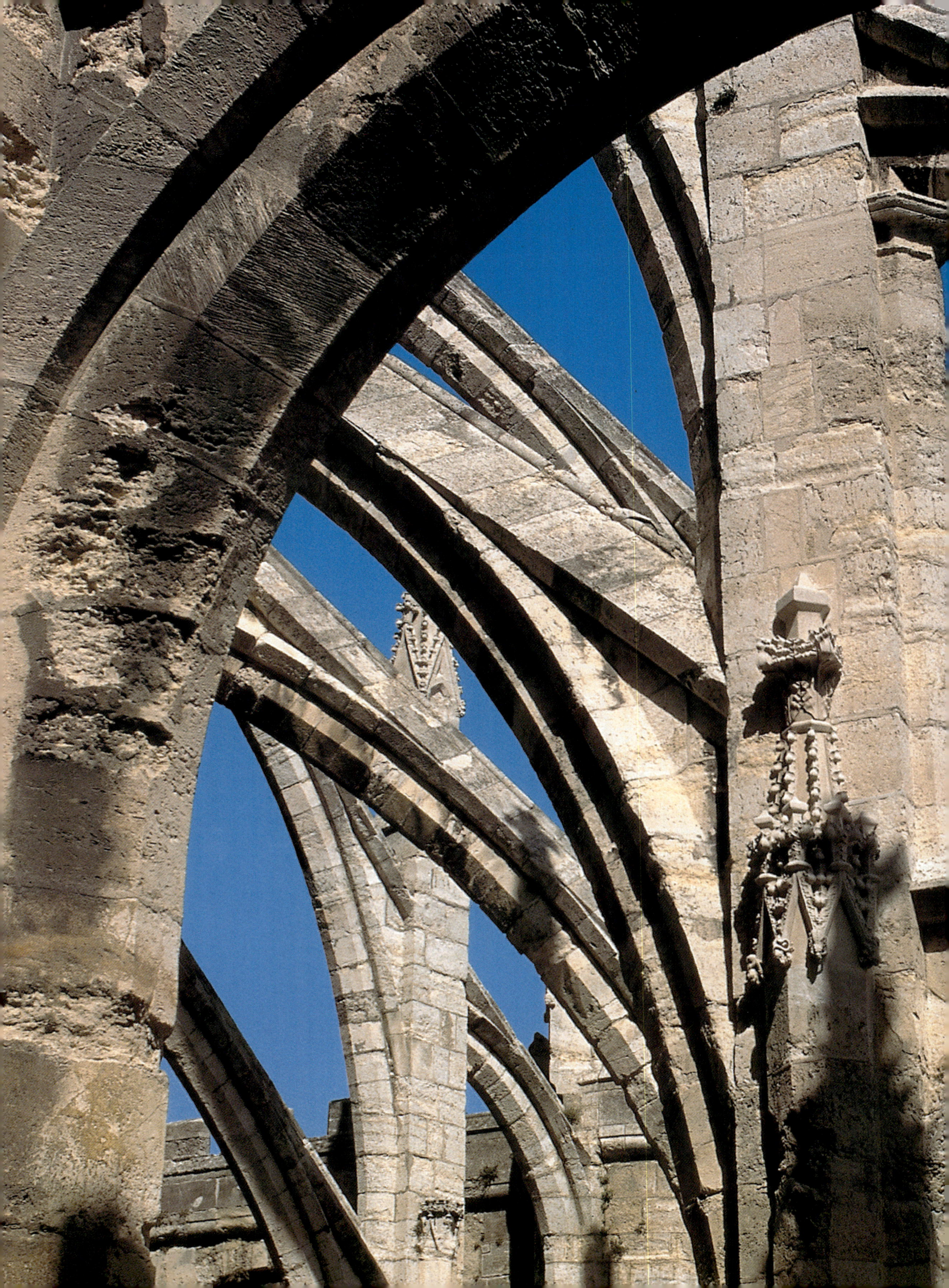

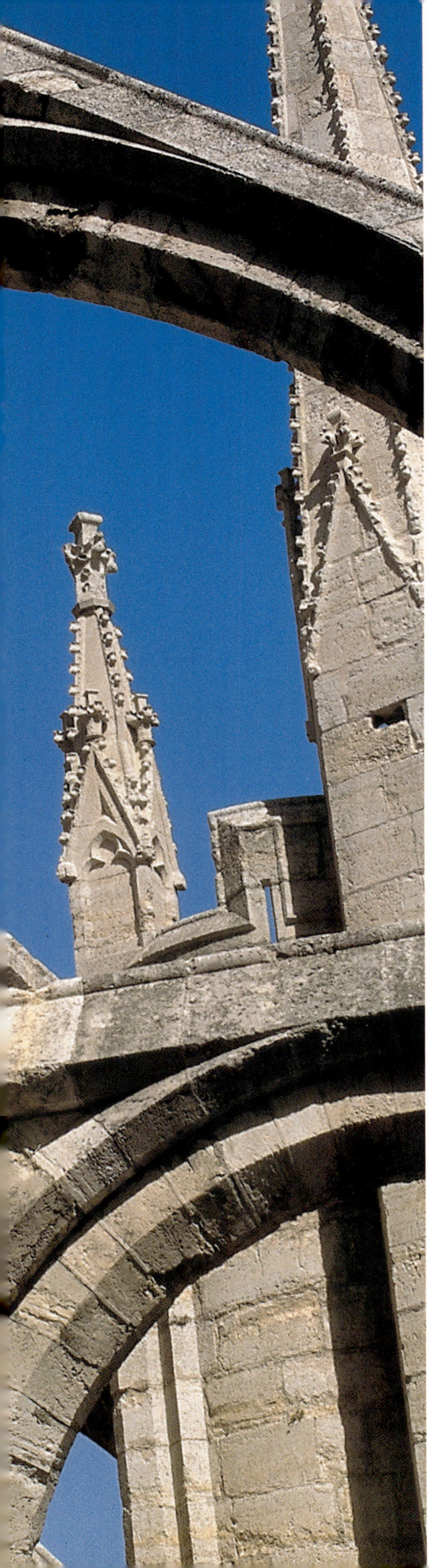

Le Sud-Ouest

Ces cathédrales aux quatre vents du Sud se rencontreraient-elles à la conjonction des routes de pèlerinages ? Cathédrales battues par l'Histoire, telle Albi la Rouge, construite pour résister à la déferlante cathare ; Périgueux, qui puise ses racines dans l'art byzantin ; et, plus à l'est, Narbonne, ce rêve de grandeur foudroyé en plein élan, jusqu'à Auch, la plus tardive de nos grandes cathédrales gothiques.

Narbonne : culées, bras des arcs-boutants à deux volées.

Périgueux

Saint-Front, des coupoles en Périgord

XIIe-XIIIe ET XIXe S.

À NE PAS MANQUER
LES COUPOLES,
LE CLOCHER,
LE RETABLE,
LA CHAIRE,
LE CLOÎTRE.

Périgueux est une cité privilégiée : elle a deux cathédrales ; elle possède encore sa cathédrale ancienne, qui fut reléguée en 1669 au rang d'église paroissiale, et l'actuelle, Saint-Front, qui fut en fait l'église de l'abbaye de Saint-Front. L'édifice fut très restauré au XIXe siècle, selon les techniques et les goûts de l'époque.
L'ancienne se situait au cœur de la cité gallo-romaine, Petrocores, sous le vocable de Saint-Étienne, d'où son nom de Saint-Étienne-de-la-Cité ; l'autre, au centre d'une agglomération née autour d'elle, Le Puy-Saint-Front. L'un et l'autre de ces noyaux urbains ont fusionné au XIIIe siècle.

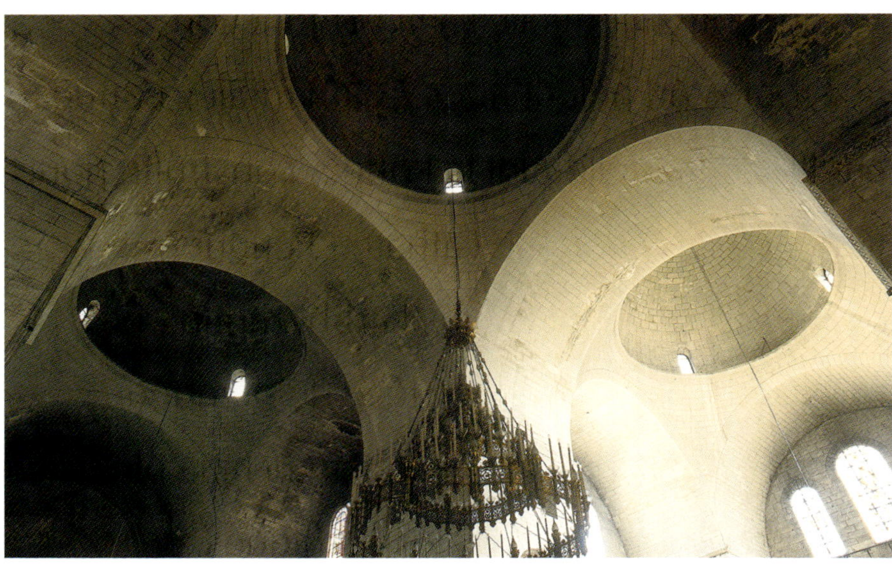

Ci-dessus : les cinq coupoles qui couvrent l'édifice ont été refaites au XIXe s.

PÉRIPÉTIES

Au XIIe siècle, on édifia Saint-Étienne-de-la-Cité à l'emplacement d'une ancienne église, elle-même élevée sur un temple de Mars.
Incendiée en 1577 par les huguenots, cette belle cathédrale romane fut à moitié détruite, puis restaurée en 1620. Elle garde néanmoins l'une de ses coupoles d'origine et le tombeau de l'évêque Jean d'Asside (1169), signé du sculpteur poitevin Constantin de Jarnac.
Au XVIIe, on reconstruit le chœur du XIIe siècle, à l'identique. Un beau témoignage de ce que pouvait être une cathédrale avant les adjonctions des siècles postérieurs.

UNE FILE DE COUPOLES

La légende – mais peut-être aussi la réalité – veut que saint Front soit né en Dordogne, ait été tonsuré à sept ans et chassé de sa région par les Romains, qu'il soit devenu ermite en Égypte et soit enfin retourné chez lui, chargé par le pape saint Pierre d'évangéliser le Périgord. Sur la colline extérieure à la ville où il fut enterré, devenue lieu de pèlerinage, on fonda une abbaye autour de laquelle se bâtit peu à peu la cité médiévale du Puy-Saint-Front.
De l'église primitive, dite église latine, détruite par un incendie en 1120, il ne subsiste que six piliers en avant de la nef, sur lesquels on édifia un beau clocher à étages. Les architectes du XIIe siècle ont voulu un plan en forme de croix grecque, avec cinq coupoles en couverture. Au sol, cinq carrés de taille identique, un au centre, autour duquel gravitent les quatre autres, couverts chacun d'une coupole. Le chœur en hémicycle fut ajouté au carré oriental au XIIIe siècle. Ces coupoles reposent sur douze gigantesques piliers carrés appuyés aux murs et reliés par des voûtes en berceau. Elle fut dotée d'un clocher-porche haut de 66 mètres, à trois étages décroissant de la base au sommet.
Extraordinaire architecture qui fait de Saint-Front la plus grande église à coupoles d'Europe occidentale, celle aussi qui marque l'apogée de l'art roman. Alors, comment ne pas lui chercher des modèles : Saint-Marc de Venise peut-être, et, plus loin encore, l'église justinienne des Saints-Apôtres de Byzance, construite par l'empereur Justinien (669-711) et détruite en 1455 par les Turcs ?

PAUL ABADIE, RESTAURATEUR OU CONSTRUCTEUR ?

Cette église fut pratiquement reconstruite entre 1852 et 1901 sur les dessins d'un architecte très en vogue à l'époque, Paul Abadie, le constructeur du Sacré-Cœur de Montmartre, à Paris, (relayé par MM. Catoire, Bruyère et Bawillwald). S'inspirant de la lanterne, Abadie décida de surélever chaque coupole de gros clochetons pointus. Et, sans tenir compte du dessin original, il les fit toutes recouvrir d'un décor en écailles de poisson. Peut-on parler de sacrilège, comme l'ont fait certains ? De reconstruction plutôt que de restauration ? Sans doute. D'autant qu'aux abords on sacrifia leur écrin de maisons médiévales, jugées à l'époque gênantes. Aujourd'hui, Saint-Front, cet immense édifice blanc et neuf, ne permet pas d'oublier qu'il s'agit là de l'une des réalisations du Moyen Âge les plus vastes et les plus originales.

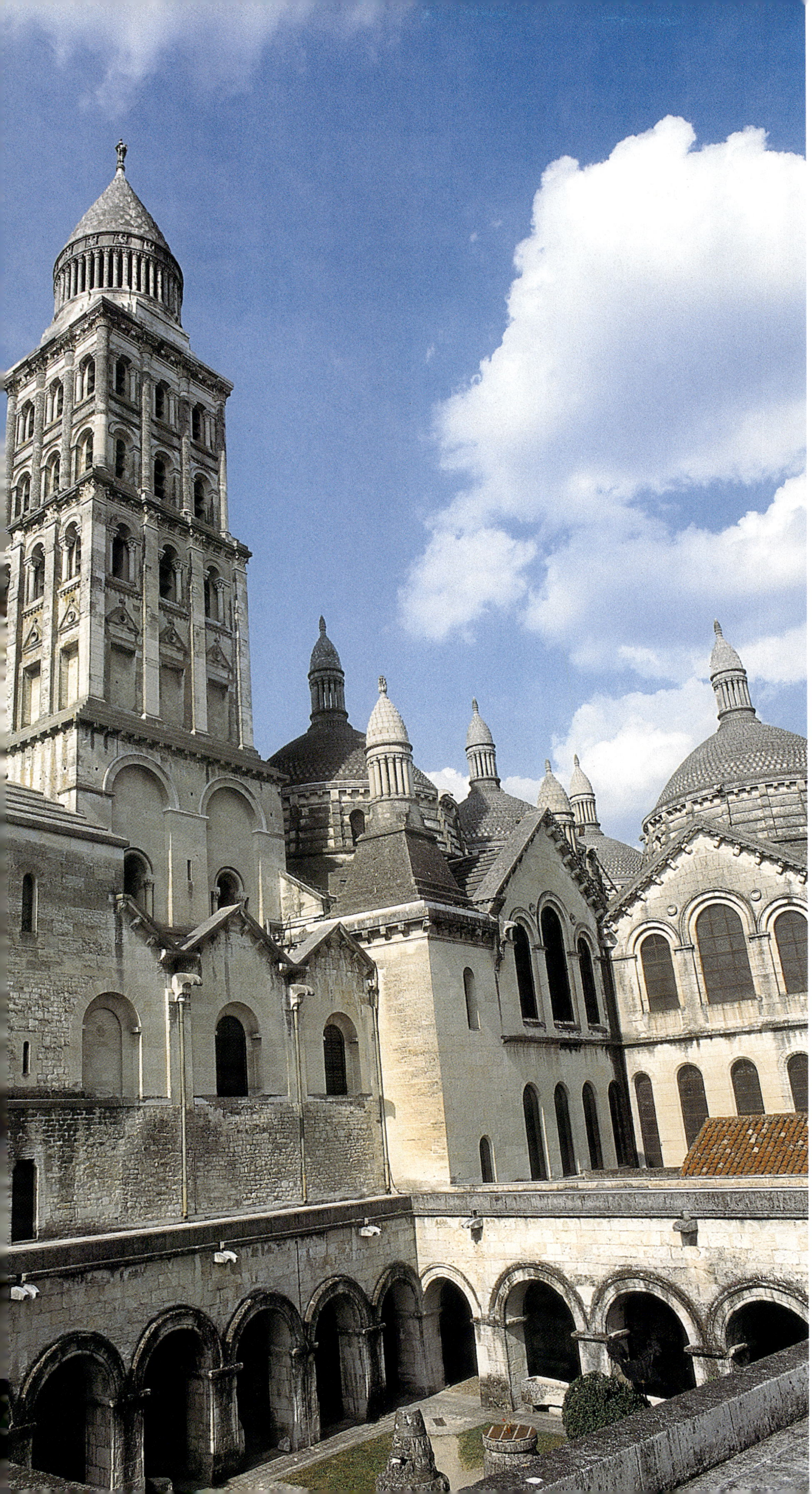

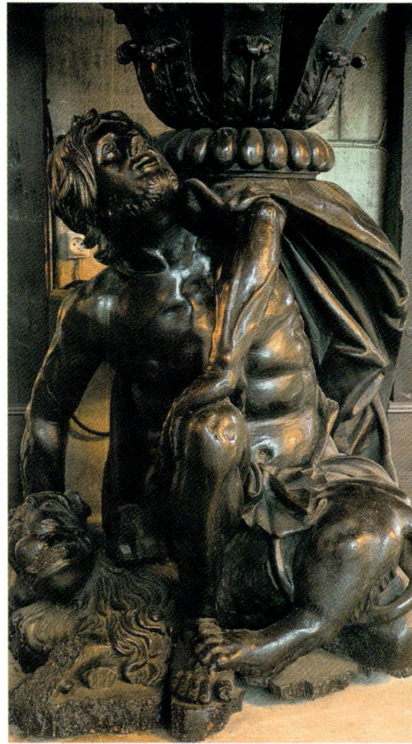

Ci-dessus : détail de la chaire, œuvre du XVIIe s. Elle provient du collège des Jésuites.

Ci-contre : le clocher vu du cloître. Il s'élève en plusieurs étages à plus de 62 m. Peu restauré, il date du XIIe s.

Bordeaux

Saint-André, la rencontre de deux styles

XIIIe-XVe S.

À NE PAS MANQUER
LE PORTAIL ROYAL,
LE PORTAIL NORD,
LE PORTAIL SUD,
LE CHŒUR,
LA NEF,
LA TOUR PEY-BERLAND.

« C'est un mélange de Versailles et d'Anvers », disait de Bordeaux Victor Hugo. Son insolente prospérité, acquise au XVIIIe siècle tant par la richesse de son vignoble que par la puissance de son trafic maritime, ne pouvait qu'embellir la cité. Mais l'importance de Bordeaux est bien antérieure, ainsi qu'en témoignent les tours et les flèches d'édifices élevés au Moyen Âge. Faut-il évoquer les églises Saint-Seurin et Sainte-Croix, chefs-d'œuvre de l'art roman, pour mieux appréhender la majestueuse cathédrale Saint-André, longue de 124 mètres, dominée par une tour curieusement isolée du chevet, qui abrite son bourdon et lui sert de clocher, la tour Pey-Berland.

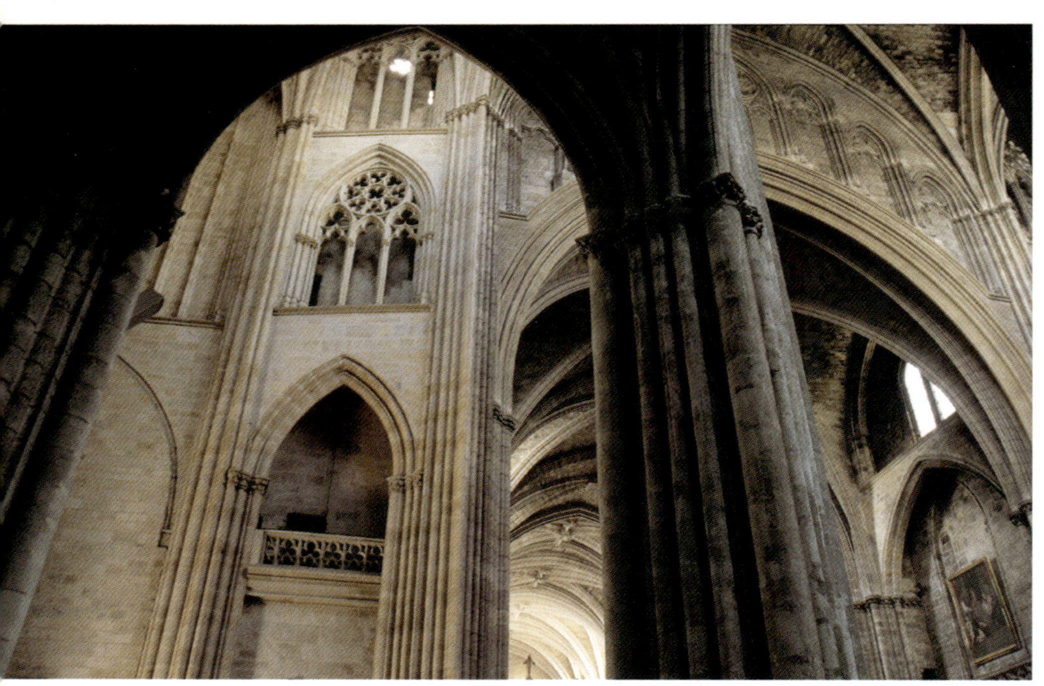

Ci-dessus : vue du bras nord du transept, dont les voûtes sont plus hautes que celles de la nef.

Page ci-contre : depuis la deuxième terrasse de la tour Pey-Berland, à 50 m de hauteur, vue sur le chevet, ses puissants contreforts et les deux tours de la cathédrale.

NEF ROMANE ET CHŒUR GOTHIQUE

Saint-André est un assemblage de deux parties différentes : une nef du XIIIe siècle à base romane, vaste et unique, et un chœur considéré comme un très beau spécimen du gothique rayonnant. Une dissemblance qui renvoie à l'histoire de la ville. Pendant les premiers siècles de domination anglaise (1154-1453), Bordeaux a prospéré et, très vite, a ressenti le besoin d'agrandir sa cathédrale, jugée trop petite. La cité était riche et rien ne lui semblait trop beau. Le transept puis le chœur, tous deux immenses, furent élevés sur les ordres de Bertrand de Got, l'enfant du pays qui, avant de devenir Clément V, premier pape d'Avignon au temps du Grand Schisme, fut, entre 1300 et 1305, archevêque de Bordeaux. Mais les travaux furent ensuite pratiquement arrêtés à cause des aléas de la guerre de Cent Ans, à l'exception de la tour-clocher Pey-Berland, surmontée d'une haute flèche, construite en 1440 par l'archevêque qui lui donna son nom. Les travaux ne reprirent que lorsque les Anglais eurent été chassés. Mais les temps étaient encore très durs, le royaume de France tout entier devait se relever de ses ruines et, lorsqu'il fallut entreprendre la construction de la nouvelle nef, faute d'argent, on renonça à démolir la vieille nef et on se contenta de raccorder tant bien que mal les deux parties de l'édifice, ce qui vaut à Saint-André de posséder un chœur plus élevé que sa nef.

FACE AUX MURAILLES

Saint-André possède une autre particularité, celle de ne pas avoir de portail sur le mur ouest, là où traditionnellement on place le plus beau. Ici, ce mur est entièrement nu car il venait buter sur celui de la grande salle du palais de l'archevêque, lui-même construit sur les murailles de la ville. La cathédrale a donc deux façades, nord et sud, aux deux extrémités du transept, la plus achevée étant celle du nord avec ses tours, ses flèches et son portail merveilleusement orné de personnages du XIVe siècle. S'y ajoute, à droite, le fameux portail Royal, dont les statues datent de la seconde moitié du XIIIe siècle. Les dix apôtres qui occupent les ébrasements sont un pur chef-d'œuvre de la statuaire gothique. D'ailleurs, lorsque Viollet-le-Duc voulut restaurer Notre-Dame de Paris, cherchant ce qu'il y avait de plus parfait pour remplacer les figures détruites par la Révolution, c'est ici qu'il vint prendre ses moulages. Il avait reconnu comment le prestige de l'art du XIIIe siècle en Île-de-France avait été exporté jusqu'en Espagne, en passant par Poitiers et Bordeaux. À cette époque, la cathédrale de Bordeaux fut elle aussi restaurée car elle avait beaucoup souffert de la Révolution. On renouvela le mobilier entièrement disparu par celui d'autres églises et monastères désaffectés. On en profita pour remplacer la flèche de la tour Pey-Berland, détruite au passage d'un ouragan au XVIIIe siècle, par une gigantesque statue de cuivre doré, Notre-Dame d'Aquitaine. Le bourdon date de 1853 et pèse 11 tonnes.

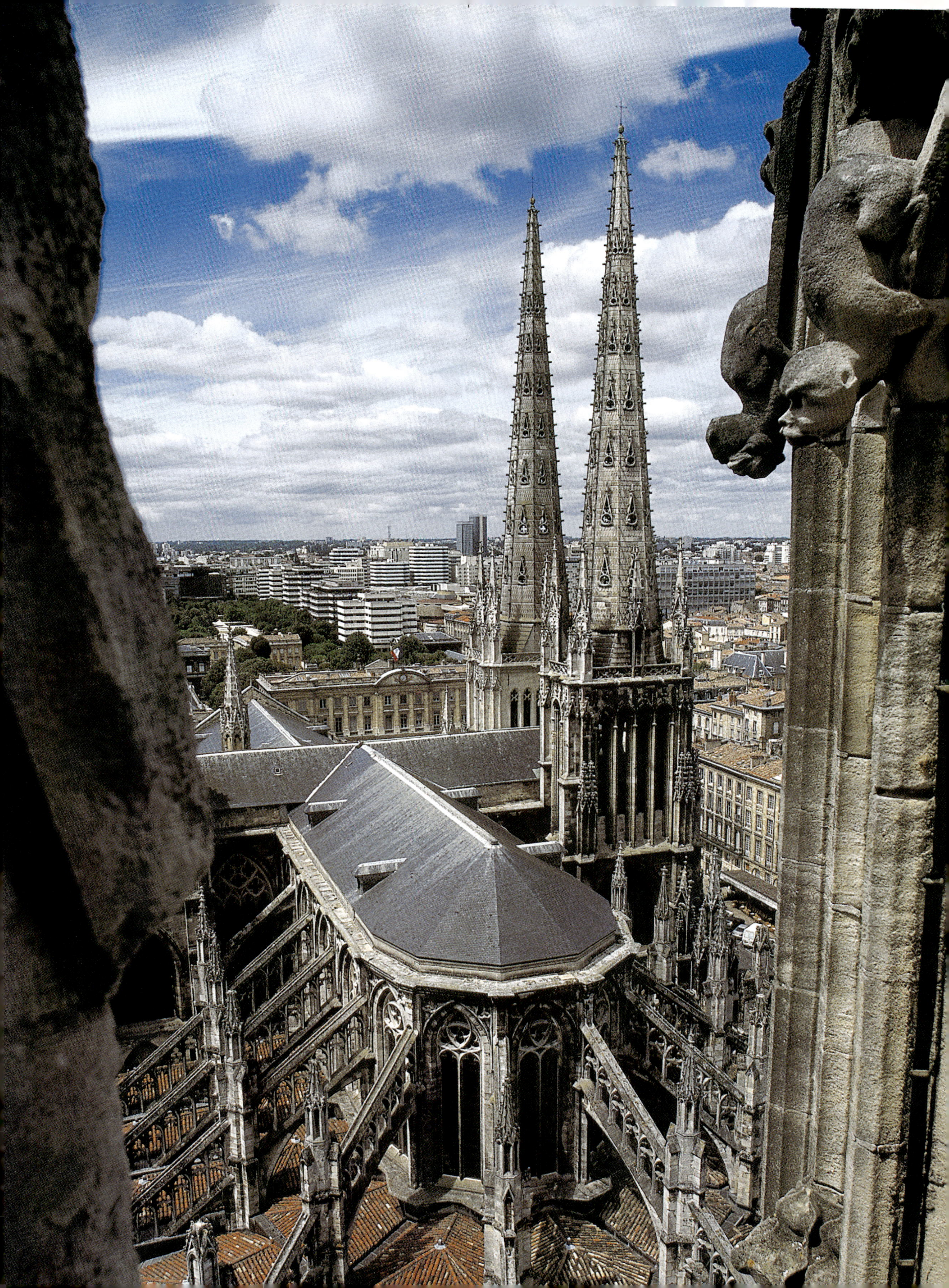

Lescar

Notre-Dame : elle n'a toujours pas livré son secret

XIIe ET XVIIe S.

Sur le sol de l'ancienne cathédrale, une étrange mosaïque du XIIe siècle. On y voit un chasseur armé d'une lance, poursuivant un sanglier qu'un chien mord férocement à la nuque. Plus loin, deux lions attaquent un bouc. Plus loin encore, un âne furieux tire un loup qu'on lui a attaché à la queue. Une corde lui enserre le cou. Le loup est trop lourd, la corde l'étrangle. Il a la langue pendante. De colère, il frappe le sol de son sabot arrière. Un autre chasseur conduit cet étonnant défilé. Un olifant pendu à l'épaule, il a bandé son arc, prêt à tirer sur un animal invisible. Ce chasseur est infirme… et sa jambe droite est une prothèse en bois – technique alors parfaitement maîtrisée par les Arabes. Une phrase annonce : « L'évêque Guido de Lescar a fait faire cette mosaïque. » L'évêque Guido ? Celui qui, dans la première moitié du XIIe siècle, lança la première campagne de travaux de cette capitale du Béarn ? Celui-là même. Que n'a-t-il pas expliqué ce mystérieux et rarissime dessin qu'il avait chargé de ses

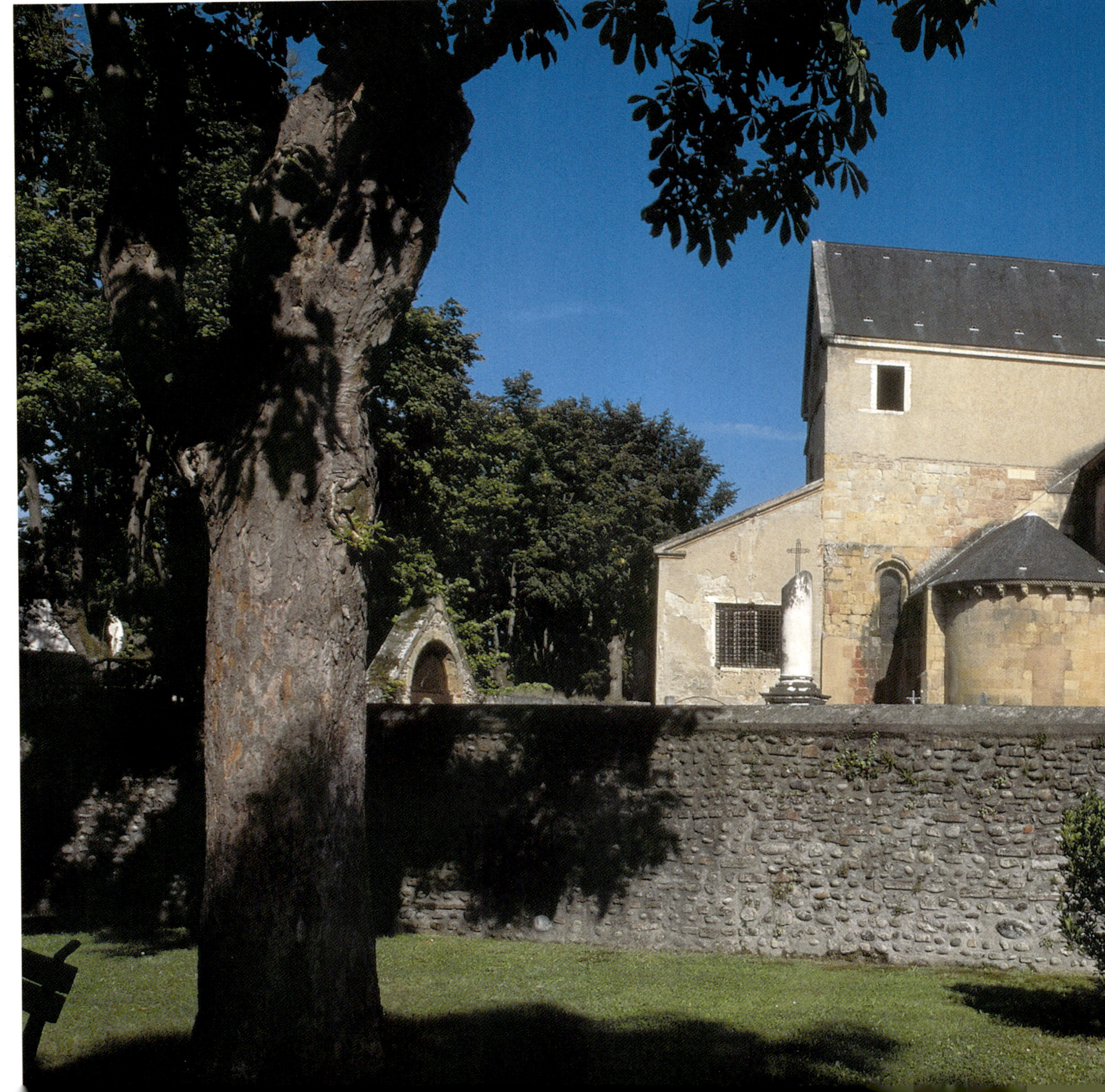

armes ! De cette magnifique « rose en mosaïque de diverses couleurs » ne reste que la partie centrale, redécouverte en 1838 et très restaurée, à la façon un peu outrancière dont on procédait alors. Mais aujourd'hui encore son interprétation reste un mystère. Pourquoi ce sujet profane empreint d'influences gallo-romaines et orientales ? La mosaïque garde son secret, en particulier sur le sens du mot *aufio* qu'on y trouve tracé.

La cathédrale a perdu deux fois son statut : une première fois entre 1563 et 1600 pour devenir temple protestant ; une seconde fois en 1802, définitivement, lorsque Lescar fut rayée de la nouvelle carte des diocèses. Par deux fois également elle eut besoin de restaurations importantes. Une première fois après qu'elle eut retrouvé sa fonction au XVIIe siècle, lorsque, par suite d'un défaut d'entretien, le clocher s'effondra et avec lui une partie du chœur. De cette époque datent ces stalles de qualité où sont sculptés apôtres et saints. La seconde restauration intervint après le classement comme monument historique en 1840. Grâce à ces travaux, la cathédrale de cette capitale du Béarn nous est parvenue dans sa quasi-intégralité, grand édifice long d'une soixantaine de mètres mais curieusement bas et large, marqué de l'influence des constructeurs languedociens, mais aussi poitevins et auvergnats.

À NE PAS MANQUER
LE CHEVET,
LES MODILLONS,
LE CHŒUR,
LES CHAPITEAUX,
LA MOSAÏQUE.

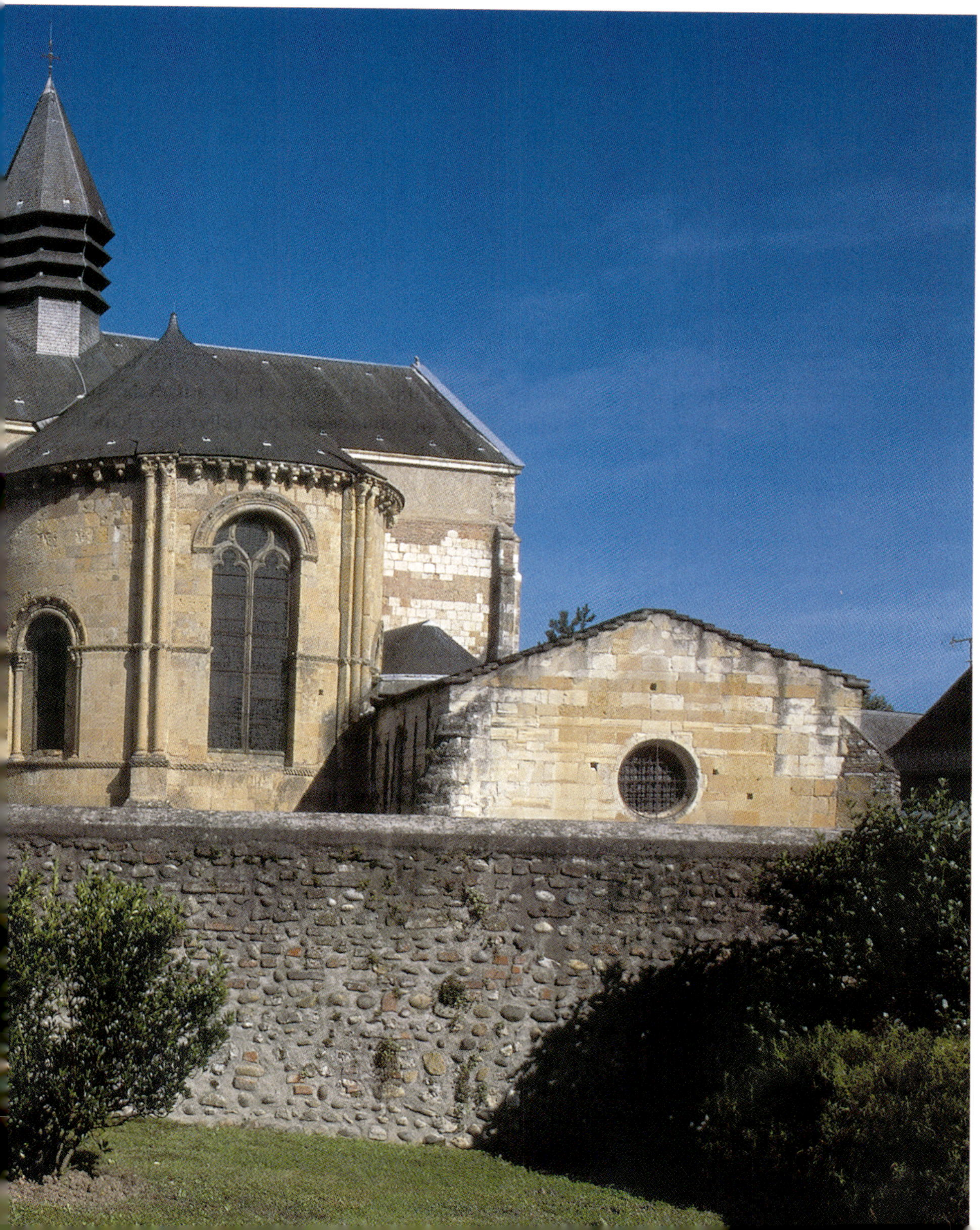

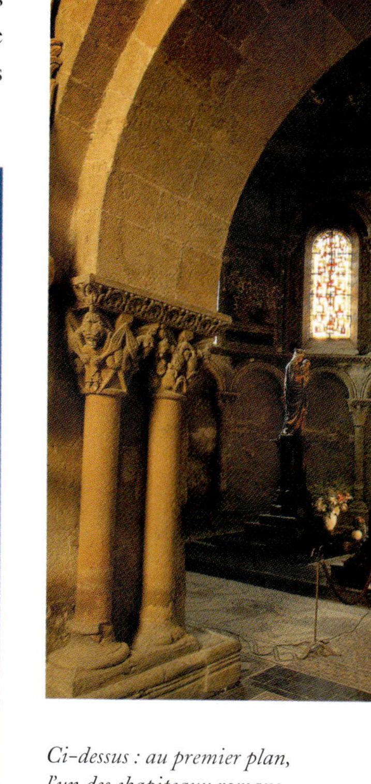

Ci-dessus : au premier plan, l'un des chapiteaux romans représentant le châtiment de l'enfer.

Ci-contre : le chevet, la partie la plus ancienne et la mieux conservée ; la corniche est ornée de modillons.

Ci-dessous : à droite du sanctuaire, détail de la mosaïque représentant un chasseur amputé du pied droit.

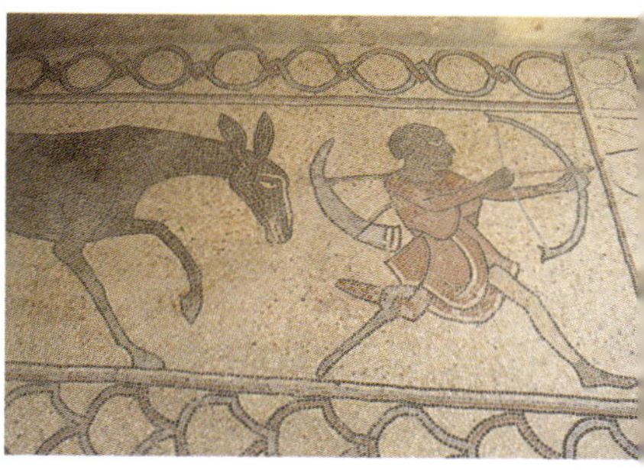

Auch

Sainte-Marie, les temps ont changé

XVe-XVIIe S.

À NE PAS MANQUER
LA FAÇADE,
LE CHŒUR,
LES CHAPELLES,
LES VITRAUX,
LA MISE AU TOMBEAU,
LES STALLES.

Des bords du Gers – l'effort en vaut la peine – on gagne la ville haute par un escalier monumental. Là, sur un vaste terre-plein, se dresse Sainte-Marie, l'une des dernières cathédrales du Moyen Âge. Avant même qu'elle fût achevée, le style changea, ce qui explique cette façade majestueusement classique, typique du XVIIe siècle avec ses deux tours carrées et son porche à colonnes corinthiennes, pilastres, corniches, balustrades et niches. Le plus étonnant est qu'elle se fond harmonieusement dans le corps gothique flamboyant de l'édifice.

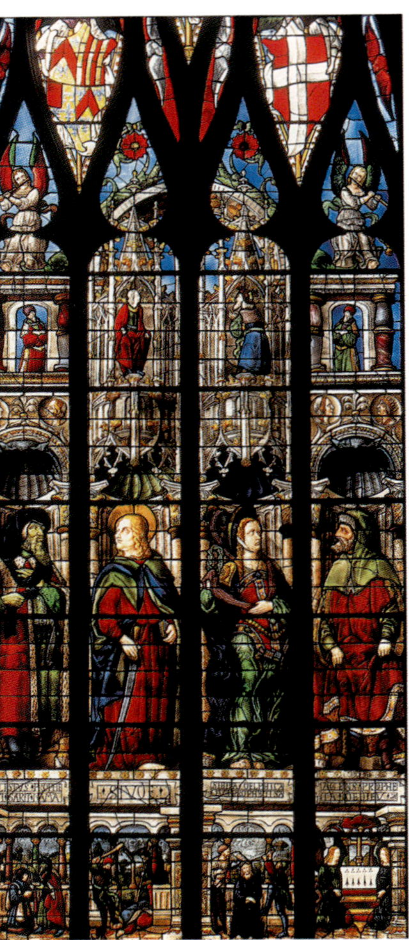

Ci-dessus : une des verrières d'une chapelle du déambulatoire.

Page ci-contre : les verrières d'Arnaud de Moles, réalisées entre 1507 et 1513, sont considérées comme des chefs-d'œuvre de l'art de la Renaissance.

UN PLAN S'INSPIRANT DE NOTRE-DAME DE PARIS

Auch, ancienne capitale de la Gascogne, s'enorgueillit de posséder une somptueuse cathédrale de 103 mètres de long, édifiée très tardivement à cause des deux incendies du précédent sanctuaire, irrémédiablement frappé par la foudre en 1469 et 1474. La première pierre, en effet, n'est posée que le 4 juillet 1489, par l'évêque François Philibert de Savoie, et les travaux vont durer deux longs siècles, sur un plan sans doute conçu par Jean Marre, à qui l'on doit la cathédrale de Condom. Mais à quoi rêvait donc ce moine évêque en dressant les plans de Sainte-Marie ? Apparemment à Notre-Dame de Paris, cathédrale de la lointaine capitale, car il choisit un plan similaire. Il est trop tôt en effet pour s'inspirer des modèles italiens. Les travaux commencent par le chevet, qu'il faut soutenir en aménageant une crypte sur un terrain tombant en escarpement. La consécration a lieu très tôt, dès le 12 février 1548, dans une cathédrale en plein chantier, loin d'être terminée.

En 1609, la nef n'est toujours pas couverte. Quant au chœur, aussi large que la nef, il attend que Pierre de Levesville ait terminé celui de la cathédrale de Toulouse. Les archives de la ville possèdent d'ailleurs le contrat d'un architecte daté du 16 juin 1629, qui lui impose d'achever en sept ans la charpente et les voûtes de la nef. À ce moment, pas question de modifier les plans d'ensemble et, tout naturellement, la construction se poursuit en style gothique, bien que la mode en soit passée. Construire selon les nouvelles modes eût demandé des modifications trop coûteuses et inutiles. Et il n'est gênant pour personne que, sous Louis XIII, on continue à construire des voûtes sur croisée d'ogives.

UN PEINTRE GASCON DE GRAND TALENT

Mais bien avant que les murs ne soient entièrement montés, l'aménagement intérieur a déjà commencé. Pour concevoir et réaliser en partie la décoration intérieure de la cathédrale, le cardinal de Clermont-Lodève (1507-1538) fait appel à un artiste gascon de tout premier plan, Arnaud de Moles. On lui doit les maquettes des boiseries des stalles du chœur, sur lesquelles il place tout un monde peuplé de mille cinq cents personnages, mélange de figures mythologiques et chrétiennes se côtoyant dans une exubérance presque baroque. Cinquante ans furent nécessaires aux « huchiers » pour accomplir une telle œuvre. Entre 1500 et 1550, cent treize stalles de chêne furent sculptées, dont soixante-neuf hautes, abritées sous des baldaquins flamboyants, d'une qualité comparable à celle des stalles de la cathédrale d'Amiens. Arnaud de Moles imagine encore une monumentale Mise au tombeau, aujourd'hui dans la chapelle du Saint-Sépulcre. On lui doit enfin les dix-huit magnifiques verrières de la cathédrale, qu'il réalise en commençant par celles des chapelles du déambulatoire – la toute première est posée le 25 février 1513, selon l'inscription visible sur ce vitrail. Tout l'art du célèbre maître verrier est de savoir appliquer au vitrail ce qui fait, à l'époque, le succès de la peinture sur toile : une peinture alors italianisante, expressive, proposant de grandes figures sur fond de paysages traités en perspective. Pour ce faire, il utilise une extraordinaire palette de couleurs. D'où un étonnant pôle lumineux faisant écho, dans un admirable parallélisme, au magnifique travail des stalles.

LA MARQUE DU XVIIe SIÈCLE

Si les bâtisseurs du XVIIe siècle respectent les modes de construction médiévaux lorsque c'est nécessaire, ils s'en affranchissent dès qu'il le peuvent, prouvant par là même combien ils sont sensibles aux modes nouvelles. En 1609, le chœur est fermé d'une clôture en pierre et marbre de toute beauté qui témoigne combien les temps ont décidément changé. Mais, en 1671, on la surmonte de statues provenant de l'ancien jubé… Quant au porche, il marque clairement son époque.

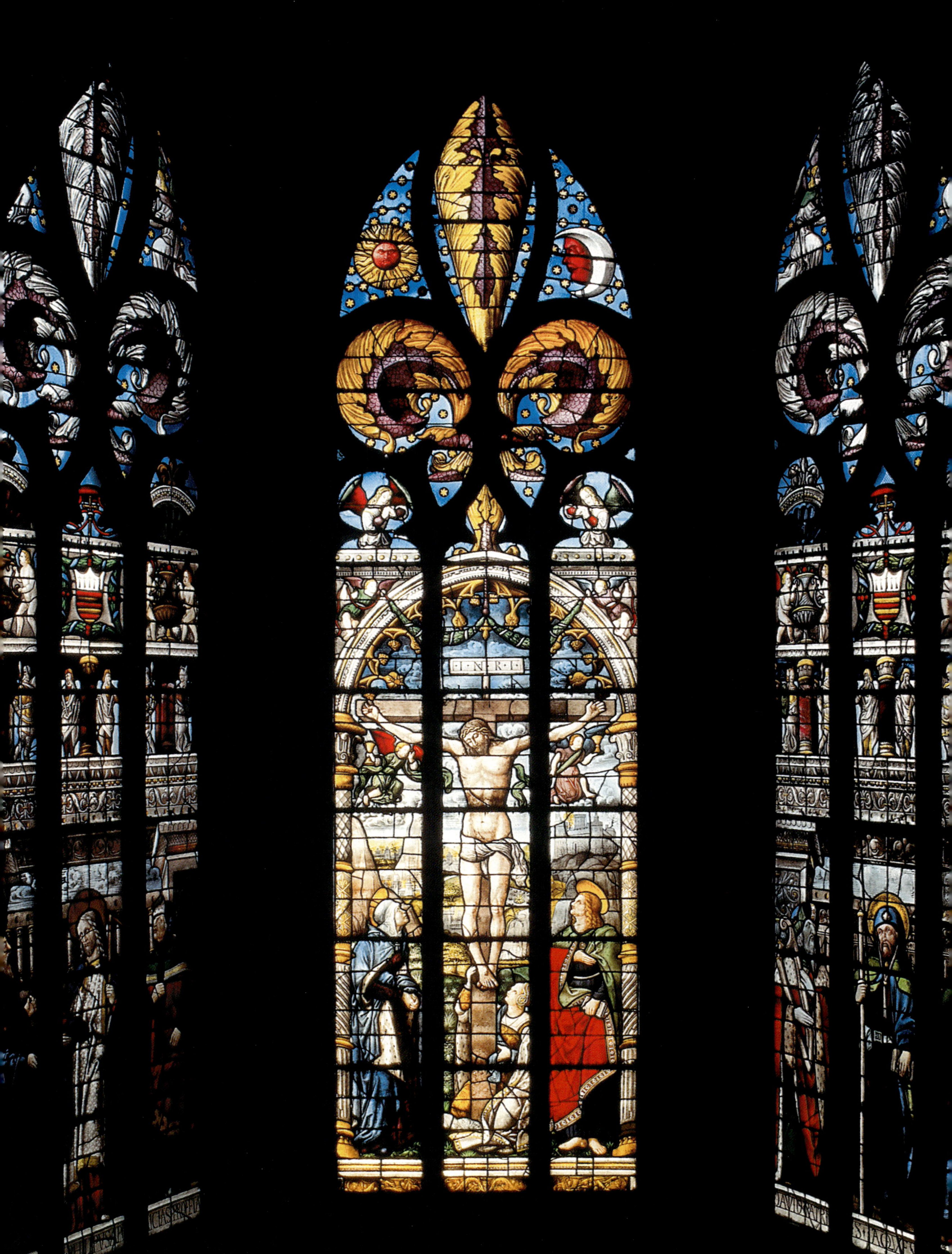
·I·N·R·I·

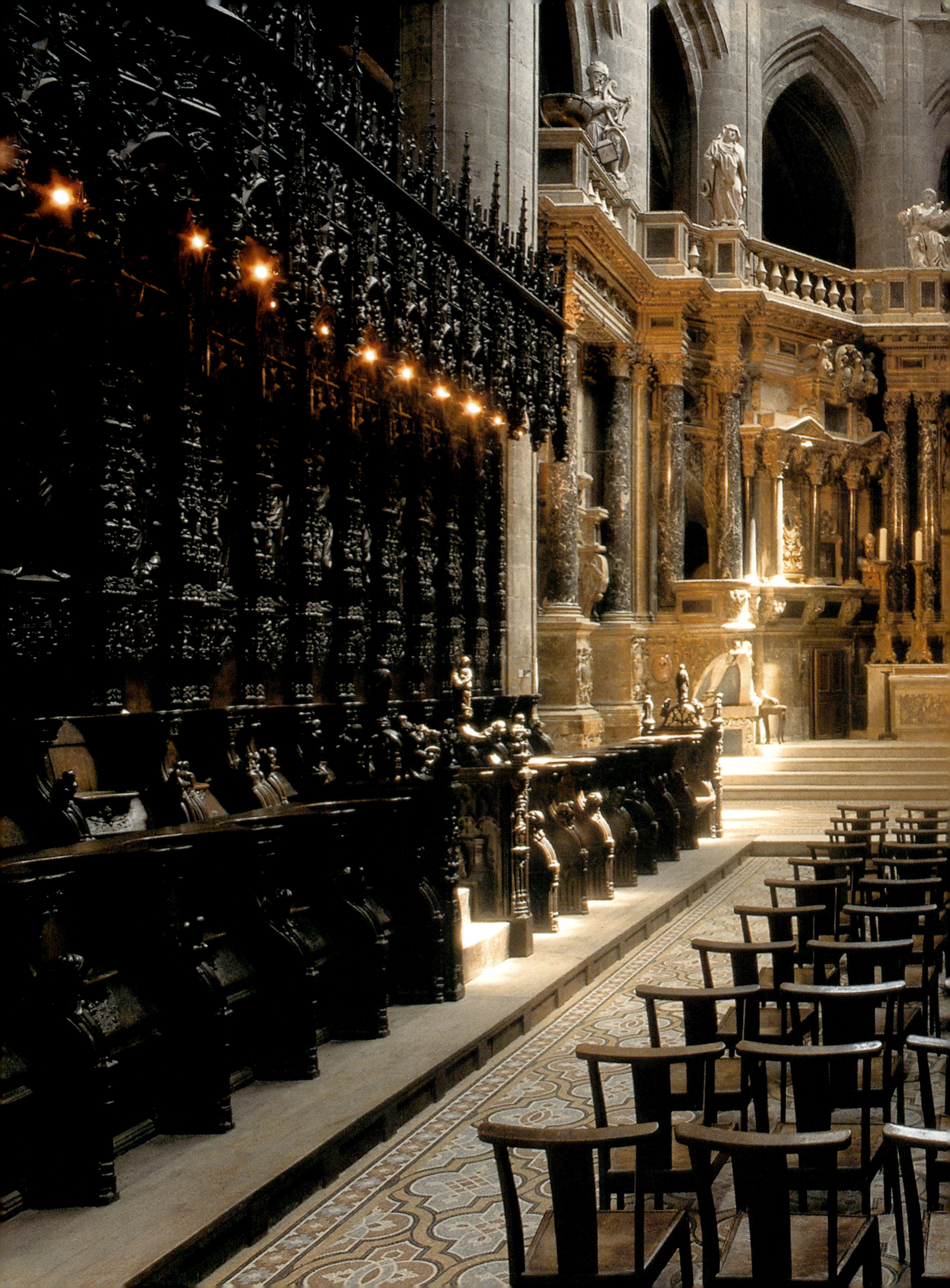

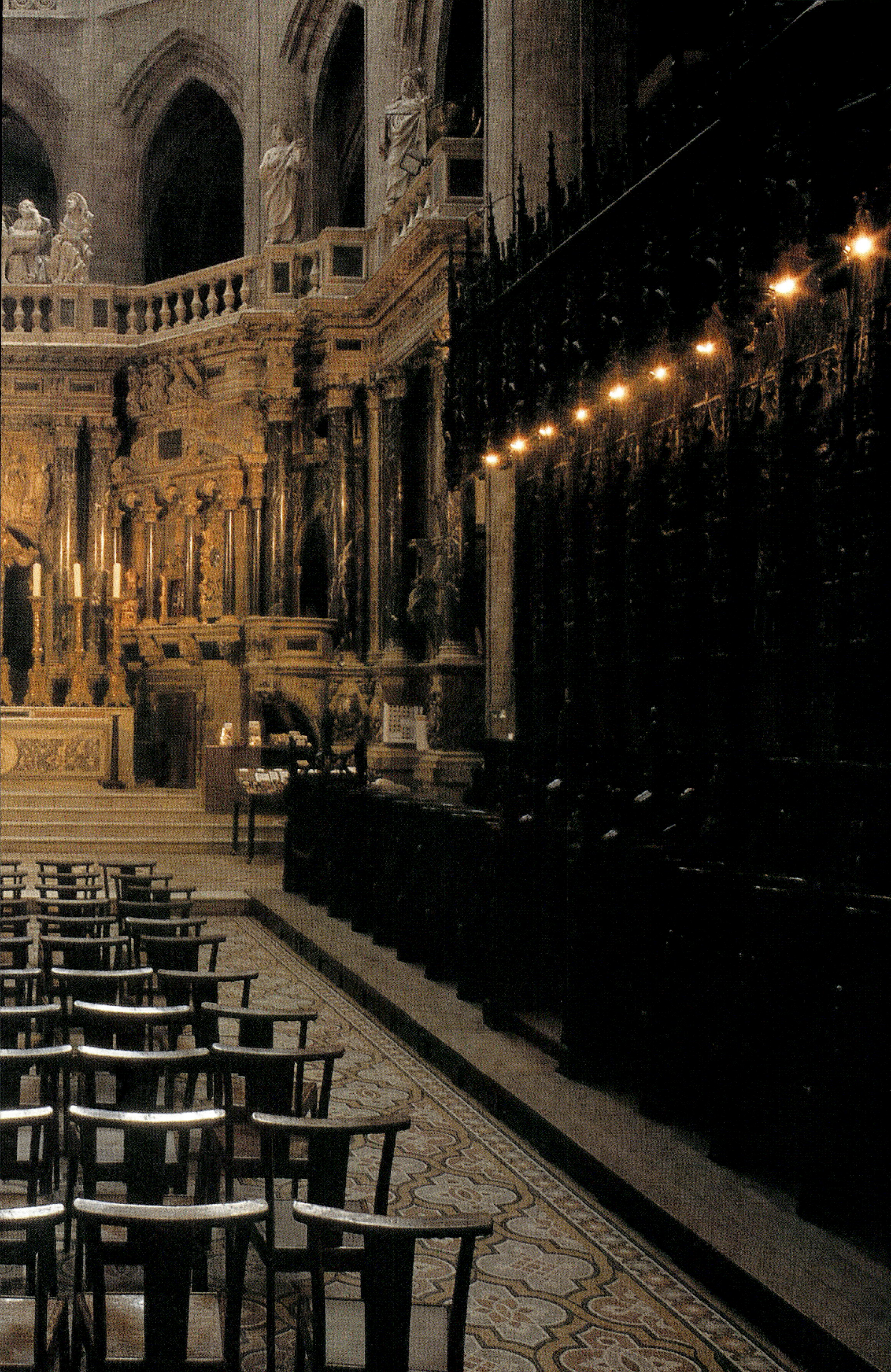

Pages précédentes : ensemble des stalles et du chœur. En surplomb de l'autel, la scène représentant les quatre évangélistes (seconde moitié du XVIIe s.).

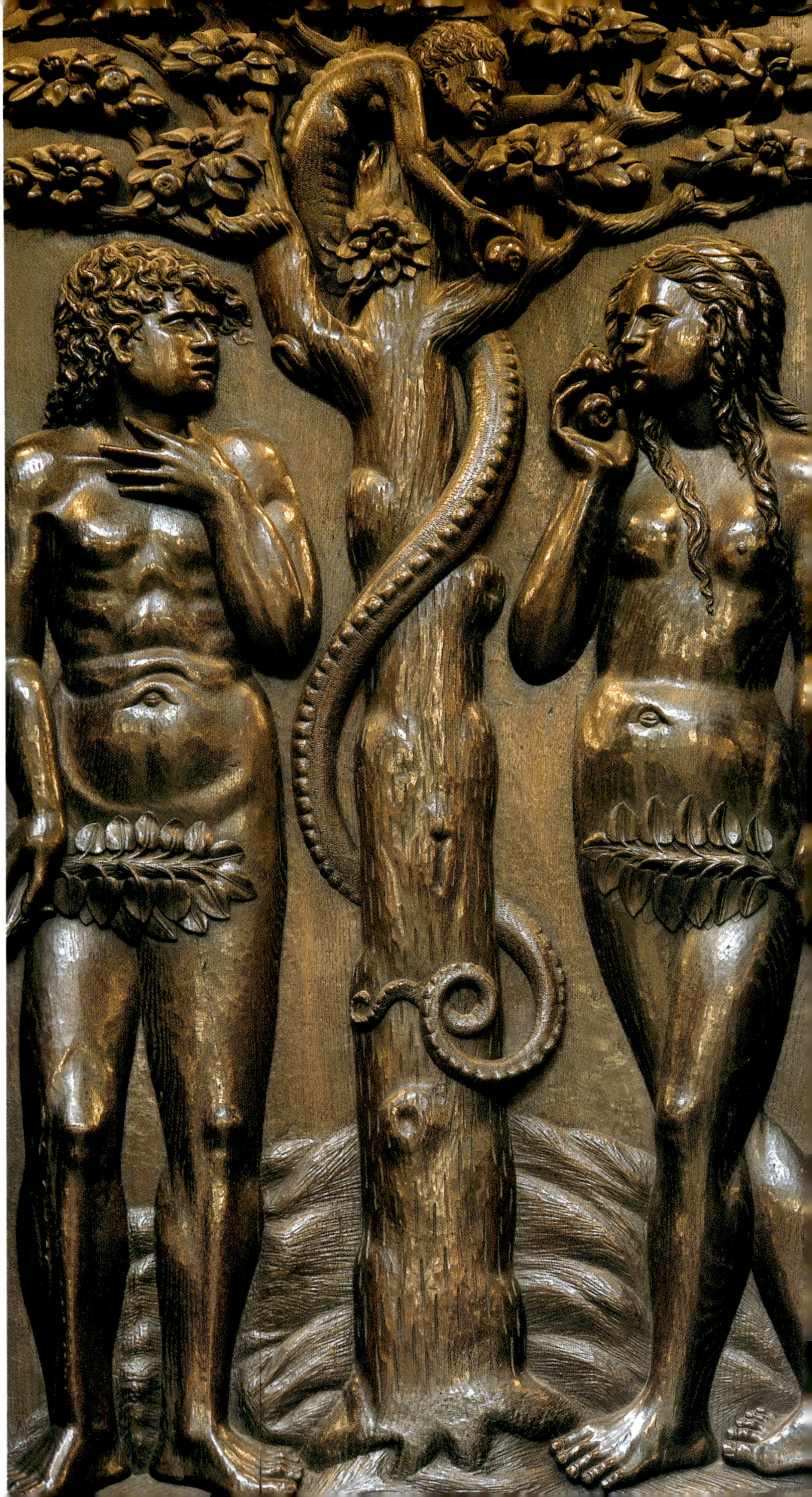

Le chœur regroupe 113 stalles, qui représente un travail de plus de quarante ans, accompli entre 1510 et 1554. Elles sont en cœur de chêne.

Ci-contre : Adam et Ève.

Ci-dessous : l'Indien qui fume.

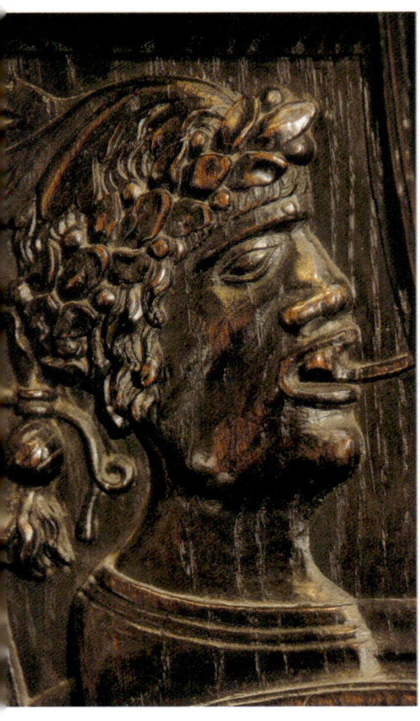

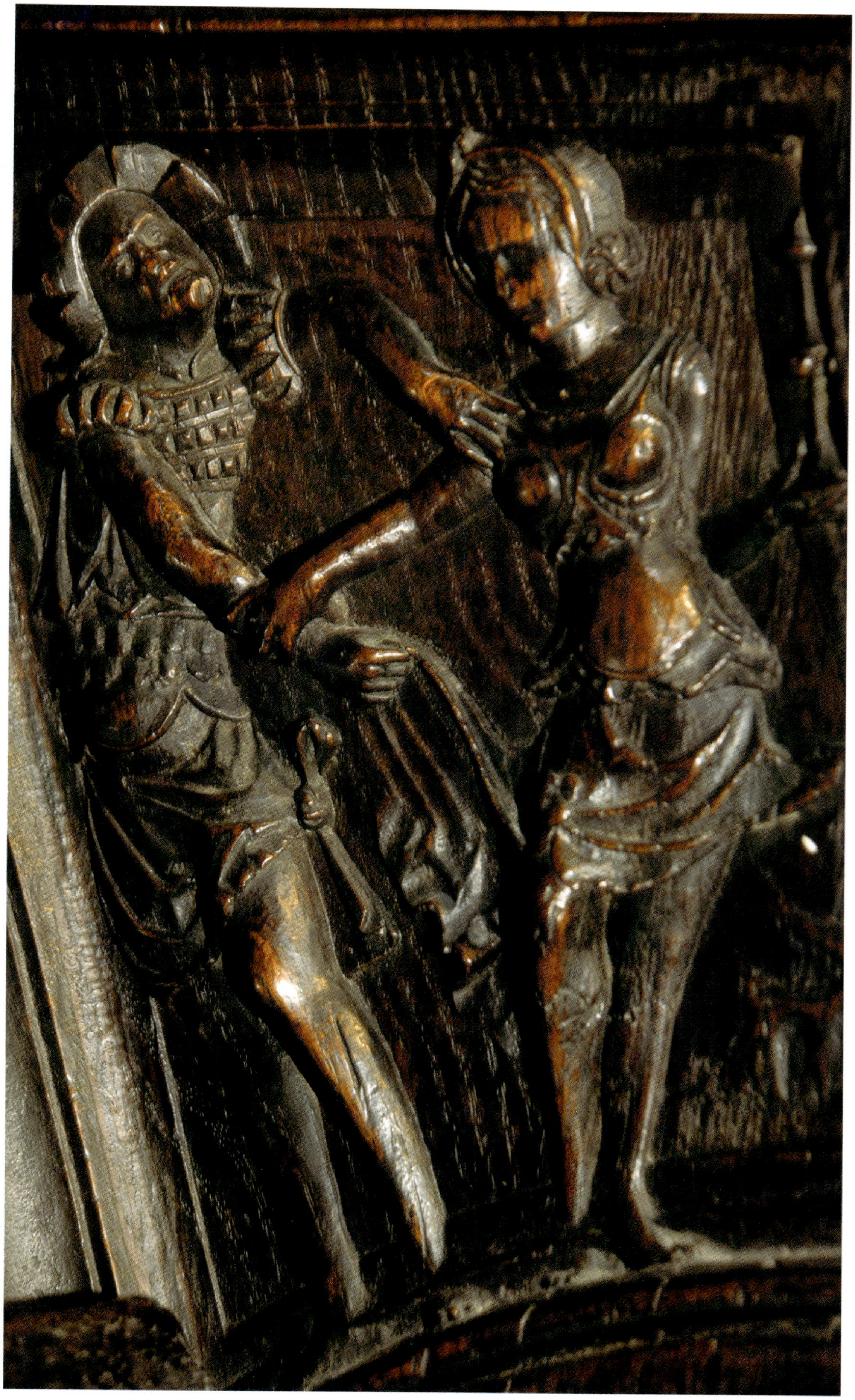

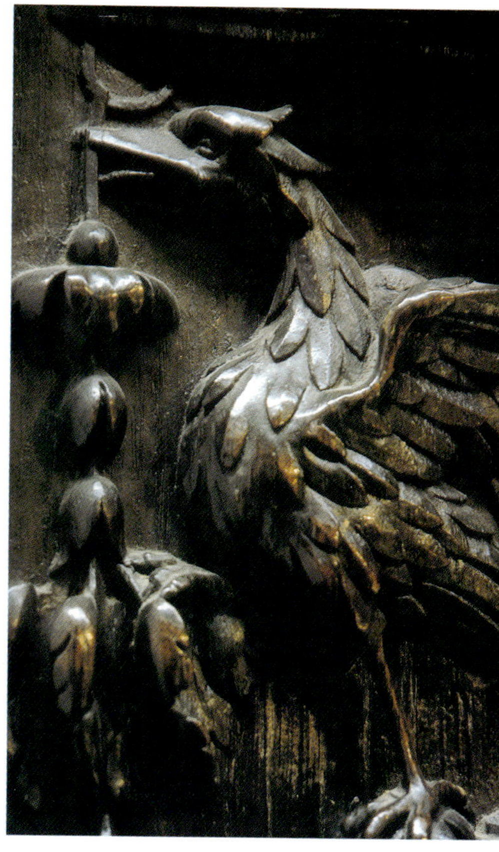

Ci-dessus : un oiseau.

Ci-contre : David courtisant une dame.

Toulouse

Saint-Étienne, un tournant architectural

XIIIe-XVIIe s.

À NE PAS MANQUER
LA NEF ET LE CHŒUR,
LES TAPISSERIES
DES XVIe ET XVIIe S.,
LE RETABLE
DU MAÎTRE-AUTEL,
LES STALLES,
LE BUFFET D'ORGUES.

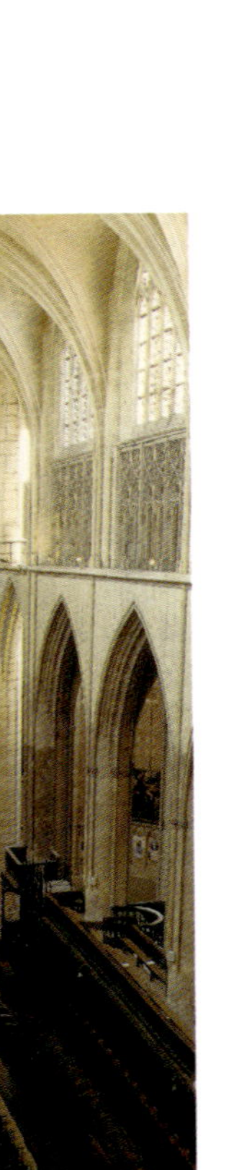

Ci-dessus : chœur et nef du XIIIe s. Remarquez qu'ils ne sont pas dans l'axe l'un de l'autre. Au fond, le buffet d'orgues date du XVIIe s.

Ci-contre : la façade présente une belle rose percée au XIIIe s. et montée par les croisés, à l'imitation de celle de Notre-Dame de Paris. Le clocher-donjon rectangulaire date du XVIe s.

Il en fallut de l'ambition à l'archevêque Bertrand de l'Isle pour doter Toulouse d'une cathédrale capable de rivaliser en grandeur et en beauté avec celles du nord de la France ! Mais c'est surtout de persuasion dont il eut besoin pour l'imposer face à la prestigieuse abbaye Saint-Sernin – celle-ci n'est-elle pas, depuis la disparition de Cluny, le plus vaste édifice roman de France (115 mètres de long) ? Triomphante dans l'art roman, Toulouse l'est aussi dans l'art gothique grâce à l'église de l'ancien couvent des Jacobins, où repose saint Thomas d'Aquin et dont la double nef symétrique est une pure splendeur !

Tiraillée entre le Nord et le Midi

À côté de tels chefs-d'œuvre, la cathédrale Saint-Étienne paraît quelque peu disparate, tiraillée qu'elle fut entre ses architectes du Nord et du Midi ! À tel point que sa façade, soumise à de perpétuelles reconstructions, semble être de guingois. Ce qu'elle est vraiment. Regardez bien. Le mur de la façade – l'un des seuls éléments qui subsistent de l'église primitive commencée en 1078 – n'est pas dans l'axe de l'ogive du portail ajouté au XVe siècle. Et le clocher carré du XVIe siècle semble un peu lourd comparé aux clochers polygonaux ajourés de la région. Pourtant, malgré une architecture plutôt chaotique due à l'exceptionnelle durée de sa construction – du XIIIe au XVIIe siècle – Saint-Étienne de Toulouse ne manque pas d'intérêt.

Le chantier de la cathédrale démarre alors que les armées du Nord, parties en croisade contre les hérétiques albigeois, rattachent le comté de Toulouse au domaine royal – ce qui s'accompagnera de l'installation dans la ville de nouvelles institutions destinées à combattre l'hérésie : ordres mendiants et université, fondée en 1229. Avec la construction de Saint-Étienne, un tournant architectural s'amorce. C'est tout simplement le prototype des églises languedociennes, avec une nef unique aussi haute que large. L'évêque Bertrand de l'Isle est avant tout un homme pragmatique. Lorsqu'il conçoit sa nouvelle cathédrale, il laisse subsister pour les besoins du culte l'ancienne nef romane, comptant la démolir au fur et à mesure de l'avancée des travaux. En 1272, il oriente le chœur gothique dans un axe différent de celui de la nef. Mais, quatorze ans plus tard, tout s'interrompt faute d'argent, et surtout en raison des querelles engendrées par le rattachement du comté à la Couronne.

Un chœur inachevé et une nef tronquée

C'est seulement au XVe siècle qu'il fut décidé que la nef romane ne serait pas détruite. Son raccordement avec le chœur représente alors une véri-

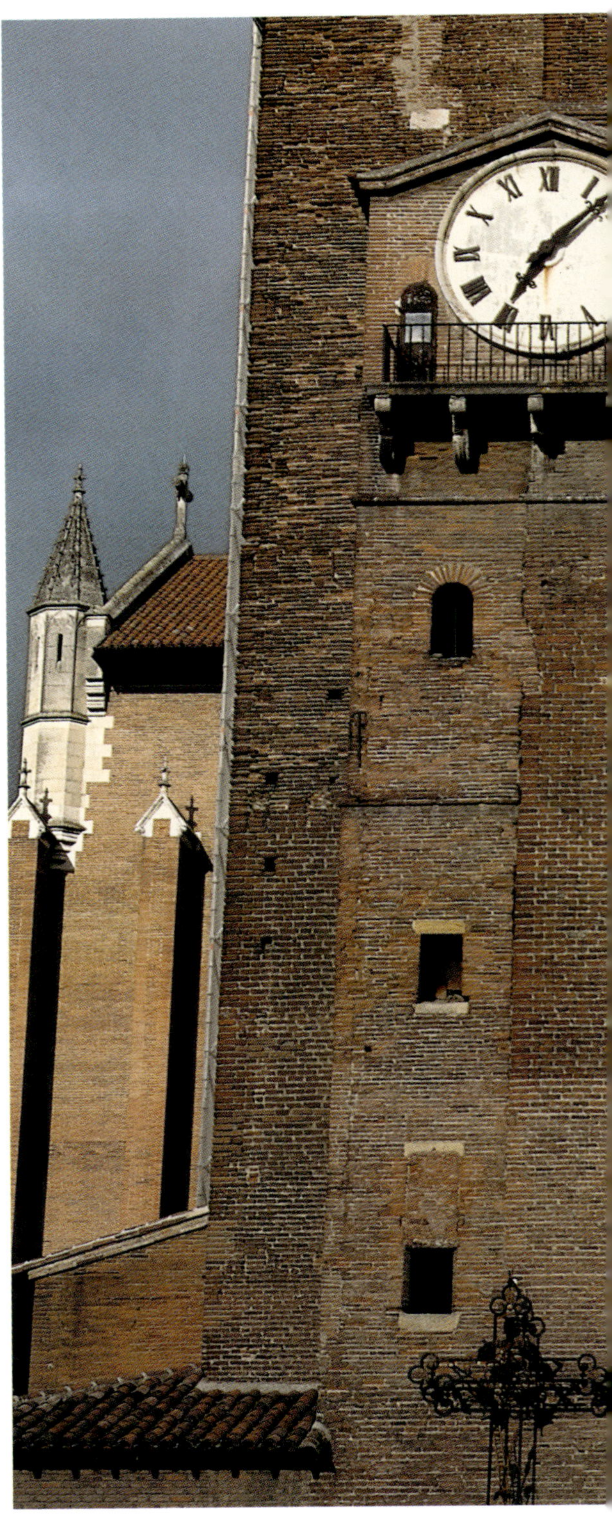

table prouesse architecturale exigée par ce changement de programme. Ce raccord n'est d'ailleurs réalisé qu'au début du XVIe siècle entre les deux moitiés de l'église par tout un système de voûtes et par un gros pilier.

Le chœur, lui, ne verra ses murs achevés et sa charpente posée qu'à la fin du XVe siècle. Mais, après l'incendie de 1669, celle-ci est remplacée par les voûtes actuelles, hautes de 28 mètres au lieu des 37 mètres prévus au départ. L'effet déconcertant dû au changement d'axe entre chœur et nef peut être évité en se plaçant au centre de la cathédrale, en tournant le dos alternativement au chœur des chanoines et à la nef.

Par bonheur, quelques belles tapisseries locales des XVIe et XVIIe siècles, retraçant la vie de saint Étienne, viennent réchauffer la grande sobriété des murs de la nef. Enfin, notons la présence, dans une chapelle du déambulatoire, d'une curieuse verrière du XVe siècle, intitulée « Vitrail du roi de France ». Elle représente Charles VII couronné et vêtu d'un manteau bleu fleurdelisé d'or. À ses côtés et à genoux, dans la position du chevalier, se tient le Dauphin, le futur Louis XI.

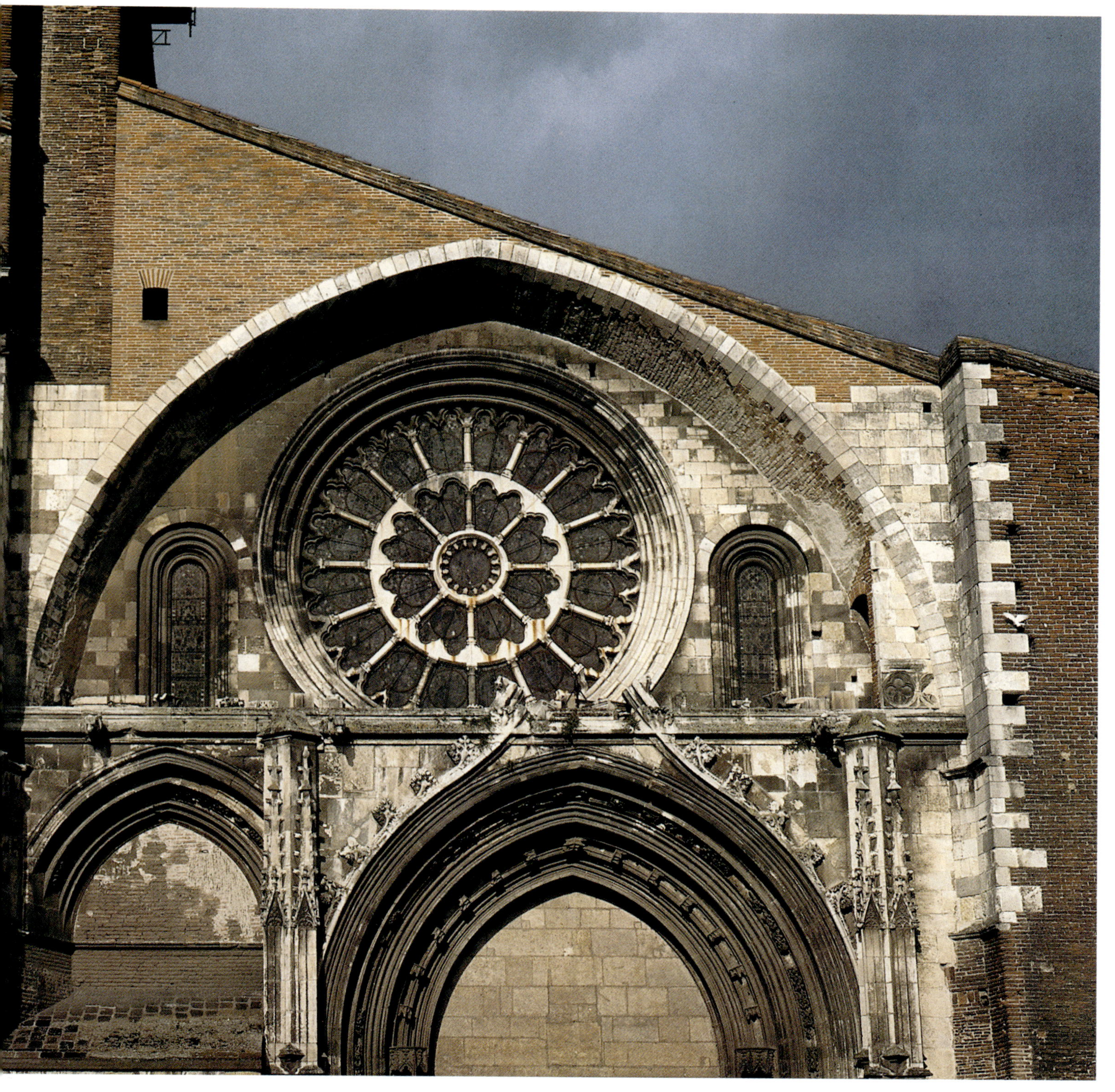

Albi

Sainte-Cécile, forteresse ou camp retranché

XIIIe-XVIe S.

À NE PAS MANQUER
LE CHEVET,
LE CLOCHER,
LA NEF,
LE CHŒUR,
LA CHAPELLE SAINTE-CROIX,
LA CHAPELLE DU ROSAIRE,
L'ORGUE,
LE JUGEMENT DERNIER,
LA GRANDE VOÛTE,
LE JUBÉ,
LE TRÉSOR.

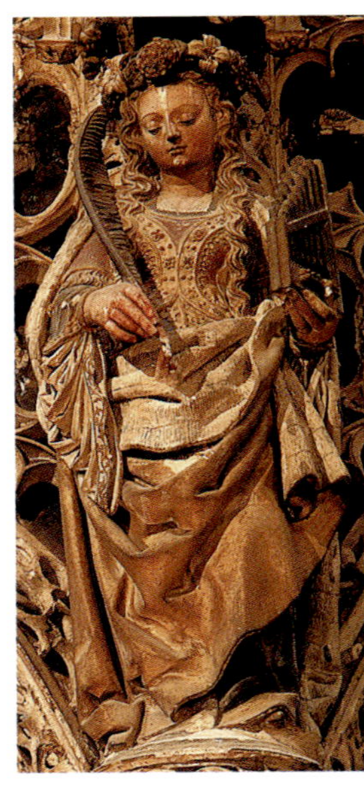

Ci-dessus : statue de sainte Cécile. La patronne des musiciens tient dans sa main droite la palme du martyre et dans celle de gauche un orgue portatif.

Ci-contre : l'impressionnant chevet, avec ses contreforts cylindriques faisant office de tourelles de défense.

Église-forteresse, église guerrière, immense, grandiose, farouche citadelle aux fenêtres étroites comme des meurtrières, voici Albi la Rouge, la cathédrale érigée pour se protéger autant de la colère des hommes que du courroux de Dieu. Car en ces terres languedociennes, foyer de l'hérésie cathare, l'Église dut lutter pour sa sauvegarde. Mais gardons-nous de voir dans les briques rouges tirées de la molasse argileuse des bords du Tarn une allusion quelconque au sang séché des cathares albigeois !

L'HÉRÉSIE ALBIGEOISE

L'hérésie albigeoise, dite aussi catharisme, est l'une des hérésies qui, ont mis périodiquement l'Église en danger. Celle-ci s'est développée aux XIIe et XIIIe siècles, dans un contexte difficile du point de vue tant religieux que politique – le roi de France cherche à reprendre en main un pouvoir que les comtes de Toulouse ne sont pas disposés à lui rendre.

Chez les cathares, l'idéal de pauvreté et l'adhésion aux principes du manichéisme oriental – lutte permanente entre le Bien et le Mal – s'accompagnent du refus de l'autorité de l'Église. Cette hérésie connaît alors un développement considérable. Des diocèses se constituent ; des évêques sont nommés, entraînant derrière eux une foule de fidèles. Albi, centre du monde cathare – d'où le nom d'albigeois donné aux hérétiques – appartient alors au comte de Toulouse Raymond VI (1156-1222), connu pour sa grande tolérance.

UN TRIBUNAL SPÉCIAL

Mais lorsqu'un légat du pape, Pierre de Castelnau, est assassiné sur ses terres le 14 janvier 1208, c'en est trop. Le pape Innocent III réagit en prêchant la croisade contre les albigeois. Celle-ci est conduite par Simon de Montfort, qui, avec son armée de seigneurs du nord de la France, se livre à des massacres et des pillages : « Tuez-les tous, Dieu reconnaîtra les siens ! » D'où un bain de sang dans tout le sud de la France.

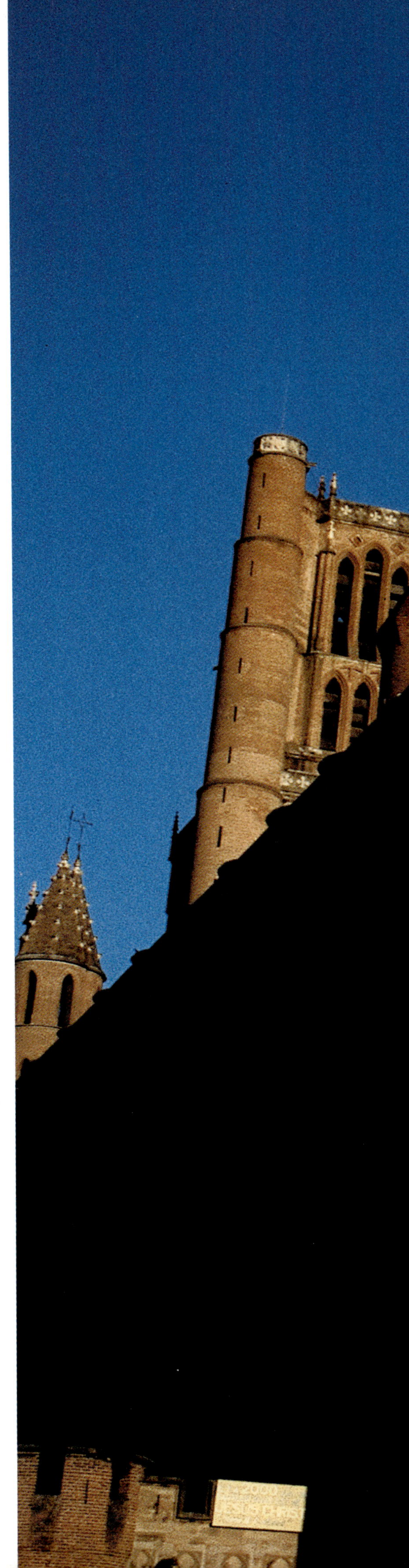

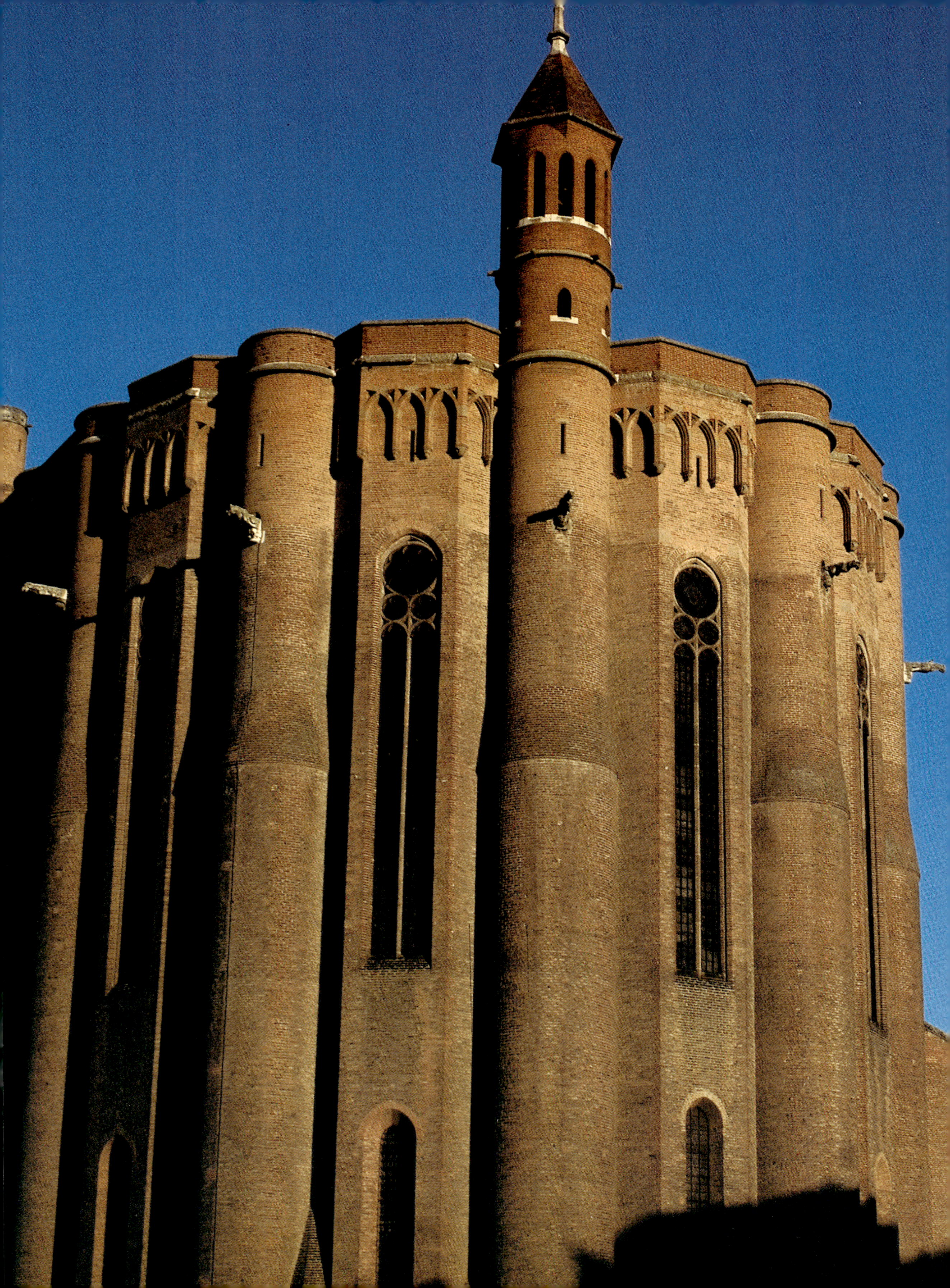

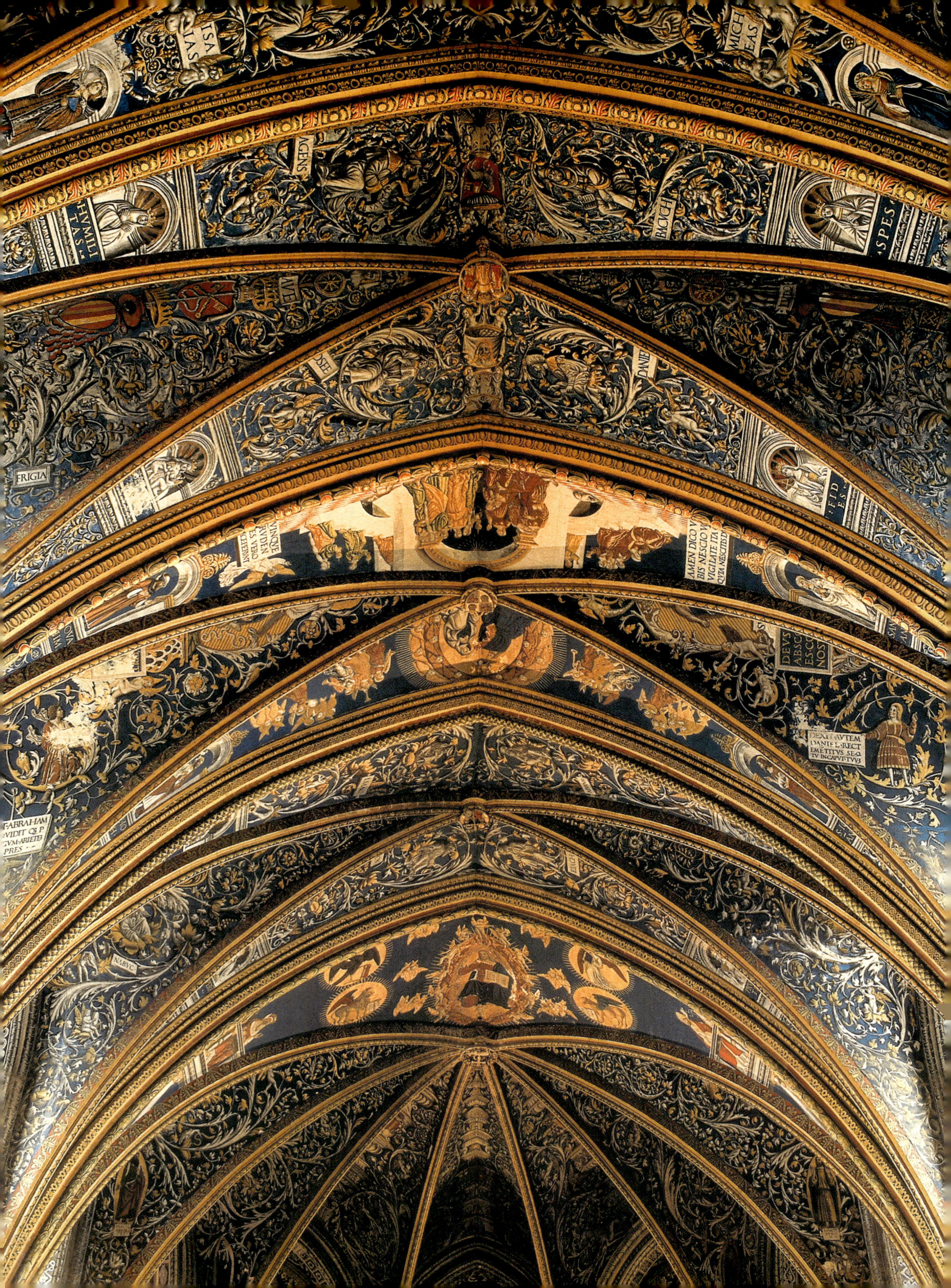
FRIGIA
SPES

Un évêque dominicain outrepasse sa mission

Bien qu'étant au cœur de l'hérésie cathare (elle fut prise en 1215), Albi ne souffre pas de la croisade. C'est ensuite que la vieille cathédrale est sérieusement mise à mal par une série d'émeutes dues à des conflits avec les habitants qui luttent pour leurs libertés municipales. L'évêque Durand, connu pour avoir participé à la prise de la forteresse cathare de Montségur, entreprend un semblant de restauration. Le constructeur arrive en 1277, en la personne du redoutable dominicain Bernard de Castanet, qui cumule les fonctions d'évêque et celles d'inquisiteur de la foi. Sa première décision sera de construire, à côté de la vieille cathédrale et près du nouveau palais épiscopal, une nouvelle église. Mais pas n'importe laquelle ! Une église-forteresse dans laquelle il se sente en sécurité. Lui et le chapitre de la cathédrale acceptent d'abandonner le vingtième de leurs revenus lors des premières années en même temps qu'il est demandé aux Albigeois un impôt spécial correspondant au dixième du produit de la vente du blé, et ce jusqu'à l'achèvement de l'édifice. Jusque-là rien que d'habituel, mais les choses se gâtent très vite. Castanet combat l'hérésie avec tant de vigueur qu'il provoque de vives réactions d'hostilité dans son diocèse. Le pape Clément V ordonne une enquête. Parallèlement, le roi Philippe le Bel met ses biens sous séquestre. Castanet ne fait plus que de brèves apparitions à Albi, avant d'être muté au Puy en 1308.

Une cathédrale-forteresse

L'église-forteresse d'Albi, et son clocher-donjon lancé comme un défi à 78 mètres au-dessus de la ville, ne se comprend que dans ce cadre conflictuel. « Depuis qu'Albi a une église cathédrale, il ne se trouverait pas que les habitants aient eu la paix avec leur seigneur », écrira au XVe siècle un avocat. Elle est honnie par la population, qui plus d'une fois tente de forcer ses portes. Comme cela se produit souvent dans le Midi ou en Espagne à cette époque, les chanoines doivent affronter nombre de révoltes et il arrive que l'évêque soit assiégé dans sa propre cathédrale, qui devient alors un véritable camp retranché bourré d'armes et de munitions.

La première pierre est posée le 15 août 1282, mais en 1301 la construction n'en est qu'au tiers et les voûtes ne sont pas encore lancées. Il faut attendre 1392 pour que l'édifice soit entièrement voûté. Pour ne laisser aucune prise à l'assaillant, le nouveau bâtiment est un édifice lisse. Ici, point de ces arcs-boutants en usage dans les cathédrales du Nord : c'est à l'intérieur que les contreforts s'épaississent pour supporter les voûtes. Le plan est d'une grande simplicité avec son immense nef sans collatéraux ni transept. Les murs sont renforcés de tours et de tourelles entre lesquelles ont été percées des fenêtres longues et étroites. Les murs sont tellement épais que les chapelles sont coincées dans leur épaisseur. Pour finir, en avant de la façade occidentale, un donjon de plan carré dont la hauteur ne dépasse pas celle de la nef,

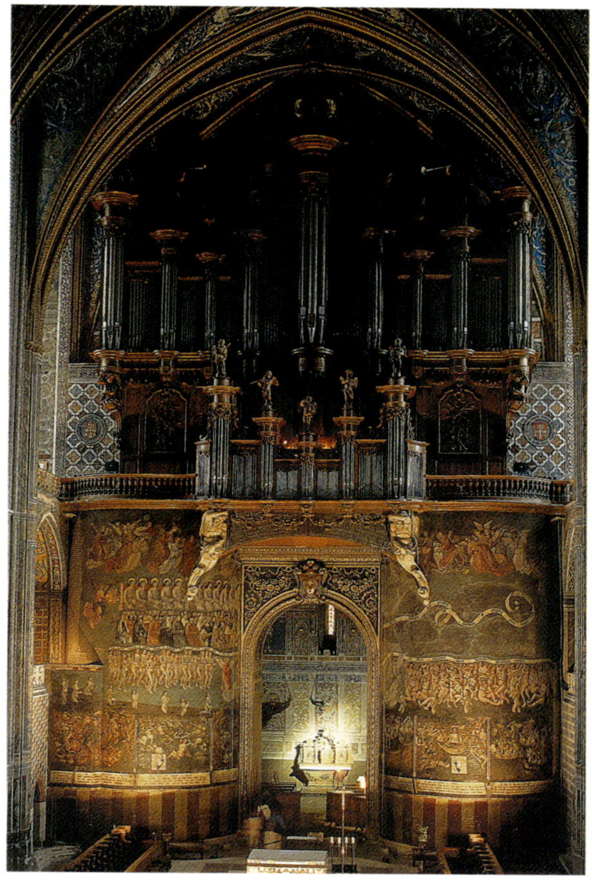

Ci-contre : le grand orgue monumental, construit entre 1734 et 1736 par C. Moucherel.

Page ci-contre : les peintures des voûtes ont été réalisées en un temps record par des peintres italiens et n'ont jamais été retouchées depuis.

Ci-dessous : détail du Jugement dernier, peinture de la fin du XVe s. Il s'agit d'une des plus grandes compositions picturales qui existent au monde, longue de 18 m sur 10 m de large. Exécutée avec une épaisse peinture à base de jaune d'œuf, de graisse, de poudre broyée et de colle, cette œuvre au réalisme très cru demeure en excellent état. Les peines subies dépendent des péchés commis par les damnés : les orgueilleux, les paresseux, les avaricieux, les envieux, les coléreux, les gourmands et les luxurieux.

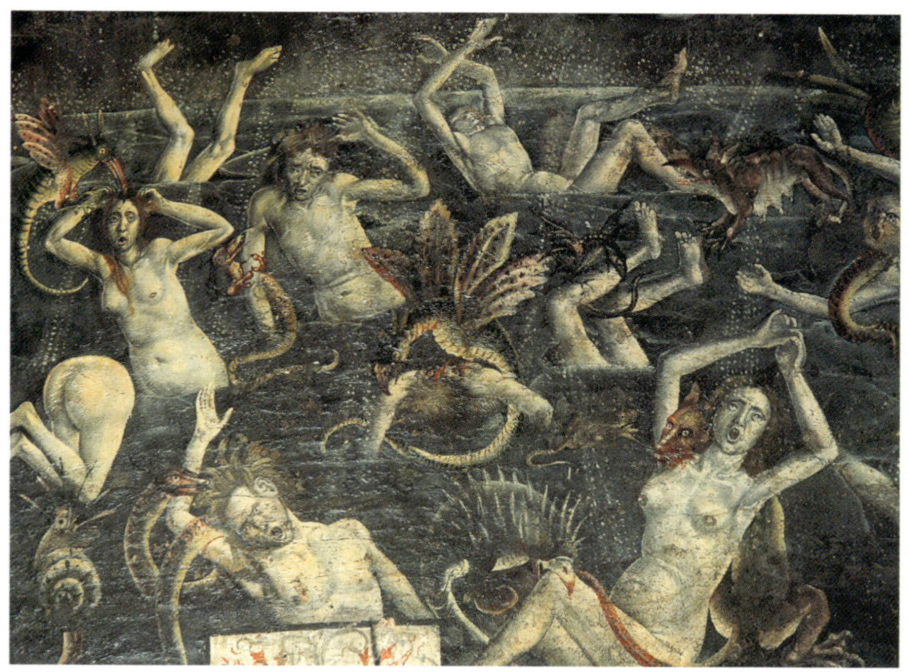

flanqué de deux tours rondes, apporte à cet édifice totalement aveugle une touche de forteresse inexpugnable.
Le matériau est la brique, employée dans un souci de simplicité toute dominicaine, souci d'économie également. Les carrières d'argile sont nombreuses dans la région et cette brique limite l'usage des échafaudages. Elle impose des murs très épais sur lesquels on travaille directement.

L'ŒUVRE D'EMBELLISSEMENT

Mais Sainte-Cécile ne devait pas rester l'austère édifice voulu par Bernard de Castanet. Au XVe siècle, elle a pour évêque Louis Ier d'Amboise (1473-1502), venu du Nord. Pour ce frère du cardinal Georges d'Amboise, le tout-puissant ministre de Louis XII, la cathédrale ne peut être qu'un palais. C'est lui qui fait bâtir au milieu de la nef l'incomparable jubé, une

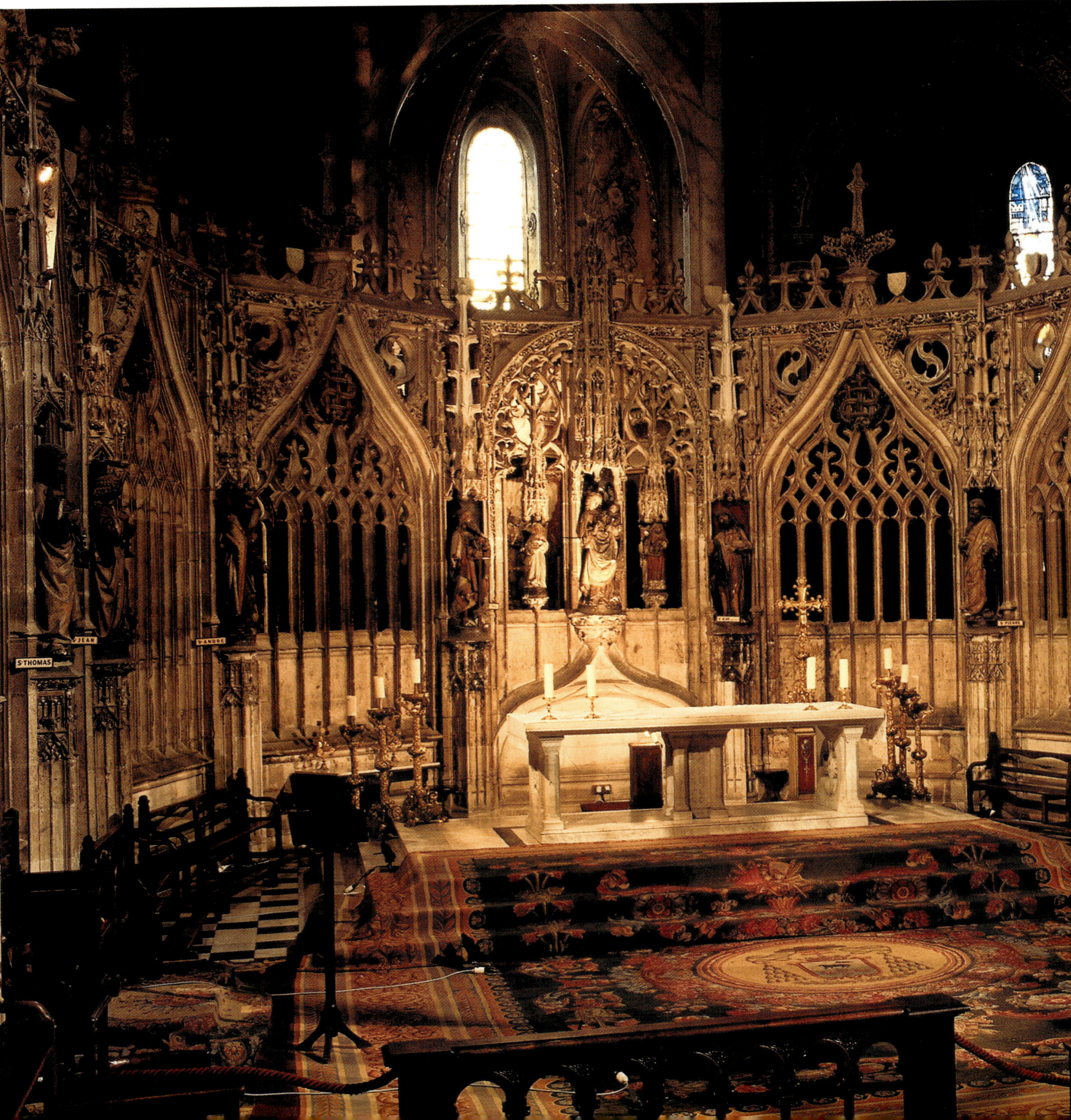

« magnifique folie », pour reprendre les termes employés par Prosper Mérimée au XIXe siècle. Magnifique et vaste jubé où, jusqu'à la Révolution, quelque soixante-dix statues se côtoyèrent dans un extraordinaire décor flamboyant fait d'arcs festonnés, de niches, de dais et de pinacles ouvragés. Ce chœur est l'un des rares de cette époque demeuré intact. La fortune de l'évêque et son goût parfait lui ont permis de réunir une pléiade d'artistes capables de travailler vite à la réalisation de cet ouvrage. Ce foisonnement parfaitement maîtrisé apparaît en particulier aux voûtes du jubé et au dais surmontant la chaire épiscopale.

À Louis Ier d'Amboise on doit également un autre trésor, une peinture sur enduit traitant du Jugement dernier, dont il manque malheureusement la partie centrale, figure du Christ rayonnant, détruite en 1695 lors du percement de la façade. On y voit les élus réveillés brusquement par la trompette du Jugement, sortant de terre l'un derrière l'autre, entièrement nus, en un immense cortège. Chacun tient serré sur sa poitrine le livre de sa vie. Puis vient la foule des damnés qui se lamentent alors qu'on les sépare selon les sept péchés capitaux...

Louis d'Amboise rehausse le donjon de 1365 d'un clocher à trois niveaux montant jusqu'à 78 mètres. Il consacre sa précieuse cathédrale en 1480.

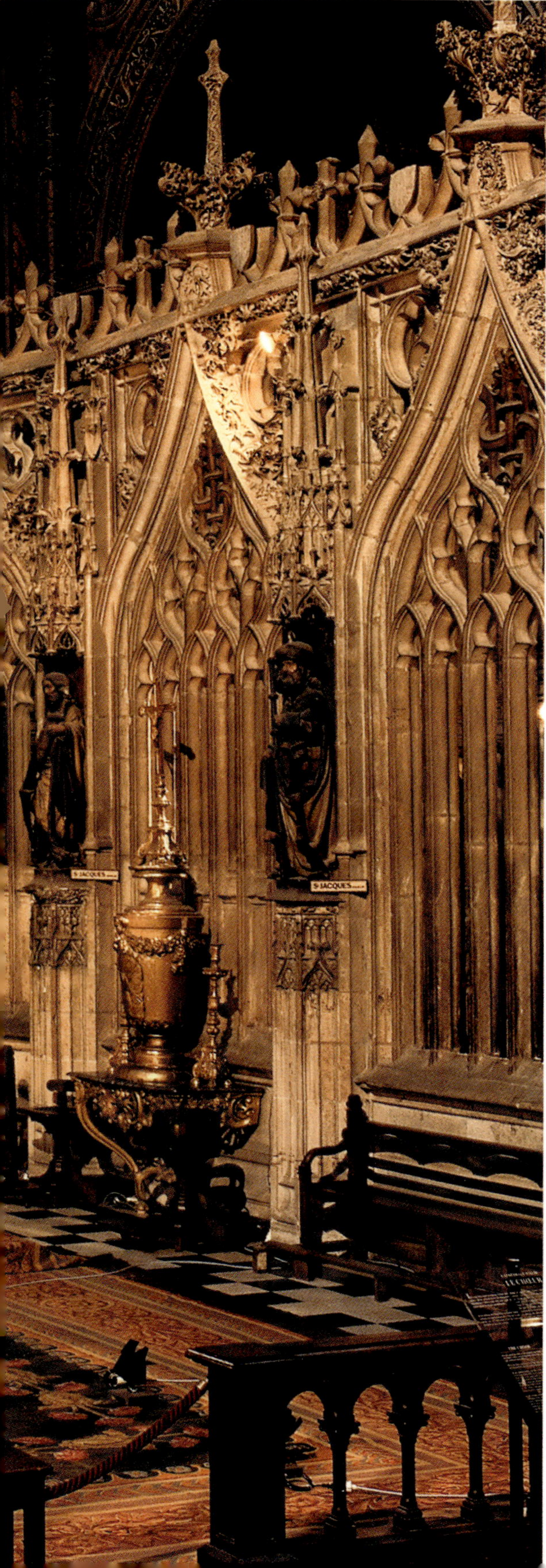

Des fresques jamais retouchées

Louis Ier est relayé par son neveu Louis II, qui arrive à Albi en 1503, puis par Charles de Robertet. On leur doit les fresques des voûtes de la nef et des tribunes entièrement peintes dans des tons de vert et de bleu cendré. Les chapelles inférieures sont décorées entre 1509 et 1520. C'est une œuvre gigantesque effectuée par des artistes italiens lors de leur venue en France à la suite des guerres d'Italie. On connaît le nom du chef de l'atelier des peintres d'Albi : Joa Franciscus Donela, originaire de la principauté de Carpi, qui avait adopté le parti français. Ils étaient installés dans des nacelles suspendues par des cordes passant à travers les voûtains par des trous qui existent encore. Ce décor est venu recouvrir d'anciennes fresques. Plaqué sur la façade méridionale, un sublime « baldaquin » semble vouloir gommer la première porte fortifiée. Cette dentelle de pierre surmonte l'entrée principale de la cathédrale. Elle porte les blasons des quatre évêques qui se sont succédé de 1519 à 1550.

Le XIXe siècle ne fut pas tendre pour Sainte-Cécile. L'architecte César Daly, à qui elle fut confiée en 1848 pour trente ans, suréleva la toiture de 7 bons mètres pour protéger les peintures des voûtes, modifiant ainsi l'aspect de l'édifice, qu'il couronna d'un chemin de ronde à créneaux, surhaussant du même coup les contreforts en forme de tourelles, pour en atténuer la dureté et briser la monotonie. La restauration des fresques se fit en quatre campagnes par des artistes italiens, puis parisiens, et enfin toulousains.

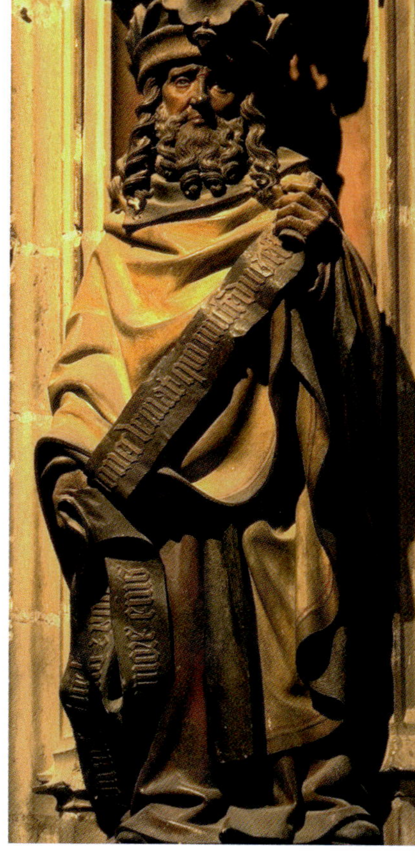

Ci-dessus : la clôture du chœur est peuplée de statues de pierre peinte. Ici Jacob, qui tient dans ses mains un phylactère.

Ci-contre : le chœur et sa clôture, véritable dentelle de pierre de style flamboyant.

Cahors

Saint-Étienne, deux extraordinaires coupoles

XIIe-XIVe s.

À NE PAS MANQUER
LE PORTAIL NORD,
LE CHŒUR ET L'ABSIDE,
LES FRESQUES
DE LA COUPOLE,
LES CHAPELLES
RAYONNANTES,
LA CHAPELLE
NOTRE-DAME,
LE CLOÎTRE,
LA CHAPELLE
SAINT-GAUSBERT.

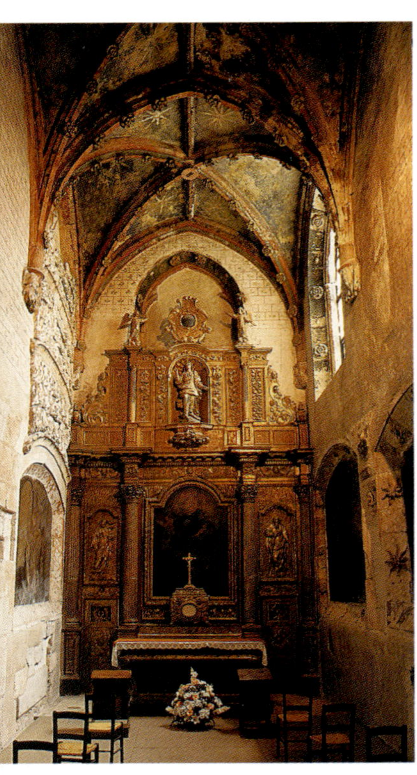

Ci-dessus : chapelle profonde ou chapelle Notre-Dame (à droite du chœur). Bâtie à la fin du XVe s., elle conserve un décor sculpté et peint et un beau retable doré du XVIIe s.

Si le pont Valentré, avec ses arches gothiques et ses tours carrées, est incontestablement le symbole de la ville, la cathédrale Saint-Étienne en est à la fois le chef-d'œuvre et l'âme. On y pénètre par un narthex surélevé pour découvrir une nef couverte de deux extraordinaires coupoles sur pendentif de 18 mètres de diamètre et culminant à 32 mètres de hauteur, soit 4 mètres de moins seulement que la voûte maîtresse de Chartres !

UN MODÈLE BYZANTIN ?

Comme l'ancienne cathédrale Saint-Étienne-de-la-Cité, à Périgueux, Cahors est l'une des toutes premières églises à coupoles d'Aquitaine. Au XIIe siècle, cette ville est une place financière réputée dont les ramifications s'étendent dans toute l'Europe et les Cahorcins sont toujours présents lors des foires réputées de Champagne.

La cathédrale est commencée au début du XIIe siècle, en lieu et place d'une église du VIe siècle. En 1109, elle est à peine en chantier que l'évêque Géraud de Cardaillac part en Terre sainte avec le comte de Toulouse. Est-ce lui qui a ramené au bord du Lot ces coupoles aux allures orientales permettant un éclairage exceptionnel ? Il rapporta en tout cas une relique qui permit de continuer les travaux tant elle apporta d'offrandes faites par les pèlerins : la sainte Coiffe, autrement dit le voile qui recouvrait la tête du Christ dans son tombeau. L'édifice est encore en chantier lorsqu'en 1119 il est consacré par le pape Calixte II, nouvellement élu, de retour du concile de Toulouse. Mais la technique de la coupole a aussi ses limites, ce dont témoigne l'effondrement d'une troisième coupole un siècle plus tard, remplacée au XVe siècle par un chœur gothique couvert d'une voûte classique. La cathédrale fut également dotée d'un splendide portail, l'égal en importance de ceux de Moissac et de Beaulieu-sur-Dordogne. La partie la plus belle est le tympan, qui représente l'Ascension, avec le Christ debout dans une mandorle, la main droite levée, la main gauche tenant un livre fermé. De chaque côté du Christ et des anges sont sculptés les épisodes les plus marquants de la vie de saint Étienne.

Ce portail a été muré au XVIIIe siècle et redécouvert en 1840. On a longtemps cru qu'il avait été déplacé au XVe siècle, mais de récentes études ont prouvé qu'il est à son emplacement d'origine, au nord.

LES CONSTRUCTIONS DES SIÈCLES POSTÉRIEURS

La cathédrale n'a été achevée qu'au début du XIVe siècle, par la construction du massif occidental. Malgré son décor très sobre, on pense aujourd'hui que ce n'est pas une construction fortifiée. Il possède même une fort élégante rosace inspirée de Paris via Clermont-Ferrand. Il fut en outre recouvert d'un décor peint, ainsi que les deux coupoles, selon une technique qui permet de reconnaître celle des peintres travaillant en Avignon (l'évêque de l'époque est un parent du pape Jean XXII, né à Cahors).

La ville se comporte encore pratiquement en ville indépendante, possédant même une université, créée en 1332, précisément grâce à Jean XXII. C'est après le traité de Brétigny, signé le 8 mai 1360 par le roi de France Jean II le Bon, que la cité invaincue sera livrée aux Anglais, avec toute l'Aquitaine.

À la fin du XVe siècle, un ravissant cloître est reconstruit sur l'ancien, mais il demeure inachevé, l'étage supérieur initialement prévu n'ayant jamais été réalisé. L'ancienne salle capitulaire romane, ouvrant sur le cloître, fut transformée en chapelle à la même époque. À l'origine, elle était entièrement couverte de peintures dont une grande partie, remarquablement conservée, nous est parvenue.

LES CAMPAGNES DE RESTAURATION

Au XIXe siècle, les peintures des coupoles furent restaurées outrageusement, alors qu'un peintre de Cahors laissait libre cours à sa propre inspiration pour couvrir les murs de la nef.

En 1911, on n'a pas craint de doter le fameux portail roman de rosaces supplémentaires ! Plus récemment, alors que se mettaient en place des techniques plus douces, la coupole occidentale a retrouvé son style original. Et on a retrouvé les peintures murales de la nef lors de la restauration des orgues en 1988.

Page ci-contre : coupole occidentale décorée de fresques restaurées en 1872. On reconnaît, autour du Christ, des scènes de la vie de saint Étienne, et notamment sa lapidation.

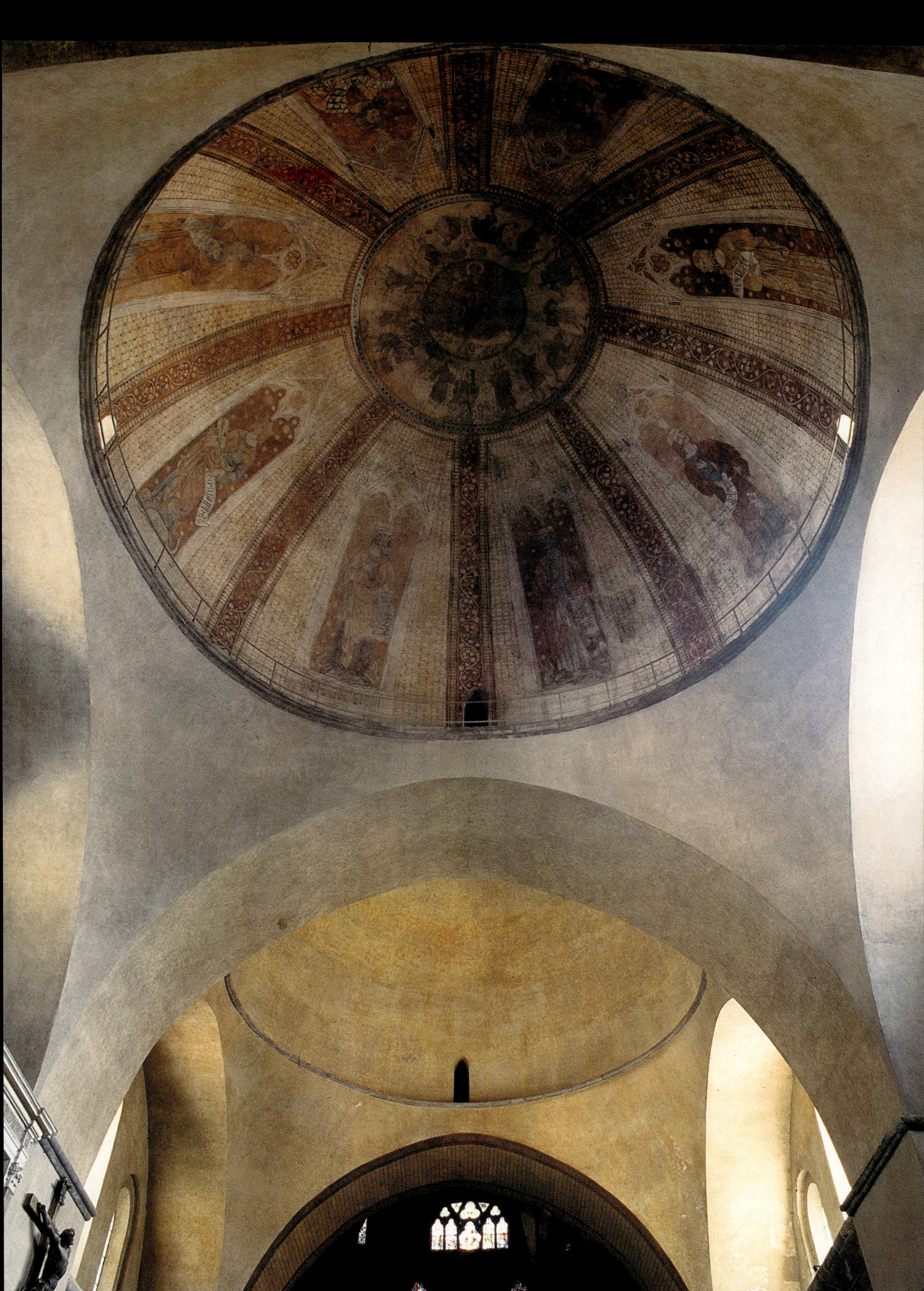

Rodez

Notre-Dame, trois siècles pour être achevée

XIIIe-XVIe S.

À NE PAS MANQUER
LE CLOCHER,
LE PORTAIL DE L'ÉVÊCHÉ,
LE CHŒUR,
LA NEF,
LES STALLES,
LE GRAND JUBÉ,
LE BUFFET D'ORGUES,
LA MISE AU TOMBEAU,
LA VIERGE À L'ENFANT.

Quelle est cette massive et sévère place d'armes, ce genre de forteresse de grès rouge autour de laquelle se serre la cité grise et froide de Rodez ? C'est Notre-Dame, la cathédrale, dont la toute relative exubérance semble avoir trouvé refuge dans les sommets.

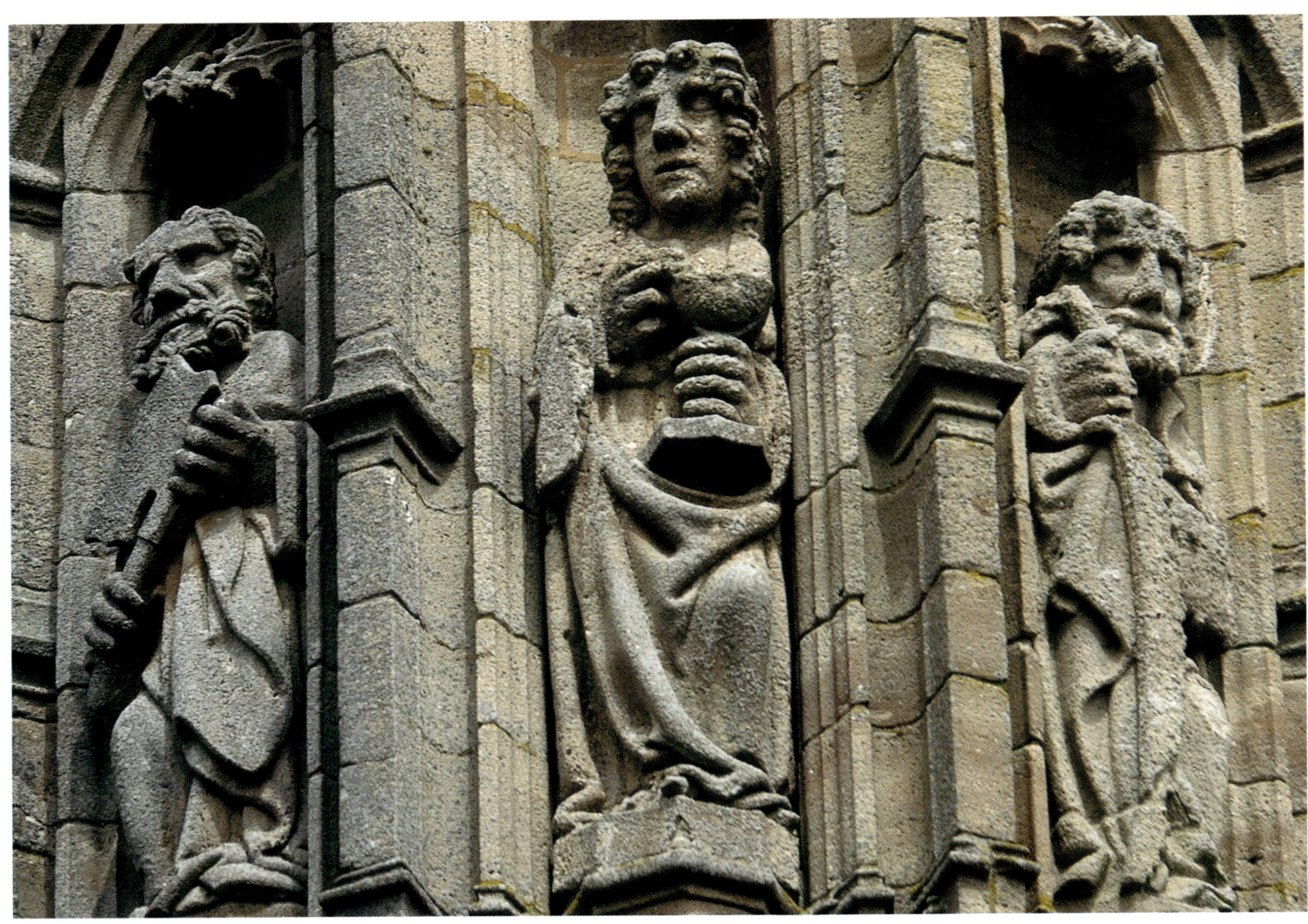

Ci-dessus : le clocher possède une abondante décoration de style flamboyant. Ici, les apôtres occupant les niches des tourelles d'angle.

Page ci-contre : par sa position détachée au nord de l'abside, le clocher en grès taillé et sculpté (1513-1526) est remarquable.

LE CLOCHER, ORGUEIL DE RODEZ

Isolé du chevet de la cathédrale comme l'est celui de la cathédrale de Bordeaux, un magnifique clocher, superbe « menuiserie de pierre » édifiée au tout début du XVIe siècle sur une ancienne tour de défense du XIVe. Haut de 87 mètres, il flamboie dans ses deux derniers étages de mille sculptures, derniers feux d'un gothique tardif : statues des douze apôtres logées dans leurs niches, débordement d'arcatures, de pinacles et de tourelles, jusqu'à la terrasse à balustrades où, tout là-haut, une lanterne ajourée porte une statue de la Vierge. On doit cet élégant clocher à Antoine Salvanh, l'architecte du saint évêque François d'Estaing. Le dernier étage est surmonté d'une statue colossale de la Vierge entourée des quatre évangélistes. En 1794, miraculeusement, ce groupe statuaire qui aurait dû exciter la vindicte des Montagnards de Rodez a sauvé le clocher de la destruction en leur inspirant une belle idée : ils l'ont rebaptisé *Liberté entourée de quatre révolutionnaires*. Passée la tourmente, la Vierge a repris ses fonctions…

UN ART DU NORD SOUS LE SOLEIL DU MIDI

Dans la nuit du 16 au 17 février 1276, le chœur et la tour de la cathédrale romane de Rodez s'effondraient. Catastrophe annoncée puisque, quelques mois plus tôt, l'évêque, prudent, avait mis en lieu sûr les reliques et le maître-autel. Restait à reconstruire : quinze mois plus tard, le 25 mai 1277, Raymond de Calmont d'Olt posait la première pierre. La construction du chœur fut-elle

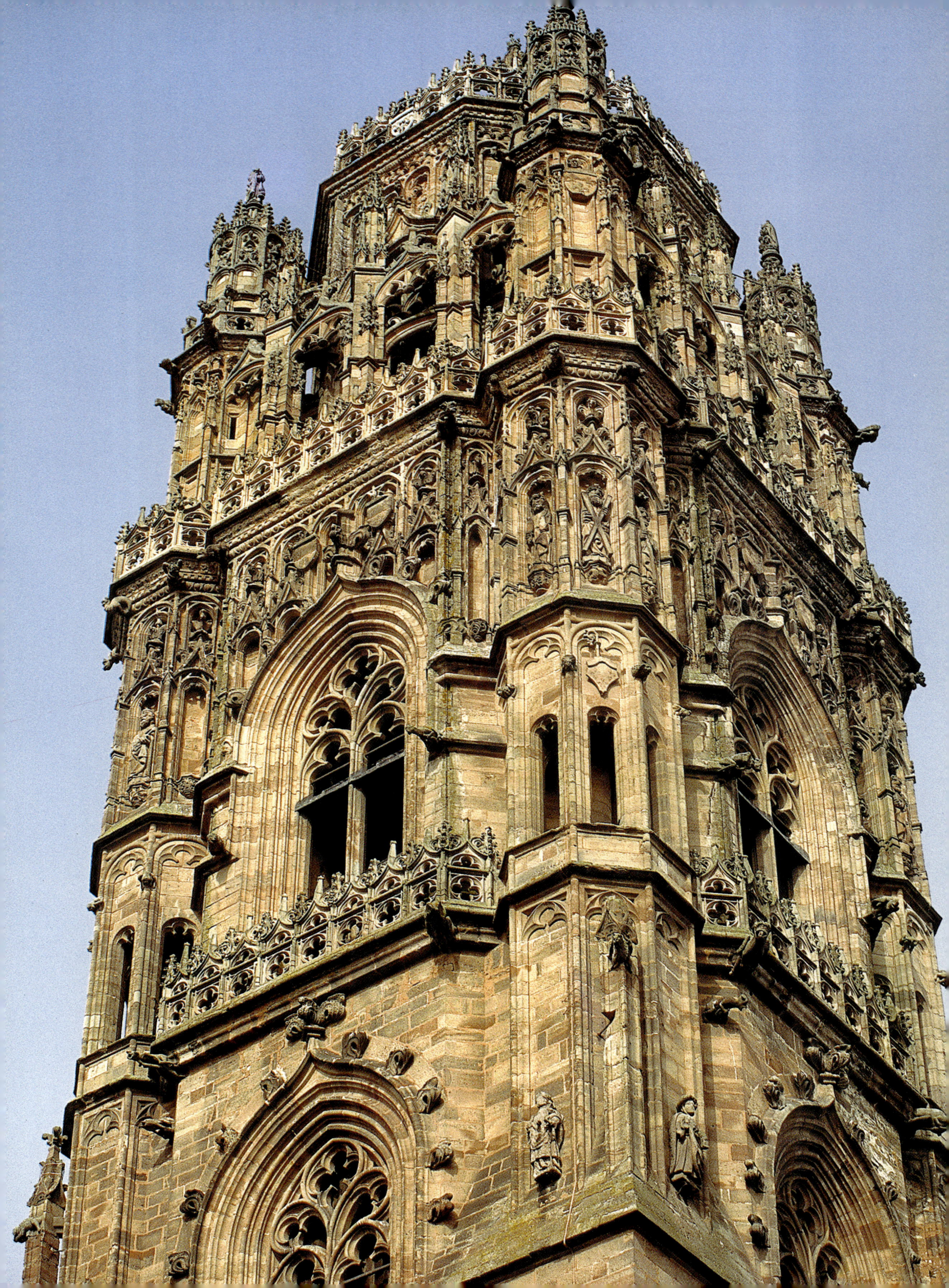

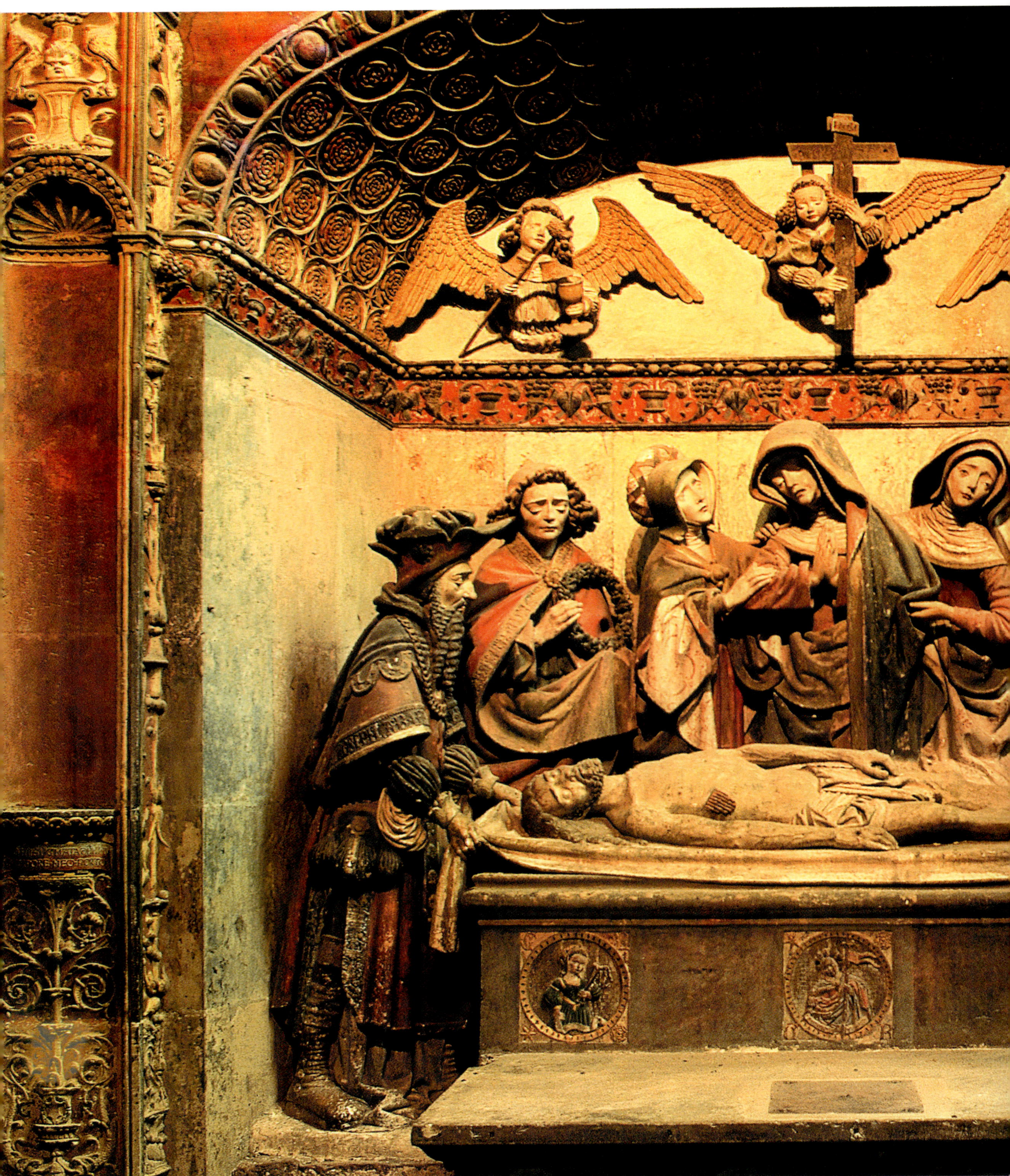

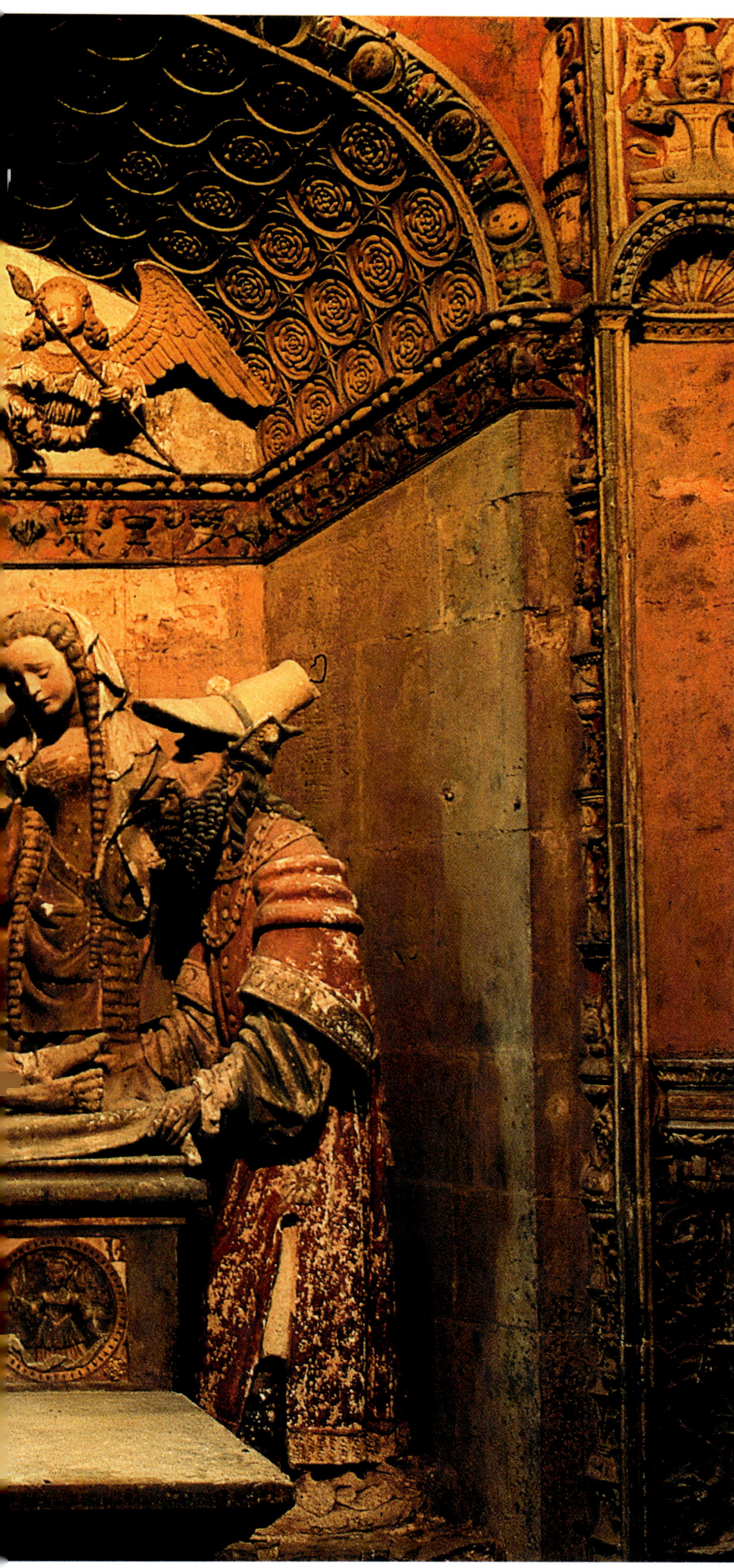

confiée au célèbre architecte Jean Deschamps et plus tard à son fils (ou parent) Pierre, également maître d'œuvre du chœur de la cathédrale de Clermont-Ferrand ? Les spécialistes ne s'accordent pas. L'évolution du début du chantier se déchiffre dans la décoration et l'architecture, mais de surcroît – et ce fait est rarissime – dans les comptes tenus à la fin du siècle par un chanoine du chapitre, Raymond Brancha.

Dès la première moitié du XIVe siècle, les onze chapelles rayonnantes ainsi que le déambulatoire sont achevés, de même que les hautes fenêtres et les voûtes du chœur. Les travaux sont ralentis ensuite jusqu'au milieu du XVe siècle. Et pour cause : en 1317, le pape prive l'évêché de Rodez du quart de ses revenus au profit du nouvel évêché de Vabres. Dans le Sud-Ouest, à ce moment, plusieurs grands évêchés ont été ainsi démembrés au profit de diocèses nouvellement créés, car le catharisme était mal éteint et il était urgent d'enserrer les fidèles de structures plus solides. En 1470, la dernière travée de la nef est enfin fermée, par un mur dans lequel n'est pas ouvert de portail puisqu'il donne sur les remparts de la ville. Les entrées se faisaient par deux beaux portails placés aux extrémités nord et sud du transept. Aujourd'hui encore, alors que le mur d'enceinte n'existe plus, ce mur occidental est resté sans portail avec ses deux tours inachevées, simplement percé d'une grande rosace flamboyante.

GRÂCE SOIT RENDUE AU CHANOINE PÉCHEUR !

À l'intérieur, plusieurs éléments font la gloire de la cathédrale. Voici d'abord les stalles et les boiseries du chœur, une splendeur, sculptée en 1478 par un menuisier venu de Marvejols, André Sulpice. À l'extrême fin de ce XVe siècle, le chœur fut fermé d'un magnifique jubé qui faillit périr au milieu du XIXe siècle. Puis en 1523, le chanoine Gaillard Roux, qui s'était adonné au jeu, au blasphème et à la débauche fut alors saisi de remords. Afin d'obtenir le pardon de ses péchés, il fit sculpter un retable en pierres polychromes représentant la Mise au tombeau et la Résurrection du Christ. Et, sans doute par souci de pénitence, il a étalé le récit de ses méfaits en une belle phrase latine expliquant le pourquoi de cette œuvre. Ce retable, dont on restaura la polychromie au siècle dernier, est situé dans la chapelle du Saint-Sépulcre.

Ci-contre : la Mise au tombeau, *retable de la chapelle du Saint-Sépulcre, en calcaire sculpté et peint en 1523.*

Mende

Saint-Pierre, la miraculeuse Vierge noire

XIVe-XVe ET XVIIe S.

À NE PAS MANQUER
LA FAÇADE,
LE CLOCHER DE L'ÉVÊQUE,
LES TROIS NEFS,
LES RESTES DU JUBÉ,
LES STALLES,
LA VIERGE NOIRE,
LA CRYPTE.

En 258, l'épopée de saint Privat, évêque du Gévaudan, s'achève au pied du mont Mimat, lorsque Chrocus, chef des Vandales lancé à la conquête du Gévaudan, parvient à Mende. Découvrant l'évêque caché dans une grotte, il lui demande deux choses : le moyen de s'emparer du castrum et celui de sacrifier aux idoles. Privat refuse ; il est battu à mort. C'est autour de sa tombe que grandira la ville de Mende et sur sa crypte qu'Urbain V, l'enfant du pays né près de Mende en 1310 et devenu pape en Avignon, posera la première pierre de la cathédrale Saint-Pierre en 1369.

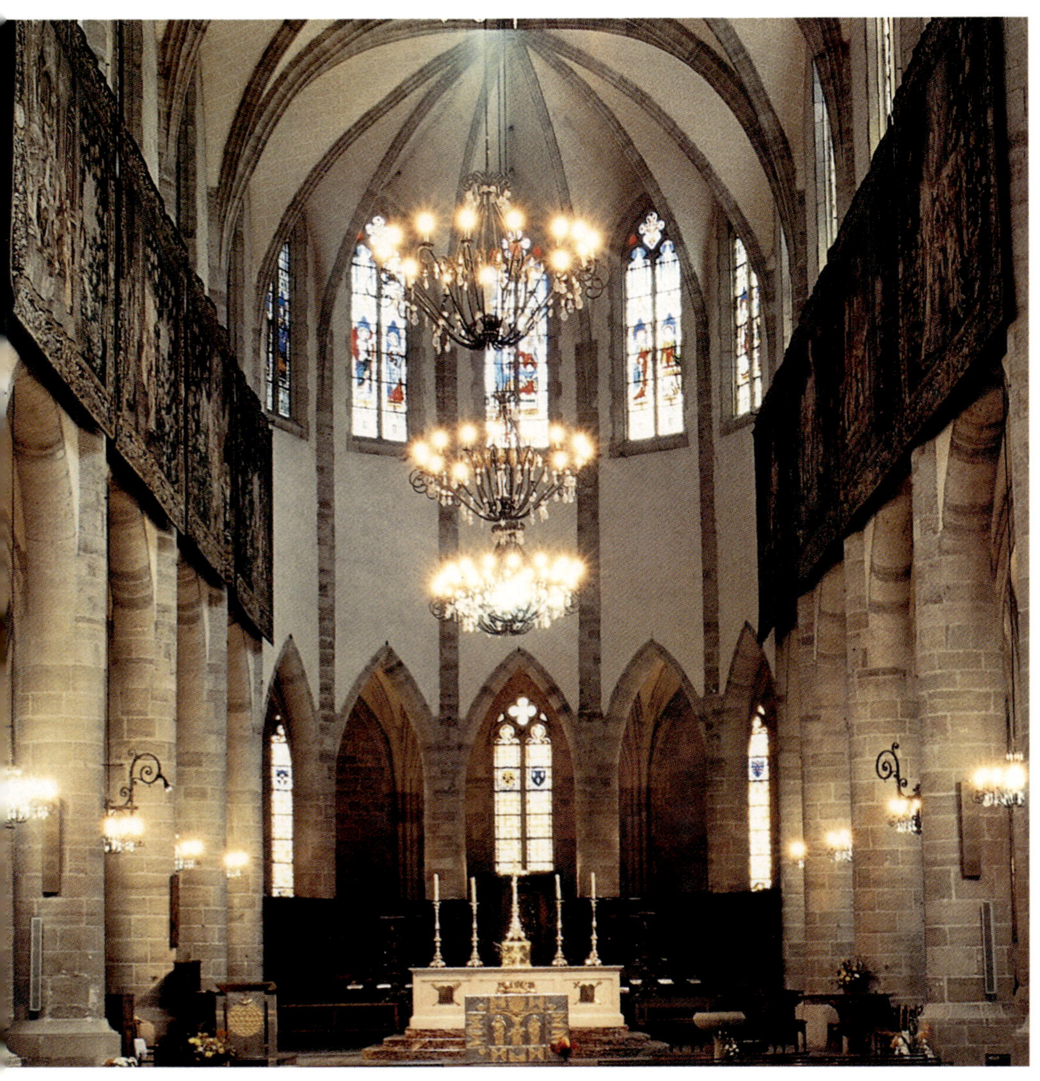

Ci-dessus : le chœur et la nef unique.

Page ci-contre : vue de la façade ouest de la cathédrale.

DANS LA NUIT DE NOËL 1579

Construit au XIVe siècle, ce bel édifice de pierres blondes est de style gothique. Les deux tours qui flanquent la façade – à gauche, haut de 84 mètres, le clocher de l'Évêque, doté d'une surprenante galerie Renaissance ; à droite, beaucoup plus sobre, le clocher des Chanoines, à la flèche toute dentelée de crochets – furent élevées au début du XVIe siècle par l'évêque François de la Rovière. Cette façade et ces deux tours sont, avec le chevet, les seuls éléments épargnés par les protestants.

En la tragique nuit de Noël 1579, en effet, le capitaine protestant Merle attaquait la ville par surprise, sans rencontrer de résistance, pas même des gardes postés sur les murailles, trop occupés à fêter la Nativité. Merle s'installa dans Mende, dont il devint gouverneur par la volonté d'Henri IV. Un épisode dont la ville fut longue à se relever : derrière lui, Merle laissa une cathédrale en ruines, qu'il avait fait systématiquement détruire... à la mine. Plus jamais les Mendois ne purent réentendre la voix de celle qui résonnait dans tout le Gévaudan : la Non-Pareille ou encore la Marie-Thérèse, la plus grande cloche de la chrétienté – quelque 20 tonnes –, brisée par les soudards de Merle. L'impressionnant battant de 2,35 mètres placé sous l'orgue en est le seul vestige.

UNE TROISIÈME CRYPTE DÉCOUVERTE EN 1905

À l'intérieur, trois nefs toutes simples, sans transept ni triforium. La majeure partie de l'édifice date du XVIIe siècle, avec en plus beaucoup de néogothique du XIXe siècle pas toujours facile à distinguer de l'ancien. Les stalles du chœur, par exemple, datent de 1692. Fait rarissime, ce chœur est toujours orné de huit tapisseries commandées en 1706 à un maître lissier d'Aubusson, Antoine Barjon. Elles ont été restaurées récemment.

Quant à la célèbre statue miraculeuse de la Vierge noire, elle est nichée dans l'une des deux chapelles du chevet, dédiée à Notre-Dame de Mende, près de la sacristie. Elle fait partie de la grande famille des Vierges noires auvergnates. On ignore tout de son origine, mais on sait qu'en 1219 elle était recouverte de lames d'argent, comme celle de Rocamadour. Ces lames furent enlevées à la Révolution. Pour compenser cet outrage, la Vierge fut couronnée et habillée, mais seulement en 1895.

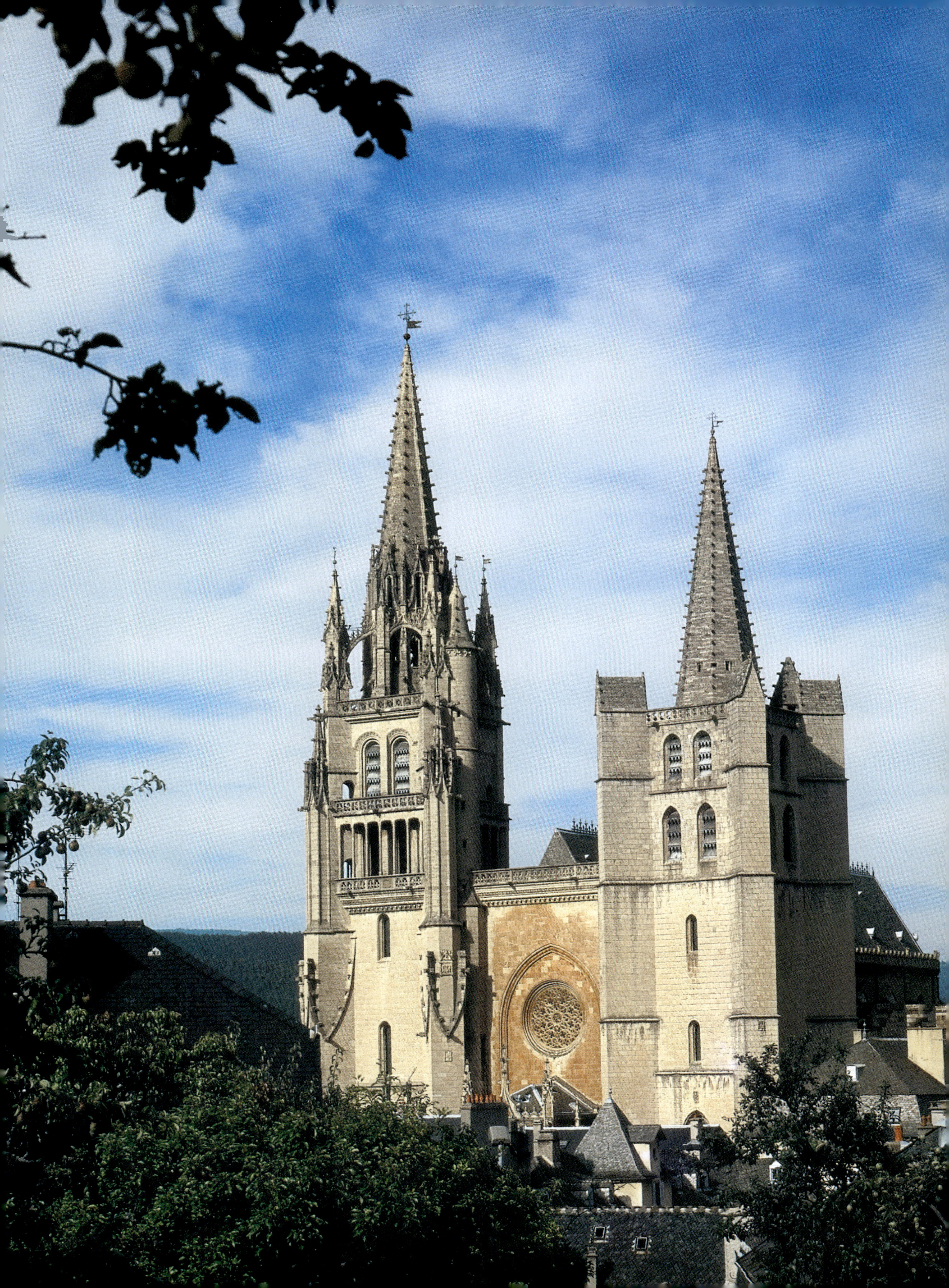

Narbonne

Saint-Just, une réflexion sur le thème du péché

XIIIe-XIVe ET XVIIIe S.

À NE PAS MANQUER
LE MAÎTRE-AUTEL,
LE BUFFET D'ORGUES,
LES STALLES,
LA VIERGE À L'ENFANT,
LES TERRASSES,
LA TOUR NORD,
LE TRÉSOR.

Narbonne se constitue en archevêché puissant dès le début du IXe siècle, et ce jusqu'à la Révolution. Lors du concordat de 1802, il fut rétrogradé au simple rang d'évêché avant que de disparaître en 1861, date à laquelle le diocèse de Carcassonne l'absorba. La grande et belle cathédrale était désormais reléguée au rang d'église paroissiale. Une dernière humiliation pour cet ambitieux édifice que ni le Moyen Âge ni l'époque moderne n'avaient réussi à achever.

Une première pierre envoyée de Rome

Et pourtant, tout avait si bien commencé ! La première pierre de la cinquième église élevée à cet emplacement, posée le 3 avril 1272, incarnait une valeur toute symbolique : n'avait-elle pas été envoyée de Rome par un ancien archevêque de Narbonne qui n'était autre que le pape Clément IV ? La construction de cette nouvelle cathédrale fut confiée au grand architecte Jean Deschamps. Né d'une dynastie de bâtisseurs, il dévouait tout son art au service des cathédrales de Limoges et de Clermont-Ferrand, conçues sur le modèle alors dominant en Île-de-France. Regardez ces remarquables piliers sans chapiteau, d'une rare élégance, exceptionnels pour l'époque, ces voûtes culminant à près de 40 mètres – seules celles d'Amiens et Beauvais font mieux. Quant au chœur, il mesure à lui seul 54 mètres de long.

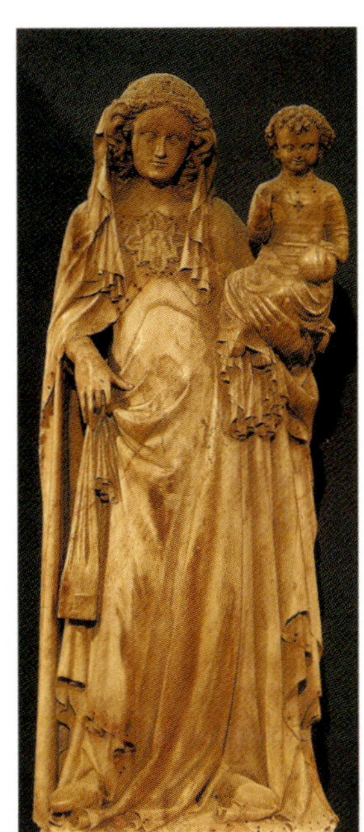

Ci-dessus : une magnifique Vierge à l'Enfant en albâtre, pesant 735 kg, un chef-d'œuvre de l'art gothique.

Ci-contre : dans le chœur, le maître-autel est l'un des plus grandioses de France. Il est surmonté d'un baldaquin (XVIIe s.) supporté par six colonnes corinthiennes de marbre. Les stalles sont de style Louis XVI.

Le refus des consuls

La construction est interrompue dès 1354 par un refus des consuls de sacrifier une partie des murailles de la ville pour permettre à la cathédrale de s'achever. Ainsi on renvoya à plus tard l'ambitieuse prolongation de l'édifice. Le XVe siècle, peu empressé, ajouta deux tours carrées à la cathédrale. Puis il fallut attendre le XVIIIe siècle pour que l'on tente une seconde fois de terminer la nef, sans plus de succès. Devant les murs qui clôturent le chœur, on peut encore voir les puissants piliers sur lesquels devaient prendre appui le transept et les deux premières travées (la cour Saint-Eutrope) – travaux qui, par manque d'argent et de conviction, furent presque immédiatement interrompus.

La chapelle de Bethléem

Un remarquable décor sculpté polychrome de la fin du XIVe siècle fut mis au jour en 1982 dans la chapelle de Bethléem. Les 26 mètres carrés sur lesquels il se développe avaient été masqués au XIXe siècle. Il s'y ajoute des peintures murales et des vitraux traitant tous du même thème, le purga-

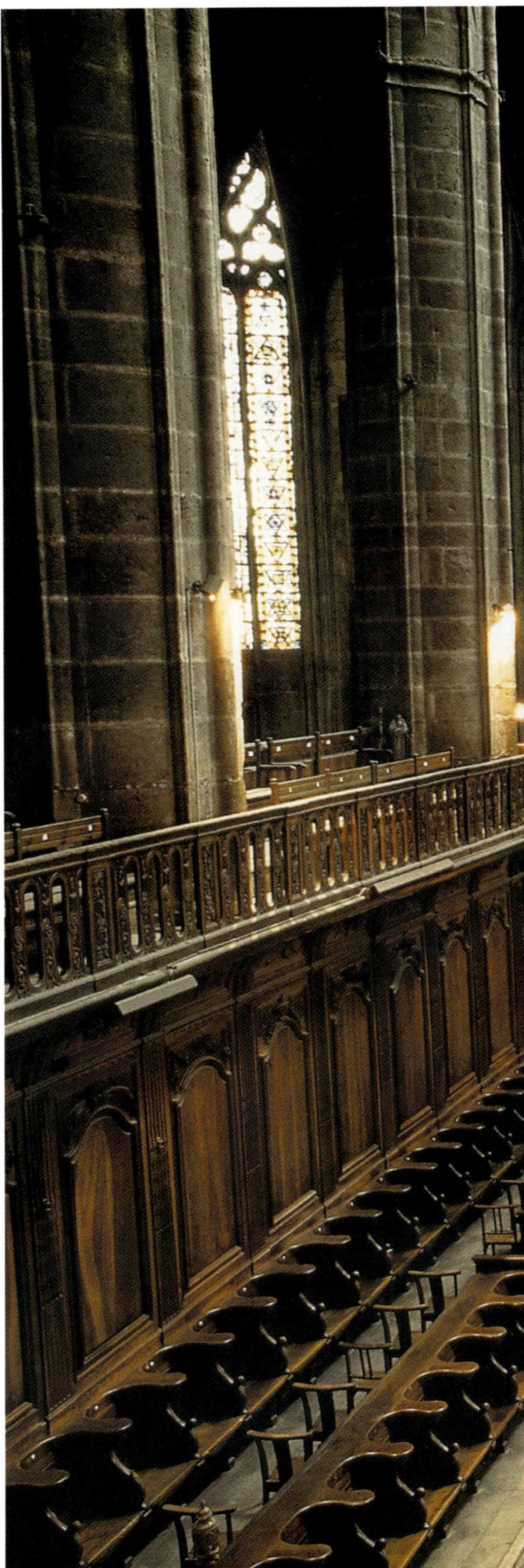

toire. Unique dans la région, cet ensemble constitue une création majeure de l'art du XIVe siècle en Languedoc, influencé vraisemblablement par la papauté d'Avignon. Un peu plus tard, l'archevêque de Conzié (1391-1432) a offert la statue de Notre-Dame de Bethléem, une magnifique Vierge à l'Enfant en albâtre, un chef-d'œuvre de l'art gothique. Ce décor a été placé là au moment où cette chapelle recevait le statut d'église paroissiale (une cathédrale n'est pas faite pour desservir une paroisse. Habituellement l'église paroissiale jouxte la cathédrale, ici elle y est incluse). Le thème du purgatoire était donc destiné aux fidèles, invités à réfléchir sur les conséquences de leurs péchés.

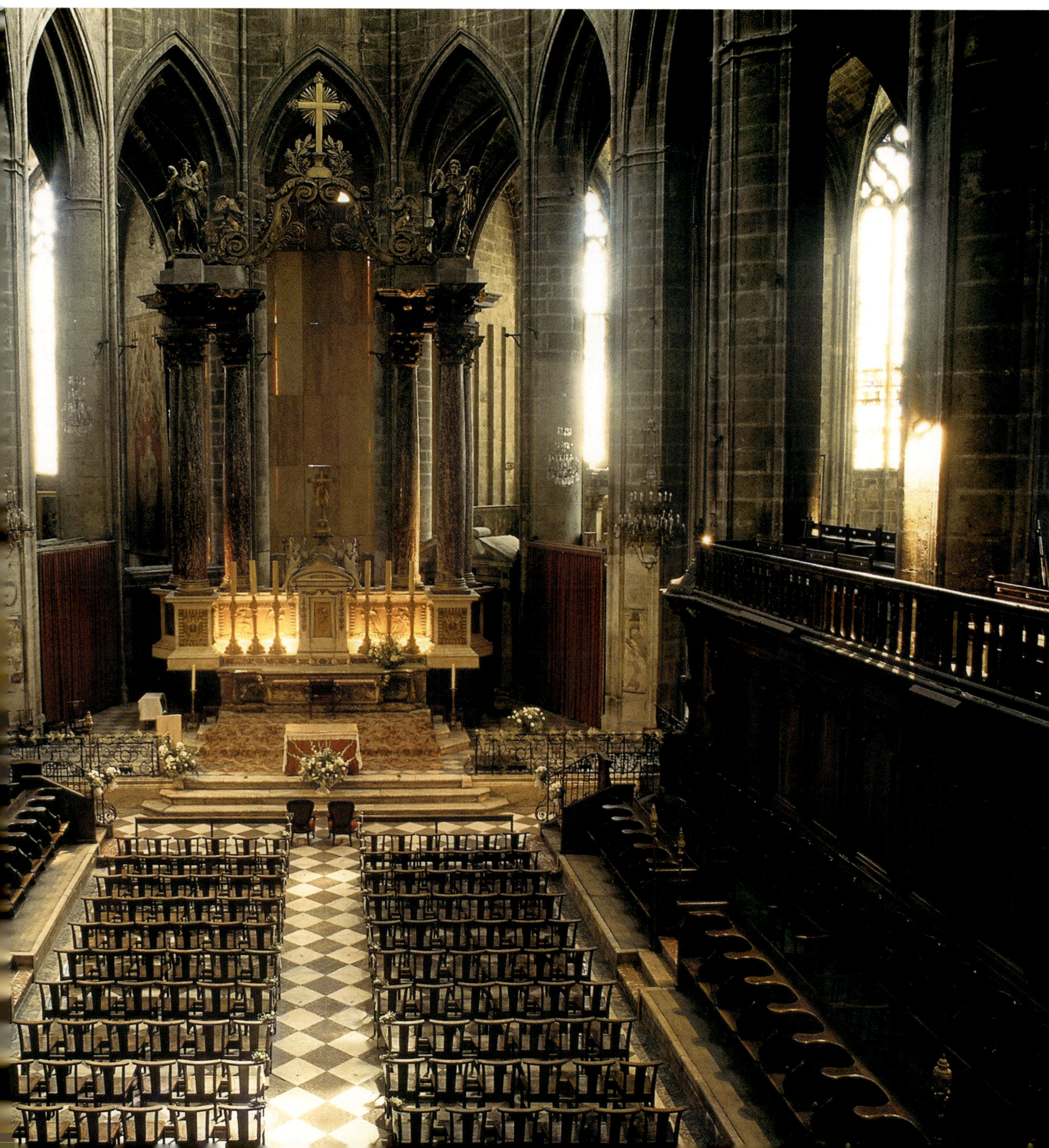

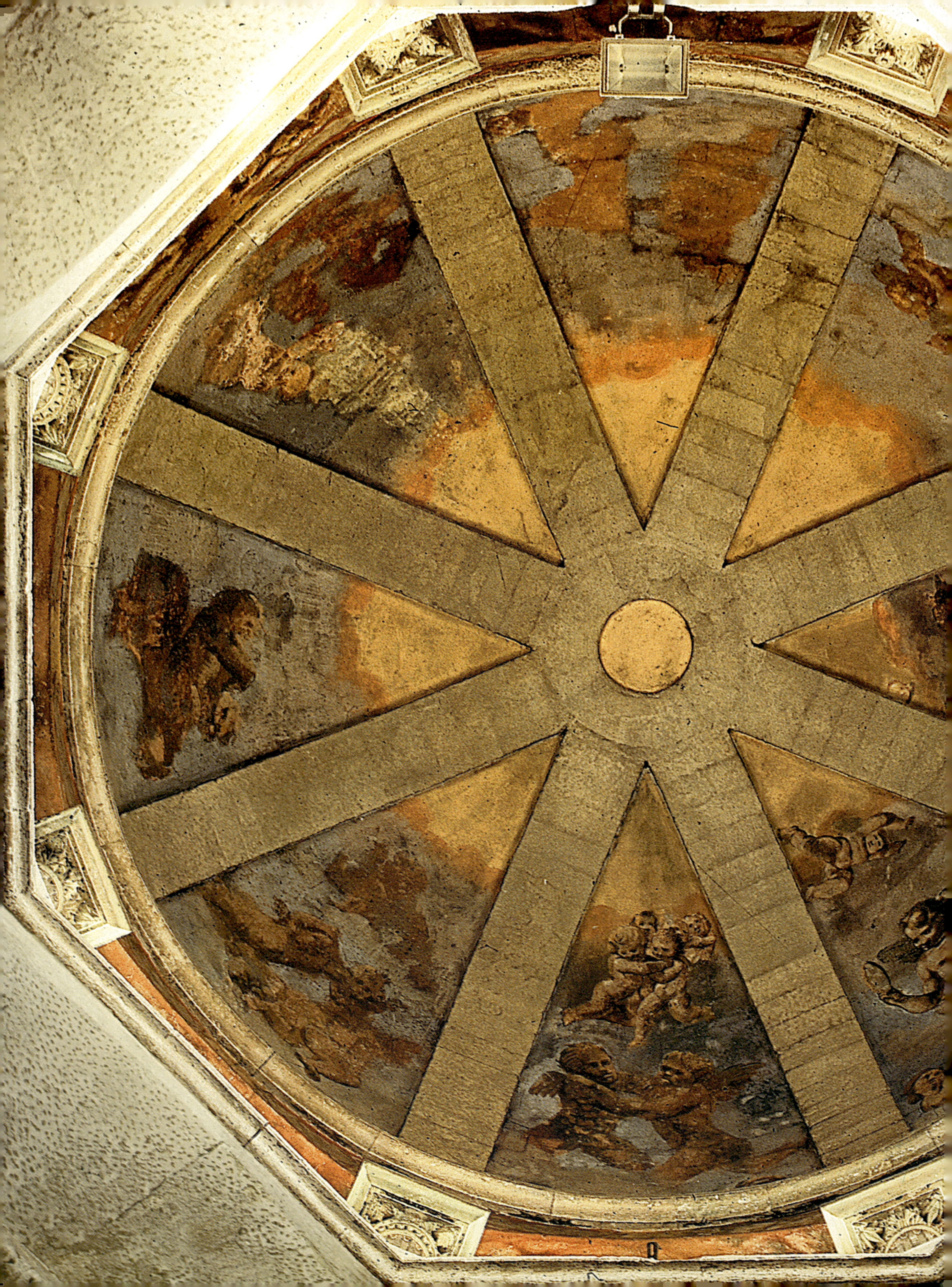

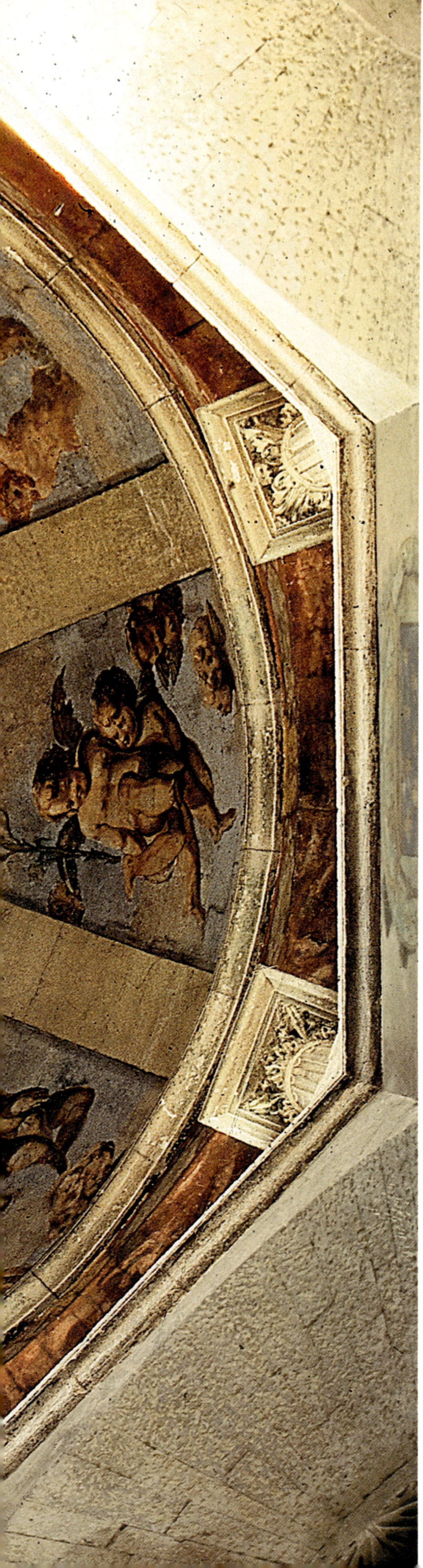

Le Sud-Est

Dans ces terres chaudes du Sud-Est, où les anciennes provinces romaines laissèrent tant de traces, les cathédrales se bâtirent sur des restes : Fréjus, en grès rose de l'Estérel ; Avignon, le modèle provençal ; Chambéry, où s'amorce le rattachement à la France ; Lyon, ancienne capitale de la Gaule romaine rayonne de sa primatiale.

Avignon : la coupole romane couvrant la croisée du transept.

Avignon

Notre-Dame-des-Doms, dans la cité des papes

XIIe-XVIIe S.

À NE PAS MANQUER
LE CLOCHER,
LA STATUE DE LA VIERGE,
LA NEF,
LA COUPOLE ROMANE,
LE SIÈGE ÉPISCOPAL,
LE TOMBEAU
DU PAPE JEAN XXII.

Ci-dessous : siège épiscopal en marbre blanc (XIIe s.) orné sur les côtés du lion de saint Marc et du bœuf de saint Luc.

Cathédrale, certes... mais bien modeste à côté de l'important palais-forteresse des Papes, splendide spécimen de l'architecture gothique du XVe siècle ! Alors, faut-il lui accorder droit de préséance... à la faveur de l'âge ? Pas seulement. Certes, Notre-Dame-des-Doms, consacrée en 1069, est la plus ancienne église d'Avignon.

Les bâtiments actuels sont du XIIe siècle, contemporains du fameux pont Saint-Bénezet réduit à quatre arches sur les vingt-deux qu'il comptait au départ. Mais son titre de gloire est d'avoir abrité une série de papes, lors du fameux Grand Schisme qui, de 1306 à 1411, se sont opposés à ceux de Rome.

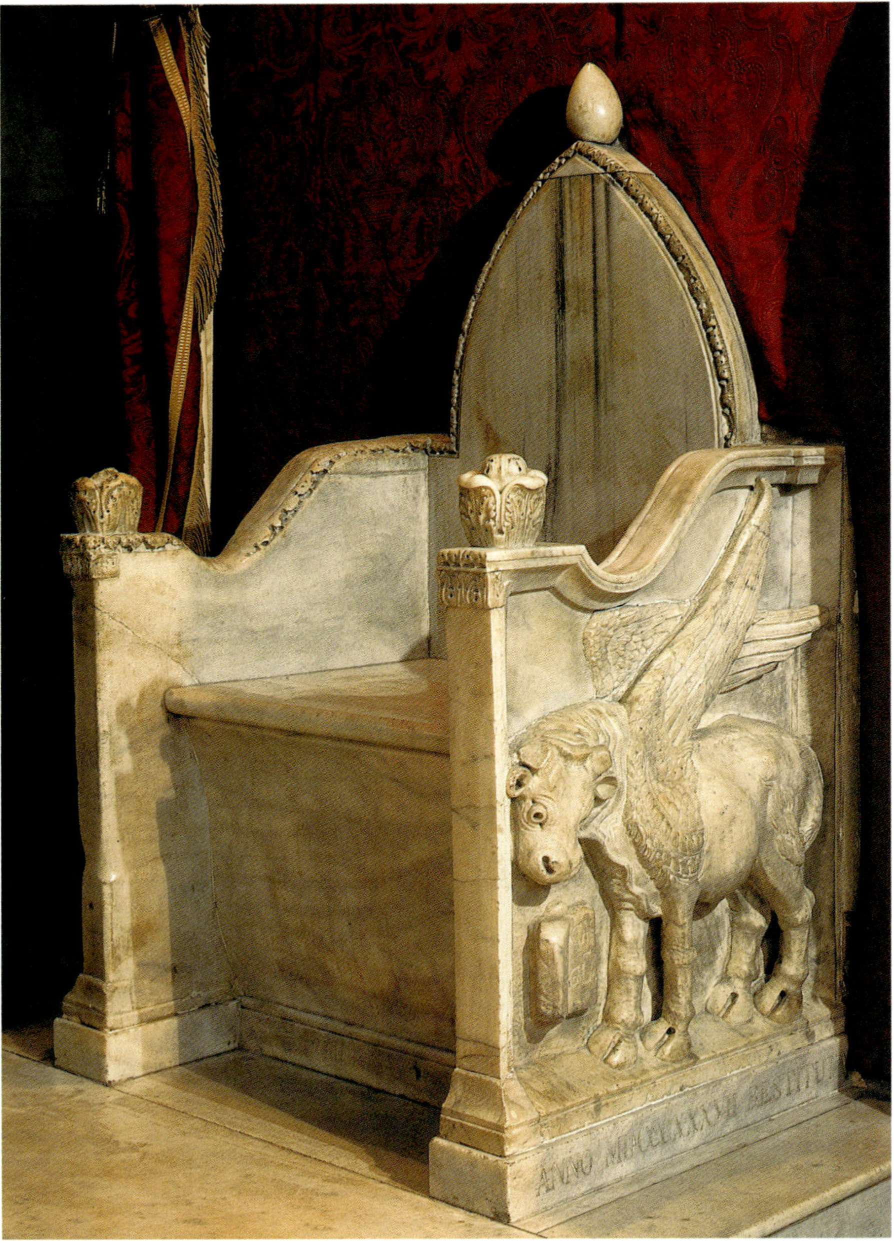

DES FRESQUES DU SIENNOIS SIMONE MARTINI

Notre-Dame-des-Doms est un bel exemple du modèle provençal. Une nef unique de cinq travées, longue de 23 mètres, voûtée en berceau brisé – nef à laquelle furent adjointes des chapelles latérales, rapportées entre le XIVe et le XVIIe siècle, ainsi que de curieuses tribunes dont le style baroque témoigne de leur installation au XVIIe siècle.

L'un des plus beaux éléments de la cathédrale, c'est sans doute son porche à fronton triangulaire et colonnes corinthiennes, typique de l'école romane provençale, tout imprégnée d'art gréco-romain. L'évêque et les chanoines du chapitre en avaient confié la décoration à l'un des plus grands artistes de son époque, le Siennois Simone Martini. Arrivé à Avignon en 1339 à la tête d'un atelier de plusieurs peintres attirés par la cour des papes – notons à ce propos qu'Avignon allait devenir, pendant plus d'un siècle, l'un des grands foyers artistiques français. Martini rencontra Pétrarque, étudia la peinture provençale et réalisa de magnifiques fresques pour le porche de la cathédrale : un Christ en gloire et la Vierge à l'Enfant, déposés maintenant au palais des Papes.

UN SIÈGE ÉPISCOPAL QUI SERVIT AUX PAPES

La croisée du transept est couverte d'une belle coupole romane surmontée d'une tour-lanterne à colonnes. Les peintures sont du XVIIe siècle. On y remarque encore quelques tableaux de Nicolas Mignard et d'autres attribués à Reynaud Levieux – des œuvres sûrement plus discrètes que cette imposante Vierge en plomb doré surmontant le clocher et posée là en 1852, à la faveur de la fièvre mariale de l'époque.

À l'entrée du chœur, vous remarquerez sans doute le siège épiscopal du XIIe siècle en marbre blanc, décoré sur les côtés du lion et du bœuf, symboles des apôtres Marc et Luc. Il servit aux souverains pontifes, dont l'un, Jean XXII (1316-1334), né à Cahors, cent quatre-vingt-quatorzième pape et deuxième pape d'Avignon, possède son tombeau dans la cathédrale : un tombeau à baldaquin de style flamboyant qu'on attribue au sculpteur anglais Hugues Wilfred (à voir dans la grande chapelle des Apôtres attenante à la sacristie). Le gisant, endommagé à la Révolution et mal restauré, fut remplacé par celui d'un évêque inconnu.

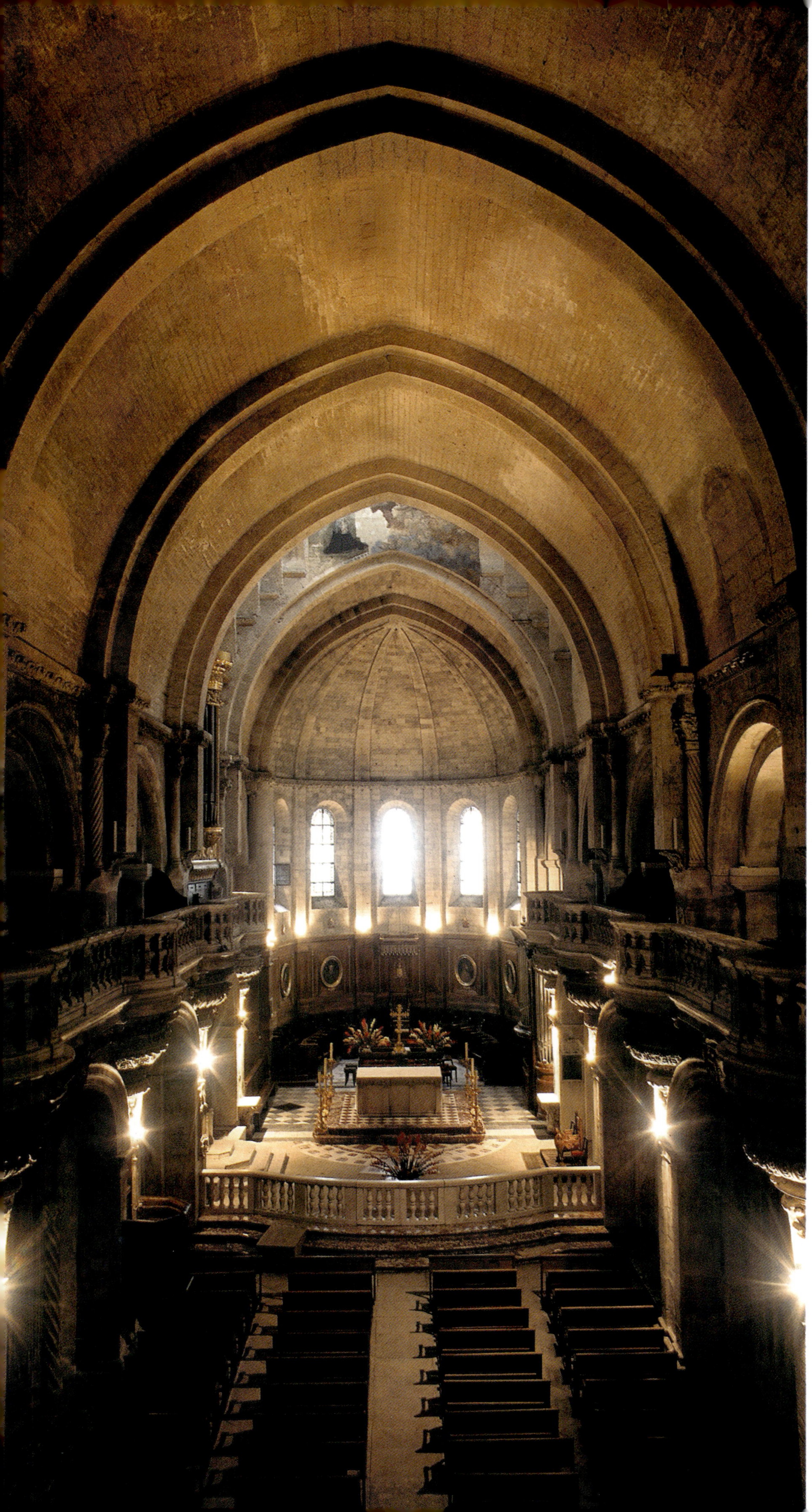

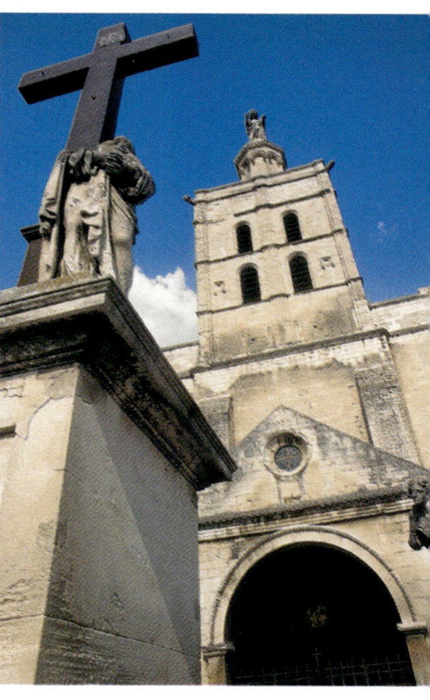

Ci-dessus : la façade occidentale.

Ci-contre : la nef unique de cinq travées, haute de 15 m, est couverte en berceau brisé.

Fréjus

Notre-Dame et Saint-Étienne, multiples richesses

XIIe s.

À NE PAS MANQUER
LES STALLES,
LE RETABLE
DE SAINTE MARGUERITE,
LE CRUCIFIX RENAISSANCE,
LE QUARTIER ÉPISCOPAL,
LE PORTAIL,
LE BAPTISTÈRE,
LE CLOÎTRE.

Fréjus conserve tant de prestigieux vestiges rappelant la ville romaine et son illustre port de Forum Julii – dont le nom apparaît en 43 avant Jésus-Christ ! – qu'ils font parfois oublier, au cœur de la cité médiévale, un extraordinaire et rare groupe épiscopal miraculeusement intact, fait de beau grès rose de l'Estérel.

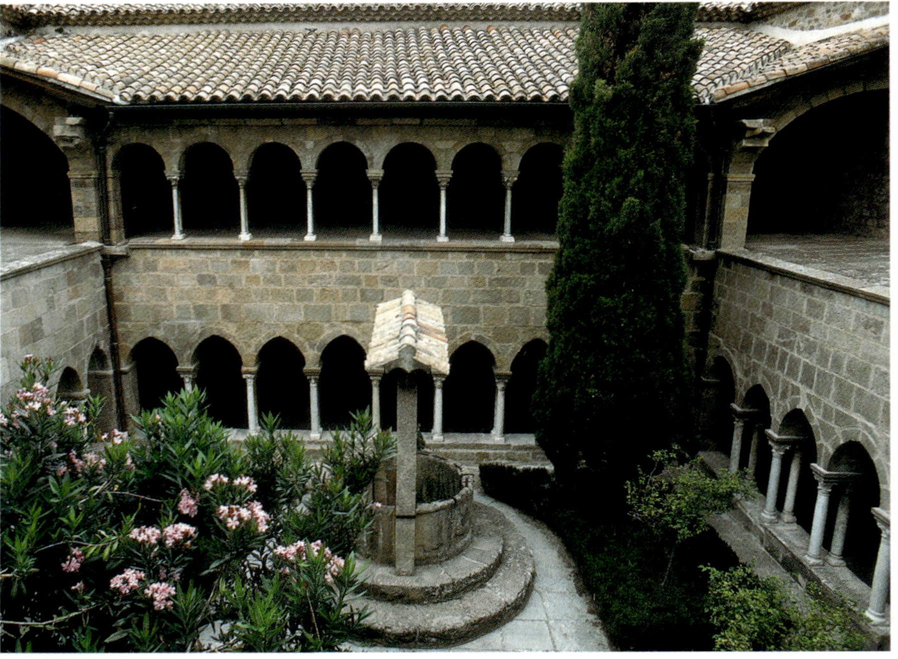

Ci-dessus : le cloître (XIIe et XIIIe s.), avec son puits. Les arcades sont soutenues par des colonnettes aux chapiteaux à décor roman. Le plafond à caissons des galeries est orné de peintures représentant des animaux fantastiques et des personnages civils ou religieux.

Page ci-contre : le retable de sainte Marguerite, placé au-dessus de la porte de la sacristie (XVe s.).

La cité épiscopale

Lorsqu'en 372 l'empereur romain Théodose déclare que désormais la religion officielle de l'Empire est le christianisme, le pays se subdivise en diocèses avec à leur tête un évêque siégeant dans son église cathédrale. Fréjus est l'une des premières cités à être ainsi organisée. Fait extraordinaire, comme à Poitiers, elle garde de cette époque le baptistère qui fut construit au Ve siècle. Impossible d'évoquer l'histoire de Fréjus sans mentionner l'installation des Sarrasins dans le golfe de Saint-Tropez et le saccage, au IXe siècle, d'une ville abandonnée par ses habitants. La reconstruction fut entreprise par l'évêque Riculphe, premier seigneur évêque de Fréjus, qui bâtit une cité médiévale beaucoup plus petite que la ville romaine, avec une cathédrale sise à l'emplacement de l'ancienne. La moitié des revenus de la ville et du port y furent consacrés.

Deux églises sous un même toit

Aux XIIe et XIIIe siècles, la ville s'enrichit grâce à une intense activité architecturale, favorisée par l'établissement de foires et de fructueuses relations commerciales avec le port de Gênes. Le groupe épiscopal est embelli. Ici, pas d'église paroissiale jouxtant la cathédrale, mais deux nefs accolées. Côté sud, l'église cathédrale Notre-Dame est précédée d'un narthex dont les quatre piliers portent le clocher. Une porte en plein cintre donne les reliefs. Gravés sur les pierres de taille, les nombreux signes laissés par les tâcherons. Ce narthex se continue par une galerie voûtée qui le sépare du baptistère. Du narthex un escalier monte au ravissant petit cloître des chanoines, dont les plafonds des galeries furent ornés de peintures aux siècles suivants. La galerie nord, surmontée d'un étage, est bordée par l'ancien réfectoire.

Côté nord, l'église paroissiale Saint-Étienne fut élevée, croit-on, sur les bases de la cathédrale primitive – situation que l'on retrouve, cela mérite d'être noté, à Aix et à Apt. Comme il se doit, sa nef est un vaisseau beaucoup plus étroit que celle de Notre-Dame (5,50 mètres contre 12,50), entièrement voûtée en plein cintre. Elle est dépourvue de fenêtres mais décorée de grandes arcades aveugles. Son extension vers l'est par une voûte en berceau date sans doute de la fin du XIIe siècle. La nef s'achève sur une abside en cul-de-four occupée depuis le milieu du XVe siècle par les boiseries des stalles.

Au-dessus de la porte de la sacristie, une halte s'impose devant un beau retable du XVe siècle, œuvre du Niçois Jacques Durandi. Au centre, sainte Marguerite sort du dragon. À gauche, saint Antoine, l'ermite qui guérit le mal des Ardents : à ses pieds, une flamme, pour rappeler sans doute le feu qui brûle ceux qui en sont atteints. La maladie, fréquente à l'époque, car causée par l'absorption de pain fait de farine de seigle fermentée, provoquait une sorte d'état convulsif, allant jusqu'à la gangrène et à des troubles psychiques... Reliées par de grandes arcades datant de l'époque gothique, ces deux églises sont restées indépendantes jusqu'au XVIIIe siècle. Le palais épiscopal, faisant à présent fonction d'hôtel de ville, subit d'importantes transformations au XIVe siècle, en particulier une nouvelle façade, celle ouvrant sur l'actuelle rue de Beausset. Ainsi se côtoient, imbriqués dans un ensemble fortifié au XIVe siècle par Jacques d'Euze, baptistère et cathédrale gothique – la première manifestation de l'architecture gothique en Provence.

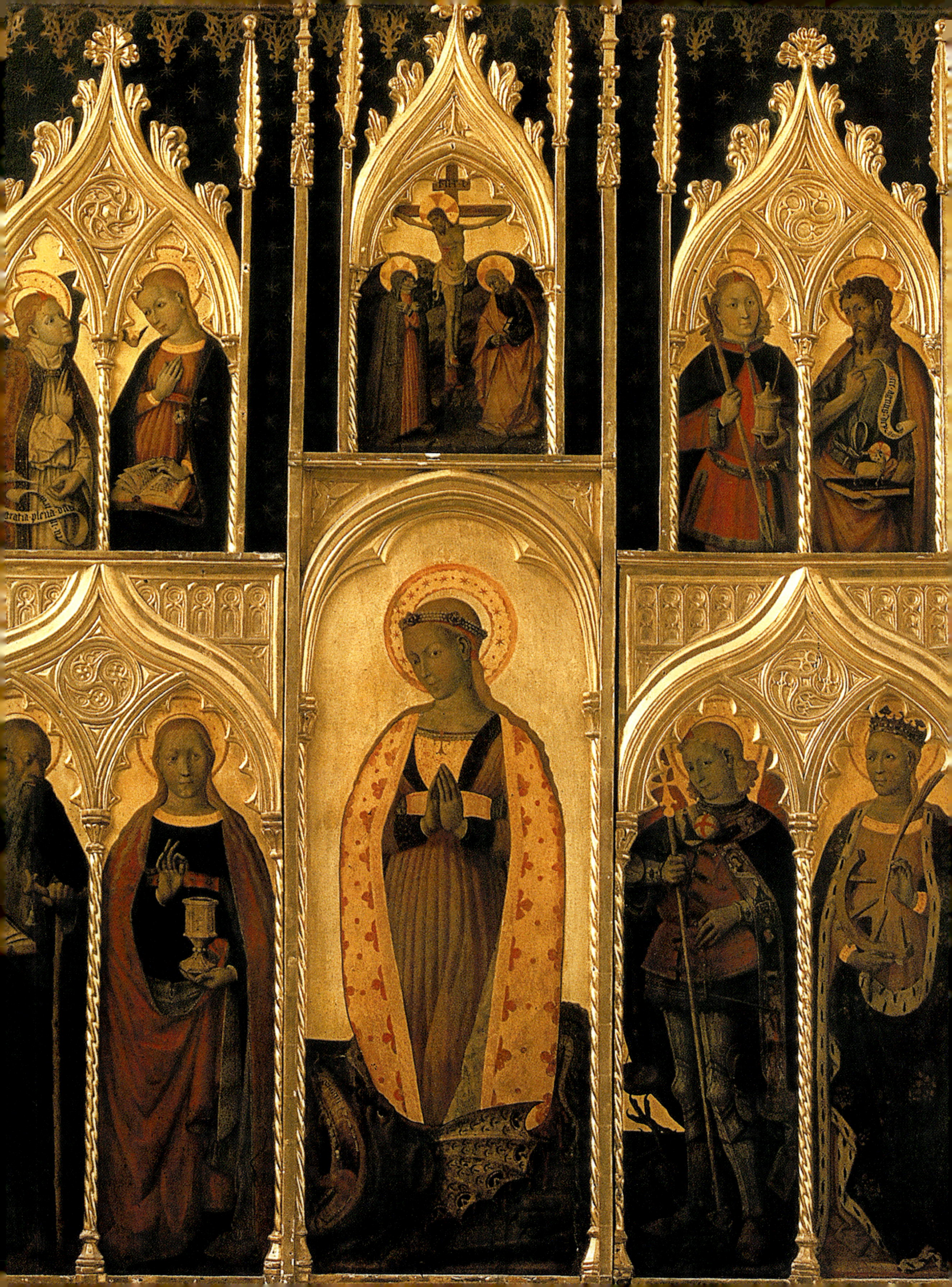
gratia·plena·dns

Vienne

Saint-Maurice, l'ombre des Templiers

XIIe-XVIe s.

À NE PAS MANQUER
LES PORTAILS,
LA NEF,
LE TRÔNE DE L'ÉVÊQUE,
LES FRISES DE MARBRE,
LES CHAPITEAUX ROMANS,
LE MAUSOLÉE
DES ARCHEVÊQUES,
LES TAPISSERIES,
LES BAS-RELIEFS,
L'ANCIEN CLOÎTRE.

Qu'en 1790 la Révolution ait ôté à Vienne son statut de siège archiépiscopal ne peut faire oublier qu'elle fut l'une des grandes cités de la Gaule romaine, presque à l'égal de Lyon, ainsi qu'une métropole religieuse. Ne s'appelait-elle pas la *Vienna sancta*, avec pour armes l'hostie et le calice, et jusqu'en 1439, année du rattachement du Dauphiné au royaume, son archevêque ne porta-t-il pas le titre de primat des primats ?
De cette puissance religieuse il reste une église, Saint-Maurice, cathédrale déchue qui en a gardé la grandeur. Assise face au Rhône, elle se mire noblement dans les eaux du fleuve. Le beau perron qui donne sur la place et auquel on arrive par un large escalier ajoute encore à l'effet de perspective.

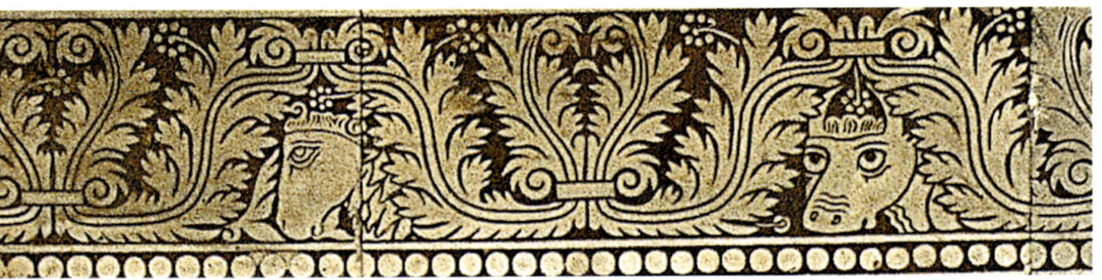

Ci-dessus : détail de la frise de marbre au-dessus du trône de l'évêque.

Page ci-contre : la façade occidentale au décor de style flamboyant.

Pages suivantes : tapisserie des Flandres du XVIe s., illustrant la vie de saint Maurice.

Sa construction s'est étalée sur cinq siècles, qui se lisent pas à pas dans l'édifice : un chœur roman du début du XIIe siècle et, à l'autre extrémité, une façade de style flamboyant ouvrant sur une terrasse bâtie entre 1385 et 1532. Entre les deux, une nef mi-romane, mi-gothique. Le chœur fut agrandi au XIIIe siècle en respectant ses racines romanes. L'ensemble forme un vaste et clair vaisseau à trois nefs d'une étonnante harmonie, sans transept ni déambulatoire.

LE PAPE CALIXTE II, ARCHEVÊQUE DE VIENNE

De tout temps, la cathédrale s'est trouvée placée au cœur d'événements historiques d'une portée internationale. Ainsi, au début du XIIe siècle, l'archevêque de Vienne était Guy de Bourgogne, fils du puissant duc de Bourgogne. Il avait auparavant embrassé l'état monastique à Cluny. Son ambition ne pouvait pas se satisfaire de ce siège, si prestigieux fût-il. Très lié avec la papauté, il a beaucoup œuvré pour accroître la puissance de Rome. Il a en particulier fait rentrer dans sa mouvance le sanctuaire de Saint-Jacques-de-Compostelle, jusque-là pratiquement indépendant. En 1119 à Cluny, un conclave de six cardinaux l'élut enfin. Il sera le cent soixantième pape. La cérémonie de consécration eut lieu dans son église de Vienne encore inachevée. Moment exceptionnel pour la ville, car habituellement cette solennité se déroule à Rome. Souvenir de ce moment grandiose, la cathèdre, la chaise de l'évêque en marbre blanc, placée dans l'axe de la nef et adossée aux soubassements de l'abside.

DES ÉVÉNEMENTS MAJEURS

En 1178, autre grande pompe, le couronnement de Béatrice, épouse de l'empereur germanique Frédéric Ier Barberousse – qui est ici sur ses terres, Vienne étant la capitale d'un immense territoire dépendant de l'Empire germanique, entre lac Léman et Bouches-du-Rhône.
L'histoire de l'ordre des Templiers s'est elle aussi arrêtée à Vienne, le 16 octobre 1311. Dans une cathédrale encore en chantier s'est ouverte la première séance d'un important concile œcuménique, rassemblant deux cents évêques et dirigé par le pape français Clément V. Son but : la condamnation de l'ordre des Templiers, et surtout celle de son grand maître, Jacques de Molay. Le 3 avril 1312, la bulle pontificale est lue à Vienne, en présence de Philippe le Bel et de ses trois fils. L'arrêt est tombé. C'en est fini des puissants Templiers. Le 19 mars 1314, à Paris, Molay monte sur le bûcher. En mourant, il aurait, dit-on, condamné le roi et le pape à comparaître sous un an devant le tribunal de Dieu. Tous deux moururent quelques mois après.
Symbole ? Un peu plus tard, au portail central de la cathédrale, sont sculptés Loth fuyant Sodome en flammes et sa femme transformée en statue de sel après s'être retournée pour regarder la ville.
Très mutilée lors des guerres de Religion et de la Révolution, Saint-Maurice conserve néanmoins deux œuvres majeures, la première étant une série de cinq tapisseries fabriquées dans les ateliers des Flandres au XVIe siècle. Elles forment une suite consacrée à la vie de saint Maurice et à celle de ses compagnons, les fameux martyrs de la légion thébaine, au IIIe siècle de notre ère. Récemment restaurées, elles ornent le pourtour du chœur. La seconde est un mausolée élevé au milieu du XVIIe siècle par le cardinal de la Tour d'Auvergne à son prédécesseur M. de Montmorin. Le sculpteur portait le nom prédestiné (ou le pseudonyme) de Michel-Ange Slodtz.

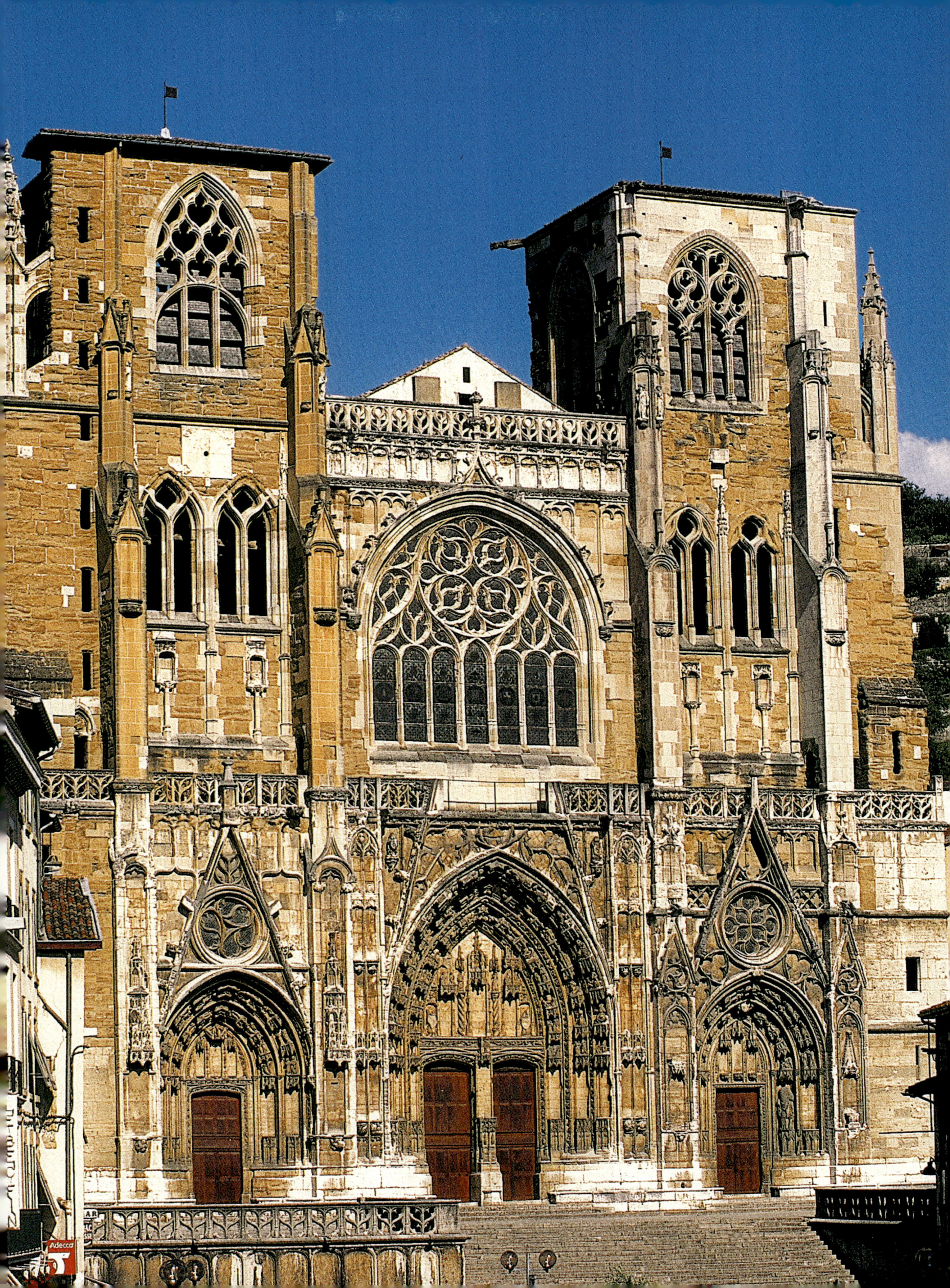
Adecco

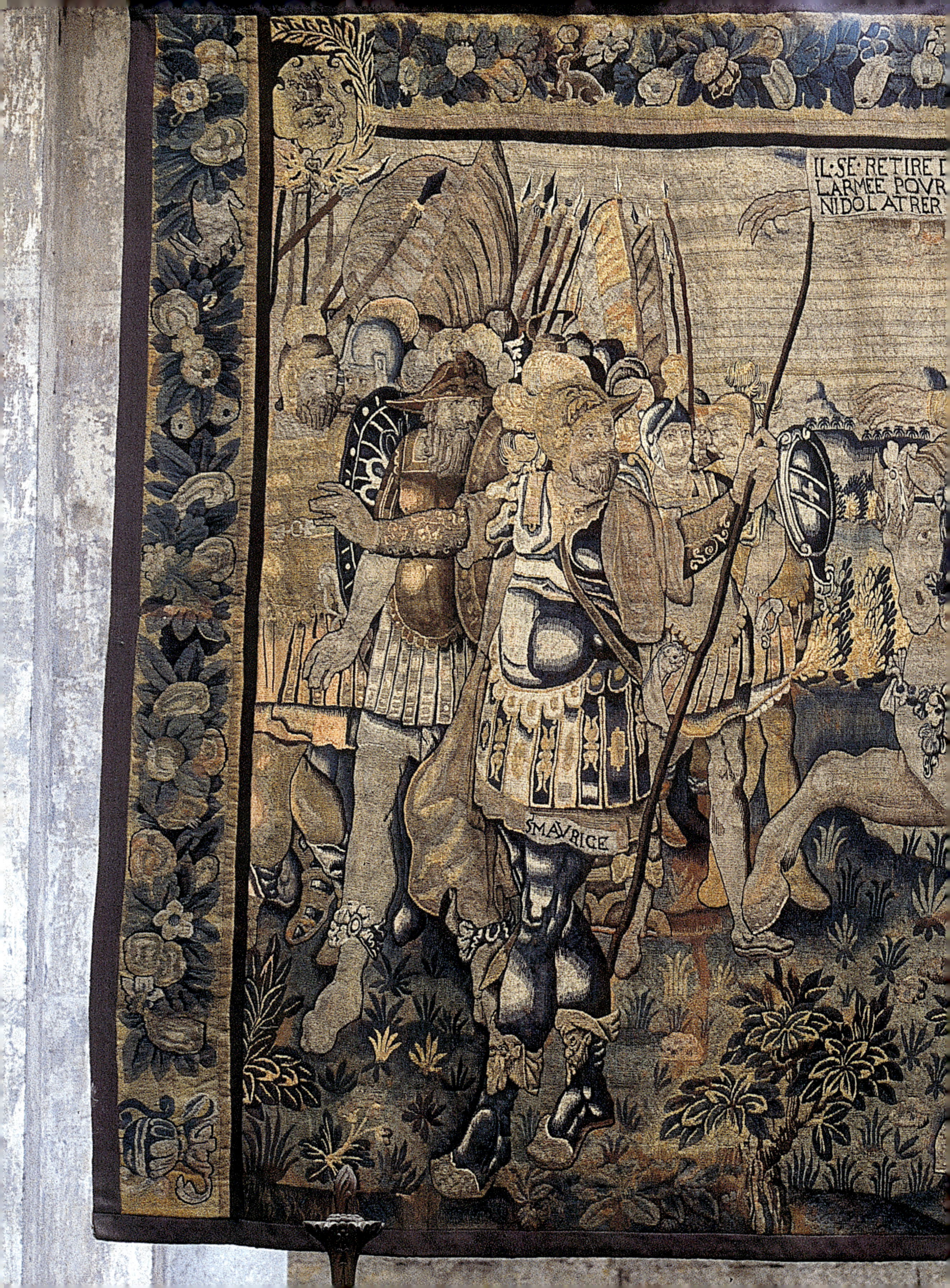
IL·SE·RETIRE
LARMEE POVR
NIDOLATRER
S MAVRICE

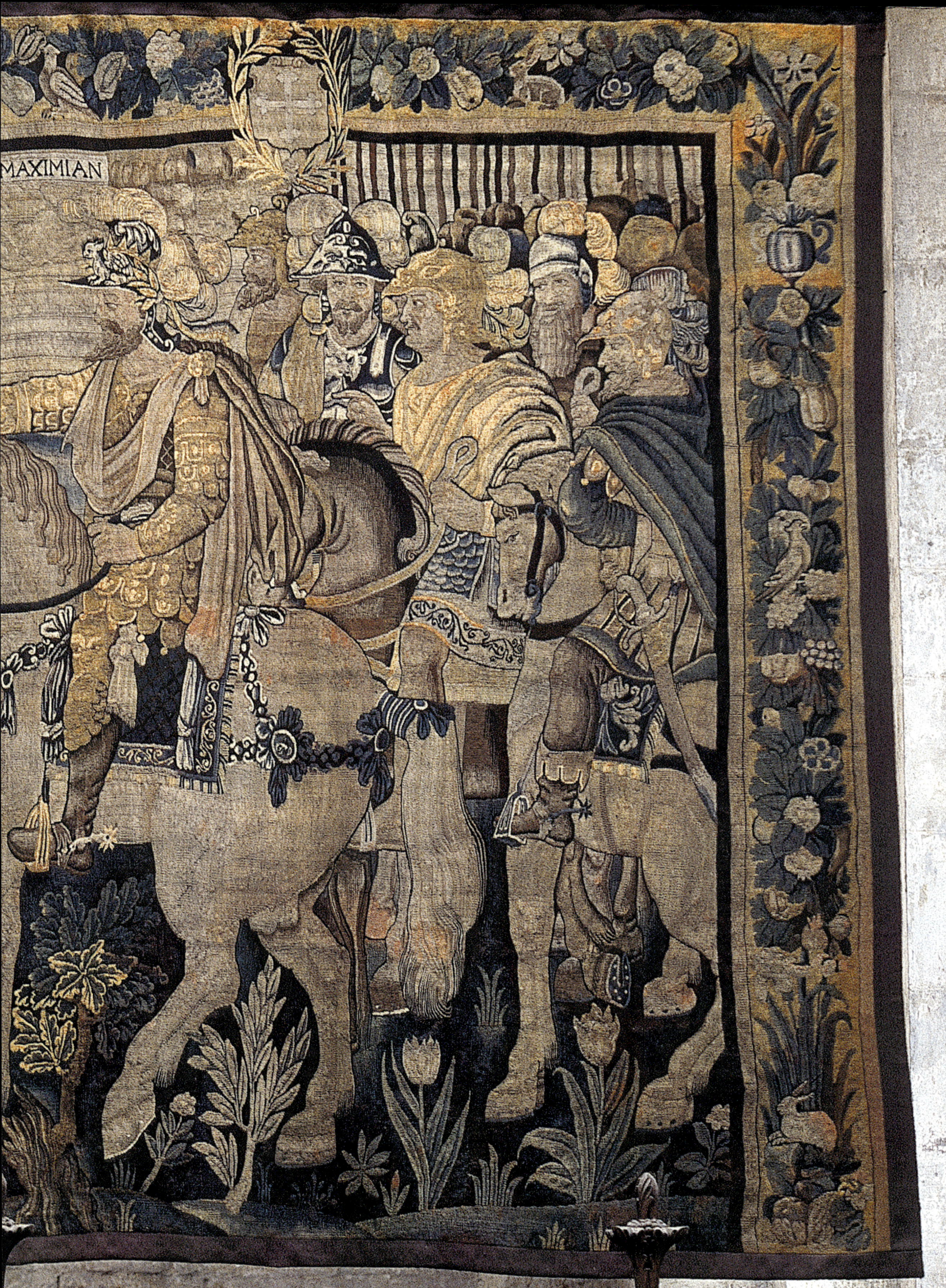
MAXIMIAN

Chambéry

Saint-François-de-Sales, dans une ancienne capitale

XVe s.

À NE PAS MANQUER
La façade,
les vantaux
du portail,
le déambulatoire,
le diptyque en ivoire,
le chœur,
la décoration
en trompe-l'œil,
le trésor.

Jusqu'en 1777 Chambéry, bien que non française, dépendait du diocèse de Grenoble. Le 18 août 1777, un évêché est créé. Il faut donc une église cathédrale. Or il se trouve que l'abbaye Saint-François, occupée par des moines franciscains, est à peu près vide : on décide que dorénavant l'église abbatiale devient cathédrale et les derniers moines sont invités à devenir membres du chapitre de l'évêque.

Une cathédrale ex-abbaye

Les premiers franciscains se sont installés à Chambéry au XIIIe siècle. Leur première église fut suivie d'une seconde, mise en chantier en 1439 par Amédée VIII de Savoie. De l'église primitive subsiste la salle basse du clocher renfermant le trésor. La grande église neuve mesure 73 mètres sur 34 et, comme toutes les églises de cet ordre voué à la pauvreté, est totalement dépouillée : une nef unique, sans transept ni verrières, à collatéraux, avec déambulatoire et chapelles rayonnantes autour du chœur. L'ensemble repose sur un sous-sol gorgé d'eau, sans fondations profondes. Il a donc fallu assurer la stabilité en couvrant avec des voûtes très larges. En 1488, l'église est consacrée sous le vocable de Saint-François-d'Assise. De 1453 à 1502 on y conserva l'un des saints suaires les plus fameux, connu sous le nom de Saint Suaire de Turin.

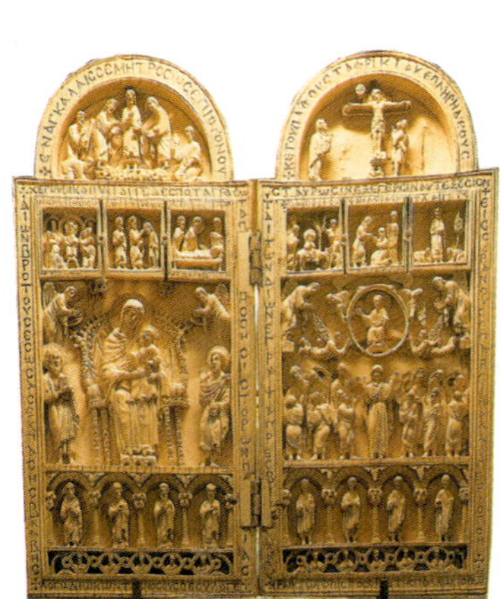

Ci-dessus : le diptyque en ivoire du trésor. À gauche, une Vierge à l'Enfant trônante ; à droite, l'Ascension du Christ. L'ensemble est entouré d'inscriptions grecques.

Ci-contre : le remarquable décor de la voûte du chœur.

La Métropole, un quiproquo

Désaffectée lors de l'invasion française de 1792, puis réhabilitée en 1802, la cathédrale fut placée sous le vocable de l'autre saint François, François de Sales, en mémoire de ce qu'il était venu prêcher à Chambéry. En 1817, l'évêque devient archevêque et on parle alors de l'église Métropole, comme il est d'usage pour la cathédrale d'un archevêché. Mais si ce qualificatif s'impose, c'est qu'il était déjà employé depuis le XIVe siècle pour désigner Chambéry comme capitale des États de Savoie. Au cours du XIXe siècle, le Piémontais Casimir Vicario peignit les voûtes de la nef en trompe-l'œil. Le pavage en labyrinthe date également de cette époque. Ne reste du mobilier d'origine que Notre-Dame-du-Pilier, belle Vierge en bois doré de la fin du XVe siècle.

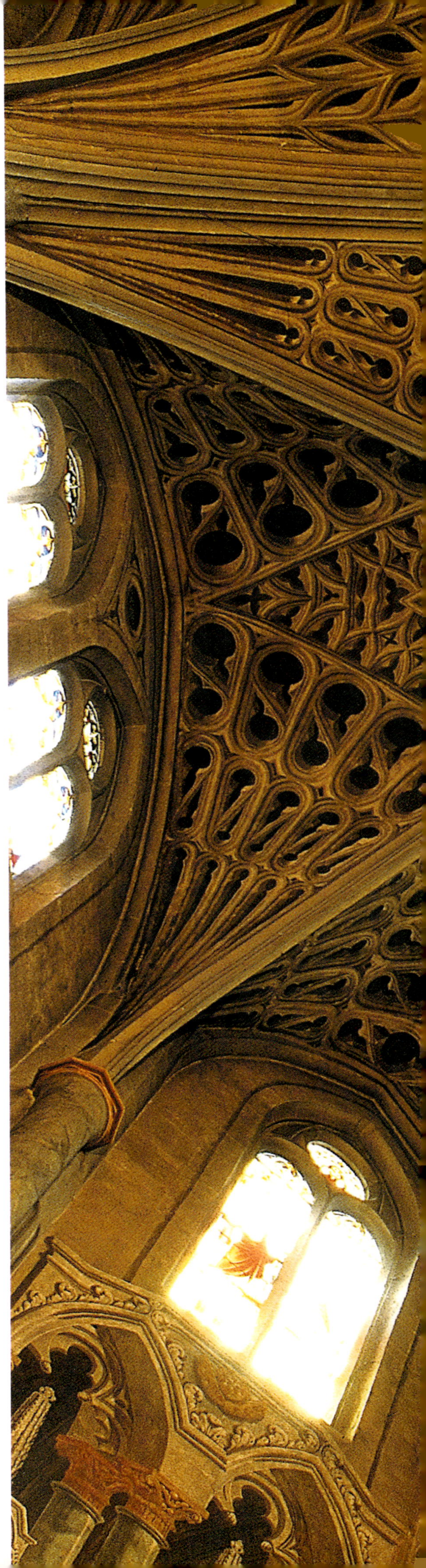

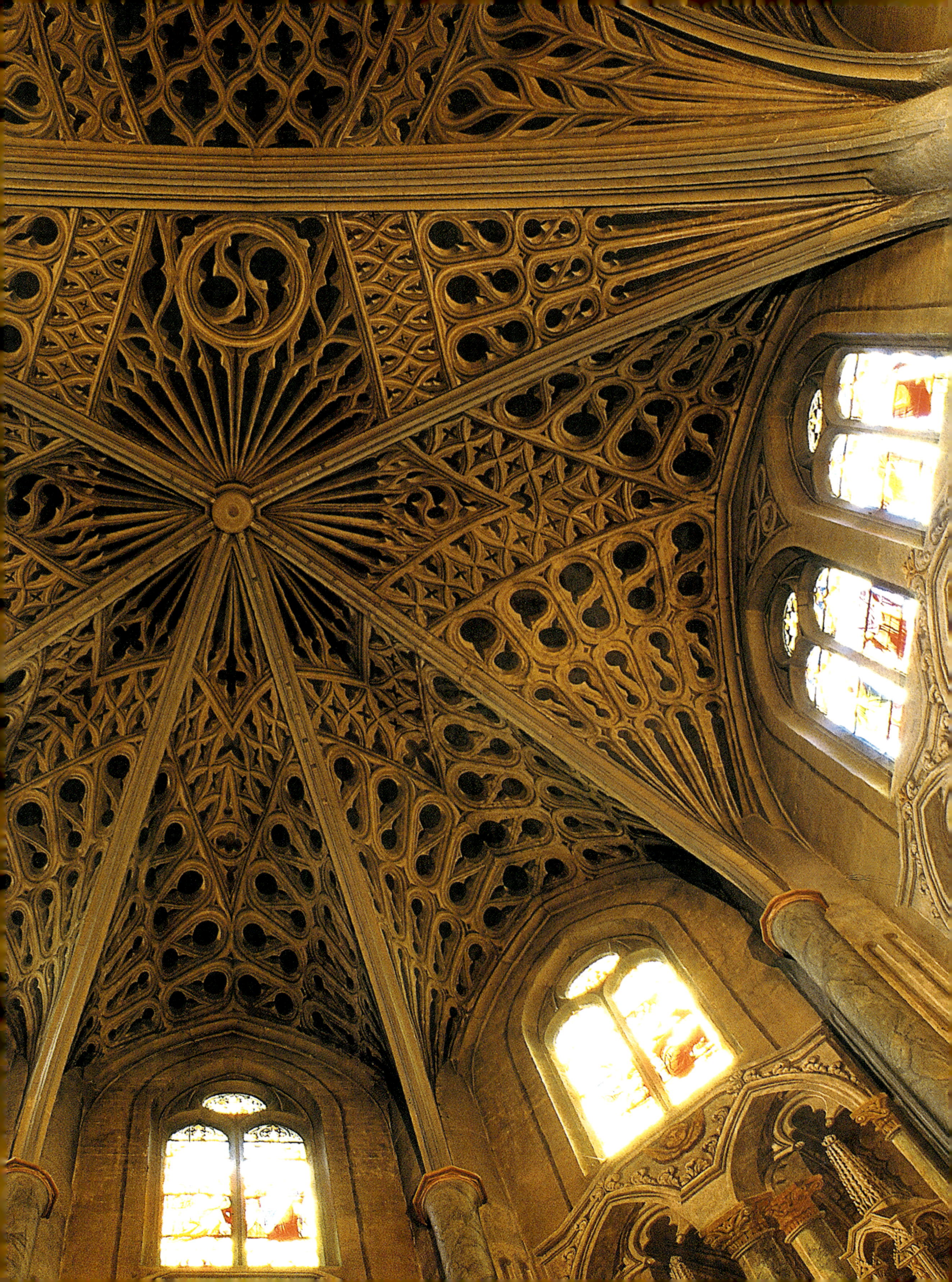

Lyon

Saint-Jean, le cœur du vieux Lyon

XIIe-XVe S.

À NE PAS MANQUER

La façade,
la décoration des piédroits du portail,
la nef,
le chœur,
les frises,
le trône de l'Évêque,
les vitraux,
l'horloge astronomique,
la chapelle des Bourbons,
le trésor.

C'est à Lyon, au milieu du IIe siècle, que le christianisme fit en Gaule sa première apparition. Un peu plus tard, cette capitale de la Gaule romaine devint naturellement le siège du premier archevêché. Les bords de la Saône, face à Fourvière, accueillirent la cathédrale.

SOBRE CATHÉDRALE POUR UN PRINCE-ARCHEVÊQUE

En 1160, au moment où l'archevêque Guichard entreprend la construction de la nouvelle cathédrale en lieu et place d'une église primitive, le pouvoir archiépiscopal est à son apogée. À sa tête, celui qui porte le titre de primat des Gaules fait fonction de prince : comme beaucoup de ses semblables, il bat monnaie, rend justice et ne dépend ni du roi de France ni de l'empereur. Il gouverne avec l'appui du chapitre de sa cathédrale, composé de trente-deux chanoines portant le titre de comtes. Une véritable principauté ecclésiastique que rien ne semble ébranler, ni les comtes de Forez combattus les armes à la main, ni l'hérésie vaudoise, née à Lyon dans la tête d'un riche bourgeois, Pierre Valdo, qui s'est donné pour mission de mettre à la portée des pauvres les paroles de l'Évangile. Combattre l'hérésie fait partie des devoirs de l'évêque tout autant que du prince.

À peine plus haute que les bâtiments qui l'entourent, la cathédrale a la massive majesté des églises romanes. Mais elle n'est sans doute pas l'édifice religieux le plus prestigieux de Lyon, qui ne compte pas moins de soixante-deux églises. Ce qui ne laisse pas d'être étonnant, étant donné la puissance politique et religieuse de l'archevêque.

Le chantier débute par l'abside et le chœur – une abside ronde de style roman, à huit contreforts avec des rangées de fenêtres surmontées d'une balustrade ; un chœur sans déambulatoire, typique des églises du Lyonnais ; et une décoration caractéristique de l'art roman de la vallée du Rhône : voyez cette frise incrustée de ciment brun au-dessus et au-dessous du triforium. Vers la fin du XIIe siècle, chœur et abside se couvrent des premières voûtes gothiques. En 1245, les quatre premières travées de la nef s'achèvent, une nef

Ci-contre : Saint-Jean et la Saône. Les pierres qui servirent à la construction de la cathédrale furent acheminées par bateau.

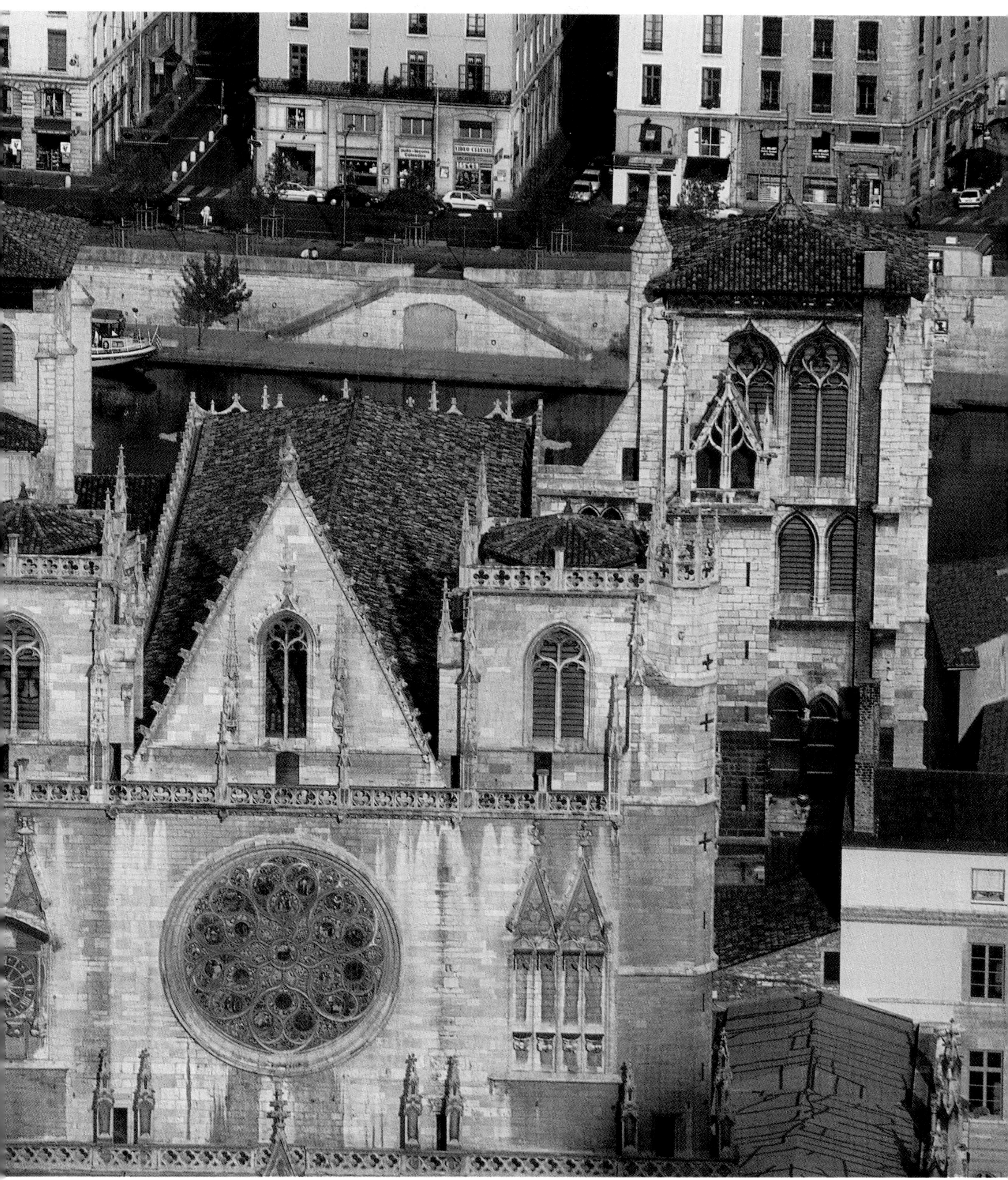

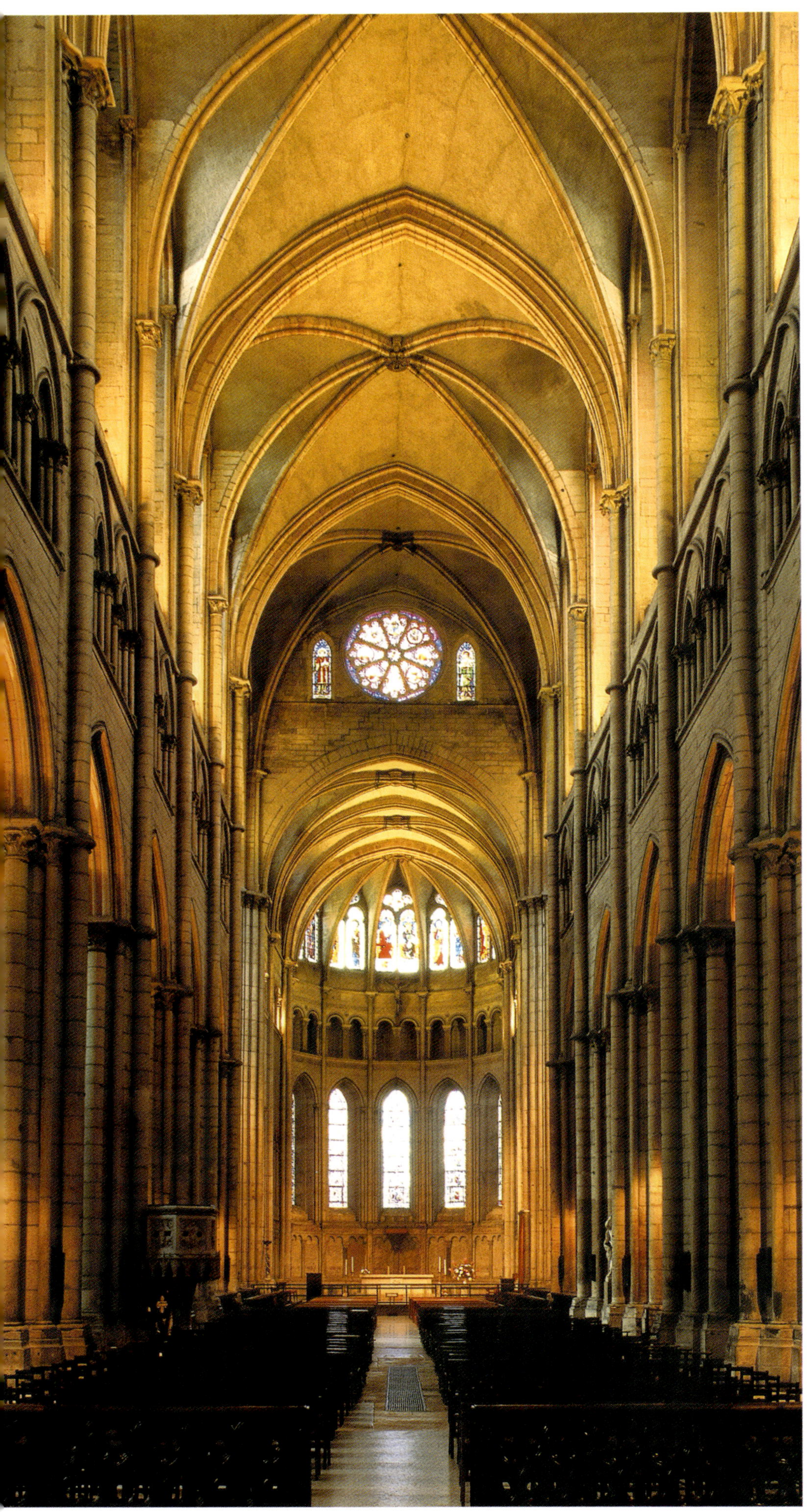

austère mais d'une remarquable justesse de proportions, éclairée par quelques beaux vitraux des XIIIe et XVe siècles et, notamment dans l'abside, par la verrière centrale qui figure la Rédemption en sept médaillons. Une façade plutôt massive, de type méridional, datant des XIVe et XVe siècles, percée de trois portails dévastés par les protestants en 1562. Fort heureusement, sur les soubassements, l'admirable série de trois cent cinquante petits bas-reliefs a été préservée : ici, totale liberté semble avoir été donnée aux sculpteurs, qui s'inspirèrent de sujets profanes et sacrés. Le XVe siècle laissa une chapelle flamboyante d'une extraordinaire finesse : la chapelle des Bourbons, érigée en 1486 par le cardinal Charles de Bourbon.

Un édifice lourd d'histoire

En 1245, la papauté, engagée dans un long conflit avec Frédéric II, réunit dans la cathédrale un concile où est prononcée la déposition de l'empereur. En 1271, le corps de Louis IX, rapatrié de Tunis, est déposé à Saint-Jean lors d'une étape. Trois ans plus tard, le pape Grégoire X et l'archevêque décident de réunir à Lyon un autre important concile : on y discutera de l'opportunité d'organiser une nouvelle croisade et d'une éventuelle unification des Églises d'Orient et d'Occident. L'histoire de la cathédrale est également marquée par l'élection, en 1305, de Bertrand de Got, ancien archevêque de Bordeaux et premier pape d'Avignon. Mais, en 1312, Philippe le Bel, mettant à profit la querelle qui oppose les bourgeois à leur archevêque Pierre de Savoie, reprend le contrôle total de la ville, gardant l'archevêque en prison pendant quelques années. Ainsi prend fin la quasi-indépendance de cette prestigieuse cité. C'est enfin dans cette cathédrale au passé déjà chargé d'histoire qu'en 1600 Henri IV épousa Marie de Médicis.

L'horloge astronomique

Dans le croisillon sud, une horloge astronomique très ancienne, plusieurs fois remaniée depuis 1562, année du passage des huguenots. Dans son aspect actuel, elle date du XVIIe siècle. Elle est équipée d'un jeu d'automates qui s'animent seulement à 12, 13, 14 et 15 heures. Elle est de surcroît dotée d'un calendrier des fêtes mobiles jusqu'en 2009.

Un tel objet n'a rien d'incongru dans une cathédrale. En effet, Dieu ayant permis aux hommes de se servir du temps puis de le mesurer, il est juste que l'instrument de mesure soit placé dans ce lieu et offert à Dieu en remerciement.

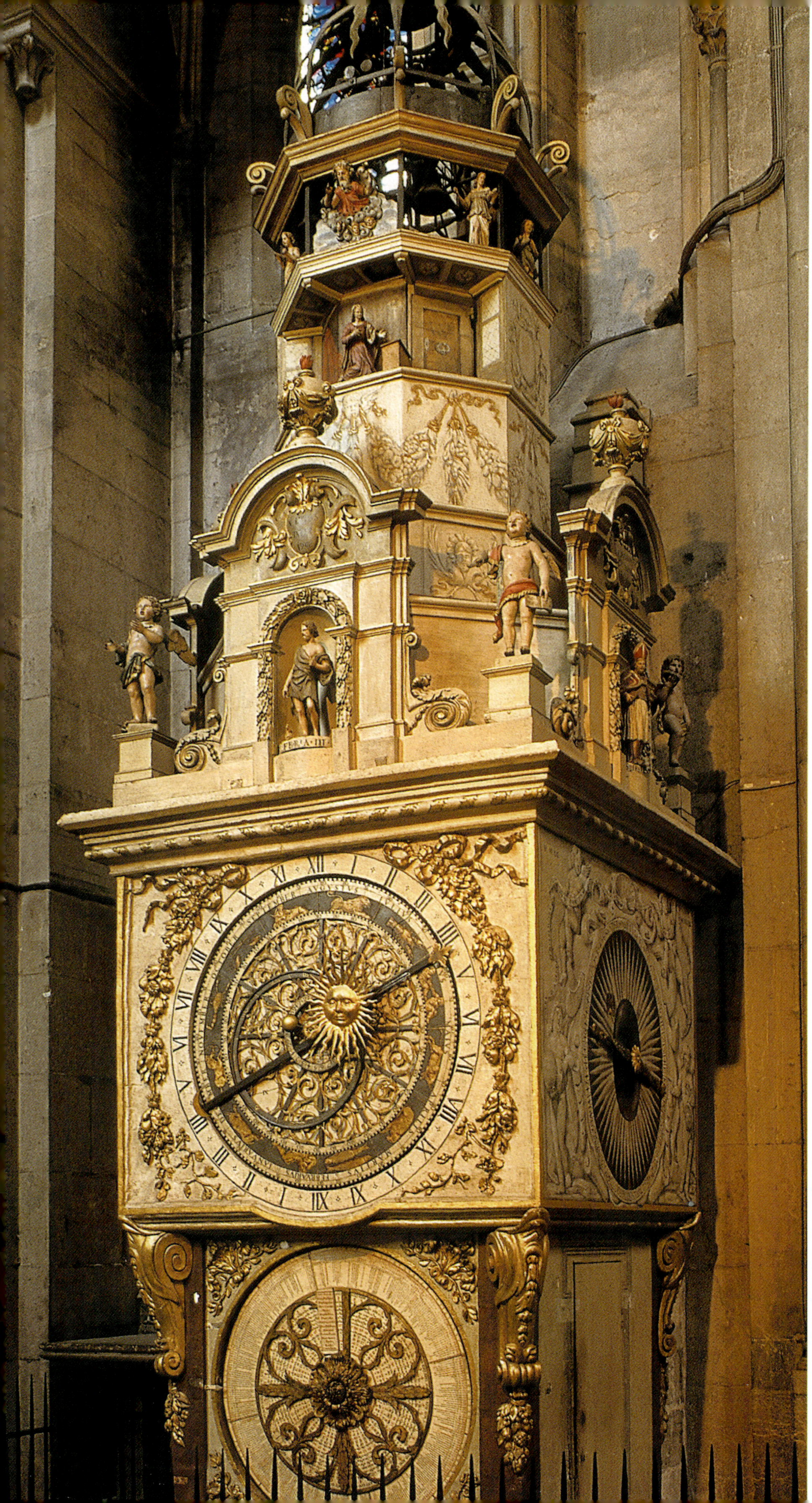

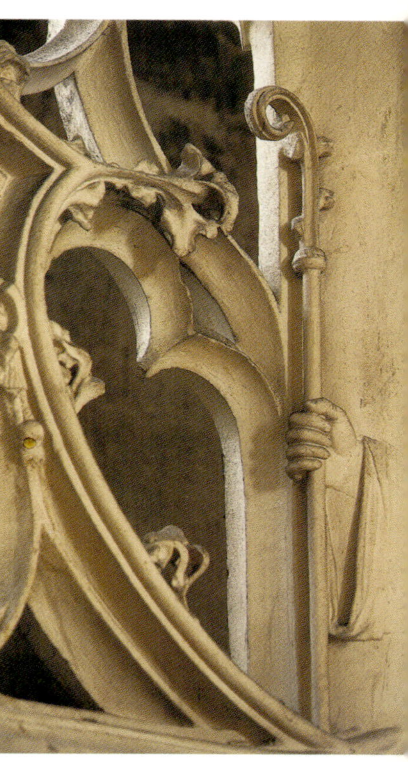

Ci-dessus : détail d'un pilier orné de motifs de feuille de chou, caractéristiques du gothique flamboyant.

Ci-contre : l'horloge astronomique située dans le croisillon gauche (XIVe s.), avec son jeu d'automates représentant l'Annonciation.

Page ci-contre : la nef, constituée de huit travées recouvertes de quatre voûtes d'ogives sexpartites.

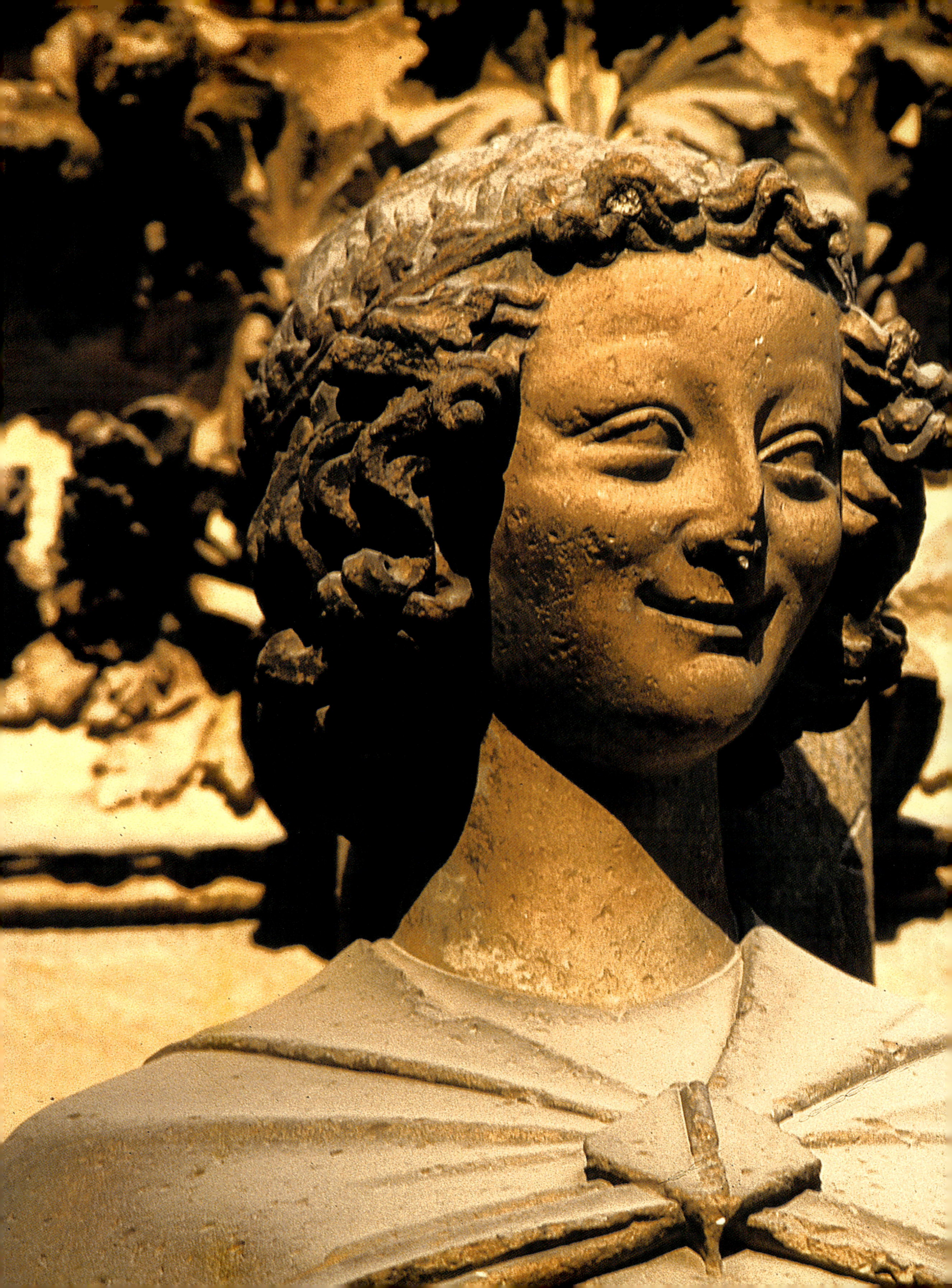

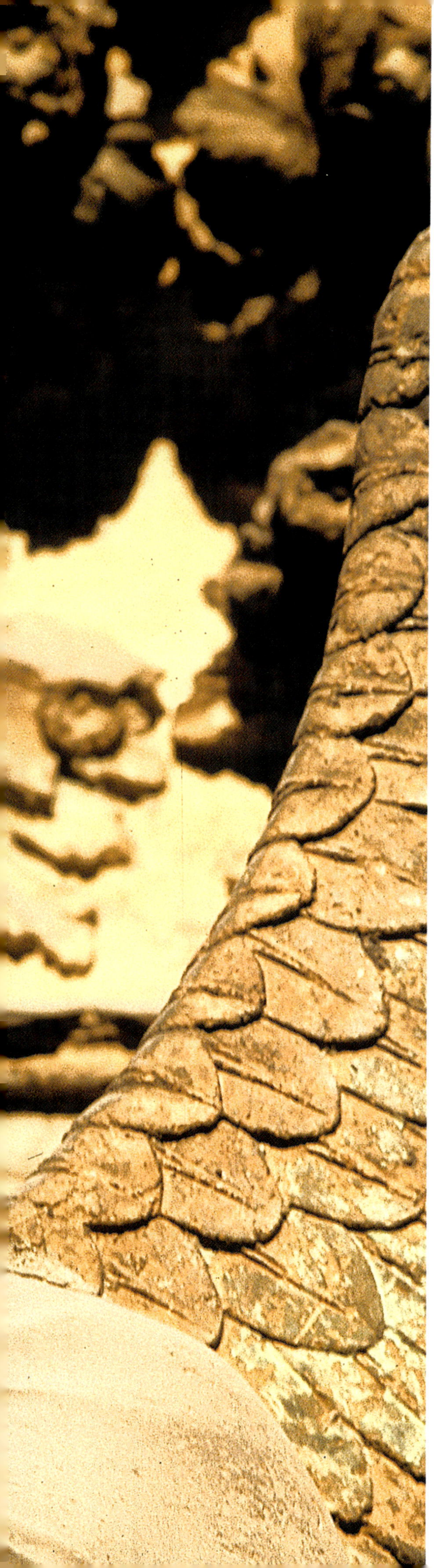

L'Est

De la cathédrale de Reims, « noble entre toutes les églises du royaume », comme l'écrivait Charles VIII en 1484, jusqu'à Strasbourg, dont la flèche s'élance à plus de 142 mètres au-dessus de la terre alsacienne, y aurait-il de la place pour d'autres cathédrales plus modestes comme Metz ou Toul, évêchés conquis en 1552 ? Mais tournons nos regards plus à l'ouest, vers la Bourgogne. Auxerre, Sens, la plus ancienne des cathédrales gothiques, jusqu'à Autun et son célèbre portail au tympan duquel trône le Jugement dernier, chef-d'œuvre de la sculpture romane.

Reims : l'ange Gabriel au portail central de la façade occidentale, ébrasement droit (vers le milieu du XIIIe s.).

Autun

Saint-Lazare, la griffe d'un sculpteur

XIIe S.

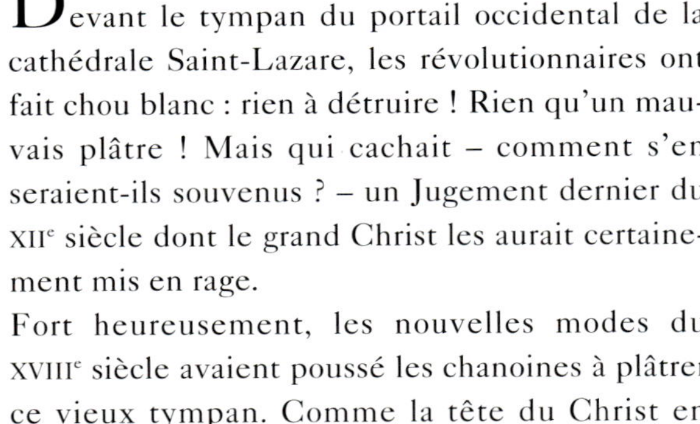

À NE PAS MANQUER
LE TYMPAN DU PORTAIL,
LES PILIERS,
LES CHAPITEAUX HISTORIÉS,
LES VOÛTES,
LA VIERGE ET L'ENFANT,
LA SALLE CAPITULAIRE.

Devant le tympan du portail occidental de la cathédrale Saint-Lazare, les révolutionnaires ont fait chou blanc : rien à détruire ! Rien qu'un mauvais plâtre ! Mais qui cachait – comment s'en seraient-ils souvenus ? – un Jugement dernier du XIIe siècle dont le grand Christ les aurait certainement mis en rage.

Fort heureusement, les nouvelles modes du XVIIIe siècle avaient poussé les chanoines à plâtrer ce vieux tympan. Comme la tête du Christ en majesté dépassait, on en eut raison d'un coup de massue. Après la tourmente, lorsqu'on entreprit de restaurer, on redécouvrit avec stupeur le tympan roman en 1837. Mais il fallut attendre 1948 pour que la tête manquante fût redécouverte à Autun même, dans la collection du musée Rolin ! Tout l'extraordinaire de ce tympan réside dans le tourbillon de vie créé par ces scènes pittoresques, où grouillent des personnages nus élongés au maximum, dont le moindre trait est empreint de tragique. Où sommes-nous ? Sur terre ? Dans les cieux ?... Résurrection, paradis, enfer... Diables ricanant face aux damnés hurlant, ceux qui ont commis l'un ou l'autre des sept péchés capitaux : serpents dévorant les seins d'une femme de mauvaise vie (la luxure), reptile étouffant un riche accroché à sa bourse (l'avarice)... L'archange saint Michel pèse les âmes, gêné par un diable qui s'arc-boute sur un plateau de la balance, bien décidé à la faire pencher de son côté ! Et puis, tout autour sur les voussures, comme à Vézelay, trente et un médaillons figurant la ronde du temps qui passe – les mois et leurs travaux, les signes du zodiaque, le tout ponctué de fleurs comme l'alpha et l'oméga.

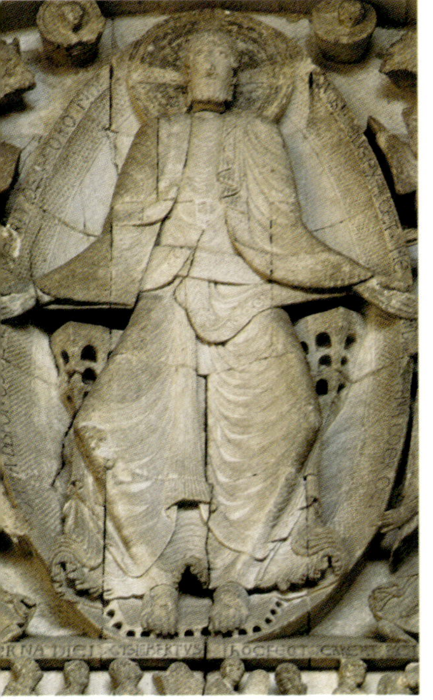

Ci-dessus : le Christ, détail du tympan représentant le Jugement dernier.

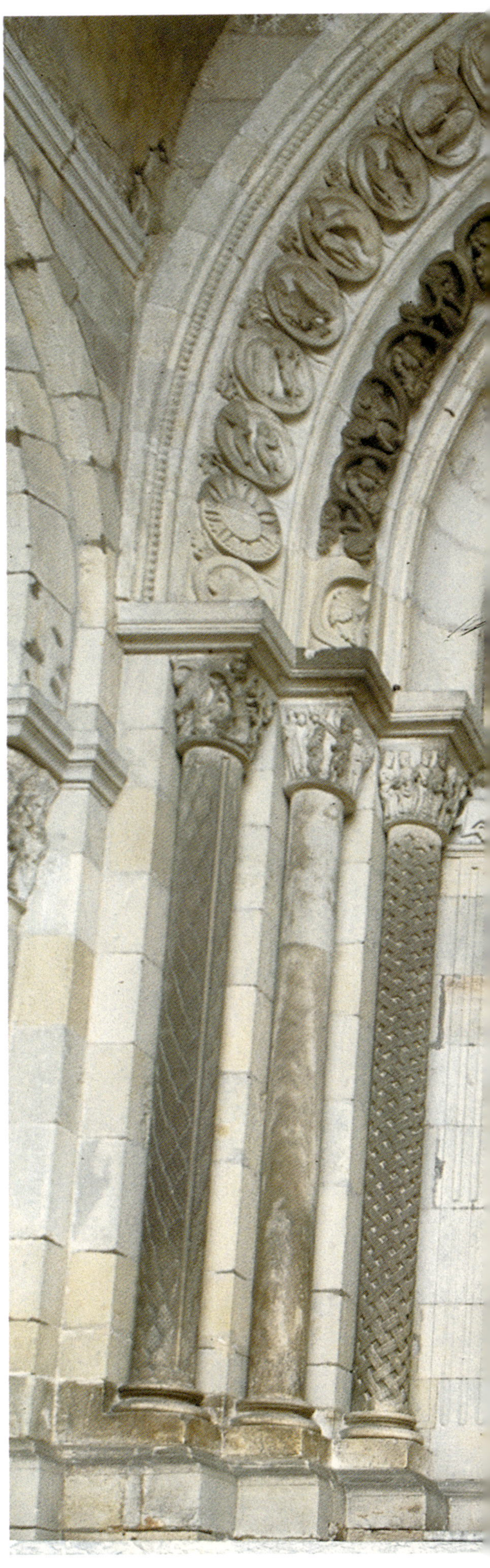

Ci-contre : le portail central. Exécuté au XIIe s., il forme l'un des plus beaux ensembles de la sculpture romane.

UNE SIGNATURE : GISLEBERT

Deux sentences gravées dans la pierre viennent encore appuyer le caractère pathétique du Jugement dernier : « C'est ainsi que ressuscitera quiconque ne sera victime d'une vie de péché, pour lui brillera sans fin la lumière du jour » et, à l'opposé : « Que semblable terreur terrifie ceux que détient la terrestre erreur car l'horreur de ces images annonça ce qui les attend. »

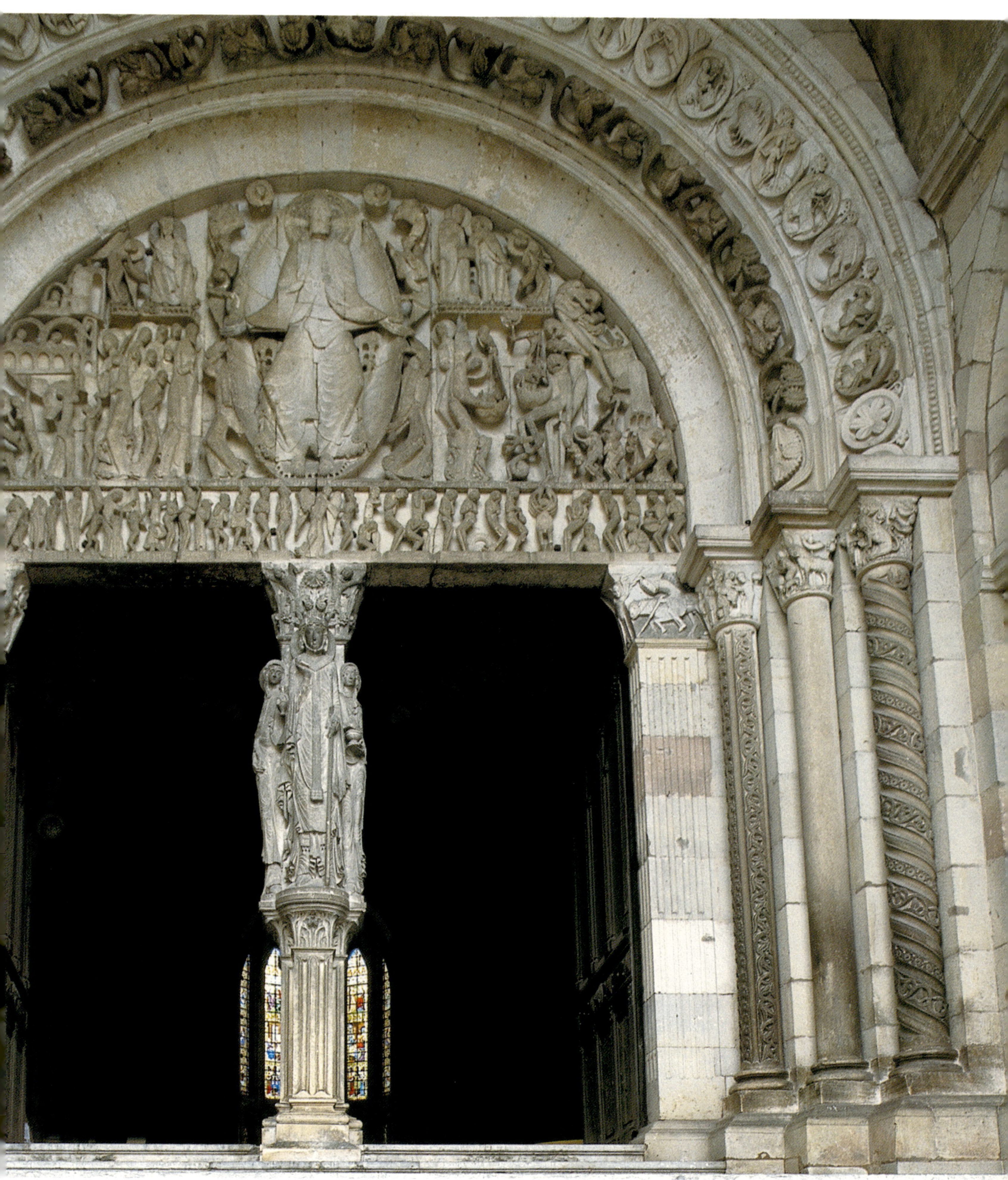

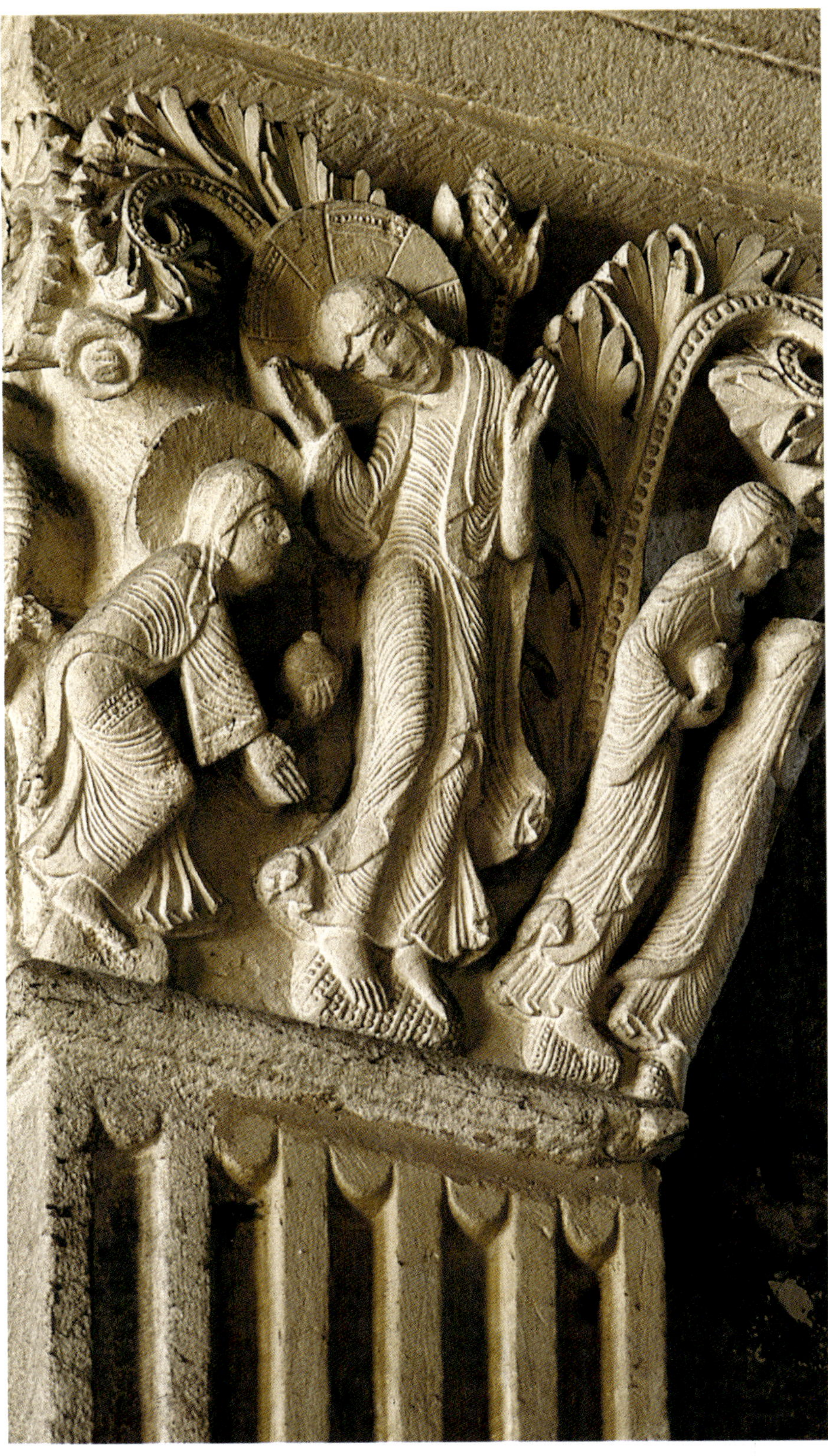

Ci-dessus : détail d'un chapiteau représentant l'apparition de Jésus à sainte Madeleine.

Ci-contre : le bas-côté de la nef avec les chapiteaux sculptés.

Sous les pieds du Christ, trois mots de latin restent à déchiffrer : *Gislebertus hoc fecit*, « Gislebert a fait cela » : une signature, l'une des rares que nous a laissées l'art roman ! Qui était ce Gislebert ? Le sculpteur, l'architecte, le maître d'œuvre ou encore le prévôt du chapitre ? Quoi qu'il en soit, en signant ce tympan réalisé entre 1125 et 1135, il brisait un silence imposé par une tradition qui voulait que chaque grande œuvre reste anonyme.

L'étrange aventure de la cathédrale

Personne n'avait besoin de cette cathédrale en ce début de XIIe siècle. Autun était à peine relevée des destructions provoquées par les invasions du VIIIe siècle, et elle possédait suffisamment d'églises, en particulier une vénérable cathédrale Saint-Nazaire dans laquelle les reliques de saint Lazare sommeillaient paisiblement depuis le Xe siècle sans qu'on les honorât spécialement. Mais le grand mouvement des pèlerinages commençait. En 1119, Autun y entra avec l'aide du tout nouveau pape bourguignon Calixte II, ancien moine de Cluny, assortie de celle de l'évêque Étienne de Bagé, lui aussi moine clunisien. Deux grandes églises s'offraient comme modèles, Vézelay et Cluny. Autun s'inspira des deux. En 1146, les reliques de saint Lazare furent transférées de l'ancienne cathédrale Saint-Nazaire dans la nouvelle cathédrale Saint-Lazare. Les processions commencent, les pèlerins affluent, les miracles s'opèrent, on sonne les cloches, on se dispute dans le chœur… La cathédrale Saint-Lazare vit.

Pendant cent ans rien ne bougea, puis les voûtes commencèrent à s'écarter dangereusement. On ajouta des arcs-boutants. En 1469, au cours d'un orage, la tour fut brûlée et le chœur défoncé. Le riche cardinal Rolin, évêque et fils du chancelier des États de Bourgogne, entreprit les réparations. La flèche actuelle est son œuvre, ainsi que le chœur. La cathédrale, surélevée, s'enrichit de multiples chapelles, d'un jubé, de dizaines de statues, faisant disparaître la vieille église romane sous une enveloppe gothique.

Puis les modes passèrent et le XVIIIe siècle entreprit de déblayer tout ce qui semblait désormais superflu. Les chanoines ont enlevé le jubé et remplacé la pierre par le marbre. Détruit le tombeau de Lazare, arraché le zodiaque du dallage, plâtré le tympan occidental, détruit le décor du portail nord, dont il ne reste que la sublime et célèbre Ève d'Autun. Une Ève nue et extraordinairement sensuelle qui, de sa position allongée, saisit la pomme d'un air indifférent. Un chef-d'œuvre que l'on doit, une fois encore, au grand Gislebert. Les restaurations du XIXe siècle ont failli être tout aussi radicales. Heureusement, Viollet-le-Duc se révéla, lui, plus discret. Il refit la voûte, consolida la flèche, retira les marbres, acheva enfin les deux tours de la façade. La toiture de la grande nef, relevée au XVe siècle, fut surbaissée en 1879 et couverte de tuiles rouges. La réfection de la décoration intérieure était de si mauvaise qualité qu'elle a aujourd'hui disparu.

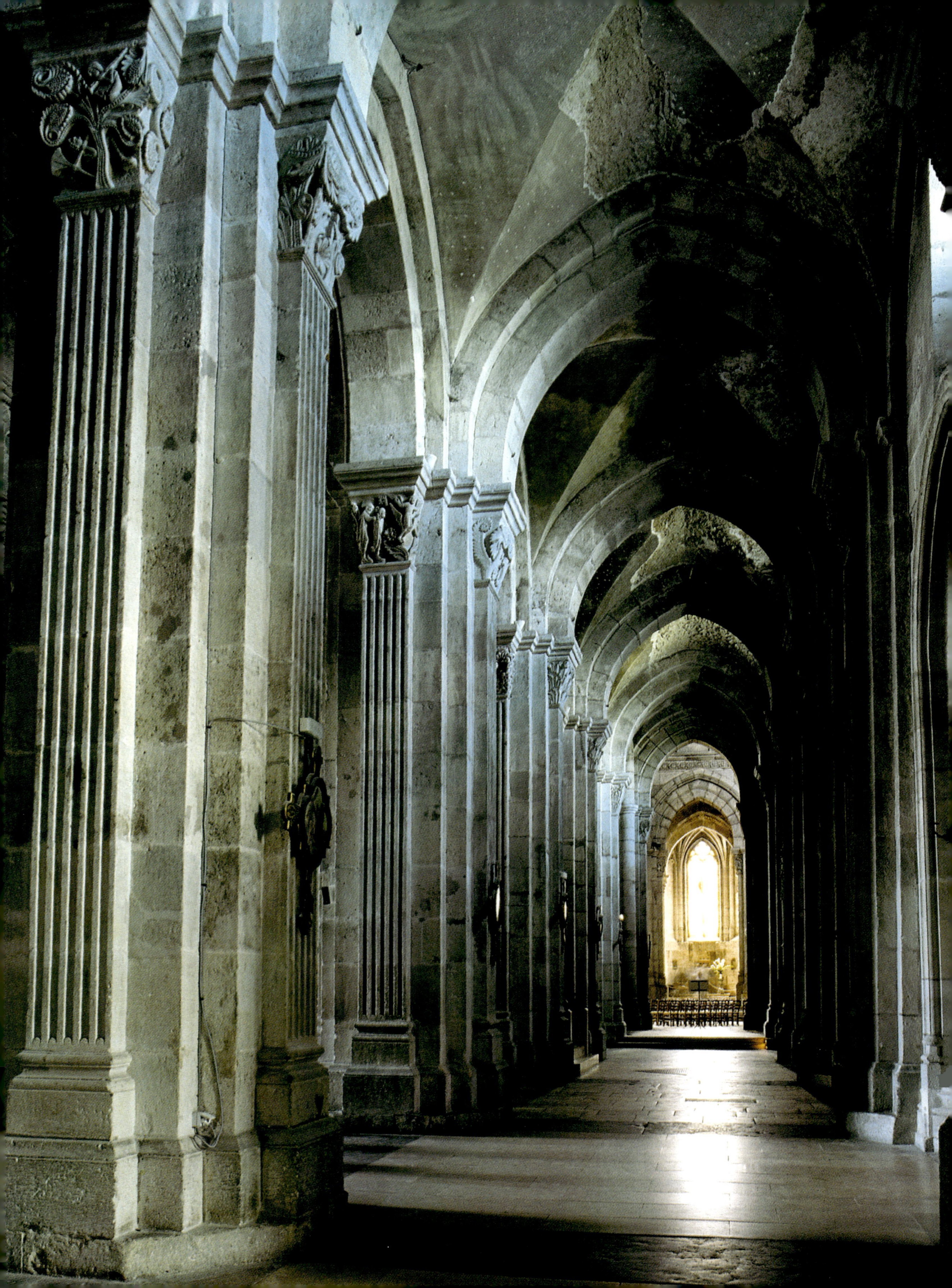

Auxerre

Saint-Étienne, une iconographie chrétienne unique

XIIIe ET XVIe S.

Monseigneur Chesnelong, archevêque d'Auxerre (1912-1933), disait de la cathédrale qu'elle était sa « jeune fille qui chante » à la douce chevelure de tuiles roses et bistre. Pour Viollet-le-Duc, elle représentait « l'un des types de l'architecture gothique les plus parfaits ». Et pour Auxerre, qu'elle domine de son extraordinaire légèreté, serait-elle le reflet d'une image dans les eaux bleutées de l'Yonne ? En contrebas, au pied de son chevet, le palais épiscopal est devenu préfecture. On y visite encore l'ancien promenoir de ses évêques, fait de dix-huit arcades romanes érigées par Hugues de Montaigne entre 1115 et 1136.

Il chevauchait un cheval blanc

De l'église romane il ne reste qu'une crypte, construite dans la première moitié du XIe siècle. Située sous le chœur, elle est formée de trois nefs entourées de bas-côtés, d'un déambulatoire et

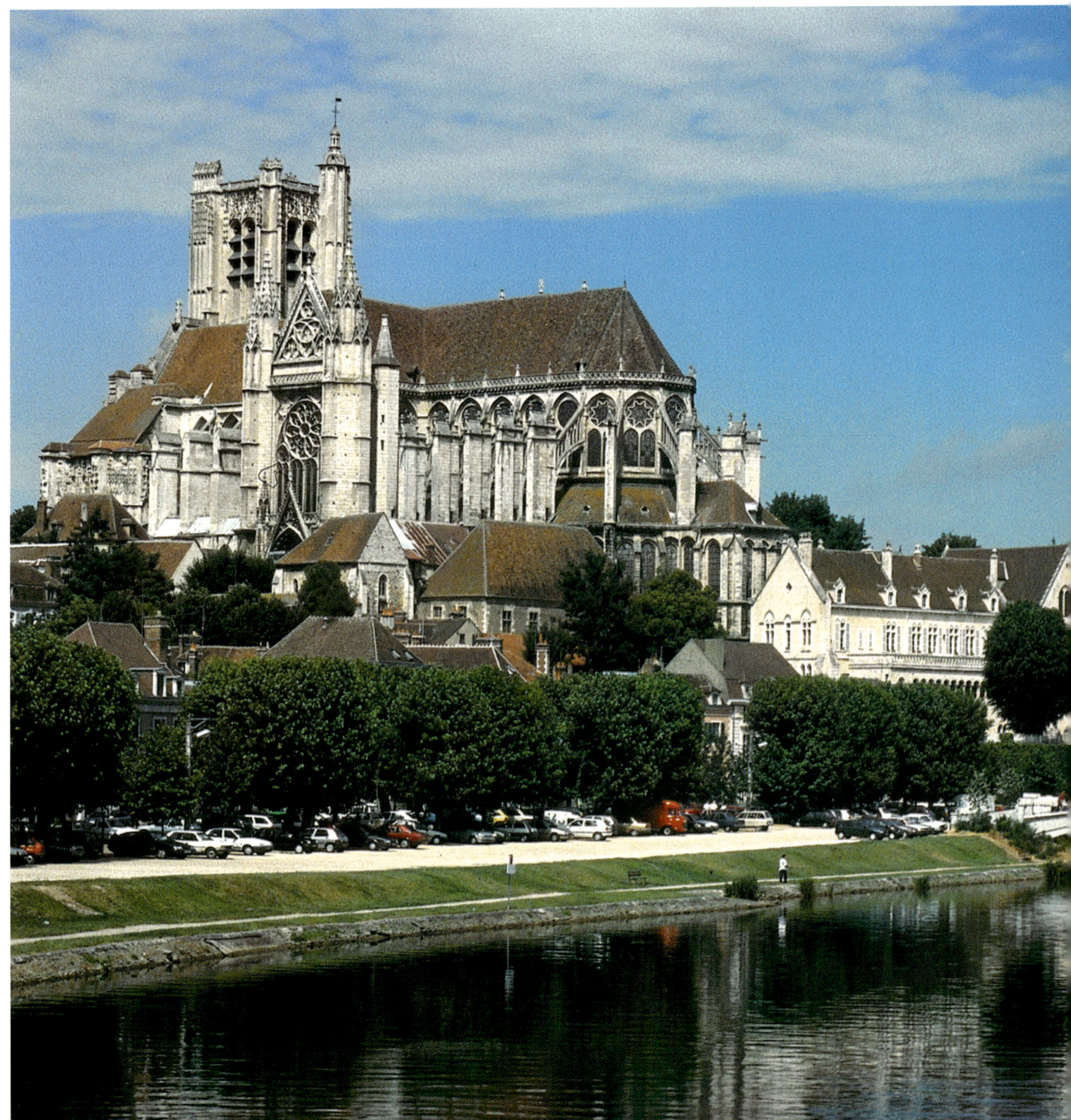

d'une chapelle absidiale. Sur la voûte en berceau de la chapelle de la Trinité, une fresque unique dans l'iconographie chrétienne représente un Christ à cheval. Il tient les rênes de la main gauche et, dans la main droite, le long sceptre de tradition carolingienne. Est-ce le « cavalier au cheval blanc » décrit dans les commentaires médiévaux de l'Apocalypse, le Christ lors de son second avènement ?
Est-ce l'image bien déformée de l'entrée de Jésus dans Jérusalem, monté sur le modeste ânon que décrivent les Évangiles ? À la fois l'un et l'autre, le Christ-roi, le Christ-empereur, image très inspirée de celle des empereurs germaniques de l'époque, image de domination et de prouesses guerrières.

Les deux tours s'effondrent

En l'an 1215, l'évêque Guillaume de Seignelay, futur évêque de Paris (1220), décide de remplacer son église trop lourde, trop romane, trop petite. Il veut en ce début du XIIIe siècle un édifice aussi beau, aussi clair que les cathédrales neuves des domaines du roi de France, dans ce nouveau style appelé « français », ce style ogival dénommé « gothique » seulement au XVIe siècle.

À ne pas manquer
- La façade,
- la nef,
- le déambulatoire,
- les vitraux,
- la crypte,
- les fresques,
- le trésor.

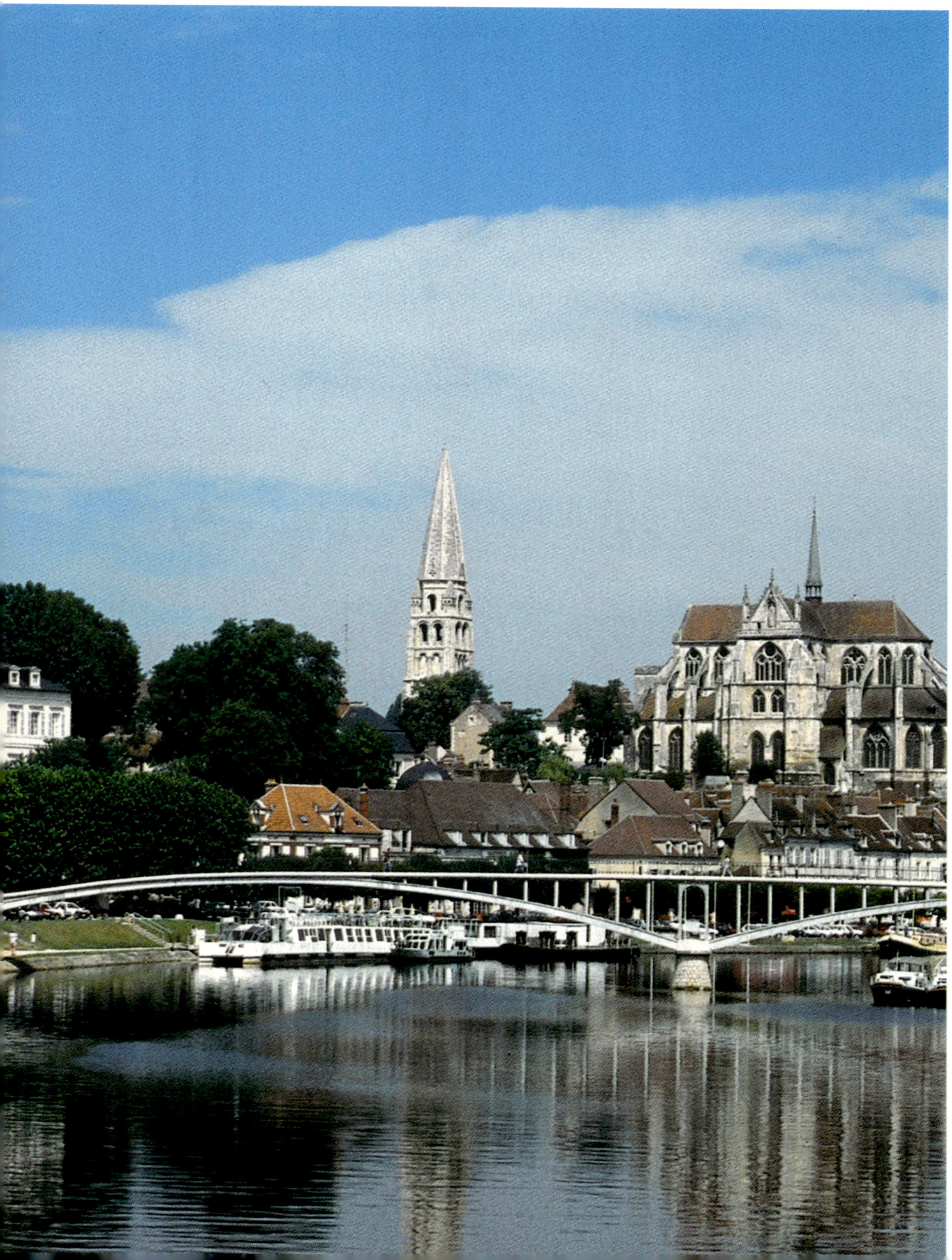

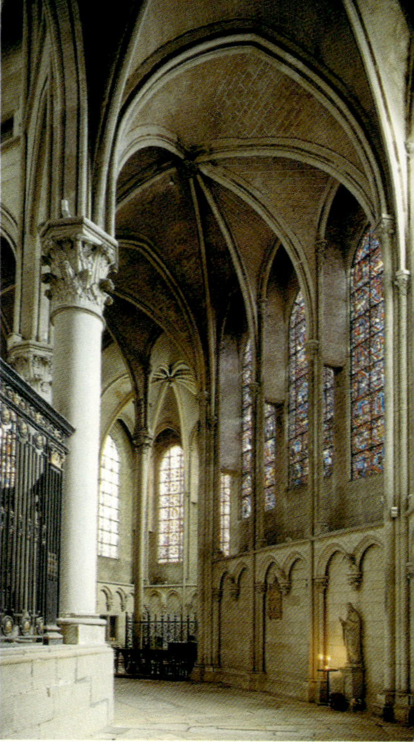

Ci-dessus : le déambulatoire. Le passage qui court en avant des fenêtres, sous la retombée des voûtes, est caractéristique du gothique bourguignon du premier quart du XIIIe s.

Ci-contre : la cathédrale vue du pont Paul-Bert, sur les bords de l'Yonne.

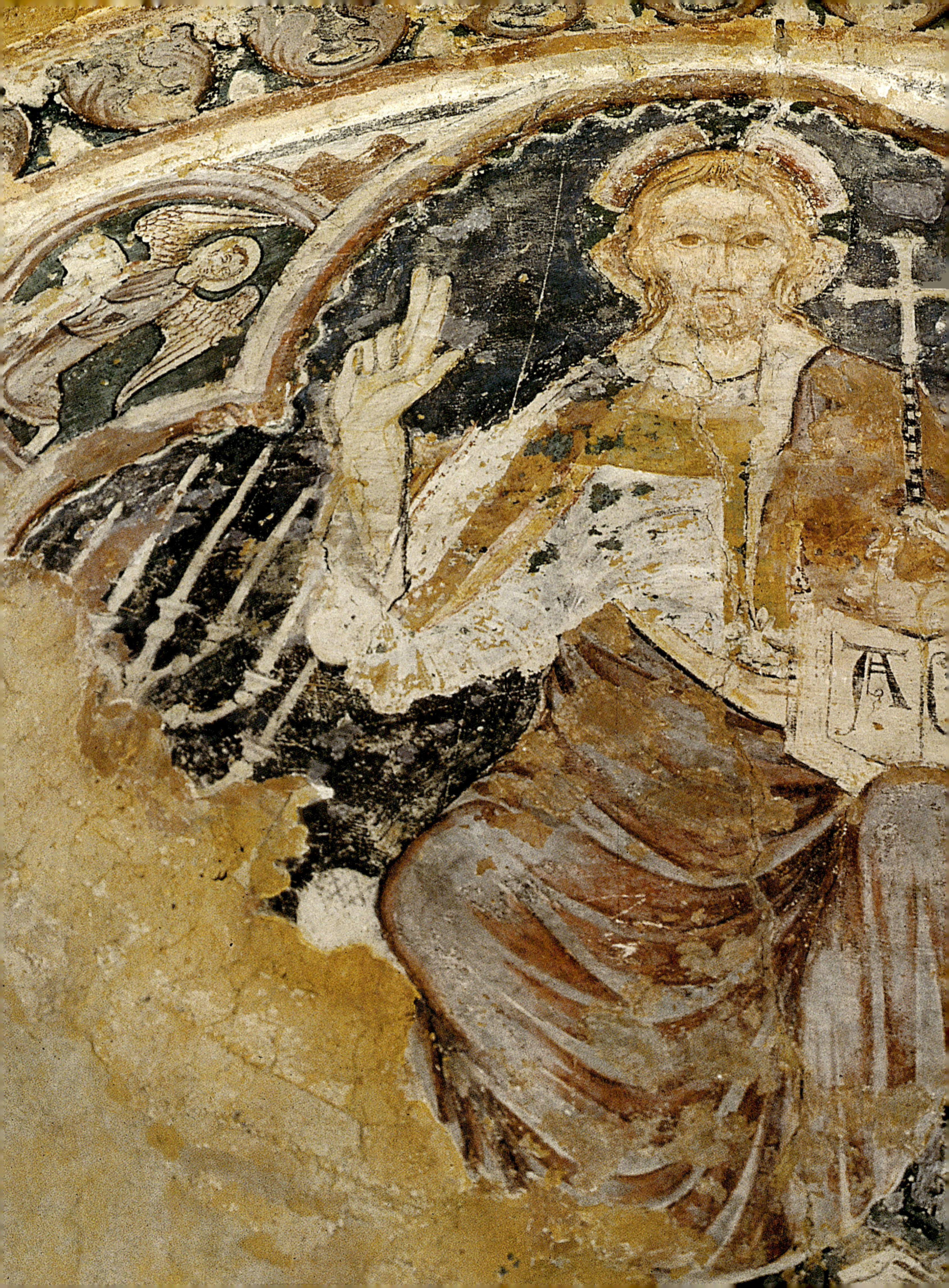

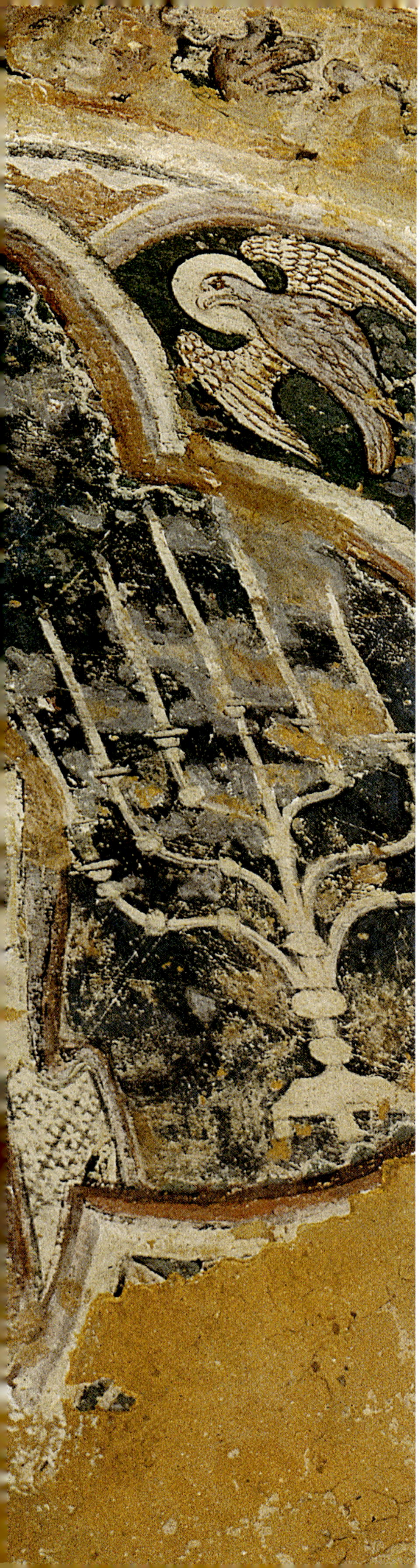

Auxerre, faut-il le rappeler, était à cette époque terre du duc de Bourgogne.
Le chœur de l'ancienne église est abattu. Mais, en cette année 1217, on laisse debout pour une importante cérémonie deux tours entaillées et menaçantes. Les chanoines sont inquiets. Ils consultent l'architecte, qui, contre l'avis d'un de ses élèves, assure qu'il n'y a aucun risque. Quelques heures après la fin des offices, les deux tours s'effondraient.
C'est seulement au XIVe siècle que la nef romane fut détruite. À la fin du siècle on achève l'imagerie des portails et, en 1403, le chapitre traite avec le charpentier Odon Gauthier pour la confection des portes de la façade, les portes actuelles, alors peintes en bleu et semées de fleurs de lys dorées. Saint-Étienne s'achèvera dans la première moitié du XVIe siècle par la tour nord, haute de 65 mètres, quatre étages d'arcatures, de pinacles et de galbes, constraste saisissant avec la tour sud, restée inachevée depuis le XIIIe siècle.
Il convient maintenant de remonter la nef, passer le transept pour arriver devant le chœur. Que faut-il admirer le plus : le triforium courant au-dessus des grandes arcades, l'extrême légèreté des voûtes, la décoration des chapiteaux ou plutôt le déambulatoire ? Ce dernier ne possède, chose rare, qu'une seule chapelle, de plan carré, une merveille ! Une voûte unique, un équilibre parfait. Elle est portée par dix branches d'ogives rayonnantes autour d'une clé centrale retombant sur autant de colonnettes.

VOIR LE SOLEIL DANSER

Le sublime est dans la nef aux dimensions pourtant modestes. Tout ici paraît si léger, si élancé, qu'il fallut doubler les piles trop fragiles. Et puis cette lumière venue du chœur, les grisailles, les bleus, les rouges ! Arrêtons-nous quelques instants juste à l'entrée de la nef, à l'emplacement du labyrinthe. Chaque après-midi du jour de Pâques, le doyen des chanoines, entouré de son chapitre, y célébrait l'un des rites les plus étranges de l'histoire de l'Église, un rite à rapprocher de l'ancienne croyance qui voulait qu'en cette journée de Pâques on puisse voir le soleil danser. Le doyen devait d'une main saisir une boule d'or, symbole du soleil et de l'autre, la main du prêtre qui se tenait à ses côtés. Alors que l'assistance entonnait l'hymne pascal, il se mettait à danser pendant que les chanoines, mains jointes, tournoyaient autour du labyrinthe, recevant à tour de rôle la boule qui leur était lancée. Un festin couronnait la cérémonie, qui s'achevait le soir par les vêpres.

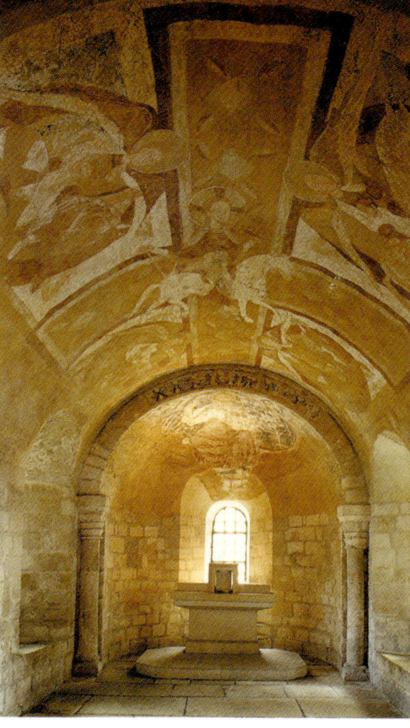

Ci-dessus : le Christ à cheval revient pour juger les hommes (fresque de la crypte).

Ci-contre : dans la crypte, le Christ en majesté tenant dans sa main gauche une croix de bénédiction (fresque du XIIIe s.). De sa main droite, il fait le geste de la bénédiction.

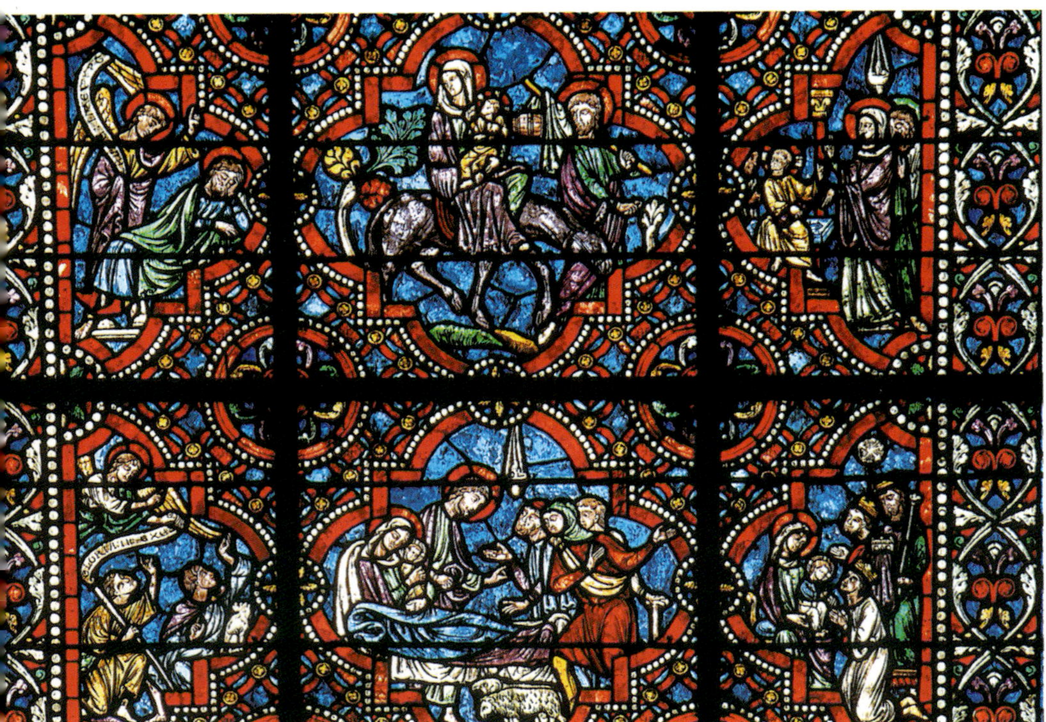

Ci-dessus, ci-contre et page de droite : détails des vitraux à médaillons du déambulatoire (XIIIᵉ s.).

NOTRE-DAME-DES-VERTUS

Bien que la cathédrale soit consacrée à saint Étienne, elle était fréquentée par de nombreux pèlerins venus prier une statue de la Vierge, Notre-Dame-des-Vertus. Longtemps, cette statue n'a été abritée que par un simple auvent. Ce ne fut qu'au XVIᵉ siècle que les chanoines songèrent à lui bâtir une chapelle. Pour cela, on abandonna les travaux entrepris sur la tour méridionale, qui depuis est restée inachevée. La statue fut brisée par les huguenots lorsqu'ils pillèrent la ville dans la nuit du 27 au 28 septembre 1567. Refaite à l'identique, elle disparut à la Révolution mais fut retrouvée par miracle sous des gravats. Prodigieuse statue ! Elle fixe son interlocuteur d'un regard profondément étonné, alors que son bras droit esquisse un geste de surprise !

UNE SYMPHONIE DE COULEURS

Où, mieux qu'à Auxerre, la statuaire atteint-elle une telle perfection ? Tant de têtes expressives ! Tout au long du déambulatoire, elles surgissent de partout, inquiétantes et mystérieuses : ces prophètes hébreux, ces masques feuillus, ces sibylles de l'Antiquité qui, de leur voix figée dans la pierre de Tonnerre annoncent la venue du Christ sur terre. Quant au portail central, du tout début du XVᵉ siècle, il est plein de souvenirs indiscutables de la sculpture romaine, en particulier l'Éros, copie manifeste d'un original antique. Et aussi le torse de Bethsabée ainsi que la courtisane à table avec l'Enfant prodige. La femme aux serpents, symbole de la luxure, possède la belle allure d'une danseuse antique ! Ces images posent la question des influences antiques dans la statuaire du Moyen Âge. Comment le sculpteur a-t-il été sensibilisé par quelque modèle d'un lointain ancêtre ? Où l'a-t-il vu ? Autant de questions.

Le sublime à Auxerre, ce sont les vitraux qui parent les hautes fenêtres du chœur. Ils baignent la cathédrale d'une prodigieuse symphonie de couleurs où les bleus profonds, les rouges éclatants semblent jouer avec la pertinence des verts et la chaleur des jaunes : une somptueuse série de vitraux à médaillons du XIIIᵉ siècle, qui recensent en trois cent cinquante-trois motifs des scènes empruntées à l'Écriture sainte et aux légendes des saints.

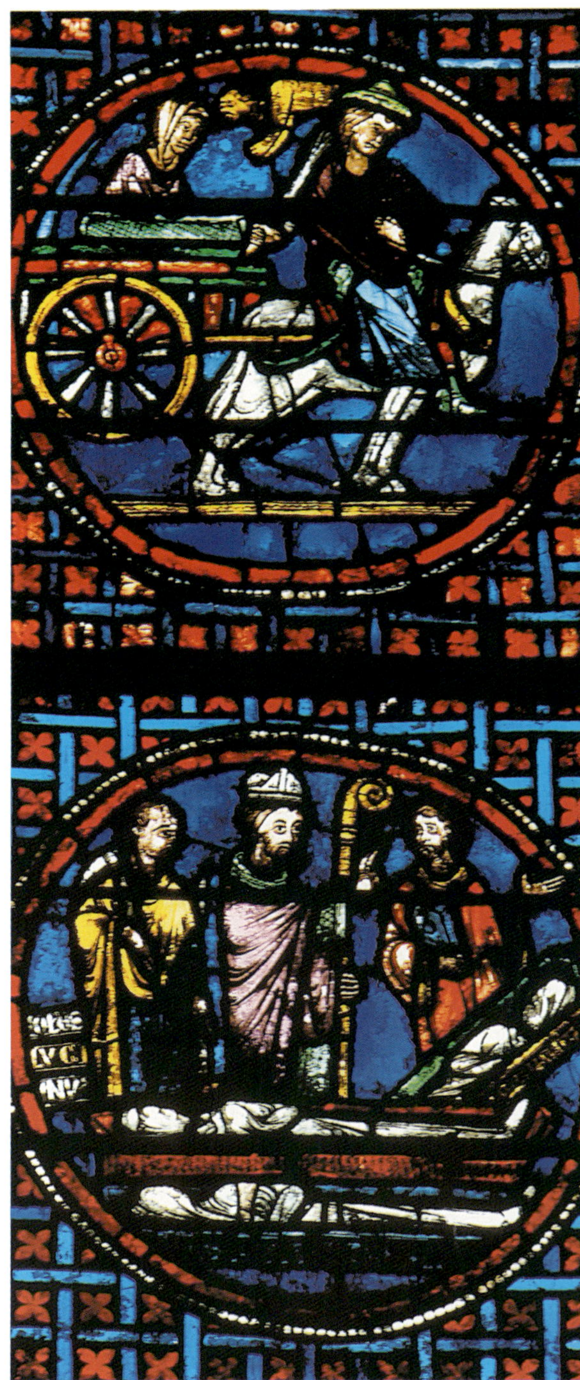

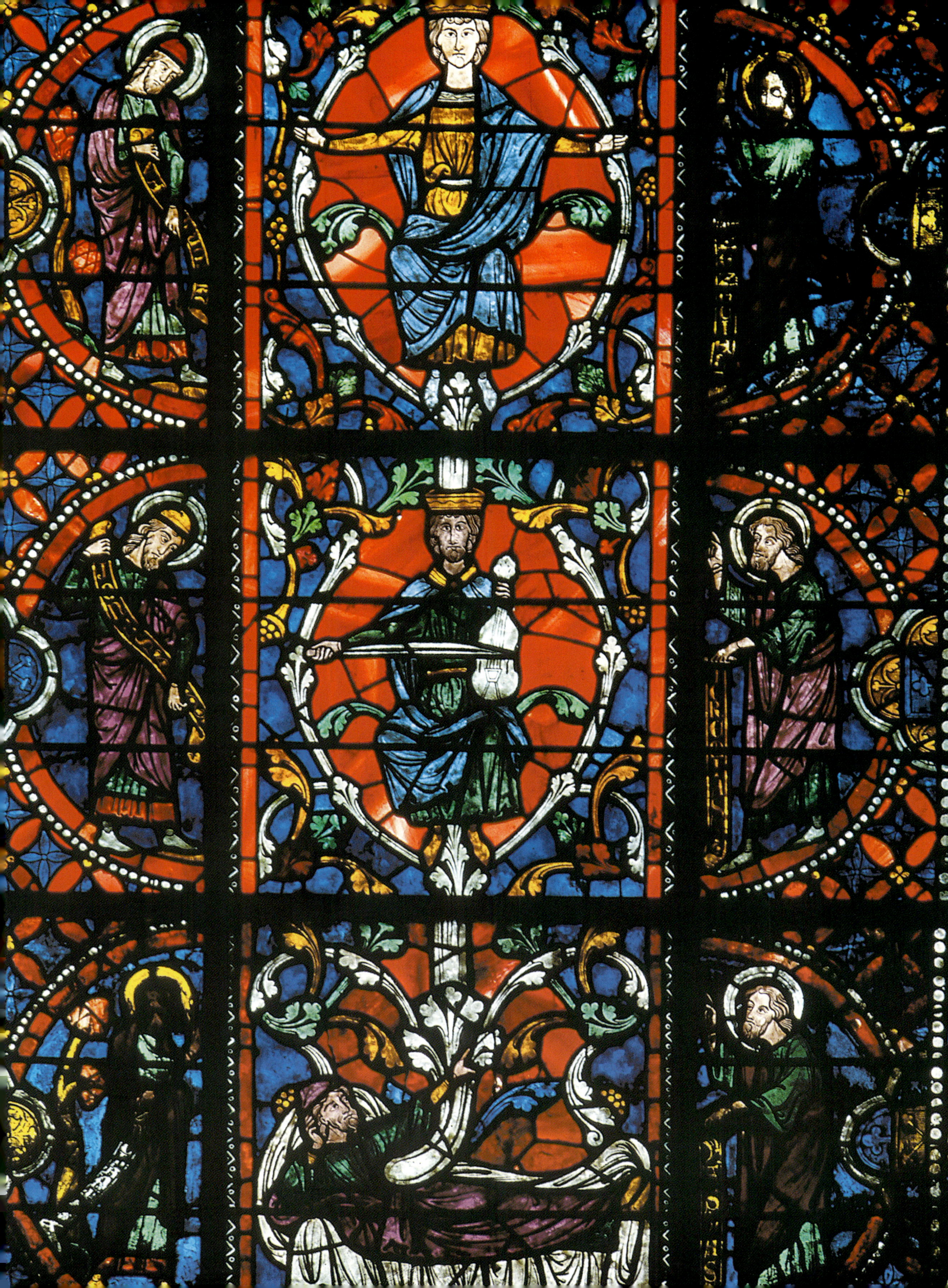

Sens

Saint-Étienne, le patron de la cité

XIIe-XVIe ET XVIIIe S.

À NE PAS MANQUER
LA FAÇADE,
LES PORTAILS,
LA NEF,
LES VITRAUX,
LE RETABLE RENAISSANCE,
LE VITRAIL
DE LA ROSACE,
LES GRILLES DU CHŒUR,
LE TRÉSOR,
LE PALAIS SYNODAL.

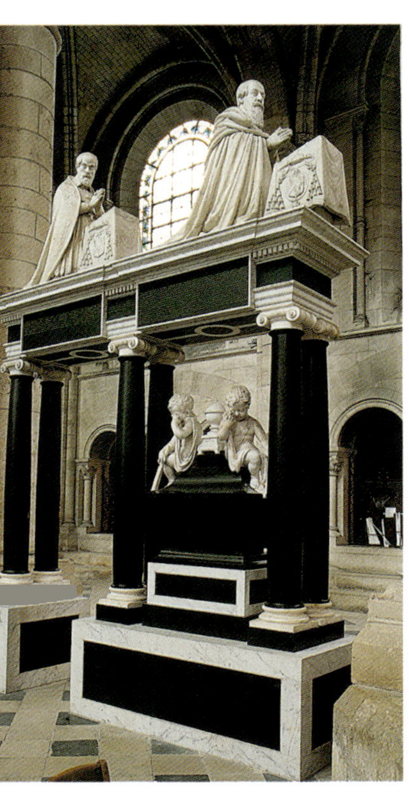

Ci-dessus : le tombeau de Jacques et Jean du Perron, archevêques de 1606 à 1621.

Page ci-contre : adossé au trumeau du grand portail de la façade ouest, la statue de saint Étienne, vêtu en costume de diacre et portant l'Évangile.

Regardez-la, c'est l'une des plus anciennes cathédrales gothiques ! La nef mesure à peine 25 mètres de haut. Mais tout ici semble si parfaitement rythmé, si justement pensé qu'on la rapprocherait des grandes abbatiales cisterciennes. Faudrait-il faire abstraction du transept rajouté au XVIe siècle, des gigantesques grilles, œuvre du XVIIIe siècle, pour ne voir que la pureté d'une enfilade d'arcades courant de la nef au chœur ? Y découvrirait-on alors, dans l'extrême rigueur du plan initial, le véritable inspirateur de Sens, le grand Bernard de Clairvaux ?

L'influence cistercienne

Les travaux commencent vers 1130, à l'époque où Suger bâtissait à Saint-Denis sa célèbre abbatiale, au temps de l'archevêque Henri Sanglier (1122-1142). Son successeur Hugues de Toucy, qui assiste comme beaucoup d'autres à la dédicace de Saint-Denis, semble plutôt s'inspirer des préceptes beaucoup plus austères de saint Bernard, le vieil ennemi de Suger, dont il condamne la munificence.
On profite de la présence du pape Alexandre III, exilé à Sens, pour consacrer le maître-autel en 1163. À cette date, les dix travées occidentales ne sont toujours pas achevées. La nef qui s'élève n'est pas très haute, suivant ainsi les règles cisterciennes marquées par une grande sobriété : travées de plan presque carré et alternance de piliers et de colonnes jumelles. Deux changements vont intervenir par la suite : le clair-étage modifié au XIIIe siècle par l'apport de hautes fenêtres, et le transept, qui sera greffé à la nef au XVIe siècle.
À quelle date fut construit le labyrinthe qui occupait toute la largeur de la nef, près du portail ? On ne sait. Mais on en connaît un dessin, relevé avant sa destruction en 1768. Il était incrusté en plomb dans le carrelage. Il fallait, dit-on, une heure entière pour le parcourir, et l'on faisait deux mille pas en parcourant tous les circuits sans repasser une seule fois au même endroit.

Vice de construction

En 1184, un terrible incendie ravage la ville et endommage le chevet de la cathédrale. Les travaux de restauration sont gigantesques. On surélève les voûtes. On entreprend l'agrandissement des fenêtres hautes et la construction de la chapelle absidiale. Mais y a-t-il eu vice de construction ? Le jeudi saint de l'année 1267, la tour sud s'effondre. Elle écrase sous son poids la façade, faisant de nombreuses victimes. Une nouvelle fois, tout est à reprendre. C'est l'œuvre de Pierre de Charny. Face aux énormes dépenses, deux papes devront accorder des indulgences. Les travaux sont confiés à l'architecte Gautier de Varüfroy. Fruit de cet effort : une majestueuse façade avec trois portails correspondant aux trois nefs. Elle est flanquée par la tour sud, cette « tour de pierre » haute de 78 mètres, couronnée d'un campanile et achevée au XVIIe siècle. Dans sa galerie haute, dix grandes statues représentent les principaux archevêques de Sens (rajout du XIXe siècle). Et au nord par la « tour de plomb » de la fin du XIIe siècle, inachevée, à peine plus haute que la façade et qui doit son nom à l'ancien beffroi de charpente, couvert de plomb et détruit en 1848.

Le meilleur de son talent

Quant aux portails latéraux, à chaque extrémité du transept, celui du sud dédié à Moïse, celui du nord à Abraham, ils sont l'œuvre de Martin Chambiges, appelé à Sens par l'archevêque Tristan de Salazar en 1490. Cet architecte exceptionnel travailla également à Troyes, Beauvais, Senlis. On lui doit la tour Saint-Jacques à Paris. Mais c'est à Sens qu'il exprima le meilleur de son talent, dans ce portail d'Abraham alliant grâce et hardiesse. Il était à Sens en 1513 lorsque fut entrepris le démantèlement des murs séparant nef et transept. C'est lui qui confia à trois maîtres verriers de Troyes, Jehan Verrat, Balthazar Godon et Liévin Varin, les grandes verrières du croisillon sud : face à face, saint Étienne et saint Nicolas, l'arbre de Jessé au nord, confrontés au sud à l'histoire d'Abraham et de Joseph, tandis que le Jugement dernier de la rosace sud a son pendant dans le sublime éclat du Paradis de la rosace nord, œuvres de Jean Hympe et de son fils verrier à Sens en 1516. Au sud, des couleurs chaudes et généreuses dominées par des rouges profonds, tandis qu'au nord, d'où vient le Mal, des teintes froides. Après le temps des constructions vint celui des embellissements. L'autel du XIIIe siècle est remplacé par un maître-autel à

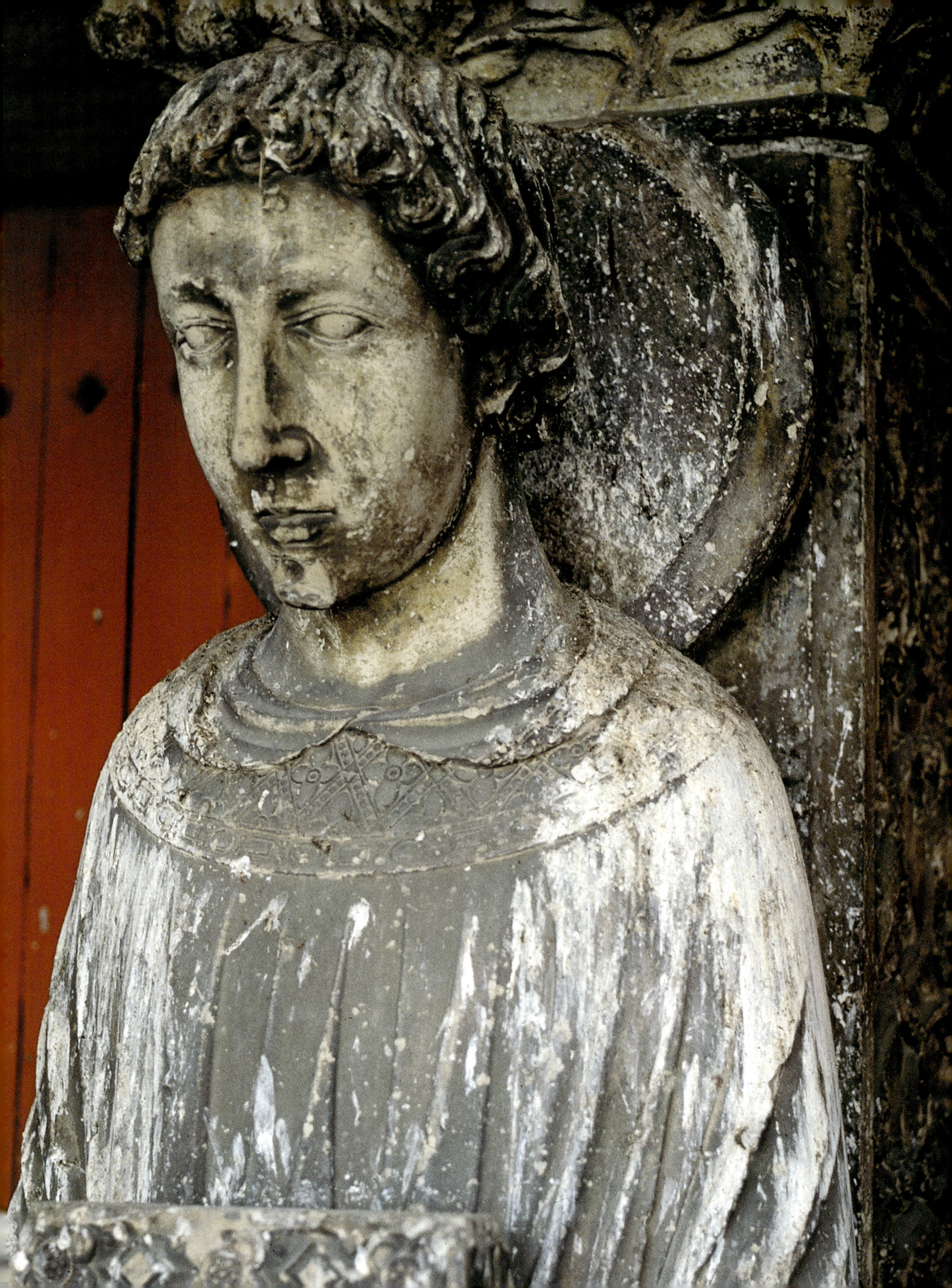

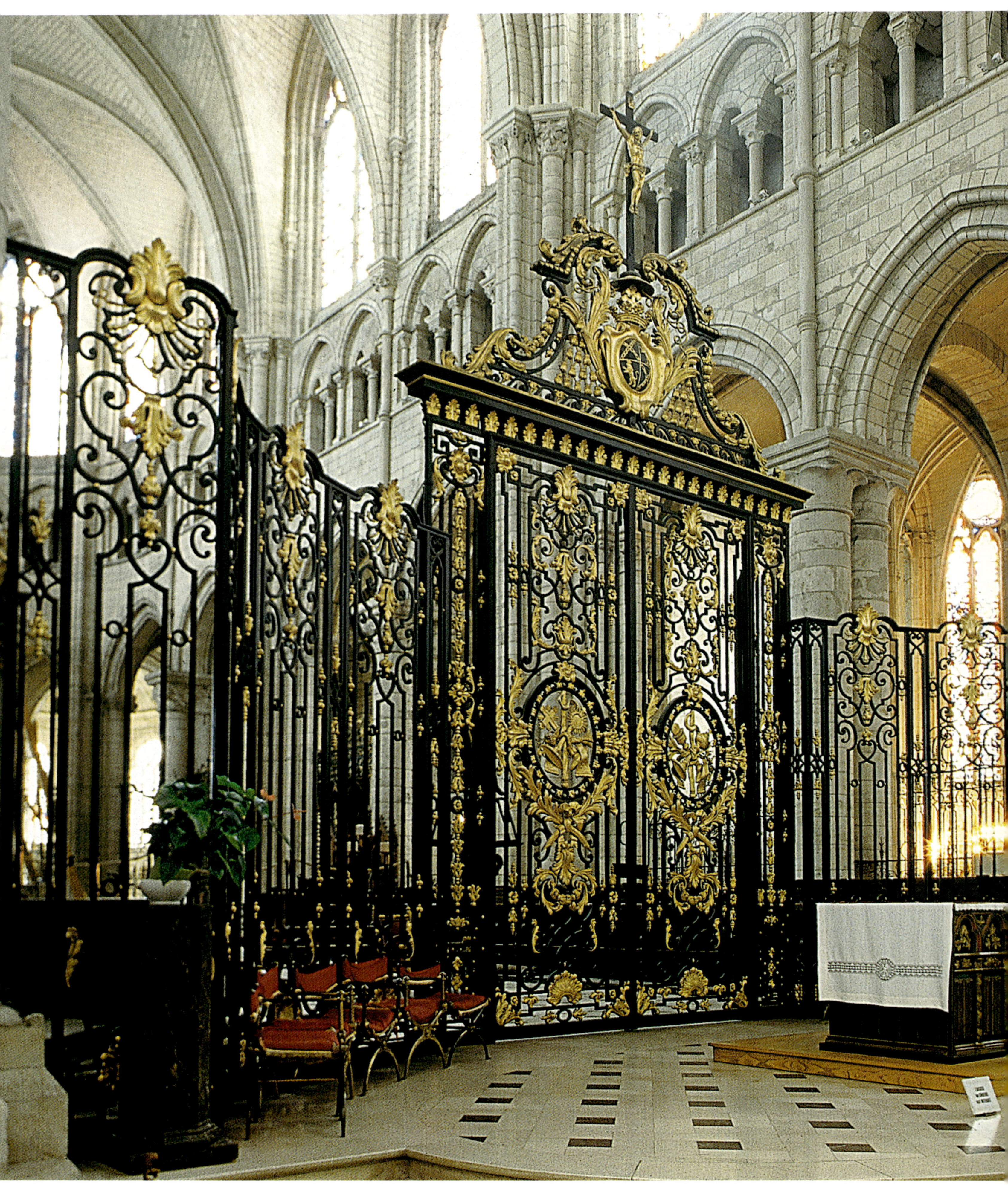

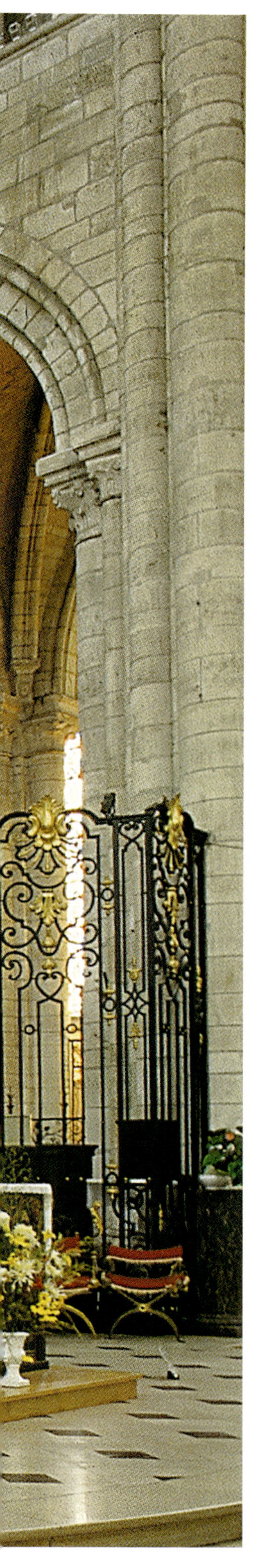

baldaquin offert par Louis XV, œuvre de Servandoni, l'architecte de Saint-Sulpice à Paris. À la place du jubé démodé on pose ces fameuses grilles en fer forgé exécutées par Guillaume Doré en 1762 à la demande du cardinal de Luynes. Mais déjà, en 1627, Sens avait dû laisser à Paris son titre d'archevêché.

LE MARIAGE DE LOUIS IX

L'apogée de l'histoire de la cathédrale fut ce jour de mai 1234 où, devant le portail, Gautier Cornut, alors archevêque de Sens et conseiller de Blanche de Castille, bénit le mariage de Louis IX et de Marguerite de Provence. C'est sans doute pour le remercier d'avoir signé la promesse de mariage au nom du roi que ce dernier a accepté de ne pas se marier dans sa capitale. En effet, depuis le XIIe siècle, le mariage qui consistait auparavant en une cérémonie se déroulant à la maison, se voit doté de nouveaux rites. Il se passe dorénavant à l'église, en deux temps : le mariage proprement dit, devant l'église, suivi d'une messe, dans l'église. Il en fut ainsi pour Louis IX et son épouse. Pour la circonstance, des tribunes avaient été dressées devant la cathédrale. La reine était vêtue d'un manteau et d'une robe de soie fourrés de zibeline ; le roi d'un manteau de soie et de vêtements où se mêlaient le noir, l'écarlate et le bleu. Le lendemain, Marguerite fut couronnée dans cette même cathédrale, en présence de l'abbé de Saint-Denis. Le même jour, le roi procéda au « toucher des écrouelles ». De cette étonnante façade tant de fois endommagée, modifiée, chamboulée, il n'y eut qu'un seul rescapé à trouver grâce aux yeux des révolutionnaires de 1793 : une sublime statue, isolée au trumeau du portail central, la plus belle image de cette cathédrale. Elle nous vient du XIIe siècle, du gothique naissant qui sut imprimer à la pierre cette ineffable douceur au tout jeune saint Étienne, patron de la ville et des Gaules aux premiers siècles du christianisme ; la seule statue qui ne fut ni décapitée, ni renversée, ni brisée. On se contenta de la coiffer d'un bonnet phrygien et de baptiser l'Évangile qu'elle portait Livre de la Loi.

Après la Révolution, encore faut-il mentionner le passage des Cosaques en 1814. Ils brûlèrent les stalles pour alimenter leurs feux de camp, brisant à coups de fusil les vitraux de la cathédrale. L'édifice était en partie restauré lorsque Corot, ébloui par la nef, y consacra une de ses dernières toiles, un chef-d'œuvre !

L'ENCLOS CATHÉDRAL

Sens possède le rare privilège de conserver, outre le palais de l'archevêque, le palais synodal, construit vers 1230-1240 par l'archevêque Gauthier Cornut. Au rez-de-chaussée était la grande salle de l'Officialité, où était rendue la justice de l'évêque. Dans un angle, des cellules pour les prisonniers, aménagées dès le XIIIe siècle. Au premier, la salle des assemblées du clergé, des synodes. C'est là que se tint en partie le concile de 1140, au cours duquel saint Bernard fit condamner le célèbre philosophe Abélard. Les bâtiments ont été restaurés dans leur état médiéval par Viollet-le-Duc entre 1855 et 1866.

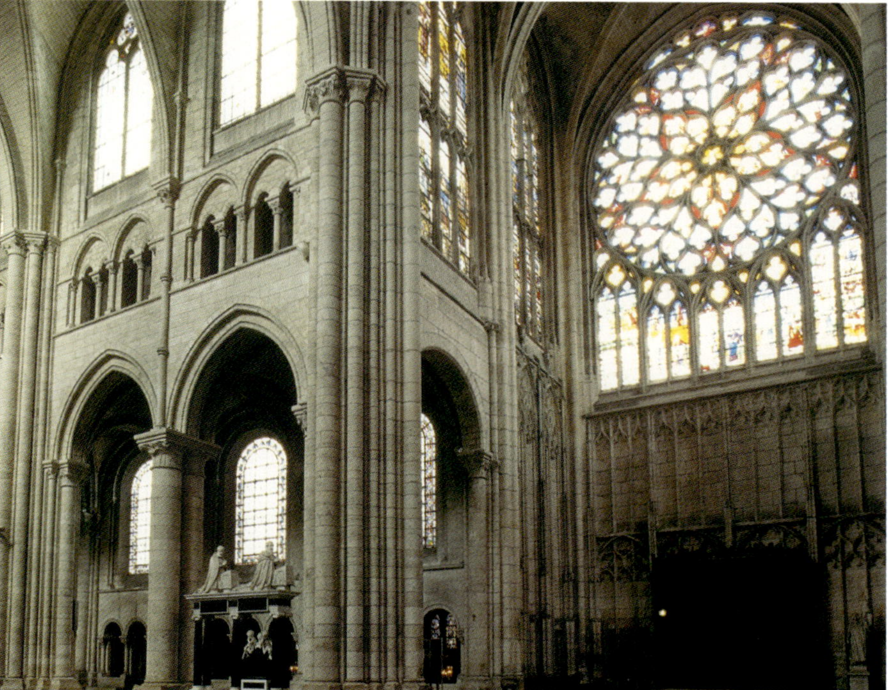

Ci-contre : la nef, élevée entre 1140 et 1168, et le bras nord du transept dû à Martin Chambiges.

Page ci-contre : la grande grille du chœur, chef-d'œuvre de ferronnerie du serrurier Doré, fut posée en 1762.

Troyes

Saint-Pierre-et-Saint-Paul, la lumière d'un maître verrier

XIIIe-XIVe ET XVIe S.

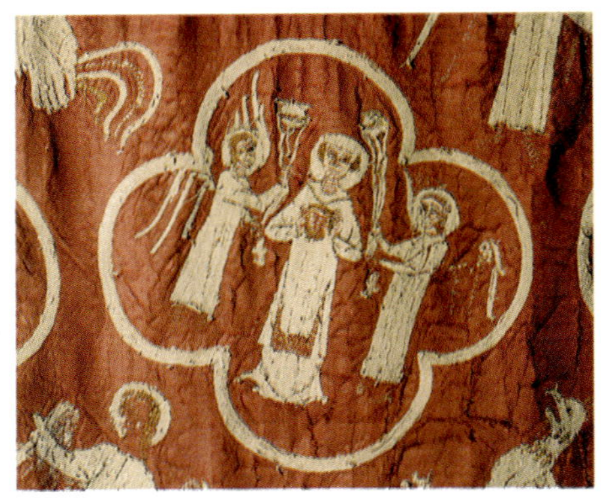

À NE PAS MANQUER
La façade,
le portail
du transept nord,
la nef et le chœur,
les verrières,
le vitrail
du « Pressoir mystique »,
la rose de la façade,
le trésor.

« Vous venez de Troyes, qu'y fait-on ? On y sonne », proclamait un vieux dicton. Troyes, ville aux mille églises ! Mais la plus belle, la plus grandiose, c'est naturellement la cathédrale Saint-Pierre-et-Saint-Paul. Saint Loup, l'un de ses premiers évêques, dut, d'après la légende, s'incliner devant Attila, chef des Huns, alors en pleine débâcle, sauvant ainsi la ville et ses habitants.

Les parois du chœur entièrement ajourées

Dans cette ancienne capitale de la Champagne se réunirent, au cours du XIIe siècle, trois importants conciles. La ville était alors réputée pour ses édifices religieux et la piété de ses comtes. Thibaud fut l'ami de Bernard de Clairvaux ; Henri II le Libéral fournit un large contingent aux différentes croisades. C'est d'ailleurs au retour de la quatrième croisade, au cours de laquelle Constantinople fut mise à sac, que l'évêque de Troyes, ayant largement bénéficié des pillages, entreprit de remplacer son ancienne cathédrale par une nouvelle. Il faut dire qu'elle avait été très endommagée lors de l'incendie de 1188 qui ravagea la ville. Les travaux commencèrent en 1208 par le chœur. Les voûtes étaient élevées dès 1240, et cela malgré l'ouragan de 1228, qui arracha une partie des murs. En 1308, le chœur et ses deux étages s'achevaient avec, fait sans précédent, des parois entièrement ajourées. Dès le XIVe siècle, on s'aperçut de son manque de stabilité dû à l'emploi de pierres trop fragiles pour les fondations. En 1365 s'abattit le clocher, endommageant charpentes et voûtes voisines. En 1537, voici que tombe la grande rosace. En 1700, la foudre incendie les combles et le clocher central, haut de 108 mètres, qui ne fut jamais relevé. En 1841, il fallut reconstruire la façade méridionale et, bien pire, un peu plus tard, démonter l'abside pièce par pièce pour en consolider les bases !

Ce qui frappe avant tout à Troyes, ce sont les vitraux. Les plus anciens, ceux du XIIe siècle, aux traits presque naïfs, se situent dans le chœur et le déambulatoire. L'art du vitrail évolue ici sous nos yeux pour aller à des tons très purs où dominent les rouges, jusqu'au célèbre *Pressoir mystique* dans la quatrième chapelle du bas-côté gauche, œuvre de Linard Gontier en 1625.

Ci-dessus à droite : dans la salle voûtée du trésor est exposée la chape rouge de Montiéramey, du XIVe s.

Page ci-contre : le célèbre vitrail du Pressoir mystique, *de Linard Gontier, exécuté en 1625, éclaire la quatrième chapelle du bas-côté gauche.*

Ci-dessous : la nef vue du chœur. À noter le triforium ajouré, caractéristique du gothique rayonnant.

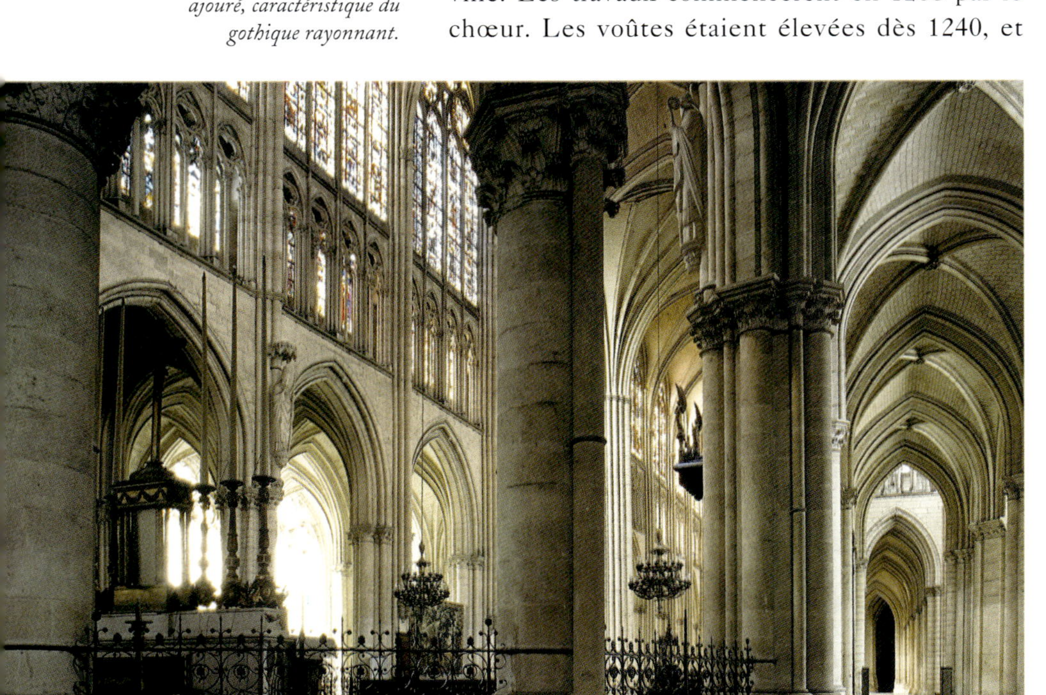

L'œuvre des Chambiges

Au début du XVIe siècle, soit trois siècles après le début des travaux, la façade est enfin mise en chantier sur des plans de Martin Chambiges. Il est alors au faîte de sa renommée. Il vient d'achever les magnifiques portails flamboyants de Beauvais. Il a également travaillé à Sens. Lui succèdent son propre fils Pierre Chambiges et son gendre Jean de Damas. Ils réalisent un chef-d'œuvre : une façade flamboyante en trois parties dans sa largeur, avec une hauteur à trois niveaux : les portails, la rose et les tours. La décoration sculptée a malheureusement disparu à la Révolution. Mais on peut imaginer combien elle devait être exceptionnelle lorsque les niches, le trumeau du grand portail, le grand gâble et le tympan portaient encore statues et bas-reliefs réalisés par des artistes champenois. Privée également de sa statuaire, la façade nord, qu'on qualifiait de Beau Portail pour l'extrême richesse de ses décorations.

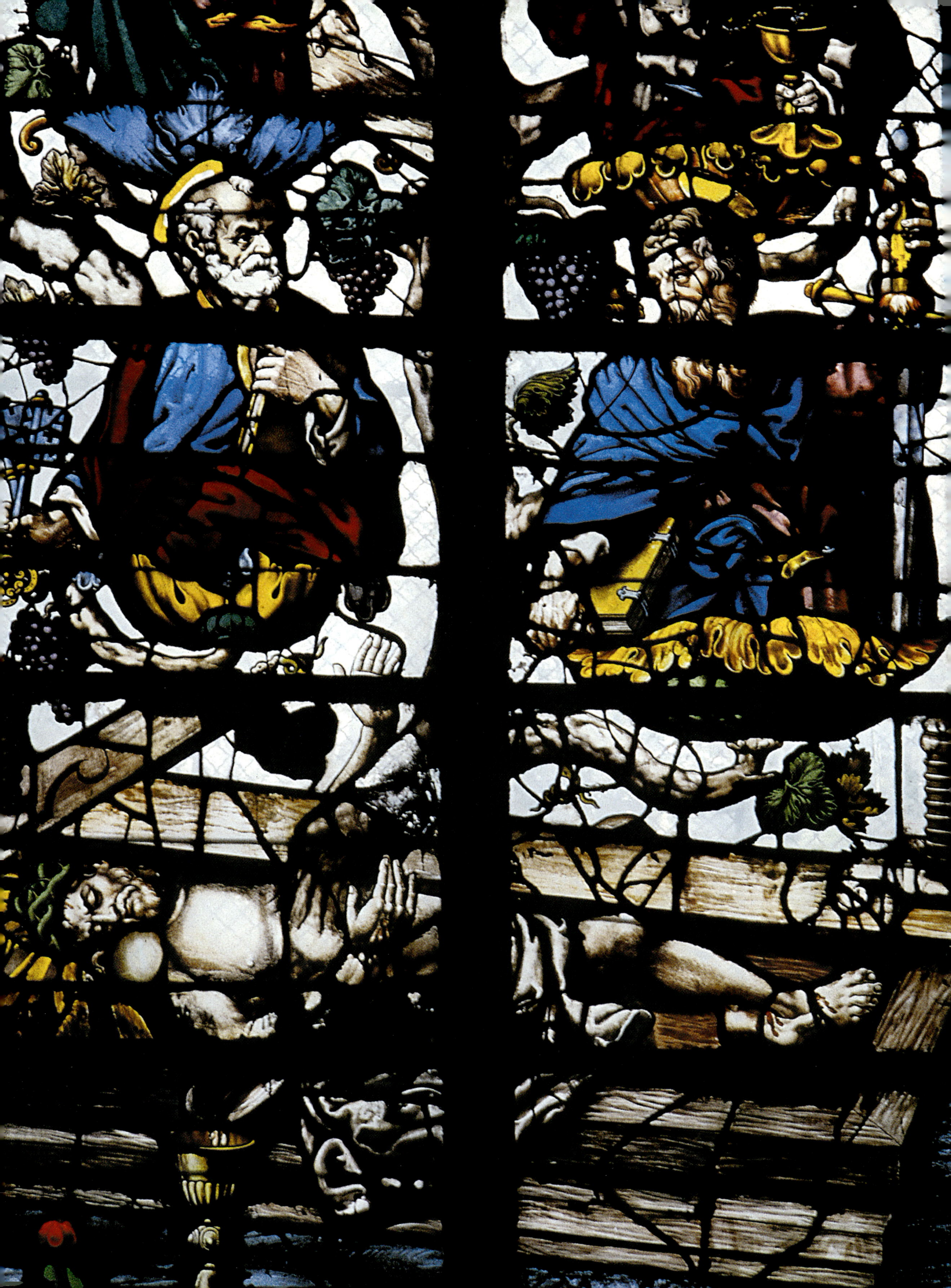

Strasbourg

Notre-Dame, la tête dans les nuages

XIIe-XVe s.

Page de droite : la façade occidentale, dont le décor sculpté a été refait au XIXe s.

Ci-dessous : l'horloge astronomique, œuvre associant les arts, les sciences et les techniques.

Rien de plus logique qu'à un tel carrefour *(Strasse-Burg)*, on ait élevé l'une des plus hautes et des plus belles cathédrales du monde gothique. Une « merveilleuse qui cache sa tête dans les nuages », devait s'exclamer Pie XI. Sa physionomie presque intacte, la couleur de sa pierre en grès rose des Vosges, l'extrême élégance de sa silhouette et ce jeu si subtil d'influences à la fois françaises et germaniques, tout cela donne à Strasbourg une grâce qui n'a pas sa pareille.

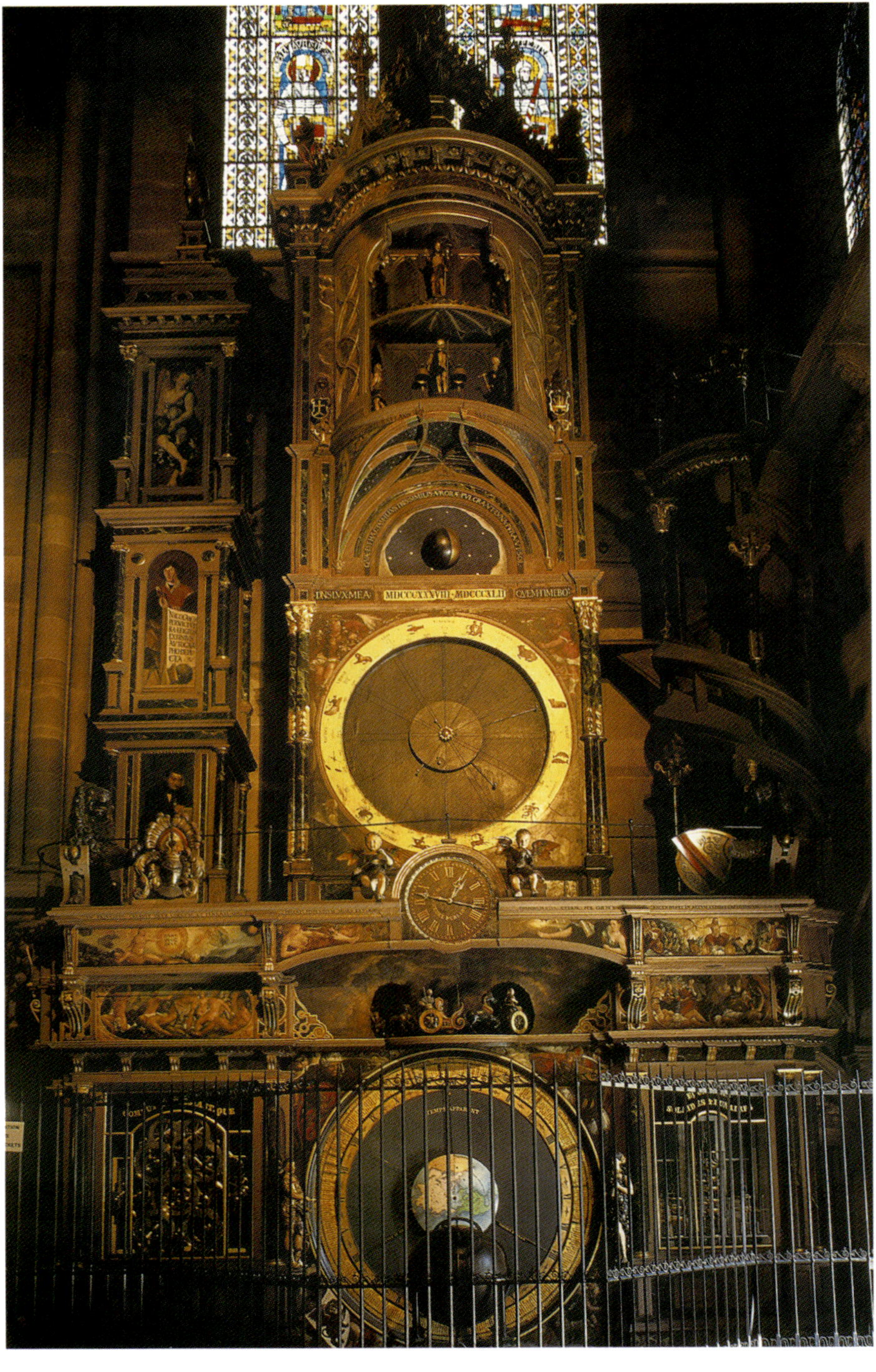

Regardez l'exubérance de son portail, façade dédoublée, dentelle de pierre sur fond plein, œuvre d'Erwin de Steinbach, qu'il n'eut pas le temps de parachever. Elles ne peuvent vous échapper, ces vierges sages et ces vierges folles du portail droit, dont l'une, devant son séducteur, esquisse le geste de dégrafer sa robe. Répondraient-elles comme un écho aux vertus vainquant les vices du portail gauche ? Et puis, voyez cette flèche, haute de 142 mètres, qui résista à tous les bombardements (1870-1944). On dit que Goethe, un beau jour de l'année 1780, escalada la plate-forme dominant les ruelles tortueuses et les toits pointés de la ville. Y laissa-t-il, comme beaucoup d'autres, le souvenir de son nom en graffiti ?

Le Pilier des anges

En 1015, l'évêque de Strasbourg, Wernher de Habsbourg, jetait les bases de la cathédrale actuelle : un vaste édifice couvert d'un toit en charpente : 27 mètres de haut, ce qui était considérable pour l'époque. La nef à collatéraux servit jusqu'en 1240. Mais l'église ne résista ni au temps ni aux incendies. Elle brûla quatre fois pendant l'année 1176. La décision de mettre en chantier une nouvelle cathédrale est prise par l'évêque Henri Ier et son successeur, Conrad II. Pour cela, et pour recueillir les fonds nécessaires, ils créent l'œuvre Notre-Dame, association qui perdure encore aujourd'hui, avec deux missions précises : l'entretien et la restauration de la cathédrale.

Il fallut d'abord étayer le sol par d'énormes piliers en chêne dans cette zone fréquemment inondable. On éleva ensuite le chœur et les bras du transept, les seuls éléments romans de la cathédrale.

Alors que s'érigeait dans le transept sud le fameux pilier des Anges entre 1220 et 1230, perfection la plus sublime de l'art gothique, la ville s'opposait à son évêque d'une manière si violente que les travaux s'interrompirent. Les bourgeois l'emportèrent. Ils eurent ainsi la maîtrise totale du chantier, au point que ni l'évêque ni ses chanoines ne furent plus consultés. En 1225, sous l'impulsion d'un nouvel architecte, le gothique faisait son entrée, dans la nef notamment, ouverte aux fidèles le 7 septembre 1275. Les plans s'inspiraient largement des grandes cathédrales situées plus à l'ouest. Puis, comme à

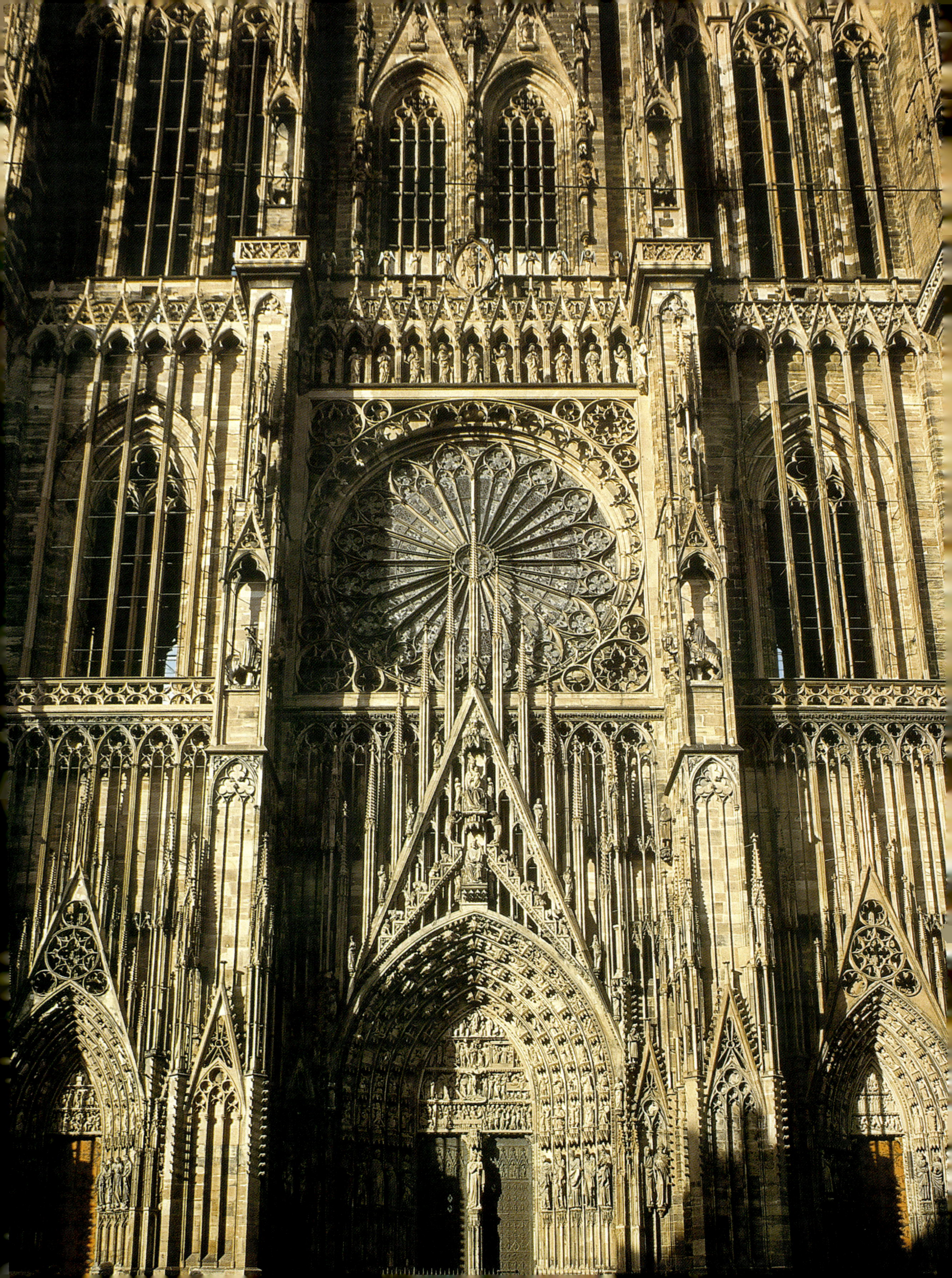

Reims, Amiens ou Paris, il s'agissait enfin d'ériger à Strasbourg une prestigieuse façade, dont la première pierre fut posée par l'évêque Conrad de Lichtenberg en 1277.

LA FAÇADE

À cette façade travailla l'un des plus célèbres architectes de son époque, maître Erwin de Steinbach. La tradition veut qu'on le reconnaisse dans la statue d'un homme jeune et imberbe à gauche du portail central, dans l'une des niches occupées par les prophètes. En mourant, Erwin devait léguer ses biens à l'œuvre Notre-Dame, en l'occurrence peu de choses : sa rente, à laquelle il ajouta son cheval. Il avait créé à Strasbourg la première loge franc-maçonne, possédant sa propre juridiction. Elle devint par la suite la loge maîtresse du Saint-Empire romain germanique. Le musée de l'Œuvre Notre-Dame conserve encore plans et esquisses. On sait qu'il fut projeté ensuite une façade classique, flanquée de deux tours carrées avec flèches. Mais les choses tournèrent différemment ! Les deux tours de la façade sont terminées en 1341. C'est encore

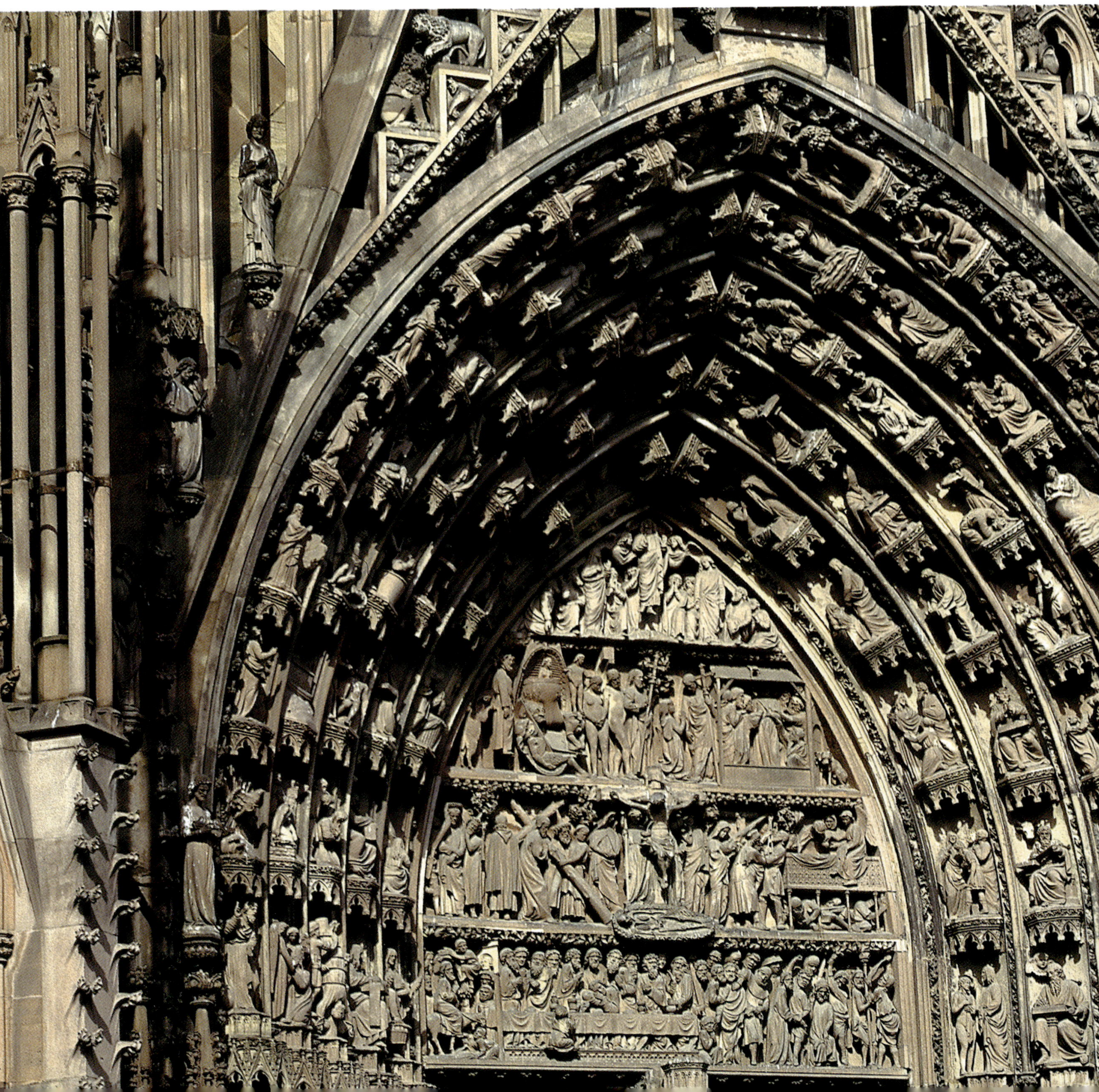

une cathédrale beaucoup trop modeste aux yeux des bourgeois. Il faut savoir que Strasbourg était l'une des plus riches villes de l'Europe germanique. Après avoir secoué la tutelle de son clergé, elle devait prendre ses distances avec l'Empire. Elle le fit en acquérant le statut de ville libre. Et quoi de plus naturel pour les Strasbourgeois que d'exprimer cette nouvelle puissance par une façade encore plus belle, encore plus grandiose que celle prévue par Erwin !
Dans un premier temps, on l'éleva d'un étage au-dessus de la rose, reliant les deux tours entre elles. Ce fut l'œuvre d'Ulrich d'Ensingen. Une façade ? Non, une véritable falaise sculptée, un des plus magnifiques exemples de la décoration gothique du XIVe siècle. Imaginez ! Près de 80 mètres de haut, 35 mètres de large et dépassant de 30 mètres le toit de la nef, fait unique dans l'histoire de l'architecture gothique. Était-ce suffisant ? Pas encore : il y eut ensuite l'élévation de la flèche, qui gâchait sans doute la belle symétrie. Mais quelle audace ! Un jaillissement de pierre comme le trait d'une farouche volonté d'indépendance, œuvre de Jean Hültz : 142 mètres de haut. La plus haute flèche d'Europe jusqu'au XIXe siècle, orgueil des pays rhénans. Le 24 juin 1439, la croix du sommet était enfin posée. Depuis, cet élan ascensionnel fait d'innombrables colonnettes, en aiguilles de pierres et de sculptures, attire irrésistiblement le regard vers le haut d'une flèche aussi vertigineuse.

Bastion de l'orthodoxie luthérienne

Le 20 janvier 1529, sous la conduite du célèbre prédicateur Gerler de Kaysersberg, le conseil des Trois Cents adoptait la Réforme. Strasbourg, qui avait accueilli Gutenberg au XVe siècle, imprimait les œuvres de Luther. La ville devint vite le bastion de l'orthodoxie luthérienne. Et c'est ainsi que le culte protestant remplaça dans la cathé-

À NE PAS MANQUER
La façade,
le portail
de l'Horloge,
le portail
Saint-Laurent,
la flèche,
la nef,
le chœur,
les vitraux,
la chaire,
l'orgue,
le pilier des Anges,
l'horloge astronomique,
les tapisseries.

Ci-contre : le tympan du portail central.

Ci-dessous : la mort de la Vierge, façade sud. C'est l'un des chefs-d'œuvre de la sculpture gothique (vers 1230).

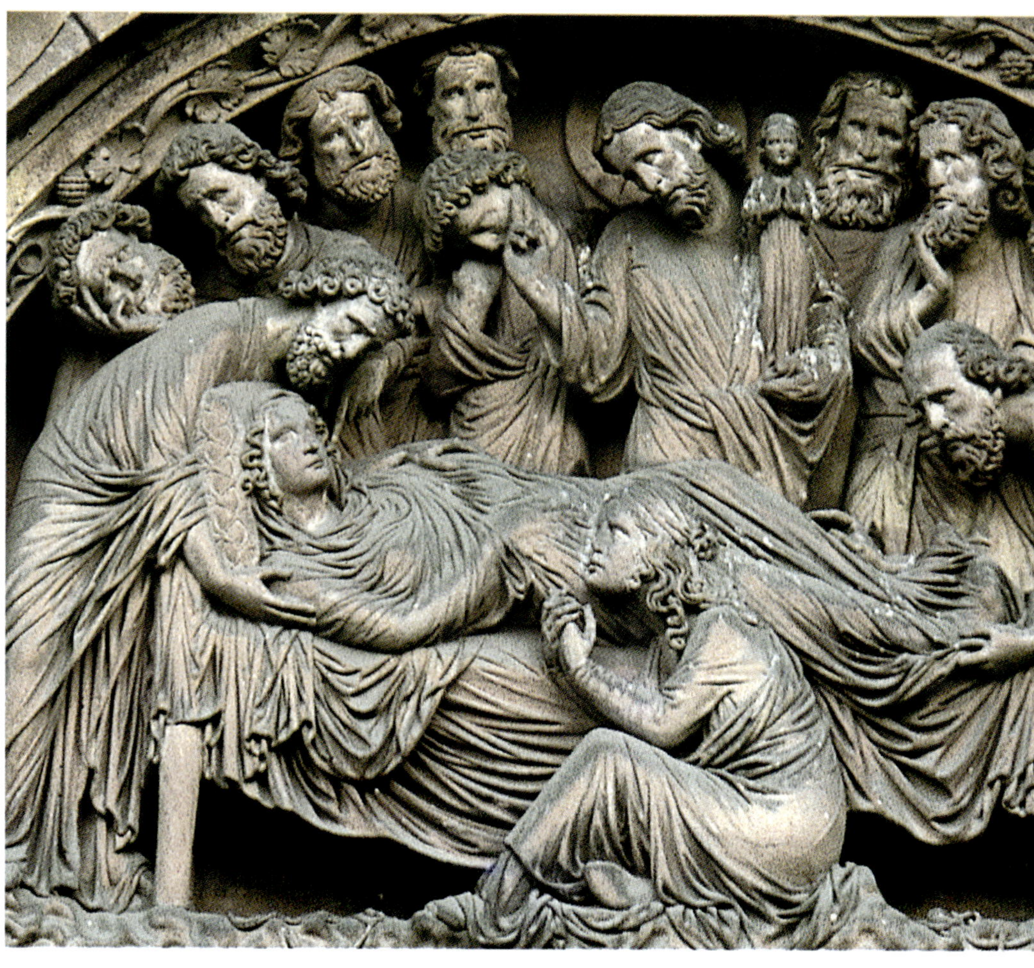

drale les cérémonies catholiques. On se débarrassa de la plupart des statues. Mais le jubé du XIIIe siècle et le maître-autel furent conservés.
Quelques années plus tard était installée l'une des grandes curiosités de la cathédrale, la fameuse horloge astronomique, dont le mécanisme fut restauré en 1838. Extraordinaire technique ! Alors que la mort sonne les heures, le premier quart d'heure est frappé par l'enfant, le deuxième par l'adolescent, le troisième par l'homme et le dernier par le vieillard.
La guerre de Trente Ans mettait un terme à l'indépendance de cette prestigieuse cité, de cette république libre telle qu'elle se qualifiait. Le 30 septembre 1681, Strasbourg se soumettait. Elle offrait à Louvois son acte de capitulation, réussissant cependant à conserver l'ensemble de ses privilèges. Après avoir été purifiée et réconciliée par l'évêque de Strasbourg, François Égon de Furstenberg, la cathédrale était rendue au culte catholique.
Pendant la Révolution, l'ordre fut donné d'abattre toutes les statues. Deux cent trente-cinq furent détruites ; soixante-sept purent être sauvées. Elles sont aujourd'hui au musée de l'Œuvre Notre-Dame, remplacées sur l'édifice par des copies. La flèche, quant à elle, évita la destruction par un subterfuge : elle fut coiffée d'un gigantesque bonnet phrygien en tôle peinte.

La mort de la Vierge

Parmi tant de trésors, les plus pathétiques, sans doute, sont un tympan sculpté, l'un des deux de la double porte de la façade sud, représentant la mort de la Vierge, et les deux statues qui encadraient ce portail, à gauche *l'Église* et à droite *la Synagogue* (ces deux statues sont conservées au musée de l'Œuvre Notre-Dame). Au tympan, on reconnaît les apôtres entourant le lit sur lequel repose la Vierge. Le Christ est là. Il bénit sa mère et tient, dans ses bras, un jeune enfant, symbole de la pureté de l'âme de la Vierge, prête à s'élever dans le ciel. Delacroix en fit un moulage, qu'il fit placer près de lui au moment de sa mort !

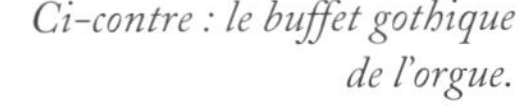

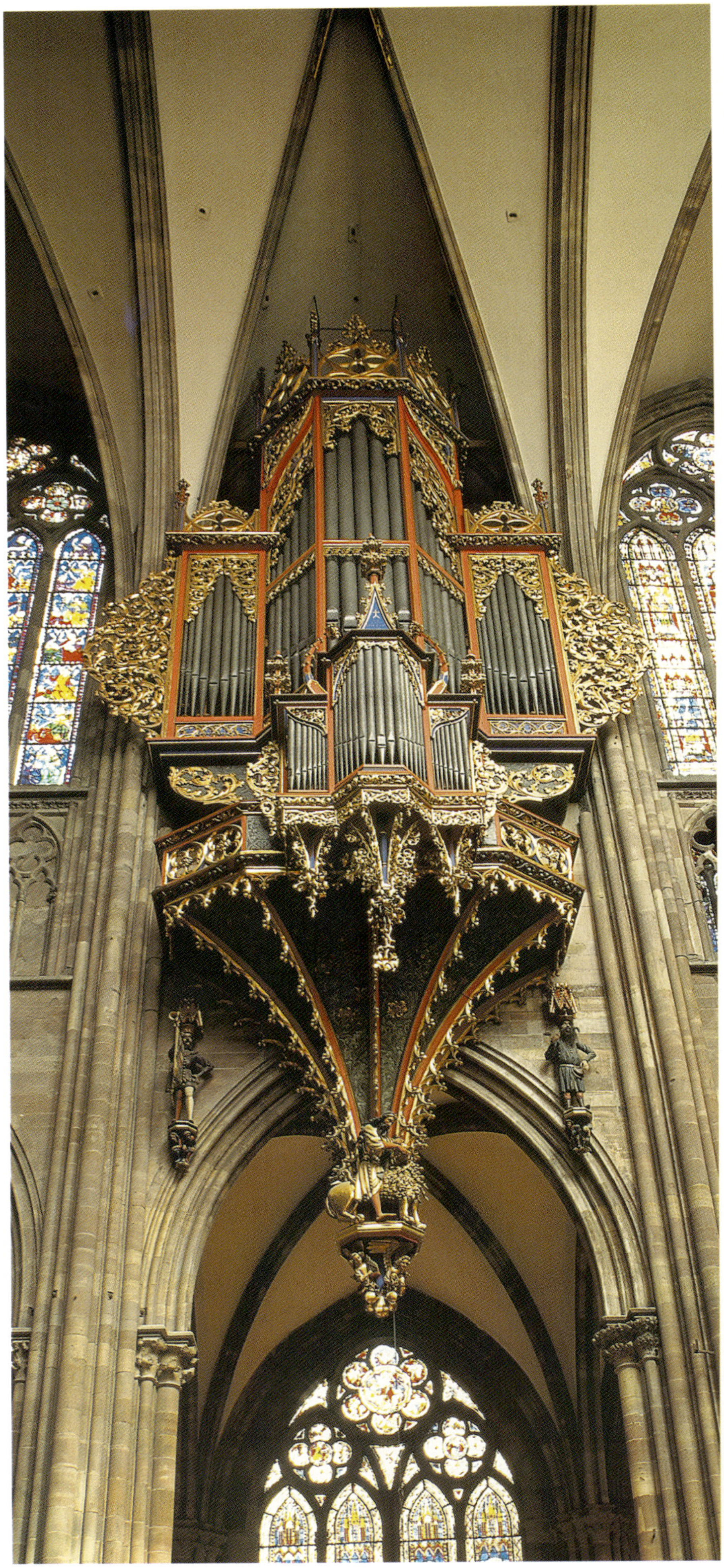

Ci-contre : le buffet gothique de l'orgue.

Page ci-contre : le pilier des Anges.

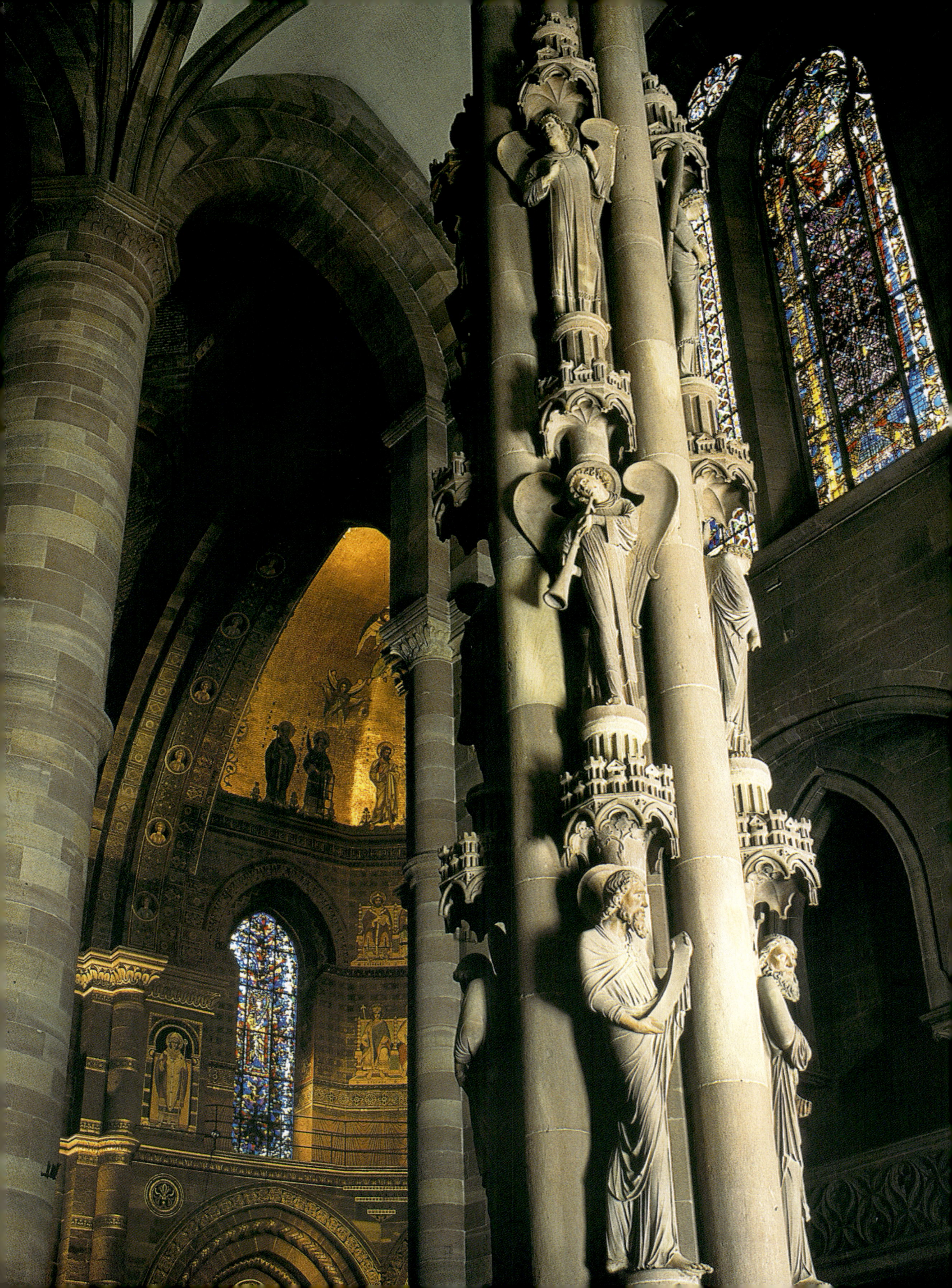

Metz

Saint-Étienne, la lanterne du Bon Dieu

XIIIe-XVIe s.

À NE PAS MANQUER
LES TOURS,
LES PORTAILS,
LA NEF,
LE CHŒUR,
LES VERRIÈRES,
LE TRANSEPT,
LE TRÔNE ÉPISCOPAL,
LA CRYPTE,
LA MISE AU TOMBEAU,
LE GUEULARD,
LE GRAOULLY,
LE TRÉSOR.

Quarante ans de guerre entre les Habsbourg (Charles Quint) et la France (François Ier et Henri II) pour aboutir au traité du Cateau-Cambrésis en 1559. Il donnait à l'Autriche le Milanais ; à la France, Calais et une partie de la Lorraine, avec en prime un mariage, celui d'Élisabeth, fille d'Henri II, et de Philippe II, fils de Charles Quint. La France prenait ainsi possession des trois célèbres évêchés lorrains de Metz, Toul et Verdun, dotés chacun de somptueuses cathédrales. Mais celle de Metz est sans doute la plus grandiose et la plus originale, construite en pierre dorée, cette belle pierre de Jaumont, entre le XIIIe et le XVIe siècle.

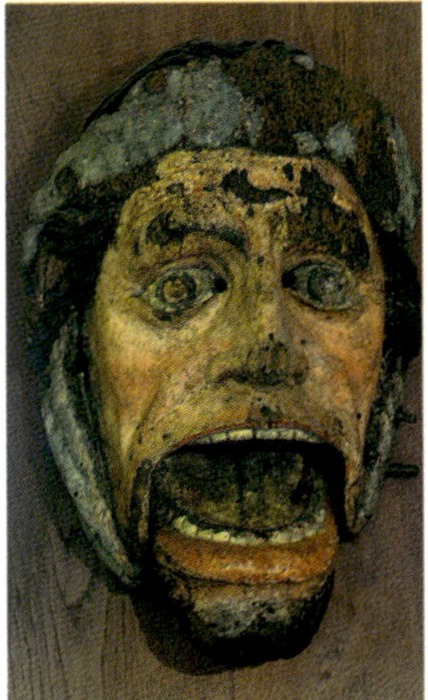

Ci-dessus : le « Gueulard », tête en bois sculpté des orgues du XVe s, qui ouvrait la bouche selon la note.

Ci-contre : le trône épiscopal de saint Clément, en marbre, de l'époque mérovingienne.

LA RÉUNION DE DEUX ÉGLISES

Elle est en fait la réunion, en 1220, sous une voûte commune, de deux églises séparées par une simple ruelle, mais orientées différemment. D'un côté, l'ancienne cathédrale Saint-Étienne, terminée depuis le XIe siècle ; de l'autre, l'église collégiale Notre-Dame-la-Ronde, dont le chœur, à la deuxième travée du bas-côté droit, est devenu simple chapelle. La nouvelle nef ne fut terminée qu'à la fin du XIVe siècle, et sa hauteur de près de 42 mètres sous les voûtes est accentuée encore par l'utilisation d'arcs très aigus. Tout semble avoir été conçu pour donner cette impression d'élan vertical. Regardez l'étroitesse et la faible hauteur des bas-côtés. Admirez aussi le triforium ajouré au-dessus duquel se développent les fenêtres hautes. Un siècle encore fut nécessaire pour que le clocher de bois soit remplacé, à la fin du XVe siècle, par une tour de pierre couronnée d'une flèche délicatement et merveilleusement ouvragée. C'est elle qui servit de beffroi à la ville en abritant la fameuse cloche dite « la Mutte », du mot ameuter, la première fondue au XIVe siècle, la seconde en 1605, pesant près de 10 tonnes, celle-là même qui sonna sinistrement la capitulation de 1870 et l'annexion de Metz à l'Allemagne.

En 1764, un portail occidental neuf avait été construit, en mémoire du voyage et de la maladie de Louis XV à Metz. Il comportait d'imposantes

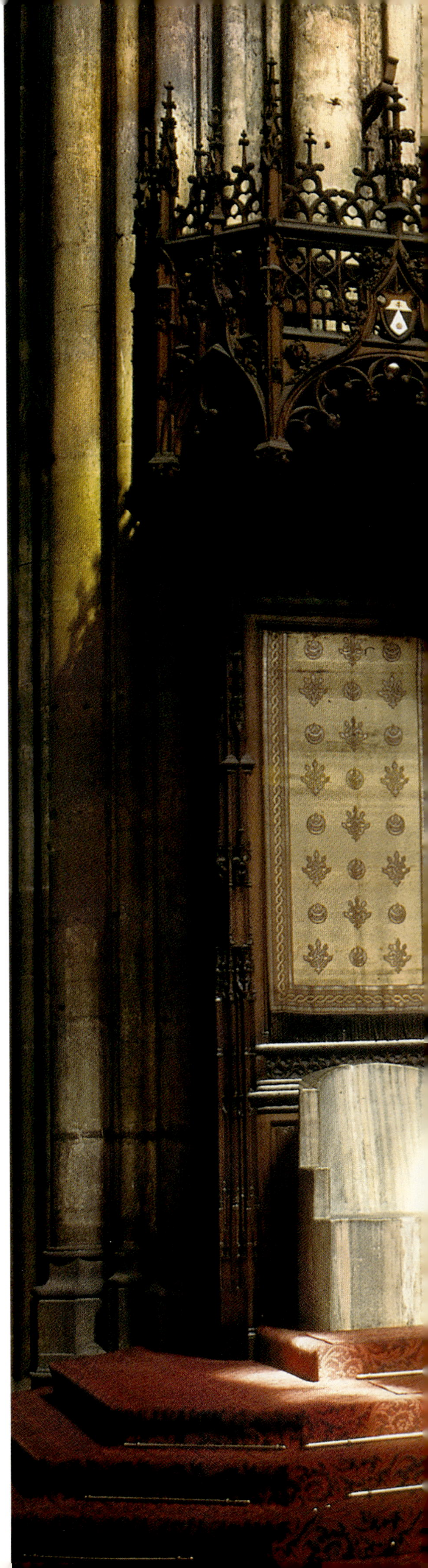

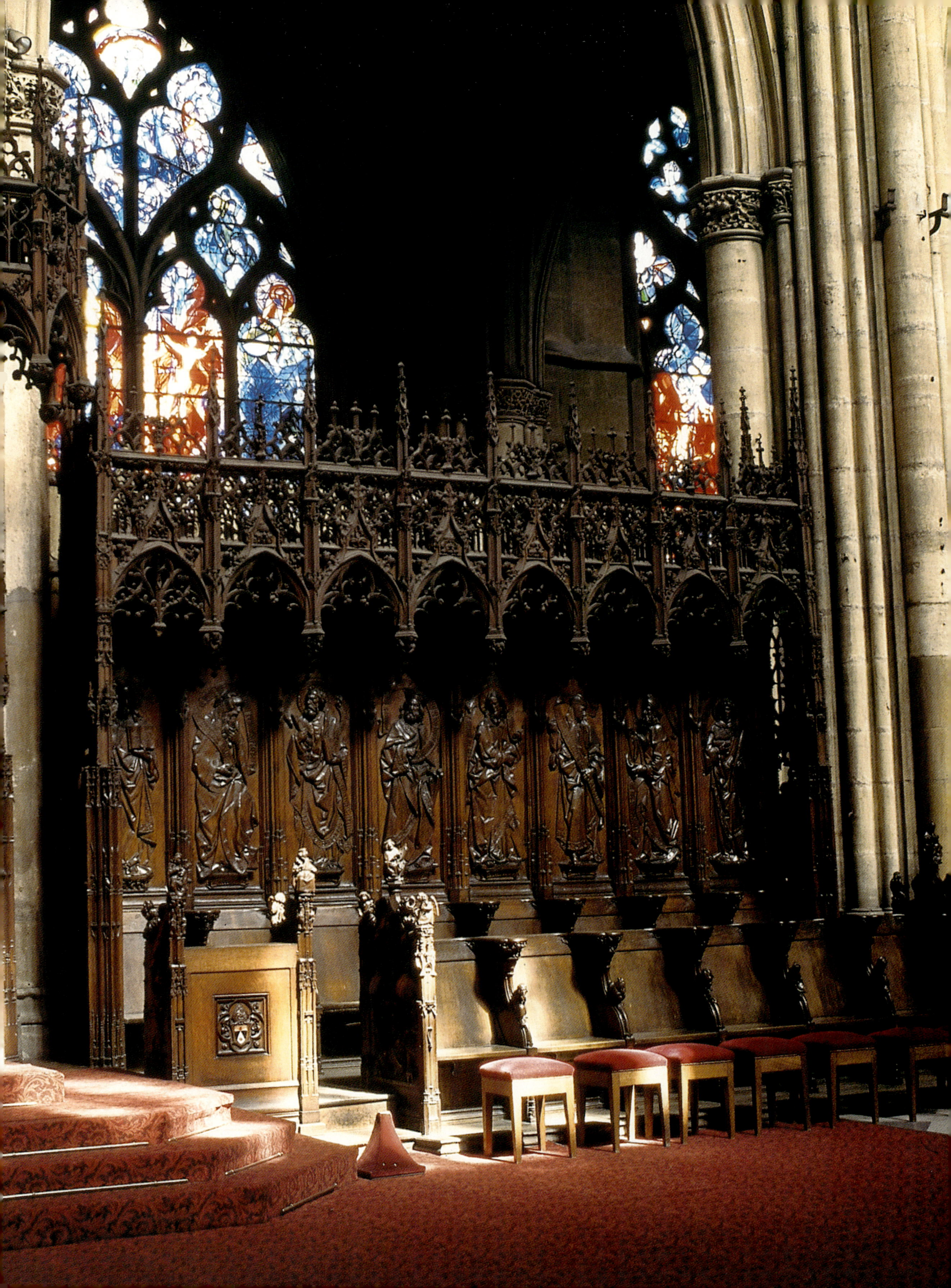

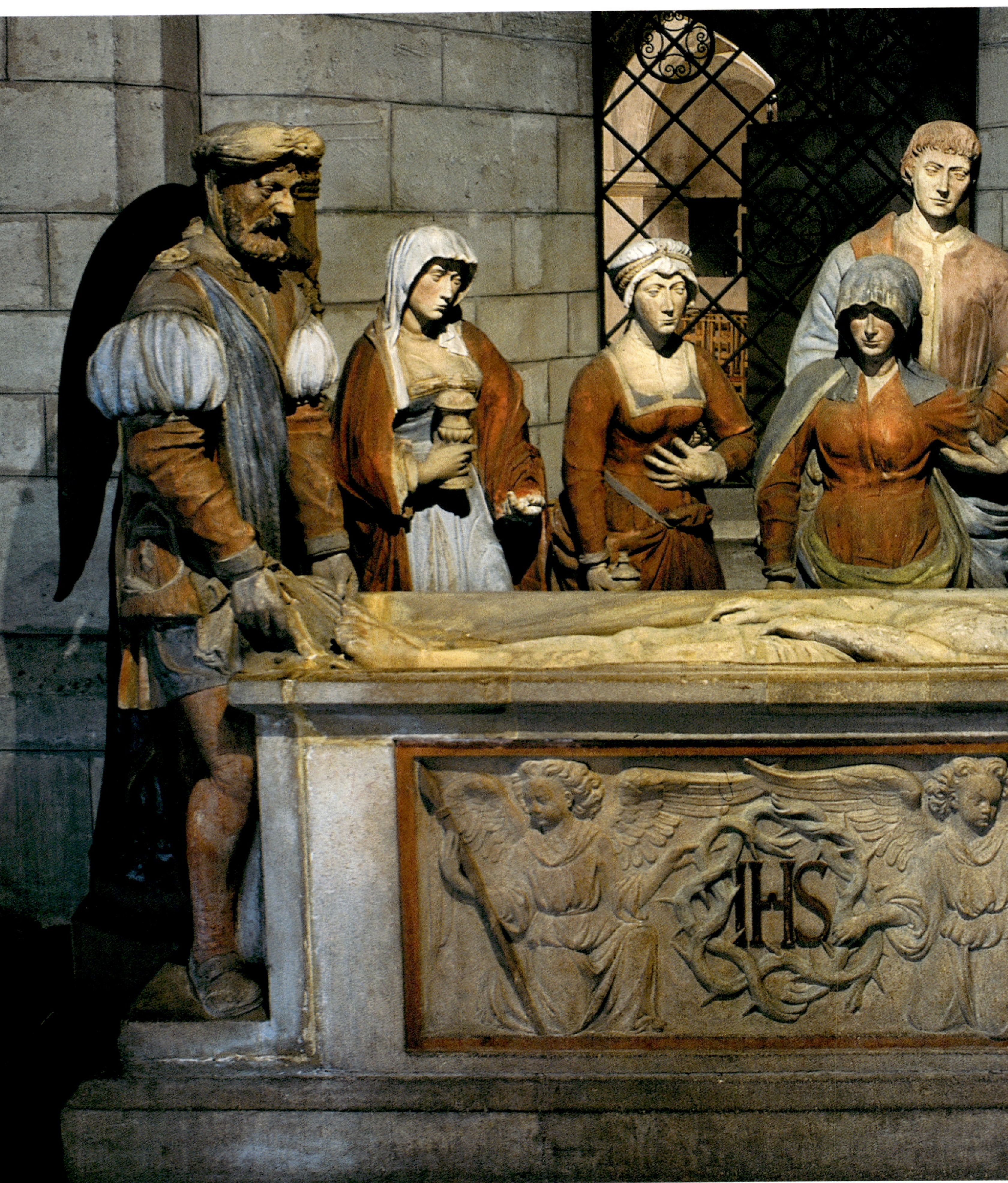
IHS

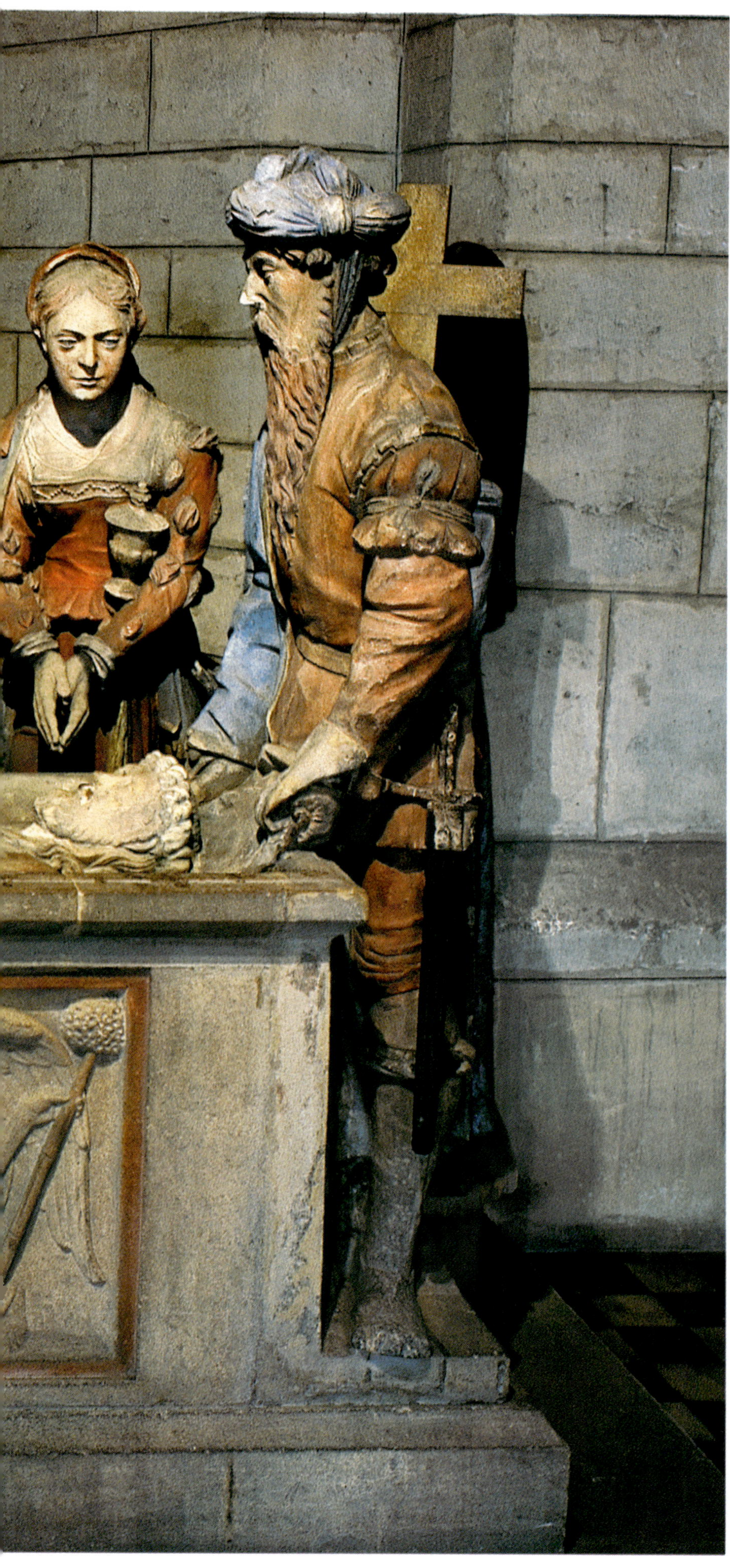

colonnades, flanquées de chaque côté de deux statues représentant la France et la religion. Les empereurs allemands l'ont supporté pendant vingt-sept ans puis ont craqué ! Guillaume II l'a fait démolir en 1898 et remplacer par un portail néogothique, œuvre de l'architecte allemand Tornow, inauguré en 1903. C'est la propre image de l'empereur qui fut utilisée pour représenter le prophète Daniel. Mais, en 1940, n'ayant plus les moyens de démolir le portail, on a retiré à Daniel son imposante moustache !
C'est le même architecte qui a dirigé les travaux de reconstruction de la toiture, ravagée par un incendie déclenché par un feu d'artifice tiré en 1877 lors de la visite de Guillaume Ier.

Les verrières

La cathédrale de Metz possède plus de 6 000 mètres carrés de verrières ! Cette surface est sans équivalent, au point que la cathédrale fut surnommée la lanterne du Bon Dieu. Faudrait-il alors égrener comme autant de trésors le nom des grands maîtres verriers qui y travaillèrent, comme Théobald de Lyxhien ou Valentin Boush ? La plupart sont pourtant restés anonymes. Et que dire de la splendide rose ornant la façade, œuvre de « Me. Herman li varier de Munster », en Westphalie, au commencement du XVe siècle ? Il convient aussi de s'arrêter dans la première travée du bas-côté gauche devant cette Vierge à l'Enfant du XVIe siècle, Notre-Dame-de-Bon-Secours, chère aux Messins.
Lorsque le transept et le chœur furent surélevés, au XVIe siècle, ils étaient magnifiquement éclairés par d'impressionnants vitraux atteignant des proportions stupéfiantes : 33 mètres de haut et près de 13 mètres de large. Il convient néanmoins d'admirer, notamment dans les bas-côtés sud, des verrières des XIIIe et XIVe siècles ; sans oublier celles que Marc Chagall a réalisées entre 1960 et 1963. On peut voir ses œuvres inspirées de l'Ancien Testament dans le déambulatoire de gauche, et notamment ses fameuses scènes du Paradis terrestre.
La cathédrale de Metz recèle encore d'autres curiosités. Dans la crypte se trouvent le « Graoully », mentionné dans *Pantagruel* par l'ancien habitant de Metz qu'était Rabelais, ainsi que le « Gueulard » provenant des orgues.

Ci-contre : dans la crypte, Mise au tombeau du XVIe s. L'œuvre est poignante parce que d'un art retenu, modérant ses effets.

Toul

Saint-Étienne, une façade flamboyante

XIIIe-XVIe s.

À NE PAS MANQUER
LA FAÇADE,
LA NEF,
LA CHAPELLE RENAISSANCE,
LES PIERRES TOMBALES,
LE CLOÎTRE,
LA SALLE DU CHAPITRE,
L'ANCIEN PALAIS ÉPISCOPAL.

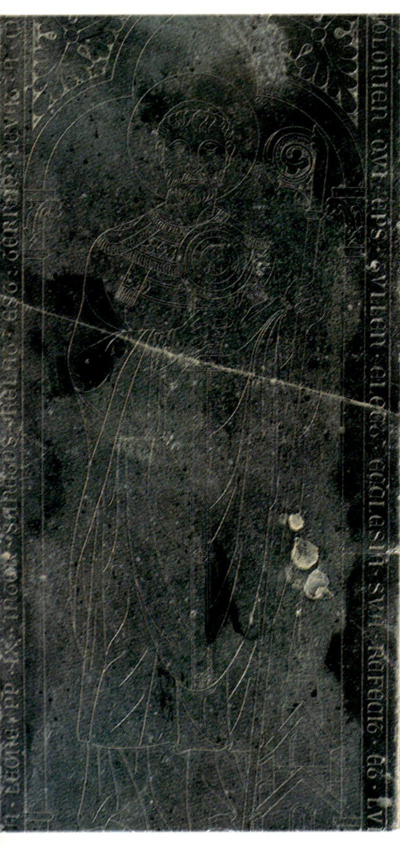

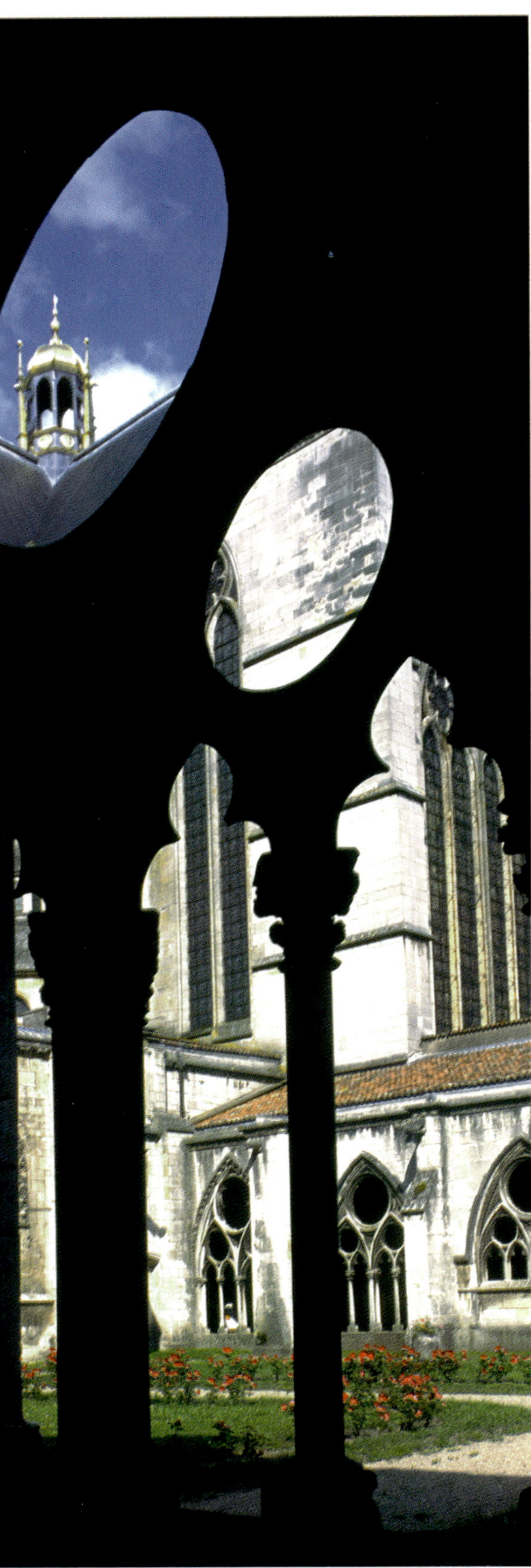

Ci-dessus : plus de 120 pierres tombales, datées du XIIIe au XVIIIe s., forment le sol de la cathédrale. Elles abritent les corps de bienfaiteurs ou d'ecclésiastiques.

Ci-contre : le cloître gothique, de 54 m sur 42 m, l'un des plus grands de France, a été élevé aux XIIIe et XIVe s.

Page ci-contre : la façade a été édifiée dans le style flamboyant. Elle est flanquée de deux tours de 66 m de haut.

Un passé prestigieux ! Tulum l'antique, siège d'un évêché de 365 à la Révolution, gouverné par ses évêques dès le XIe siècle, Toul est surtout connu pour être l'un des trois évêchés qui, avec Metz et Verdun, furent annexés à la France par Henri II en 1552. Il en reste la belle cathédrale Saint-Étienne, dont la première pierre fut posée en 1221. Elle s'achève trois siècles plus tard par la façade de style flamboyant tardif. Dès 1778, le diocèse était démembré au profit de Saint-Dié et de Nancy. Il fut définitivement supprimé en 1807.

UN TRANSEPT PLEIN DE LUMIÈRE

Le chœur sans déambulatoire et le très vaste transept sont du XIIIe siècle, la nef et les bas-côtés du XIVe siècle. L'intérieur présente la même élégance, le même élan ascensionnel que la cathédrale de Metz, sous l'influence du gothique champenois, qui atteint là une certaine perfection. L'architecte avait dû travailler sur le chantier de Reims, à tel point que les spécialistes n'hésitent pas à l'appeler Maître rémois. Des voûtes hautes de 36 mètres viennent soutenir des arcs-doubleaux incroyablement aigus. La nef de huit travées est dépourvue de triforium, et pourtant chaque fenêtre haute possède son passage à la manière de certains édifices bourguignons.
De part et d'autre de la nef, deux belles chapelles de la Renaissance – la chapelle de Tous-les-Saints et celle des Évêques ; celle de droite est munie d'une curieuse coupole à caissons. Noter dans le croisillon nord le grand vitrail exécuté en 1503 et, notamment dans le transept, le dallage de la cathédrale, largement constitué de pierres tombales.

UNE FAÇADE FOISONNANTE

Mais le plus remarquable à Toul reste l'incroyable façade flanquée de deux tours octogonales. Elle fut élevée entre 1460 et 1500 d'après le projet de Tristan de Hattonchâtel ; mutilée à la Révolution, elle ne fut épargnée ni en 1870 ni en 1940. Avec ses ouvertures en ogives transpercées de gâbles effilés, elle impressionne par son élan. Enfin, par le petit portail, place des Clercs, on accède au cloître, des XIIIe et XIVe siècles, l'un des plus vastes de France.

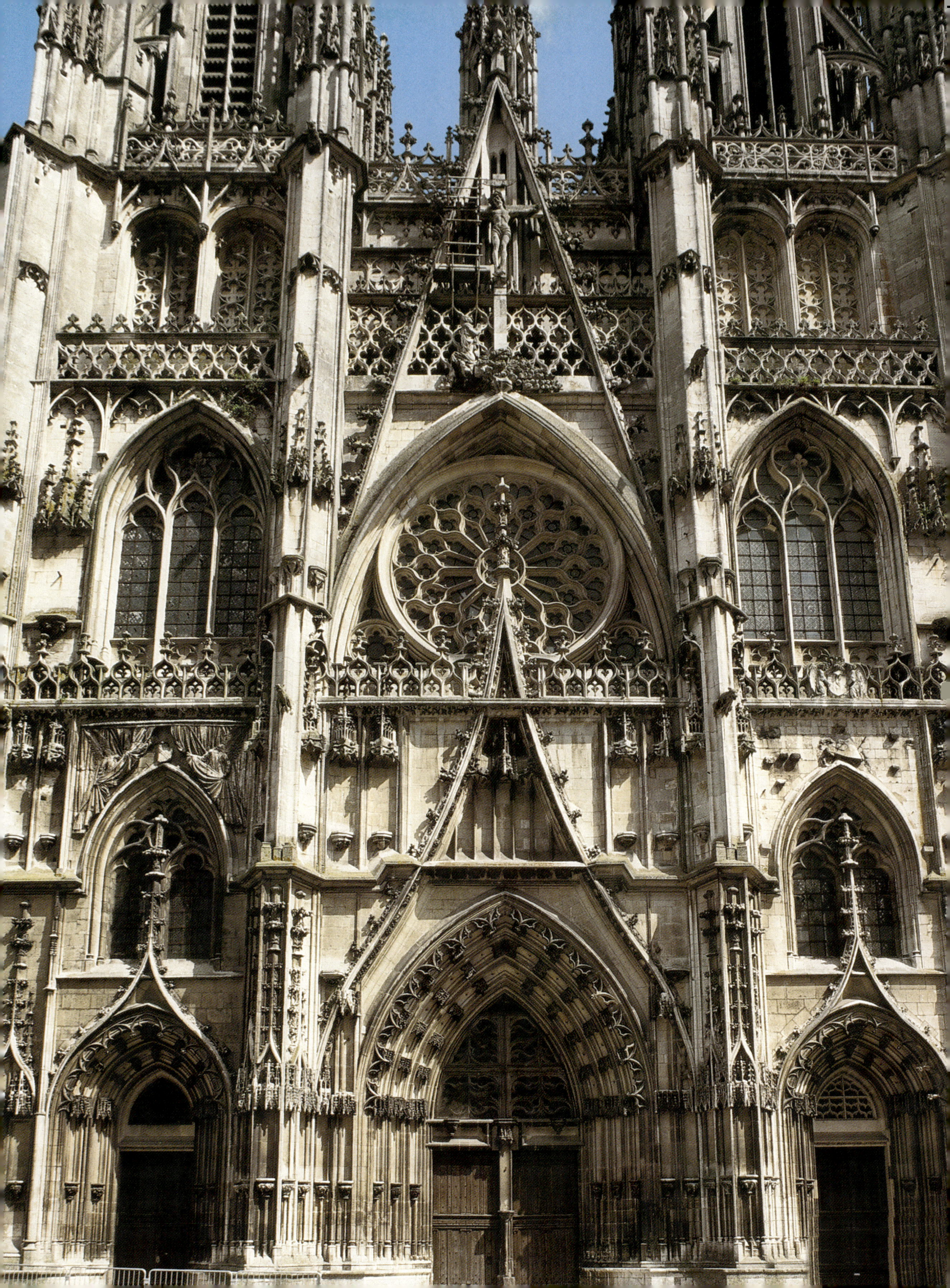

Châlons-en-Champagne

Saint-Étienne, un gothique très pur

XIIIe ET XVIIe S.

À NE PAS MANQUER
LA FAÇADE NORD,
LA NEF,
LE MAÎTRE-AUTEL,
LES DALLES FUNÉRAIRES,
LE CHRIST AUX LIENS,
LE CHRIST AU TOMBEAU,
LE TRÉSOR.

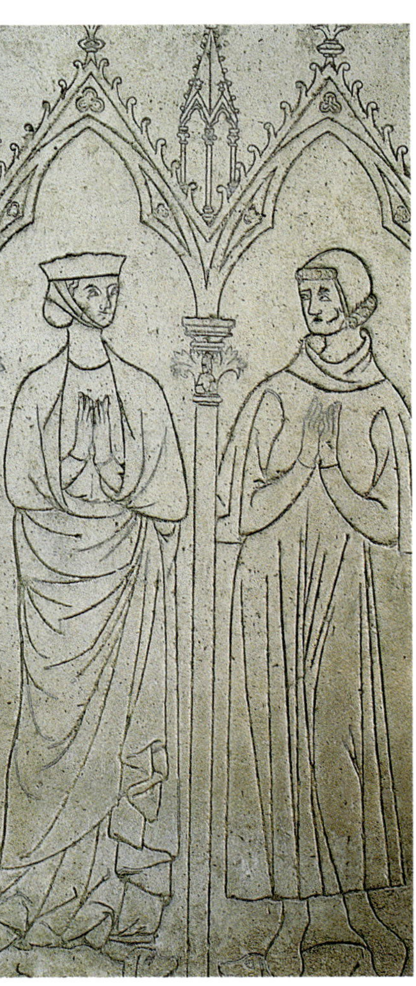

Ci-dessus : une des dalles funéraires gothiques du chœur.

Ci-contre : le bas-côté de la nef vu depuis le transept.

Page ci-contre : rose et claire-voie éclairant le bras nord du transept (XIIIe s.)

Sans aucun doute, Châlons est un bel exemple du gothique champenois à son apogée. L'extérieur, d'aspect sévère et massif, présente des façades latérales remarquablement rythmées par une double volée d'arcs-boutants et d'immenses verrières.

La ville, érigée très tôt en comté, est dirigée par ses évêques. L'incendie de 1230 décide le chapitre à reconstruire la cathédrale. De l'édifice précédent est préservée la vigoureuse tour romane du croisillon nord. Dans sa salle basse, elle abrite aujourd'hui le trésor, qui possède quelques très rares vitraux restaurés datant du XIIe siècle et une splendide cuve baptismale en pierre bleue de Tournai, du XIIIe siècle.

La nouvelle cathédrale est commencée par le chœur et continuée par sept travées de nef… puis les travaux s'interrompent. On ferme la nef par un mur provisoire. C'est dans ce cadre que furent reçus Jeanne d'Arc et Charles VII le 14 juillet 1429. C'est là que Jeanne d'Arc a dit : « Je n'ai peur de rien si ce n'est de la trahison. »

En 1624, l'évêque décide d'en finir avec les travaux et de rouvrir le chantier de la nef. Bien avant le XIXe siècle, qui en a beaucoup usé, il a réalisé là un néogothique fort intéressant et qu'on souligne rarement ! Il faut un œil avisé pour comprendre que les 96 mètres des neuf travées n'ont pas tous le même âge. Les vitraux du XIIIe siècle se trouvent évidemment à la rosace du croisillon nord et sur les hautes fenêtres du chœur. Le portail actuel, lui, fut construit en 1628, selon la mode de l'époque.

En 1668, le 18 janvier, la foudre s'abat sur la flèche de la tour nord (une flèche construite en 1520, haute de 95 mètres et faite de bois recouvert de plomb). On imagine l'ampleur de l'incendie qui s'ensuivit. Les charpentes furent consumées et la voûte du chœur détruite. Même la crypte fut partiellement touchée. Un nouveau chœur fut reconstruit ainsi que l'impressionnant maître-autel à baldaquin, signé Jules Hardouin-Mansart. En 1793 recommencent les calamités, la cathédrale est saccagée. Elle est rouverte, en 1801 mais dépouillée de son titre au profit de Meaux. Rétablie dans sa fonction de cathédrale en 1822, elle est longuement restaurée dans les années 1850. Autour du chœur, tels d'étonnants ex-voto, des pierres tombales des XIIe et XVIe siècles ont été relevées pour y être exposées. Dans la chapelle du déambulatoire, une peinture sur bois du XVe siècle représente la consécration de la cathédrale par le pape Eugène III.

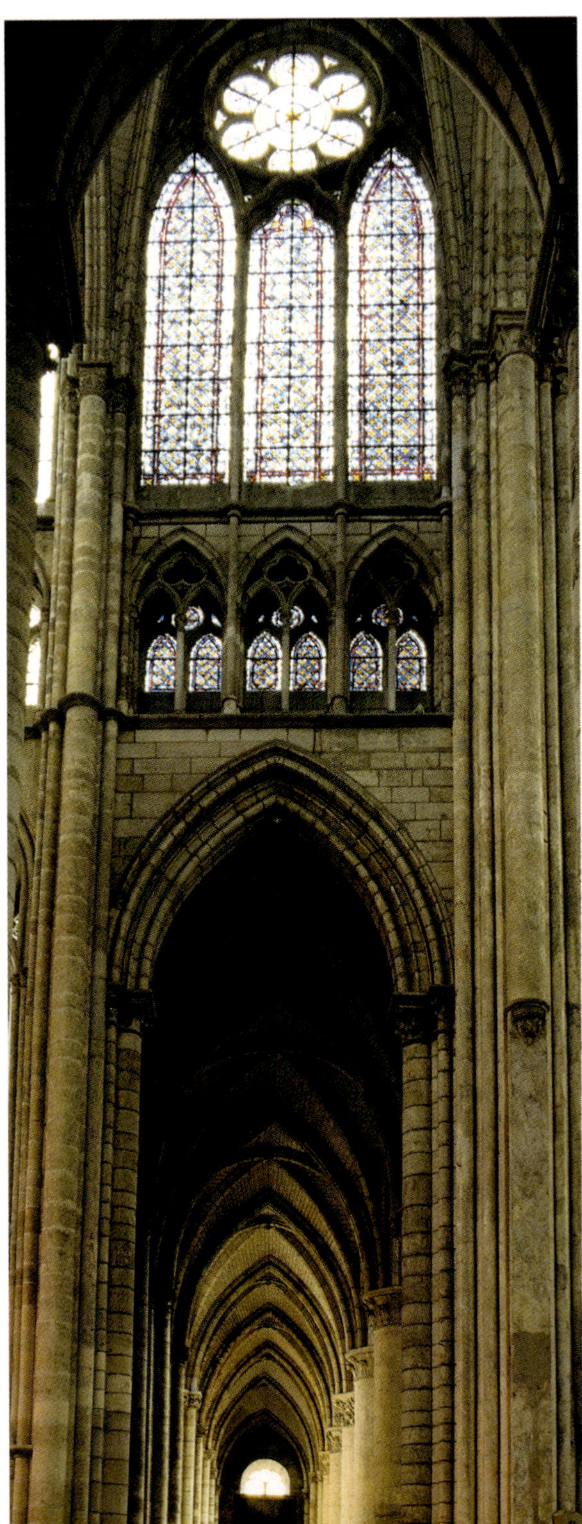

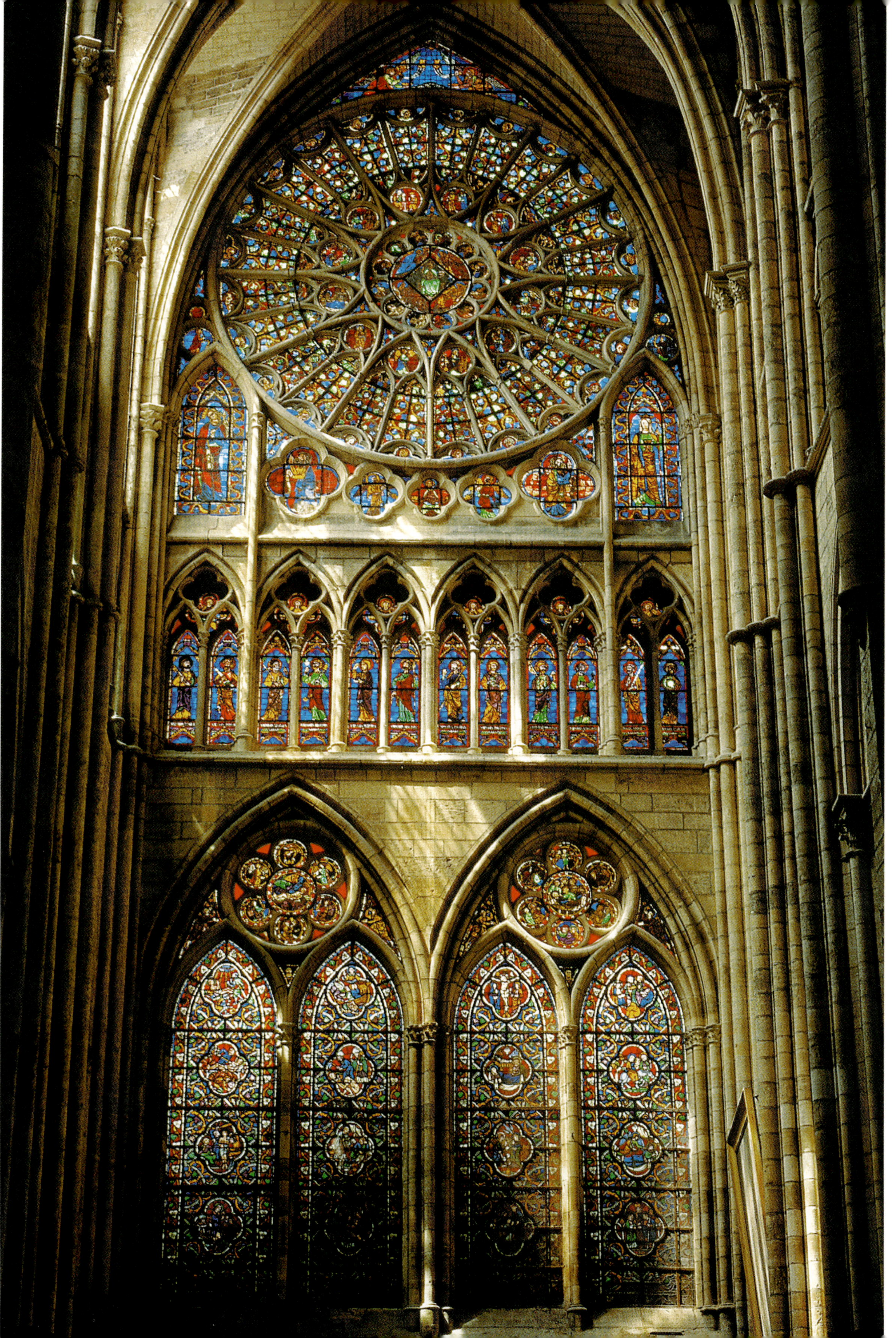

Reims

Notre-Dame, cathédrale de tous les sacres

XIIIe-XVe S.

À NE PAS MANQUER
LA FAÇADE OCCIDENTALE,
LES PORTAILS,
L'ANGE
DE L'ANNONCIATION,
L'ANGE AU SOURIRE,
LE REVERS DE LA FAÇADE
OCCIDENTALE,
LES VITRAUX,
L'HORLOGE ASTRONOMIQUE.

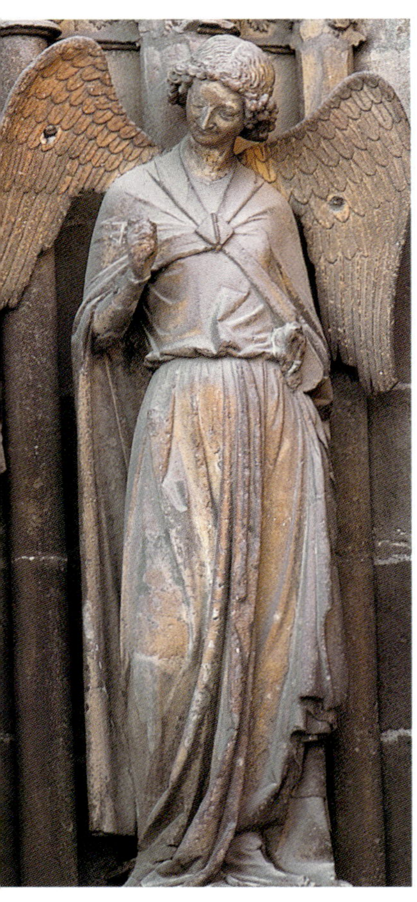

Ci-dessus : l'Ange au sourire (façade occidentale), portail gauche, ébrasement gauche (vers 1250).

Ci-contre : la façade occidentale aujourd'hui.

Pages suivantes : la résurrection des corps (portail du Jugement dernier, transept gauche).

Une cathédrale fut construite vers l'an 820, presque aussi grande que la cathédrale actuelle. Fait quasi unique, on connaît le nom du premier architecte, un serf nommé Rumald, « habile dans l'art de l'architecture ». Un chroniqueur rémois, Flodoard, a loué « les voûtes et murailles décorées de peintures et dorures éclatantes, les pavés de marbre et de mosaïque, les verrières de couleur, les tapisseries et les riches vases en or et en argent ». Avec tours, tourelles et créneaux, elle avait une allure de forteresse. On pense que le petit portail roman du transept nord de la cathédrale actuelle est un vestige de cette cathédrale carolingienne. Cet édifice est terminé vers 860 par un archevêque auquel Reims doit d'être devenue ville du sacre, Hincmar.

Cathédrale royale ! De tous les pores de ses pierres, Reims exhale l'histoire de France. Alors, comment oublier le côté « monument national » quand tant de rois y furent sacrés ? Leurs gigantesques effigies qui, au troisième étage, barrent la grandiose façade, sont là pour nous le rappeler. Prééminence unique, ils sont placés au-dessus des évêques, qui, habituellement, se veulent toujours au-dessus des rois.

LE SOURIRE DE REIMS

Combien sont-ils ces personnages sacrés, personnages de légende et tous les autres, à tenir leur place, humble ou prestigieuse, dans la cohorte des statues ? On en aurait dénombré deux mille trois cents, anges aux ailes déployées, gardiens oubliés à l'expression indicible du bonheur, ébauchant l'amorce d'un sourire. Car c'est ici, à Reims, que pour la première fois, hommes et anges de pierre ont souri aux hommes de chair. Des joues, des lèvres dessinées pour le sourire. Voilà donc le grand message de Reims, le défi que lançaient, il y a plus de sept siècles, les sculpteurs du gothique : portraiturer la joie. Une joie communicative qui se répandit à travers toute l'Europe comme une traînée de poudre. Le sourire de Reims, le sourire de l'ange qui, en guise de bienvenue, accueille ses visiteurs au portail de gauche à l'entrée de la cathédrale. À quoi doit-il sa célébrité ? À cette esquisse

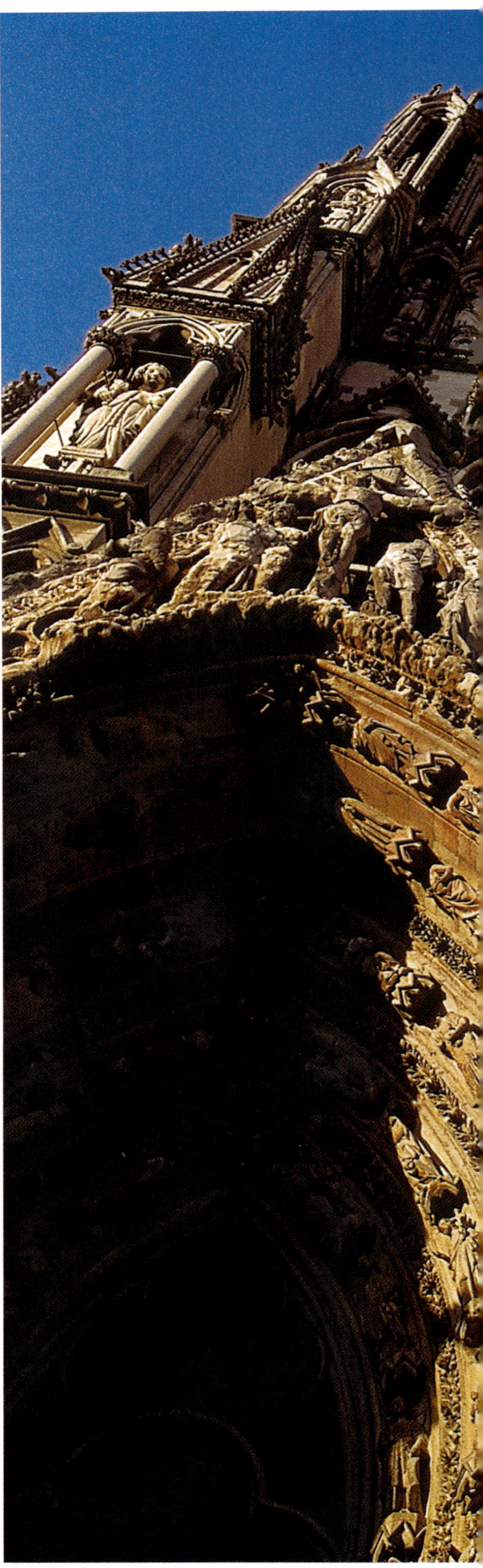

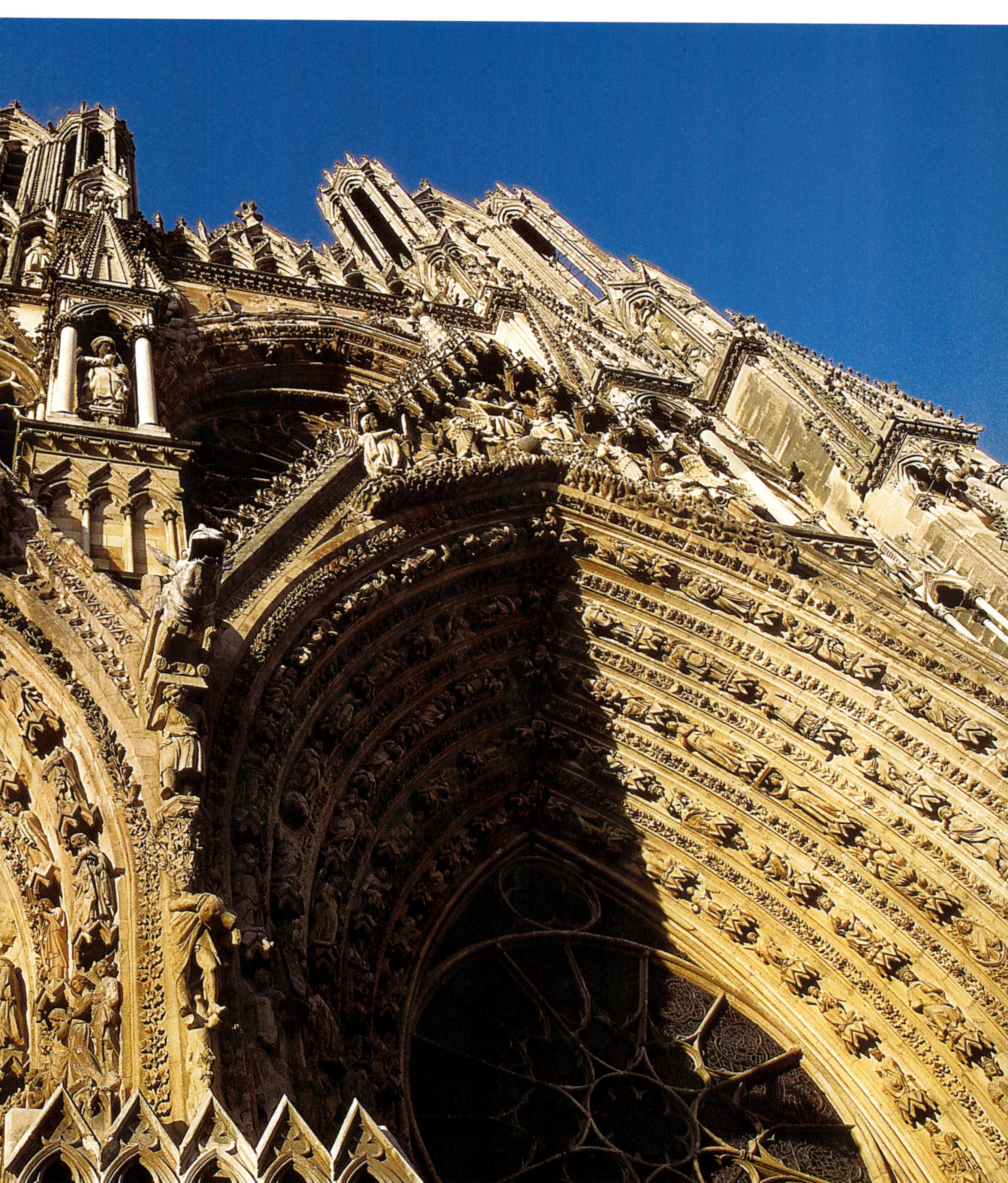

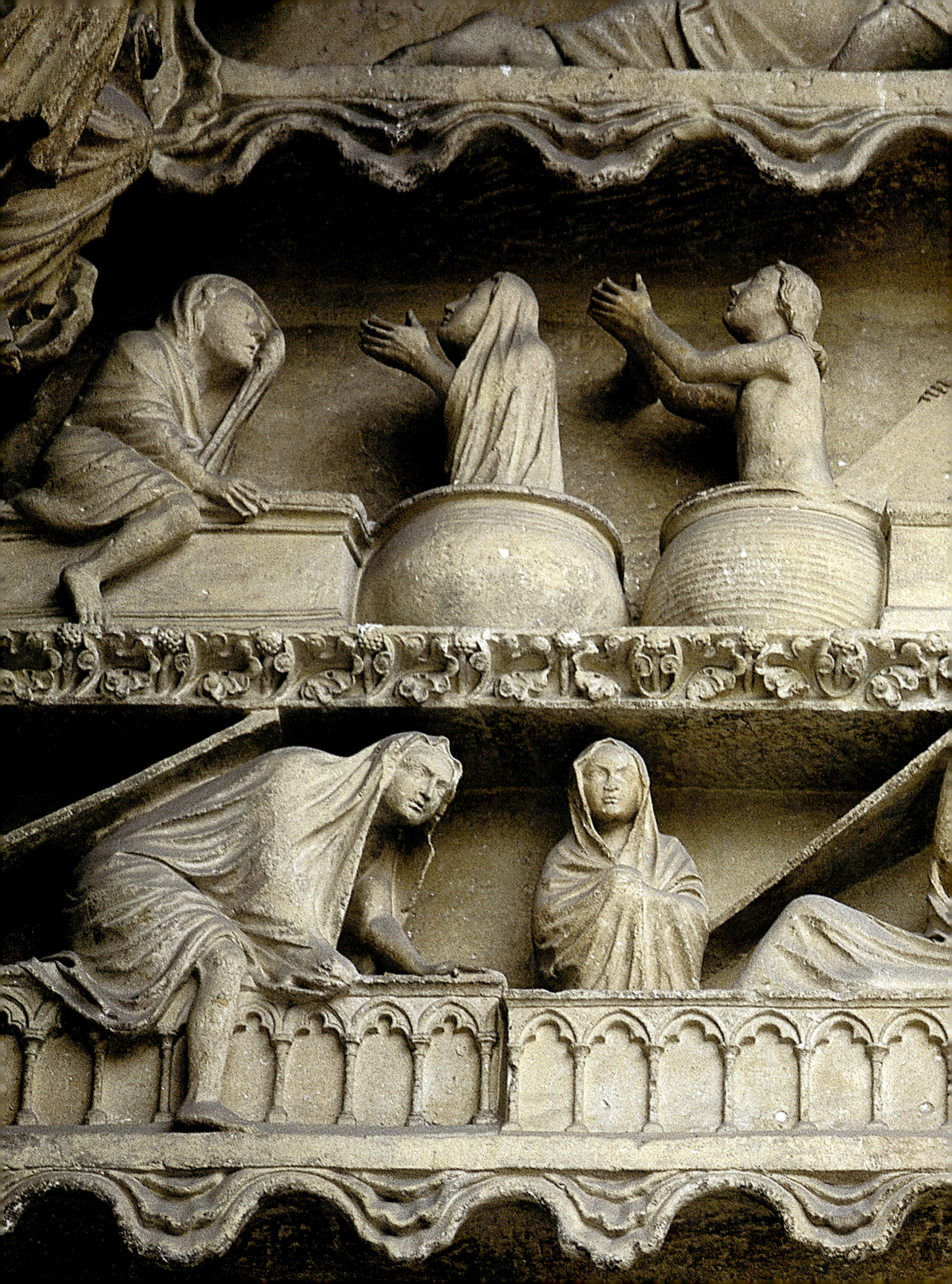

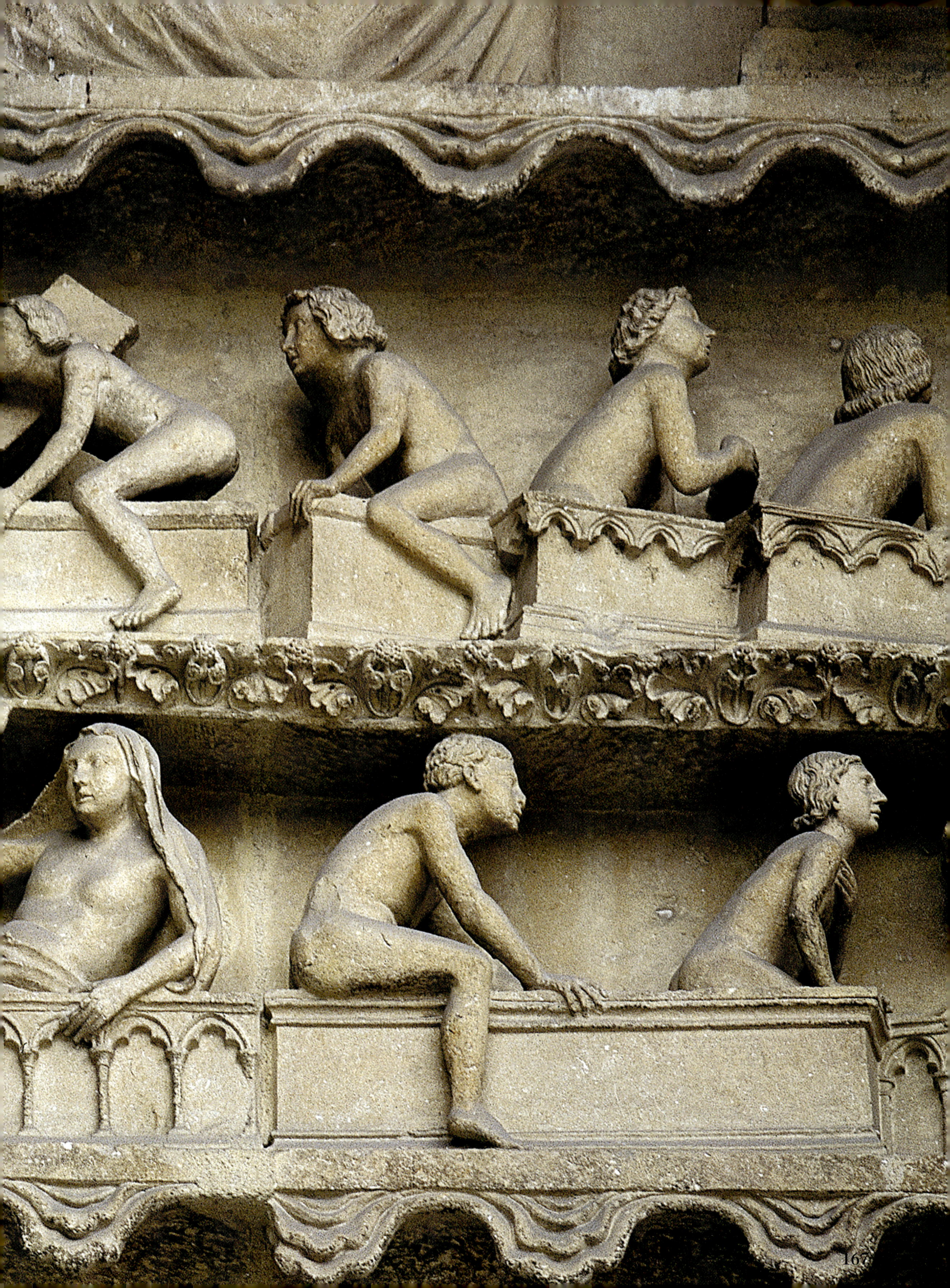

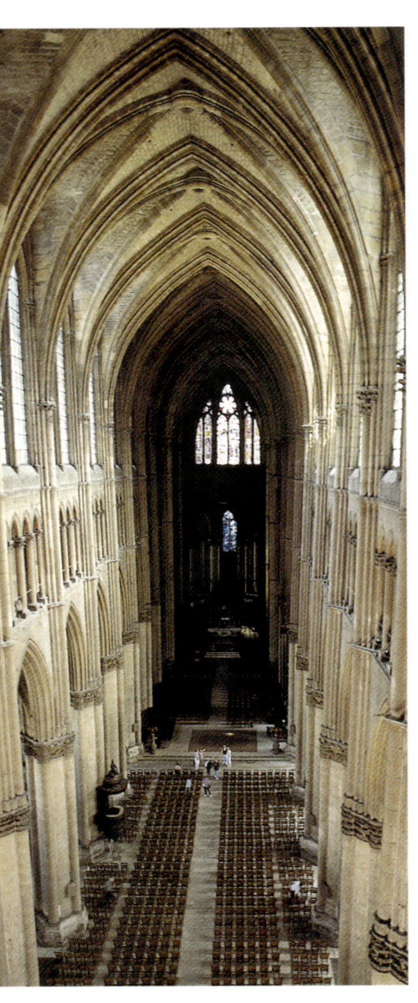

Ci-dessus : remarquables dimensions de la nef, qui frappe par sa clarté et sa sobriété. Ses trois étages s'élèvent jusqu'à 38 m sous voûte.

Page ci-contre : le revers de la façade occidentale avec la petite rose des litanies de Marie dans le tympan ajouré. Ici, ce qui n'est pas lumière est sculpture. C'est une œuvre unique dans l'histoire de l'architecture gothique.

d'homme entre l'enfance et l'adolescence, à cette immatérialité des traits qui touche au surnaturel ? Au fait que les soldats de la guerre de 1914-1918, constatant qu'il avait résisté, ont parlé partout de ce symbole de l'espoir sans cesse renaissant ?

Mais regardez celle par qui tout fut possible, la Vierge portant l'Enfant dans ses bras sculptée au trumeau du portail central, celle qui vit passer tant de processions royales, de Saint Louis à Charles X. La cathédrale de Reims est un hymne à sa gloire. Il suffit de lever les yeux : c'est elle encore qui domine le portail central sur un pied d'égalité avec son fils. Ce bas-relief – le couronnement de la Vierge – est une véritable scène d'apothéose, démontrant l'extraordinaire attachement des chrétiens du XIIIe siècle à la mère du Christ.

Gravés sur une dalle du labyrinthe

On raconte que, vers 400, les Vandales avaient martyrisé l'évêque saint Nicaise devant son église : pour mémoire, au portail de Calixte, il se tient, portant sa tête, parmi les évêques de Reims, accompagné de sa sœur Eutrope. Plusieurs fois reconstruite, la cathédrale vous emmène jusqu'au XIIIe siècle, où elle fut, dit-on, volontairement incendiée en 1210 par l'archevêque Alberic de Humbert lui-même, seul moyen sans doute de reconstruire en plus beau et surtout en plus grandiose. La reconstruction coïncide avec la victoire de Philippe Auguste à Bouvines en 1214. C'est dans un climat social tendu entre l'archevêque et la commune, soutenue par le roi, que la première pierre avait été posée le 6 mai 1211. Trente ans plus tard, le chœur et les trois premières travées de la nef sont achevés, et le 7 septembre 1241 le chapitre y fait son entrée solennelle.

Le nom des architectes ? Quatre d'entre eux furent gravés sur une plaque de cuivre incrustée dans une dalle du labyrinthe, que le chapitre fit détruire en 1779, sous le prétexte futile que les enfants s'y amusaient et troublaient l'ordre des cérémonies. Il n'en reste aujourd'hui que de rares dessins et descriptifs des XVIe et XVIIIe siècles grâce auxquels on sait que, dans chacun des quatre angles, était dessinée une effigie assortie d'un nom de maître d'œuvre suivi de la tâche effectuée. Se succédèrent donc Jean d'Orbais, « qui commença la coiffe de l'église », Jean le Loup, « qui commença les portaux », Gaucher de Reims, « qui ouvra aux vossures et portaux », Bernard de Soissons, « qui fit cinq voûtes et ouvra l'O », autrement dit la rosace, vers 1280. On connaît par ailleurs le nom du dernier architecte, Robert de Coucy, mort en 1311, qui construisit les quatre dernières travées. À ces noms médiévaux il conviendrait peut-être d'associer celui des Simon, une dynastie de verriers encore en activité aujourd'hui et dont la présence à Reims est attestée depuis 1640.

La révolte des bourgeois de Reims

Au XIIIe siècle, les choses vont de mal en pis. Les bourgeois de Reims se révoltent. Craignent-ils que l'archevêque ne détourne l'argent qu'ils ont prêté à l'œuvre de la cathédrale ? Le soupçonnent-ils de profiter de ces fonds pour en toucher indûment des intérêts, pratique pourtant interdite aux chrétiens ? Alors la révolte gronde. On assiège l'archevêché, situé près de la porte de Mars. Les chanoines du chapitre ont déjà pris la fuite ; l'archevêque est à l'extérieur de la ville. Les bourgeois fortifient Reims, utilisant tout ce qui leur tombe sous la main : pierres tombales, matériaux stockés pour la cathédrale. Mais le roi hésite à les soutenir. La ville est frappée d'interdit : plus de sacrements. On évalue les dégâts à deux mille florins. Échevins et meneurs sont jetés en prison ou contraints à l'exil. Leurs maisons sont détruites. Il faudra attendre la mort de l'archevêque Henri de Braine, en 1240, pour qu'une absolution soit enfin accordée à la ville.

Une dentelle de sculptures

Deux siècles et demi sont nécessaires pour mener à bien cet immense projet. Malgré l'étalement dans le temps, Reims possède une exceptionnelle unité de style. Son architecture est pourtant marquée par l'innovation et en particulier par ses proportions, qui font qu'elle n'est dépassée en taille que par la cathédrale d'Amiens. Une nef de 138 mètres de long, 38 mètres de haut pour 15 de large. Elle tient en partie sa beauté de l'étonnante envolée des lignes ascensionnelles. Les piliers de la nef, qui auraient pu être comme partout octogonaux ou cylindriques, sont ici un très innovant assemblage de colonnettes rondes.

On aménage l'espace intérieur de manière différente de partout ailleurs : cinq chapelles rayonnantes incrustées en demi-cercle sont prolongées par les deux travées adjacentes du chœur, suivies des deux travées de la nef. On ajoure les tympans des portails, remplacés pour la première fois par des roses, ce qui allège considérablement la façade. Autre chef-d'œuvre, le revers de la façade occidentale : une dentelle de sculpture ! Tout au-dessus, une admirable rose de plus de 12 mètres

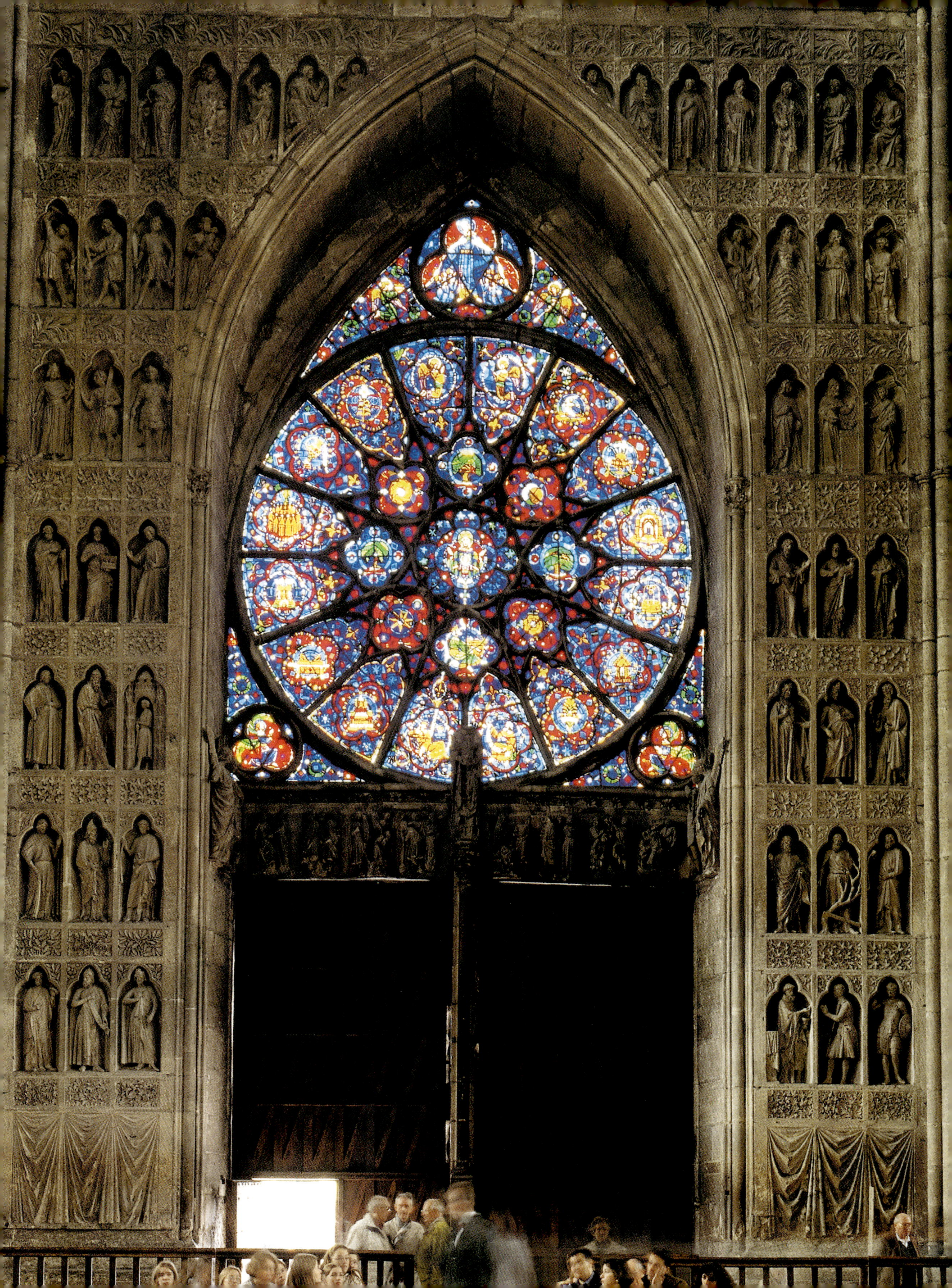

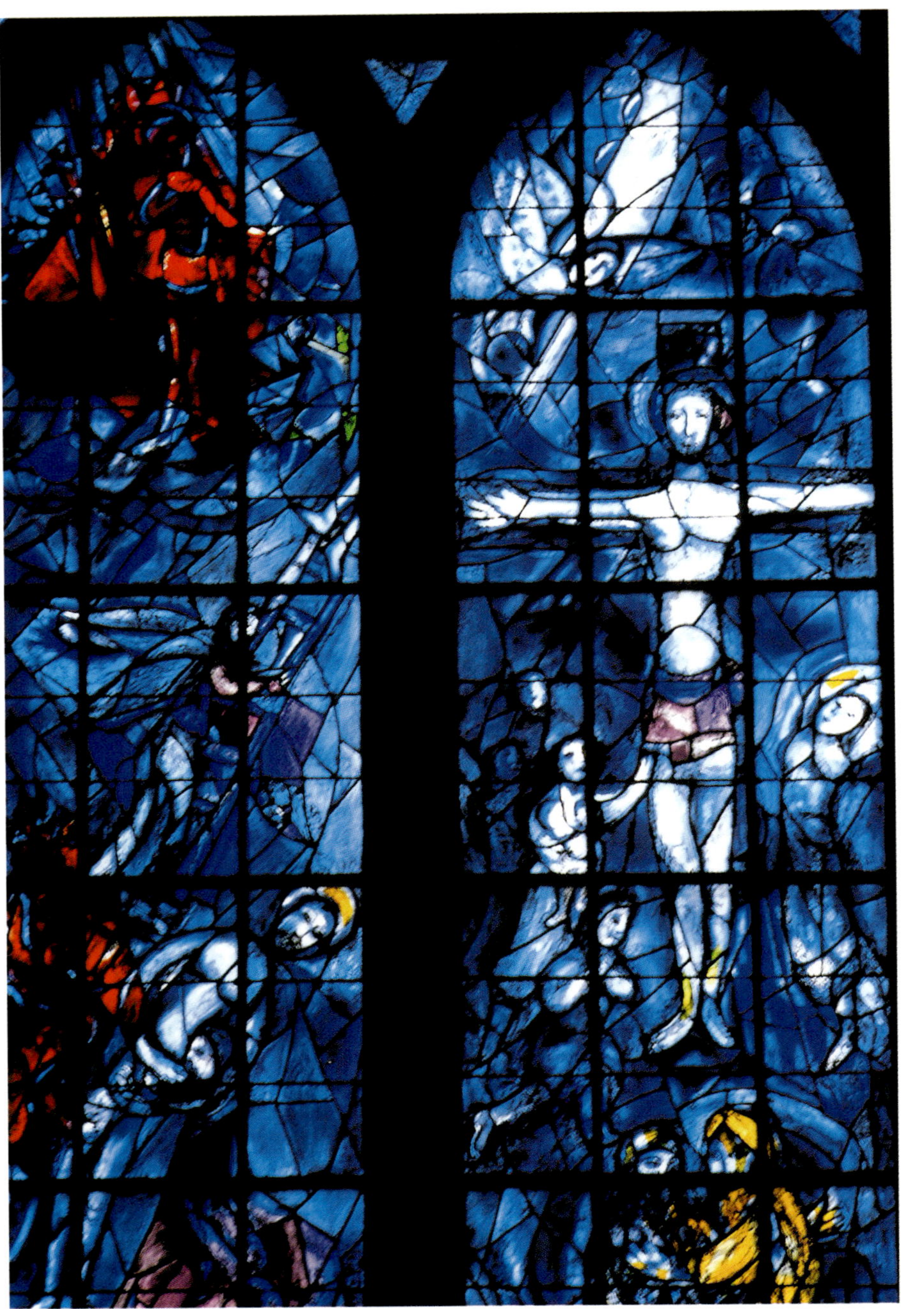

Ci-dessus : la Crucifixion, détail d'un vitrail de Chagall.

Page ci-contre : vitraux de Chagall, 1974. De gauche à droite et de haut en bas : Saint Louis rendant la justice, le sacre de Charles VII, le sacre de Saint Louis, le baptême de Clovis.

de diamètre représente la Vierge entourée d'anges, de patriarches et de rois. Juste en dessous, un triforium s'ouvre sur la nef par des arcades. Tout ici semble marqué par la grandeur, la simplicité, par une clarté harmonieuse.

Clovis entre saint Rémi et sainte Clotilde

Malgré les dettes qui s'accumulent – Innocent IV parle d'un fardeau qu'il faut supporter comme celui de sa propre mère –, les travaux du monumental portail occidental à trois étages avancent : on y compte environ cinq cent trente statues.
Comment ne pas évoquer le troisième étage et la magistrale galerie des rois, une rangée de statues colossales où figure, au centre, le baptême de Clovis entre saint Rémi et sainte Clotilde ? L'évêque tient dans la main droite la sainte ampoule apportée du ciel par une colombe. Elle contient les saintes huiles de l'onction royale. N'oublions pas non plus le portail latéral nord, avec sa remarquable série des évêques de Reims, et un peu plus loin le portail de gauche, avec un très beau tympan montrant un Jugement dernier ? Quant aux deux tours, d'un gothique tardif, elles ont été édifiées en pleine guerre de Cent Ans.
Le 17 juillet 1429, la cathédrale, pour ainsi dire achevée, peinte en blanc et or, voit le sacre et le couronnement triomphal de Charles VII conduit par Jeanne d'Arc.
Le 23 juillet 1481, un poêle qui sert à la fonte du plomb provoque un nouvel incendie. Les dégâts sont considérables : la tour du transept est détruite ; le plomb des charpentes coule le long des murs et se répand dans les rues. La chaleur est telle que onze cloches fondent. La restauration est extrêmement rapide, tant est grand l'émoi qu'a provoqué la catastrophe. Louis XI y consacre une partie des revenus de la gabelle et en 1500, tout est terminé.

La cathédrale martyre

Reims, étrangement épargnée par la Révolution, subit de plein fouet la Première Guerre mondiale. En septembre 1914, la tour nord couverte d'échafaudages est le point de mire de l'artillerie allemande. La cathédrale s'embrase. Le feu sera circonscrit après plusieurs jours d'efforts, ne laissant qu'une carcasse noircie. Partis en fumée les combles qu'on appelait avec fierté « la forêt de Reims ». Elle est à nouveau la proie des obus en 1917 et surtout en 1918, à quelques jours de l'armistice. Vingt ans sont nécessaires à sa restauration, financée par la fondation Rockefeller. Elle est consacrée par le cardinal Suhard, archevêque de Reims, le 18 octobre 1937.

Le palais du Tau

À l'ombre de Notre-Dame s'abrite le magnifique palais du Tau, palais des archevêques aujourd'hui musée et, comme la cathédrale, reconnu par l'UNESCO comme faisant partie du patrimoine mondial. Le palais contemporain de la cathédrale a été détruit à la fin du XVIIe siècle, victime de la nouvelle mode et de la munificence de son archevêque, Maurice Le Tellier, l'un des courtisans de Louis XIV et frère du ministre de la Guerre Louvois. Il a fort heureusement gardé la chapelle privée, du XIIIe siècle, et une partie de la fameuse salle du Tau, celle où avait lieu le banquet des rois de France lors des cérémonies du sacre.

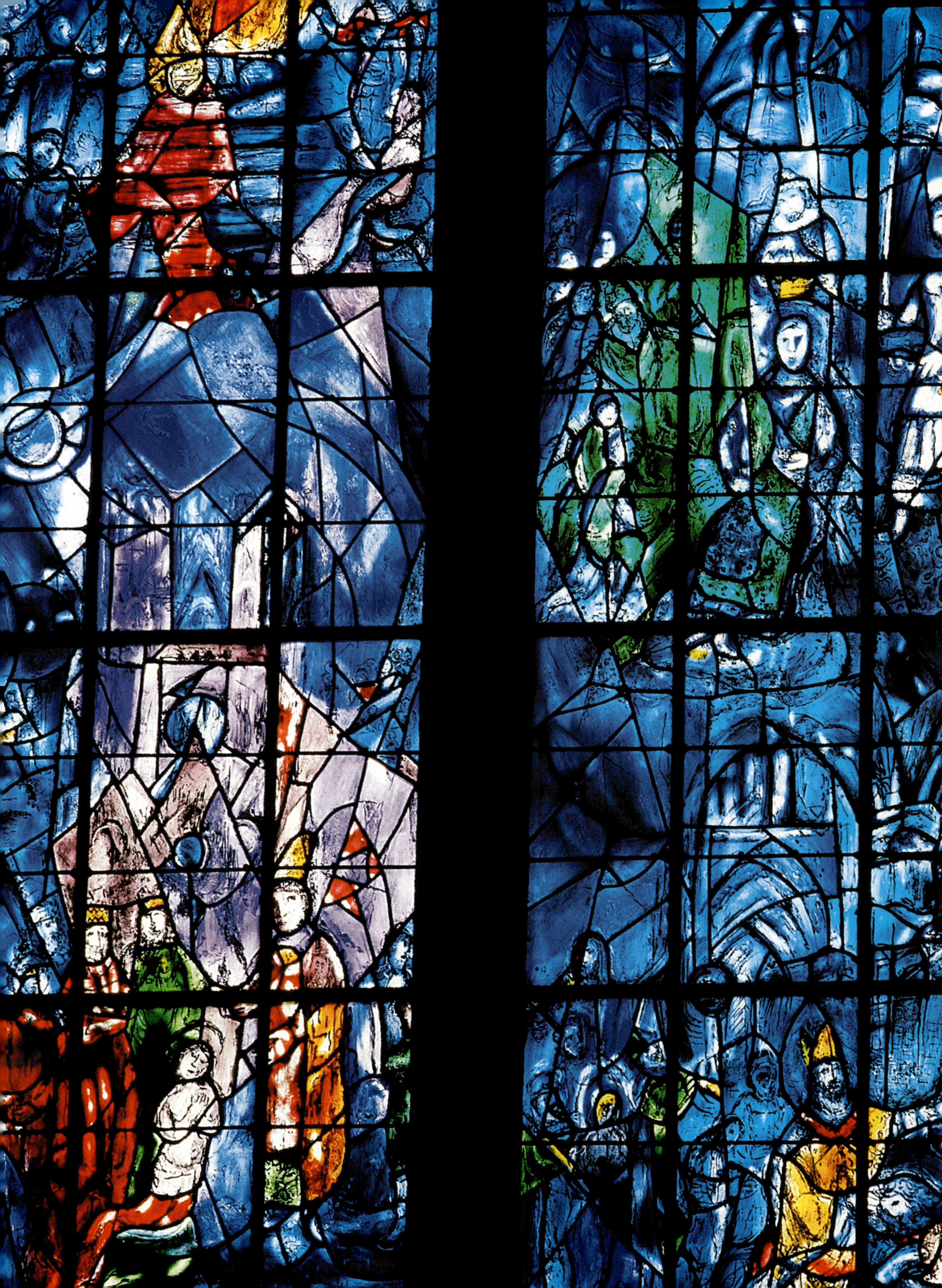

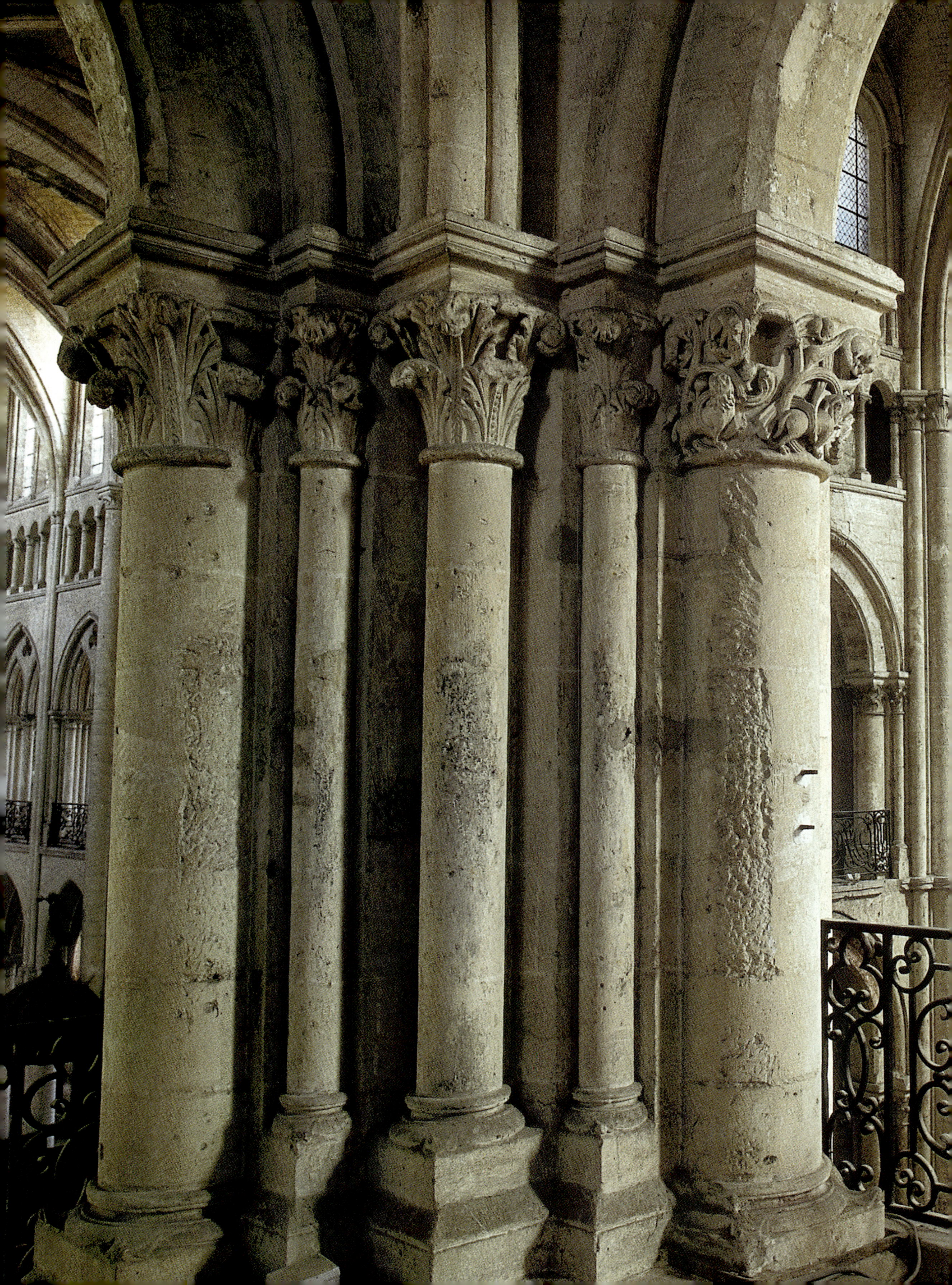

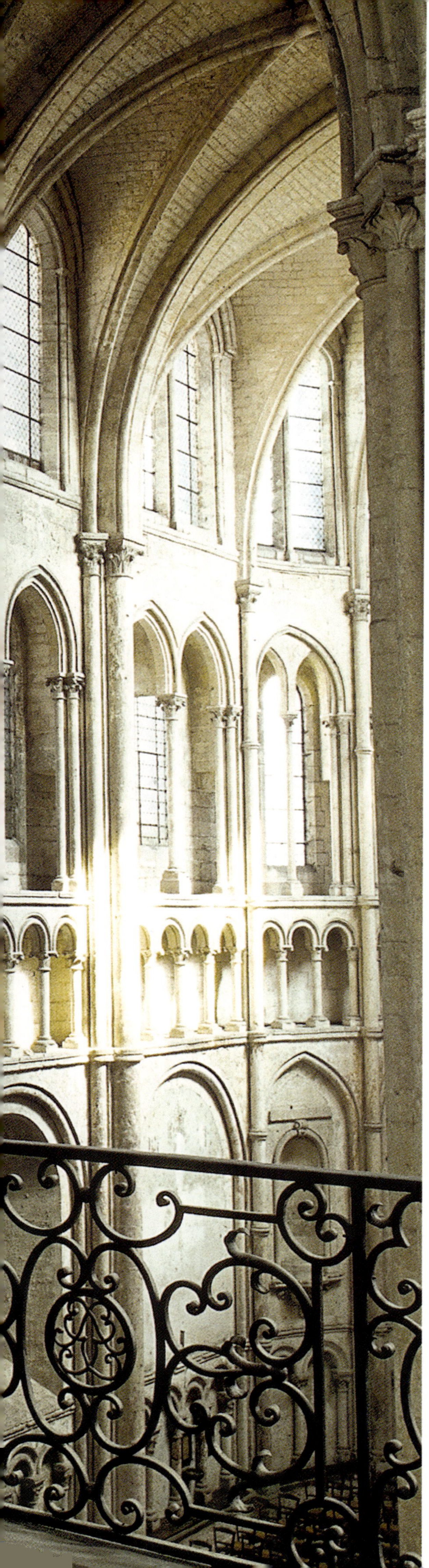

Le Nord

Ces terres du Nord sont si proches de Paris qu'elles y puisèrent protection et inspiration. Amiens, miracle d'art gothique, qui atteint là son paroxysme. Mais voyez le revers d'un orgueil démesuré : Beauvais nous offre, en guise d'admirable « punition », le plus grandiose des chœurs gothiques. Un chœur de l'impossible pour une cathédrale privée de sa nef et de sa grande façade.

Noyon : tribunes à la croisée du transept.

Laon

Notre-Dame, seize bœufs veillent sur la ville

XIIe-XIIIe S.

Aperçue de la plaine, la silhouette de la cathédrale surprend par son architecture aérienne qui a valu à la butte de Laon le surnom de Montagne couronnée. De cathédrale elle n'a plus que le nom depuis 1802, lorsque le diocèse de Laon fut agrégé à celui de Soissons. Elle fut construite après les évènements dramatiques de 1112.

En ce début du XIIe siècle, la réputation des enseignements dispensés par son école et les miracles accomplis par la Vierge attirent pèlerins, écoliers et marchands. Mais, à cette époque, la ville est gouvernée par l'évêque-comte Gaudri, connu pour son incroyable cruauté. En 1112, la population exaspérée finit par entrer en révolution. Les bourgeois se ruent sur le palais épiscopal et massacrent l'évêque, qu'ils trouvent réfugié dans un tonneau. Pillage, incendie, la cathédrale prend feu. La répression est terrible.

À NE PAS MANQUER
LA FAÇADE,
LES TOURS,
LE CLOÎTRE,
LA NEF,
LES VITRAUX,
LA SALLE CAPITULAIRE.

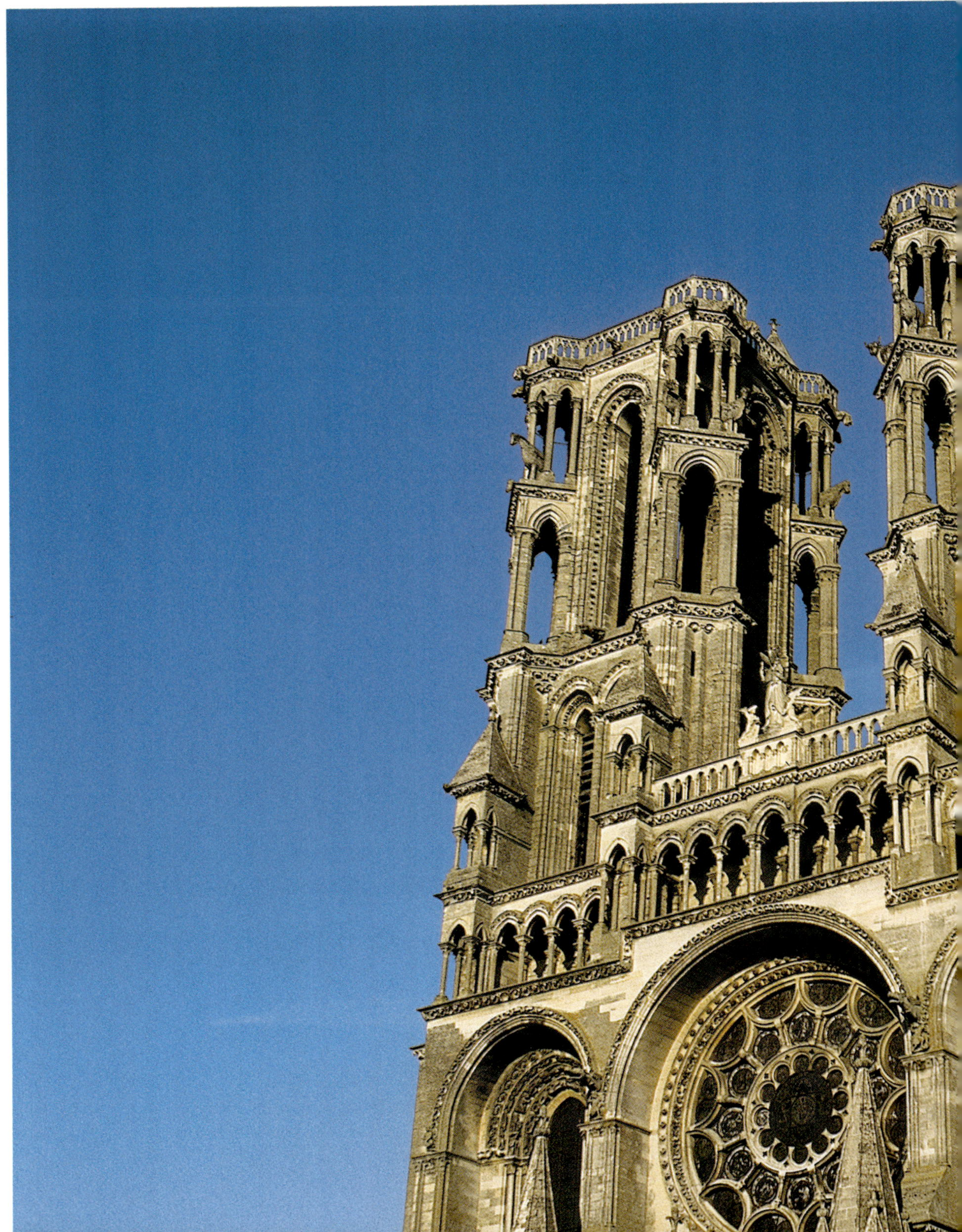

DE FEU ET DE SANG

Après cette tragédie, pour financer le reconstruction de la cathédrale, le nouvel évêque et son chapitre organisent une grande tournée de reliques à travers tout l'ouest de la France jusqu'en Angleterre. Les chanoines – dont plusieurs pratiquaient une médecine fort savante – partent en procession solennelle et partout réalisent des miracles qui attirent des dons importants. La cathédrale est rouverte au culte en 1114. En 1128, les habitants avaient obtenu du roi le droit d'avoir une juridiction municipale ; en 1131, ils se la voient refuser... Les travaux de la cathédrale vivent au rythme des conflits. En fait, il faut attendre 1155 pour que l'évêque Gautier de Mortagne décide la véritable reconstruction de l'édifice. En 1174, les Laonnois, soutenus par le roi, sont à nouveau en lutte avec leur évêque. En 1179, on négocie la démolition de la maison de l'évêque de Senlis, située sur le chantier. En 1188, nouveau conflit, dans lequel Philippe Auguste prend cette fois le parti de l'évêque. En 1190 commencent les premiers travaux de la façade. Dès le début du XIIIe siècle, on parle déjà d'agrandir le chœur, décision influencée sans

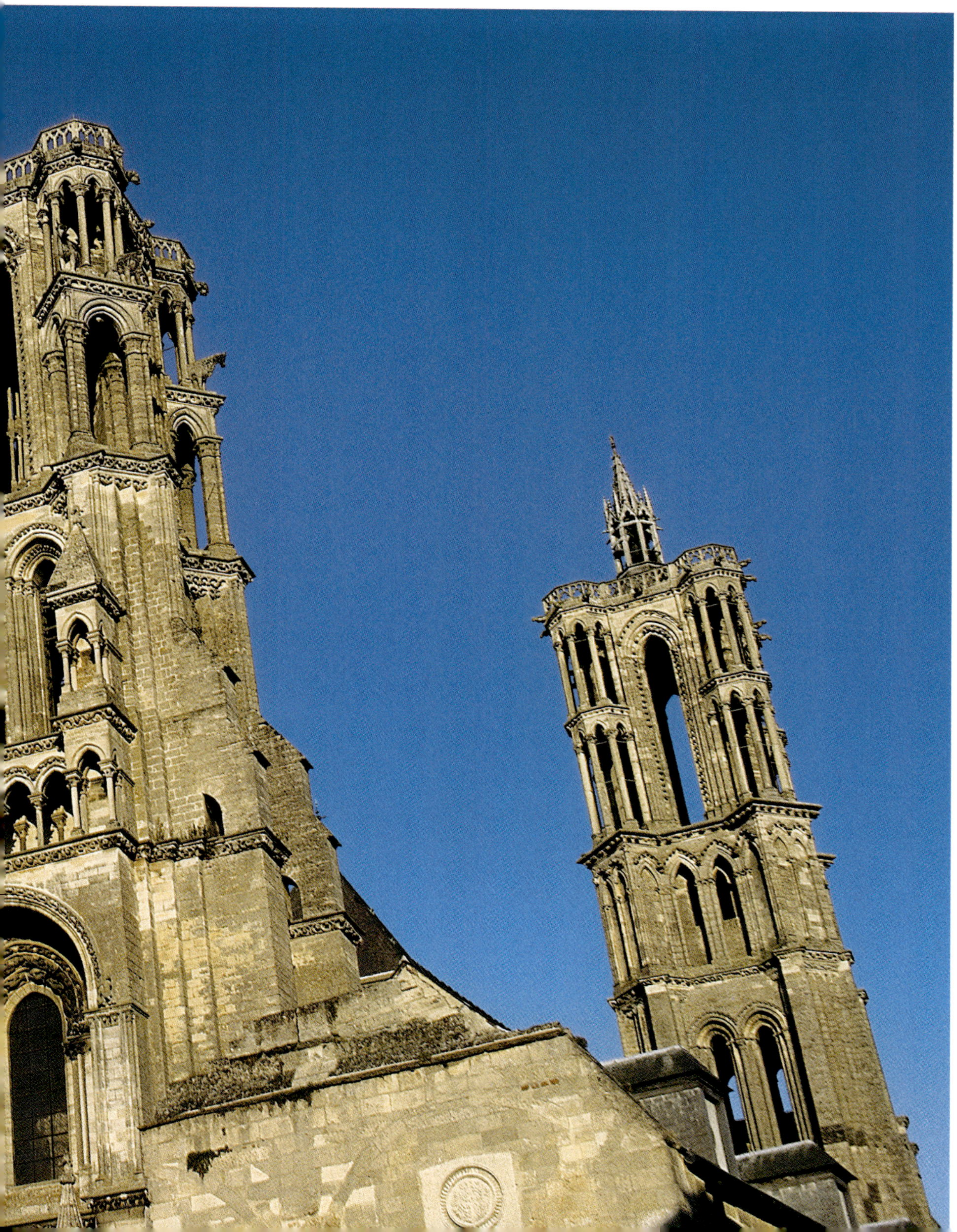

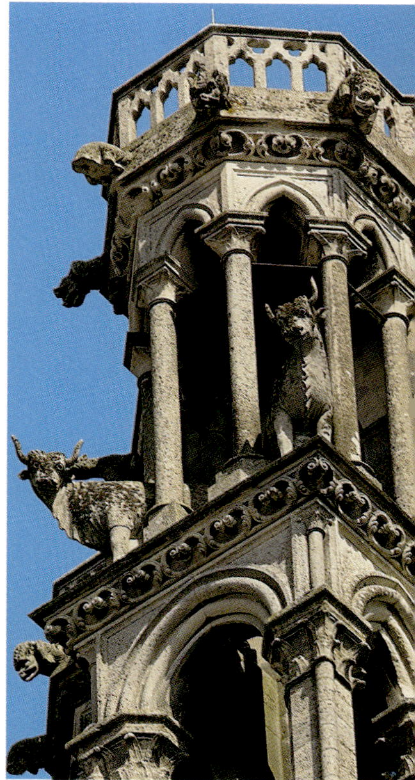

Ci-dessus : les bœufs qui se penchent des deux tours de la façade ouest sont-ils là pour rappeler ceux qui charrièrent les pierres de la cathédrale ?

Ci-contre : Notre-Dame, et trois de ses cinq célèbres tours.

doute par une carrière de pierre offerte par Jean de Chermizy en 1205. Malgré tant de heurts, les travaux sont achevés vers 1220-1225 en un temps record. Mais très vite on procède à de profondes modifications : on ajoute des arcs-boutants à la nef et on reconstruit un chœur long à chevet plat qui modifie la perspective intérieure. Destiné à accueillir l'importante communauté du chapitre, composé de quatre-vingts chanoines, il est aussi profond que la nef, avec laquelle il semble faire corps. Sous Louis XIV, il sera fermé d'une somptueuse grille.

Page ci-contre : la croisée du transept, dominée par une grandiose tour-lanterne, élevée au début du XIIIe s.

Ci-dessous : l'élévation de la nef à quatre étages – grandes arcades, tribunes, triforium, fenêtres hautes – est caractéristique de la première architecture gothique.

Une façade et des tours

La merveilleuse façade occidentale est remarquable par la dynamique de ses volumes et les ruptures de rythme, avec ses deux tours latérales et ses trois portails abrités par des porches monumentaux. Comme à Noyon, elle était précédée de degrés qui disparurent avec l'exhaussement du

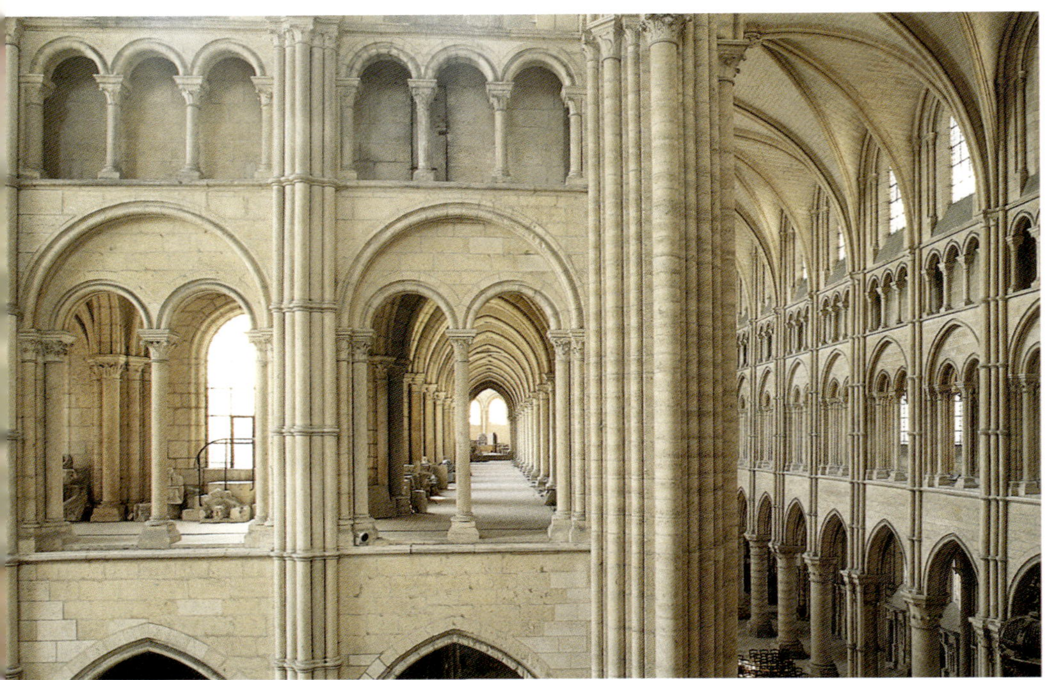

sol. Cette façade a beaucoup souffert de la Révolution. Les travaux de restauration furent menés de 1846 à 1896 par un collaborateur de Viollet-le-Duc, Émile Boesillwald. Les grandes statues des ébrasements sont des copies empruntées à Chartres.

Les tours de Laon sont si célèbres qu'elles furent imitées dans tout le pays et en Allemagne. Outre les deux surmontant la façade, trois sont alignées au-dessus du transept, en une disposition unique. Au-dessus de la tour sud s'élevait une flèche de pierre ajourée qui fut démolie à la Révolution. À peine construite, elle stupéfie l'architecte Villard de Honnecourt, qui écrit : « Je suis allé dans beaucoup de pays, mais nulle part je n'ai vu une tour semblable à celle de Laon... » Il est étonné, à l'instar du visiteur d'aujourd'hui, par la présence de seize statues colossales de bœufs se détachant du bas des arcades supérieures. Elles sont à l'aplomb du vide. Leur rôle ? Elles ne servent pas de gargouilles. Alors ? Selon la tradition, ce serait là un témoignage de reconnaissance rendu aux animaux qui ont aidé à conduire au sommet de la colline les matériaux destinés à la construction.

L'enclos cathédral

Notre-Dame s'ouvre sur une place étroite bordée par la petite église Saint-Martin-au-Parvis et, à l'opposé, par un ancien mur de l'église Saint-Rémi détruite, rare souvenir des nombreuses églises qui avoisinaient partout les cathédrales. Au nord de la cathédrale, le palais épiscopal fut construit par Garnier, évêque de 1238 à 1249. Sa façade intérieure offre une galerie à neuf arcades brisées surmontée, au premier étage, d'une grande salle éclairée par neuf fenêtres. Dans un angle, la chapelle de l'évêque, édifiée par l'évêque Gautier de Mortagne (1155-1174). Elle compte une chapelle basse pour les domestiques et les visiteurs, et une chapelle haute pour l'évêque. Au sud de la cathédrale se trouvait le quartier des chanoines avec le cloître, la salle capitulaire et l'hôtel-Dieu. Un escalier conduit, en sous-sol, à une salle gothique, reste de cet hôpital Notre-Dame construit en 1289.

La fête de l'âne

Alors que le chantier avance, la chronique judiciaire fourmille de plaintes concernant le marché, une manne pour la cathédrale ! Il se tient au pied de l'édifice. Le tumulte et les fortes odeurs semblent perturber le bon déroulement des cérémonies ! Mais que pèsent ces inconvénients face à la source inépuisable de profits que représentent les taxes et les aumônes ! Autre scène, haute en couleur, cette cérémonie à la veille de Noël, qui voulait qu'on emmenât un âne dans la cathédrale. Accueilli au cri de : « Hé ! Sire Âne ! Hé ! », il était précédé d'une procession de chanoines déguisés en prophètes. À l'entrée du jubé, Baladin jaillissait soudain de l'âne comme un beau diable sous les traits d'un enfant de chœur. Pas si innocent d'ailleurs, vu les injures qu'il adressait à un ange qu'on présentait devant lui, soutenu en cela par le braiment des fidèles. Le tout s'achevait par une distribution de vin et de fortes libations.

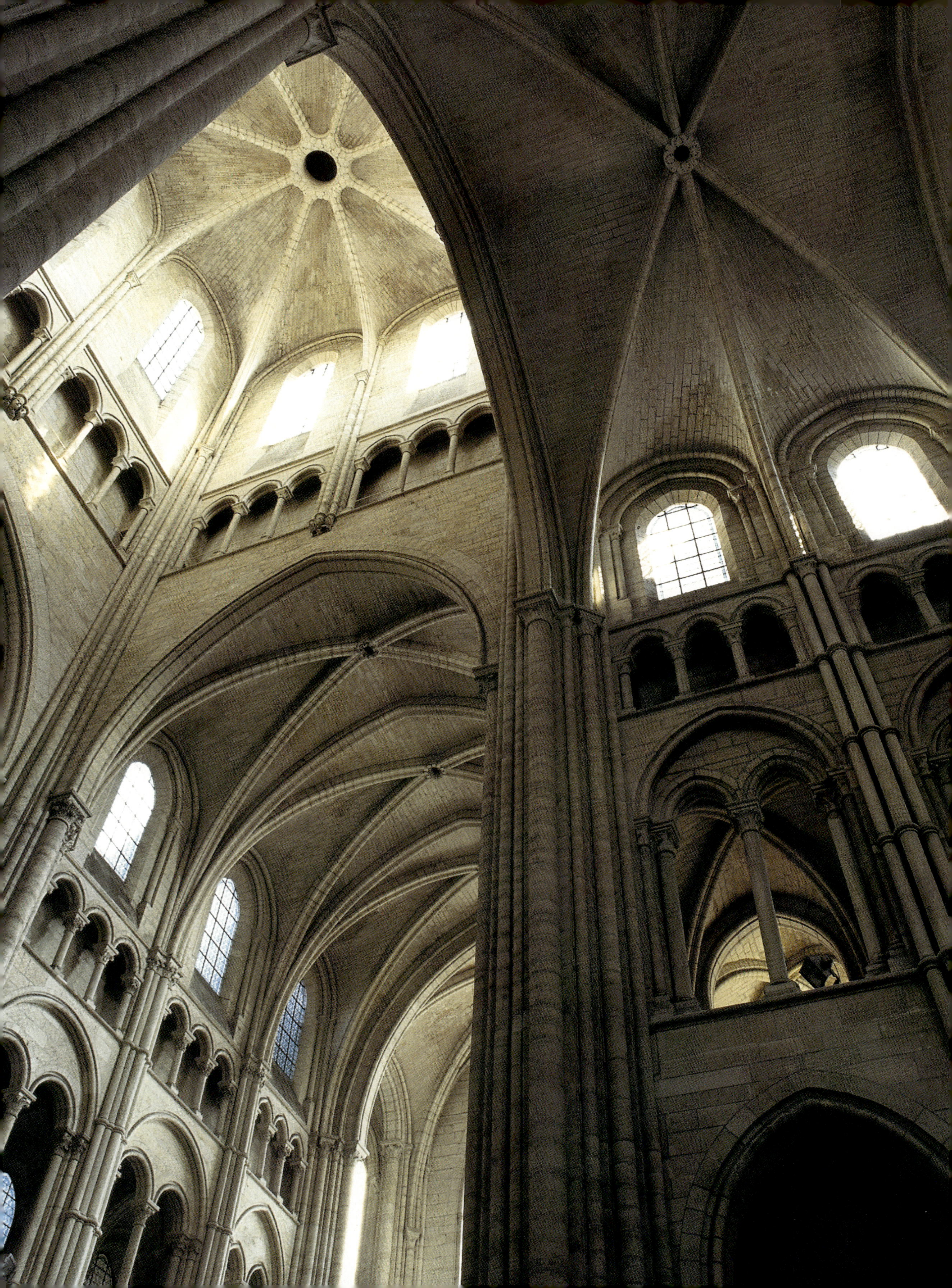

Noyon

Notre-Dame, une beauté dépouillée

XIIe-XIIIe ET XXe S.

À NE PAS MANQUER
LA PLACE DU PARVIS,
LA TOUR NORD,
L'HÉMICYCLE,
LE CHEVET,
L'ANCIEN CLOÎTRE,
LA NEF,
LA CHAPELLE NOTRE-DAME-DU-BON-SECOURS,
LA SALLE CAPITULAIRE.

Noyon serait-elle la grande oubliée de l'Histoire ? Celle qui connut le sacre de Charlemagne, roi de Neustrie, et d'Hugues Capet, roi de France ; celle qui fut, un temps, l'égale des plus grandes cités de l'Île-de-France ; celle dont l'église Notre-Dame, n'a plus de cathédrale que le nom, depuis le concordat de 1802, ne laisserait-elle que le souvenir d'un minuscule diocèse ? Alors, il faut remonter le temps pour justifier l'austère et massif édifice à la tête de son grand vaisseau planté là dans une si petite bourgade. Curieuse cathédrale sous influence lombarde ! Elle marque les débuts du gothique tout en mêlant encore la rigueur du roman.

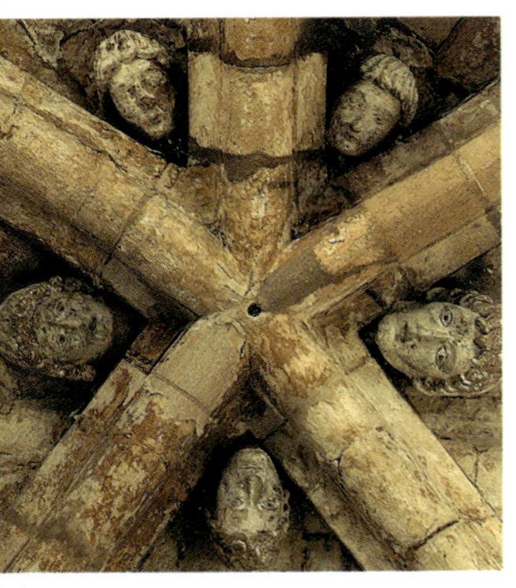

Ci-dessus : la clé de voûte des tribunes du chœur.

Page ci-contre : le chœur, construit de 1230 à 1252, et le maître-autel.

LES RELIQUES DE SAINT ÉLOI

Son histoire remonterait-elle à cet incendie qui, en 1131, détruisit en partie l'édifice carolingien ? Que se passa-t-il après ? Les chroniques ne sont pas claires. Tout ce que l'on sait, c'est que l'évêque de Noyon était également évêque de Tournai et dirigeait vers Noyon le revenu des deux diocèses. Cette manne dura jusqu'en 1146, date à laquelle les deux diocèses furent séparés : une catastrophe pour l'évêque. Baudoin II, qui fut le tout-puissant prélat de Noyon de 1148 à 1167, dut drastiquement réduire son train de vie, ce qui ne fut pas sans déplaire à Bernard de Clairvaux. En outre, il était l'ami intime de deux grands bâtisseurs, Suger – l'abbé de Saint-Denis – et l'abbé de Saint-Rémi à Reims. Comme source de revenus, non négligeables d'ailleurs, il dut se contenter de « l'exploitation » des reliques de saint Éloi, ancien évêque de Noyon, à la fois évangélisateur de la région et trésorier du fameux roi Dagobert.

L'INFLUENCE DE SAINT-DENIS

C'est sans doute Baudoin qui entreprit dans un style roman tardif, dès 1155, la construction du chœur de la nouvelle cathédrale. Il se situait de l'autre côté des remparts de la ville, face à la magnifique chapelle épiscopale dont il ne reste aujourd'hui que des ruines. Le plan du chœur révèle nettement l'influence de Saint-Denis : il forme un tout avec le déambulatoire et les chapelles rayonnantes. Autour du chœur, douze colonnes pour les douze apôtres – comme à Saint-Denis, où elles sont complétées par une seconde rangée.

L'un des successeurs de Baudoin fut l'évêque Renaud, de 1174 à 1188. Il finança les travaux grâce à une activité fort lucrative : le commerce bancaire, installant ses officines de changeurs dans sa ville dont il était aussi le seigneur. Sous son épiscopat, le mur d'enceinte fut abattu, le chœur achevé ainsi que la croisée du transept et la première travée de la nef. Elle sera voûtée entre 1185 et 1200. Étienne de Nemours, qui lui succéda, avait de qui tenir : ses deux frères furent de grands bâtisseurs comme évêques de Paris et de Meaux.

Le chantier avançait malgré d'incessantes querelles entre l'évêque et la ville. Elles poussèrent même les bourgeois à assiéger leur cathédrale alors que le porche venait d'être ajouté à la façade. Le clocher est élevé en 1231, tandis que le clocher nord devra attendre le tout début du XIVe siècle.

UN PLAN EN TRÈFLE

L'une des grandes curiosités de Noyon est sans aucun doute son plan en forme de trèfle avec les deux ailes du transept arrondies en absides : trois chevets, donc, pour une seule cathédrale ! Chaque arrondi, à l'élévation remarquable, possède, au niveau du troisième étage, une galerie de fenêtres faisant la jonction entre le triforium ouvert sur l'intérieur et les hautes fenêtres.

À l'intérieur, dans cette vaste nef dépourvue de vitraux, l'austérité est à l'unisson de la façade. Celle-ci, précédée d'un immense porche en terrasse, apparaît entièrement nue. Arcades et baies sont là, vides de tout décor sculpté. Les trois portails – qui se comparaient jadis en richesse à ceux d'Amiens ou de Reims – furent la proie des révolutionnaires de 1793. Ils martelèrent, décapitèrent, grattèrent frises, bas-reliefs et statues, pour ne laisser que des murs nus, en accord sans doute avec la pensée de Calvin, qui naquit à Noyon en 1509.

Autour de la cathédrale se trouve la bibliothèque du chapitre (rare spécimen de ce type en France), élevée en 1506, le cloître, l'ancien réfectoire des chanoines, devenu salle capitulaire au XVIIIe, le palais épiscopal et les maisons canoniales, qui forment un arc de cercle autour de la place du Parvis.

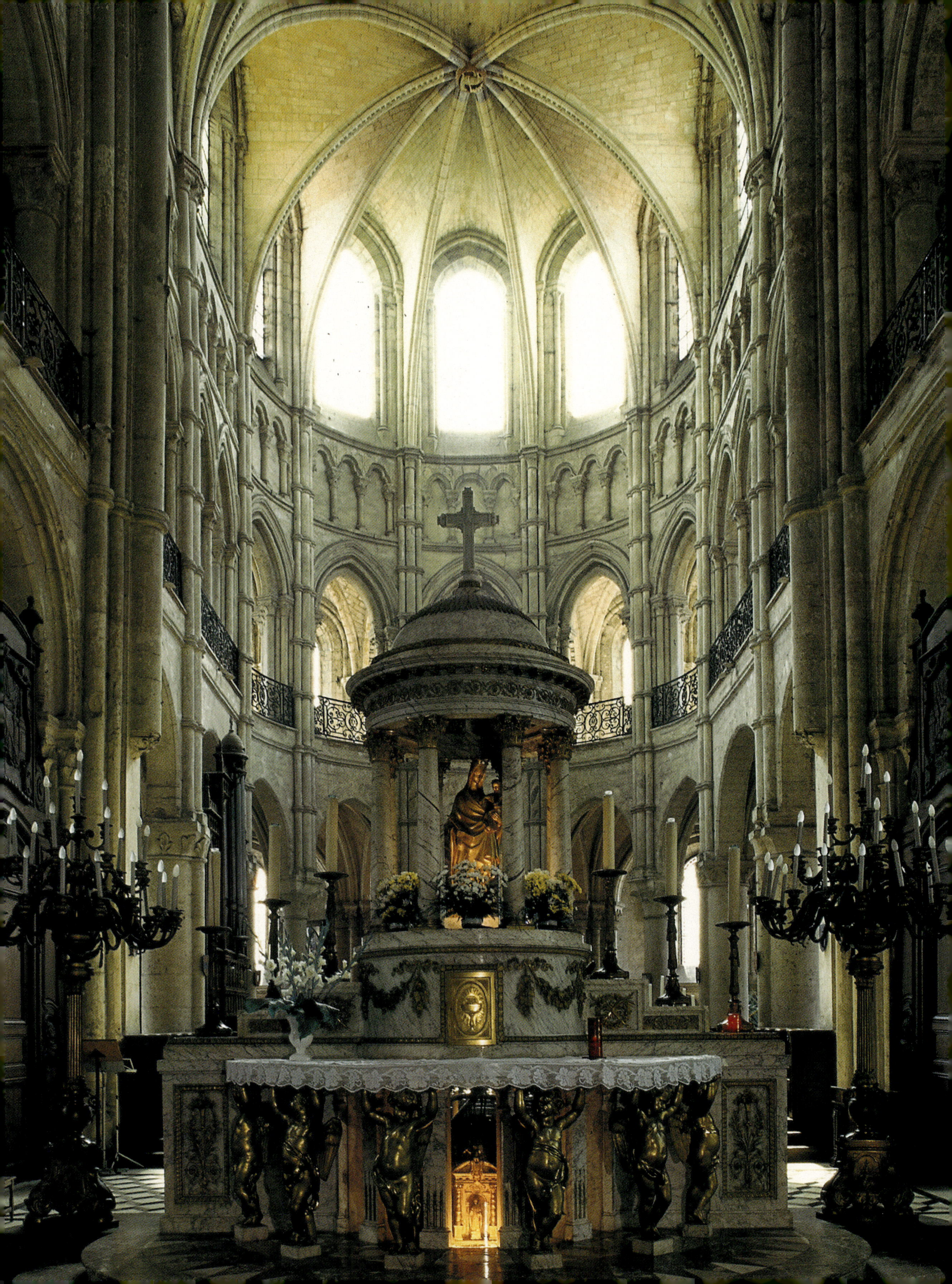

Soissons

Saint-Gervais-et-Saint-Protais, pour deux frères martyrs

XIIe-XIIIe S.

À NE PAS MANQUER
LA FAÇADE,
LA NEF,
LE CROISILLON SUD,
LE CROISILLON NORD,
LE CHŒUR,
L'ADORATION
DES BERGERS.

Soissons, évêché depuis le IIIe siècle, s'inscrit dans la mémoire collective comme une victoire et comme une anecdote. La victoire de Clovis sur le général Syagrius en 486, qui donna naissance au royaume franc, et la célèbre anecdote – rapportée par Grégoire de Tours – du vase de Soissons brisé par un guerrier de Clovis pour ne pas le rendre à l'évêque de Reims.

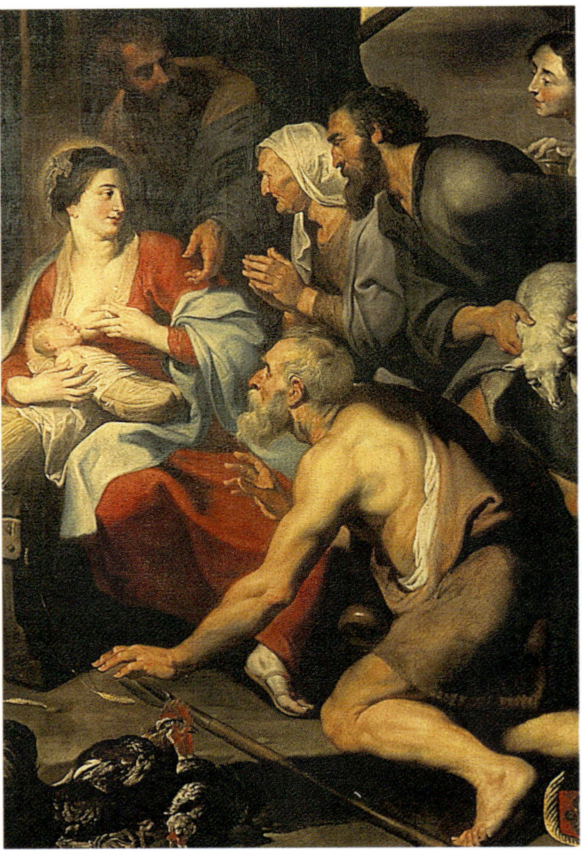

Ci-contre : l'Adoration des bergers, *toile que Rubens avait offerte aux pères cordeliers pour les remercier des bons soins prodigués lors de son passage à Soissons.*

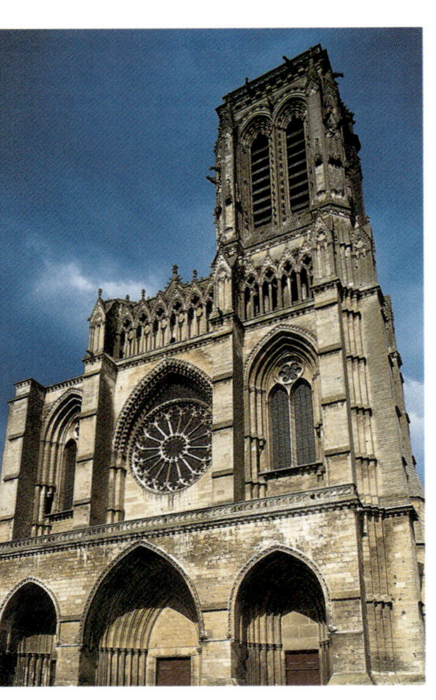

Ci-dessus : la façade a beaucoup souffert au cours des siècles. Les restaurations entreprises n'ont pas été très judicieuses, ce qui explique son austérité. Une baie en tiers-point enserre la grande rose, refaite à l'identique.

Page ci-contre : le croisillon sud, de la fin du XIIe s. C'est l'un des rares exemples subsistant en France de croisillon à l'extrémité arrondie.

UN ÉLAN DE GRÂCE ET DE LÉGÈRETÉ

La cathédrale Saint-Gervais-et-Saint-Protais, dédiée aux deux frères martyrs dont les reliques furent miraculeusement retrouvées en 386 à Milan, est probablement mise en chantier à la fin du XIIe siècle. La construction débute par le croisillon sud du transept – la plus belle partie de l'édifice – auquel on adjoint une chapelle à deux étages, la chapelle de la Résurrection, désaxée par rapport au transept. Ce croisillon peut être considéré à lui seul comme un monument, un chef-d'œuvre ! À l'instar de Noyon, il possède un chœur et une abside en demi-cercle. Mais ici, les arcades et les tribunes s'élèvent dans un extraordinaire élan de grâce et de légèreté. C'est le 5 mai 1212 que le cortège des chanoines prend possession du chœur, comme l'atteste une inscription placée aujourd'hui dans la deuxième chapelle latérale du côté sud du chœur. À Soissons, si les architectes prennent exemple sur le pilier chartrain, ils vont tenter de l'alléger au maximum avec des arcs plus aigus et des surfaces de murs plus réduites. Admirez la nef aux sept travées, achevées au XIIIe siècle, rythmée de ces piles monocylindriques ! Nulle lourdeur mais partout la juste mesure d'un gothique admirablement maîtrisé.

L' « ADORATION DES BERGERS »

Le croisillon nord du transept s'élève au début du XIVe siècle, soit plus d'un siècle après la construction du croisillon sud. Son portail est, dont le tympan lancéolé s'orne d'une verrière, laisse apparaître sur les côtés des remplages décoratifs, seul souvenir de la grande chapelle du Sépulcre aujourd'hui disparue. Ce croisillon nord recèle un trésor : *l'Adoration des bergers*, de Rubens, que ce dernier avait offert aux franciscains de Soissons pour l'avoir soigné lors de son voyage vers Pau, où il devait rencontrer Marie de Médicis. Il orna le maître-autel jusqu'à la Révolution.

Faut-il rappeler que la cathédrale ne fut consacrée que tardivement, le 14 avril 1479, par l'évêque Jean Milel, alors que les tours nord et sud n'étaient pas achevées. Le chantier se trouva longtemps paralysé du fait des pillages auxquels se livrèrent les troupes de Charles VI lors de la prise de la ville, tenue jusqu'alors par les Bourguignons. Nouveaux pillages en 1567, par les huguenots cette fois, qui saccagent sculptures, autels, orgues et châsses. Le travail de destruction est parachevé par les révolutionnaires, et surtout par les bombardements de la Première Guerre mondiale. Depuis, la façade principale a été en partie reconstituée.

En 1815, les vitraux de la nef volaient en éclats sous l'effet de l'explosion d'une poudrière située près de la cathédrale. Ceux des façades du transept, du chœur et de quelques chapelles rayonnantes, datés des XIIIe et XIVe siècles, ont été partiellement épargnés. Au cours de la guerre de 1914-1918, plusieurs clés de voûte formant des couronnes de feuillage admirablement tressées s'effondrèrent. Par miracle, elles ne se brisèrent pas. Ainsi cette flore faite d'arnum, de feuilles de vigne et de fougère, legs des sculpteurs des XIIe et XIIIe siècles, orne-t-elle encore les clés de voûte.

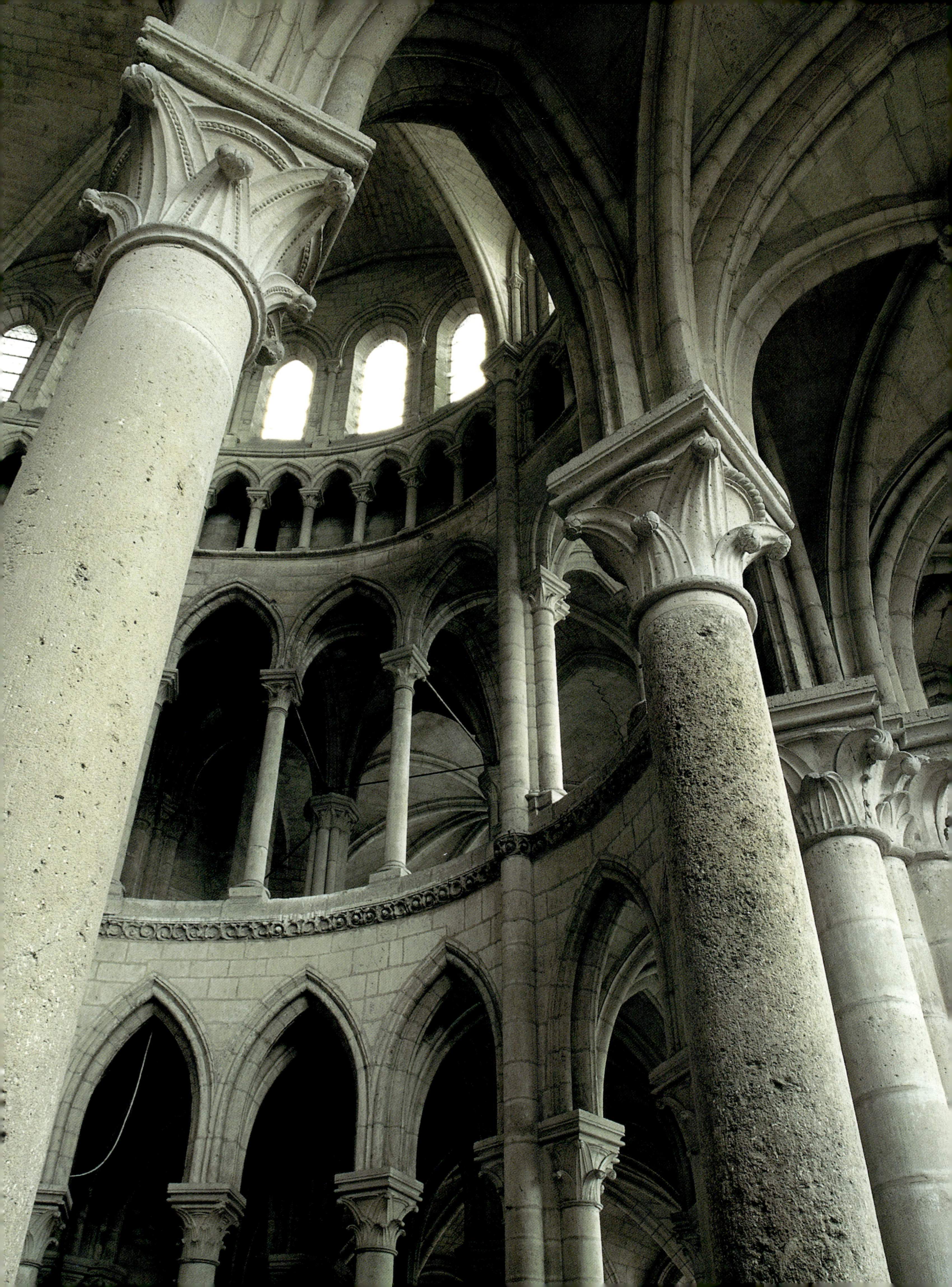

Amiens

Notre-Dame : vaste, puissante et harmonieuse

XIIIe-XVIe S.

À NE PAS MANQUER
LA FAÇADE,
LES PORTAILS,
LE BEAU DIEU D'AMIENS,
LA NEF,
LE TRANSEPT,
LE LABYRINTHE,
LE CHŒUR,
LES STALLES,
LA VIE DE SAINT FIRMIN,
L'ANGE PLEUREUR,
LE TRÉSOR.

La plus grande cathédrale de France est édifiée sur une relique insigne, le chef de saint Jean-Baptiste, que Wallon de Sarton, chanoine de cette cathédrale, avait rapporté de Constantinople en 1206. Elle remplaça la cathédrale romane consacrée en 1152 et détruite par un incendie en 1218. La construction en un temps record, entre 1220 et 1270, lui confère une unité exceptionnelle.

Cette rapidité est due à la richesse de la ville, liée à l'exploitation du fameux bleu d'Amiens, cette teinture qui donne aux tissus un bleu très recherché, à partir de la waide (ou guède), une plante qui pousse à l'état naturel dans la vallée de la Somme. Les tissus d'Amiens étaient connus jusqu'en Italie et les teinturiers, les waidiers, étaient prospères et célèbres. Cette fortune leur avait permis, ainsi qu'à tous les artisans et marchands drapiers, d'obtenir dès 1117 une autonomie dans la gestion de leur cité.

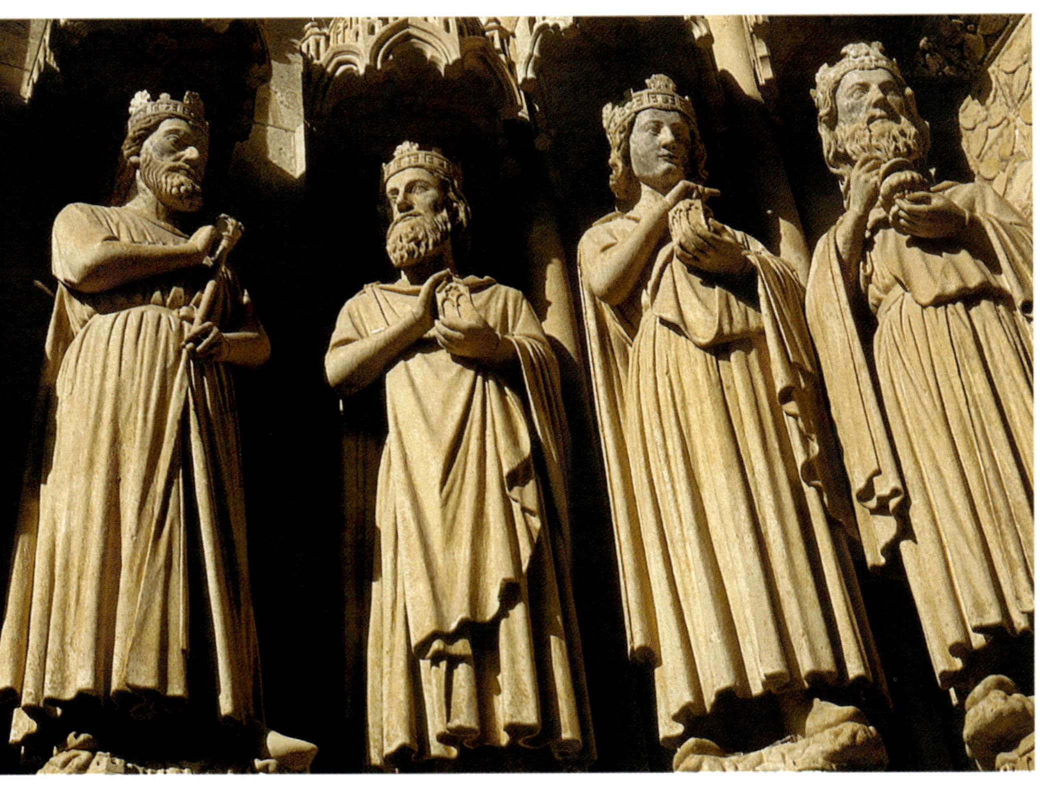

Ci-dessus : sur la façade occidentale, le portail de la Mère-Dieu, où le roi Hérode interroge les rois Mages.

Page ci-contre : sur le trumeau du portail du Sauveur, la statue du Christ bénissant, connu sous le nom de « Beau Dieu d'Amiens ».

Un siècle plus tard, c'est encore la waide qui contribue à financer la nouvelle cathédrale d'Amiens, faisant de Notre-Dame la plus grande cathédrale gothique de France, avec près de 8 000 mètres carrés de surface, une longueur de 143 mètres (133,50 mètres à l'intérieur), seulement dépassée par Reims. Les grandes arcades qui séparent la nef centrale des bas-côtés ont près de 20 mètres de hauteur. Pour soutenir un tel ensemble et supporter le chœur, très ajouré avec son triforium à claire-voie, il fallut élever une ceinture de hauts arcs-boutants qui ne nuisent pas à la majesté de l'édifice. Un mauvais calcul de l'axe de poussée a pourtant obligé à multiplier le nombre de ces arcs-boutants.

UN ARCHITECTE DE GÉNIE

« En l'an de grâce 1220, l'œuvre de cette église fut commencée. L'évêque de ce diocèse était alors Évrard ; le roi de France Louis, fils de Philippe le Sage. Celui qui fut maître de l'œuvre s'appelait maître Robert de Luzarches, après lui vint Thomas de Cormont, et après celui-ci, son fils Renaud qui fit placer cette inscription l'an de l'incarnation 1288. »

Cette inscription tracée au centre du labyrinthe octogonal noir et blanc dessiné sur le pavage de la nef livre les noms des architectes. (Le labyrinthe d'aujourd'hui est une copie de l'original du XIIIe siècle, détruit vers 1830 et refait à l'identique en 1894. L'original de la pierre centrale est conservé au musée de Picardie.)

C'est donc à Robert de Luzarches que l'on doit ce prodige, cette lourde voûte reposant sur une fragile cage de verre soutenue par des piliers qui semblent si fragiles... Technique incomparable. Il invente tout : la fabrication en série de blocs de pierre qu'il suffit ensuite d'ajuster à la chaîne. Plus de saison morte : l'hiver, grâce à une vaste baraque de chantier, les tailleurs de pierre sont à l'œuvre. Robert de Luzarches va aussi révolutionner l'art des proportions pour nous faire percevoir l'immensité de l'espace, le rythme des piliers et surtout, au-dessus, comme survolant l'ensemble, l'extraordinaire réseau de voûtes.

À Amiens, un seul mot d'ordre : rapidité, comme l'immense fortune de la ville l'autorise. À l'emplacement prévu pour le chœur, une église, Saint-Firmin : on la démolit. Mais le chapitre n'est pas ingrat et indemnise les moines propriétaires. Quant à saint Firmin, évangélisateur et premier évêque d'Amiens, il trouvera une place d'honneur au trumeau du portail gauche de la grande façade, entouré des saints du diocèse.

L'enchaînement des différentes étapes du chantier est véritablement prodigieux. D'abord, en 1220, les fondations, descendues à plus de 12 mètres de profondeur. Puis, en 1236, soit

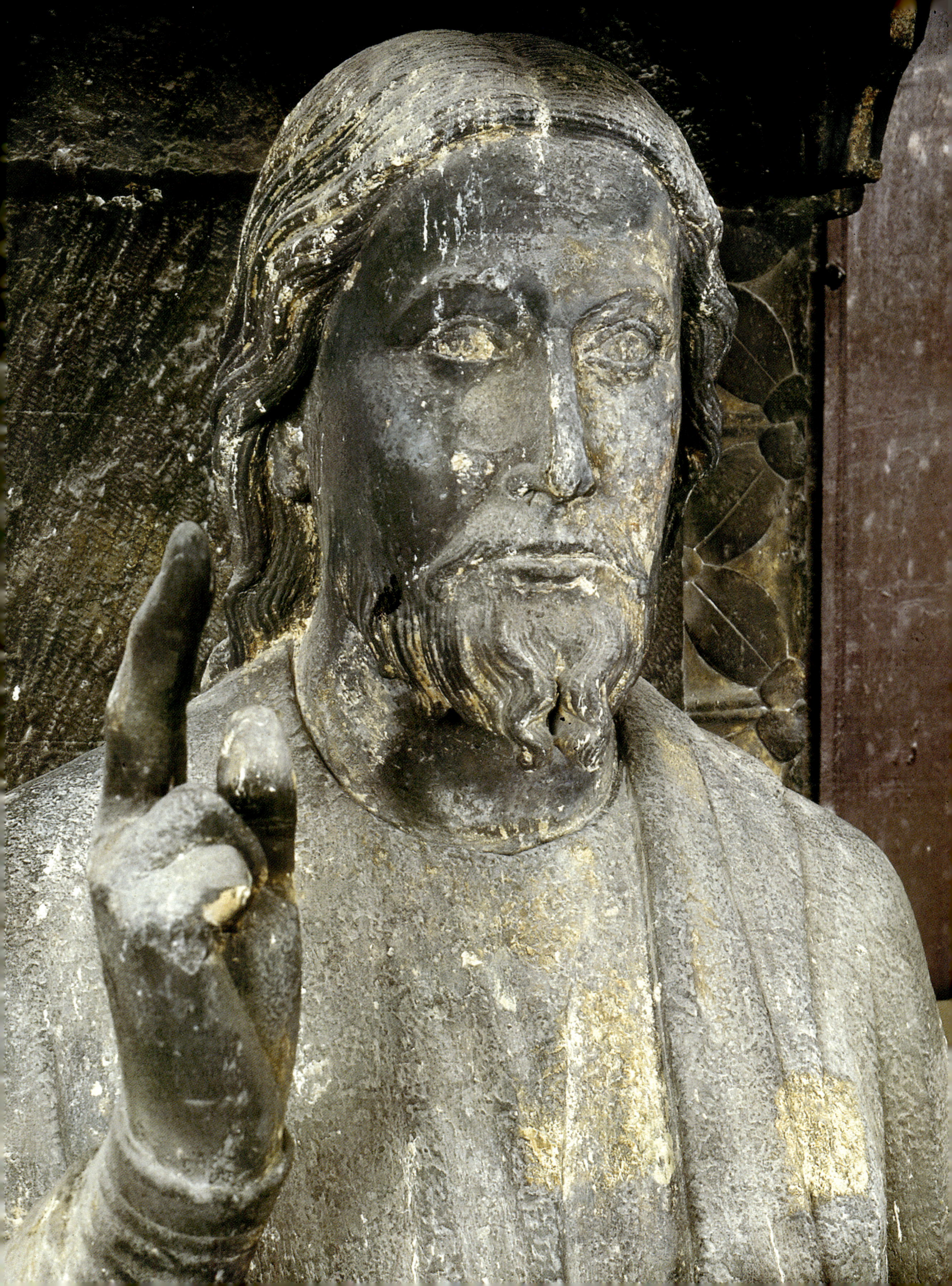

seize ans seulement après le début des travaux, la nef est ouverte au culte. En 1245, Robert de Luzarches passe la main ; mais il demeure à jamais au sein de son chef-d'œuvre : sa tombe de bronze se trouve à l'entrée de la nef. Après lui, au tour des Cormont père et fils de prendre la relève. En 1247, l'évêque Arnould peut être inhumé dans le déambulatoire car les travaux avancent à une vitesse inimaginable.

Tout est repensé en plus grand

Contrairement aux usages, la construction commence à l'ouest : 1220-1236, grand portail et nef ; 1238-1247, chœur et chapelles rayonnantes ; 1258-1269, partie haute du transept et du chœur. Le chœur est formé de quatre travées et d'un hémicycle à sept pans, sept chapelles absidiales, sept chapelles rayonnantes – au lieu des cinq habituelles –, dont la chapelle axiale, celle de la Vierge, plus développée que les autres. Serait-ce en quelque sorte la finalité la plus absolue, celle vers qui tout tend ? Le chœur et la croisée du transept, portée pour la première fois par des colonnes d'un seul élan, s'achèvent vers 1269. Et le 12 mai 1279, soit soixante ans après le début du chantier, a lieu le transfert solennel des reliques de saint Firmin et de sainte Ursule en présence du roi de France Philippe III et du roi d'Angleterre Édouard Ier. Que reste-t-il à faire ? Les façades du transept et le haut des tours. Le labyrinthe, qui matérialise la fin des travaux, parachève l'ensemble en 1288.

Page ci-contre : à la croisée du transept, les voûtes sont portées par des piliers d'un seul élan à plus de 42 m de haut.

Ci-dessous : la nef et le labyrinthe refait au XIXe s. Les fidèles le parcouraient à genoux, comme un chemin de croix.

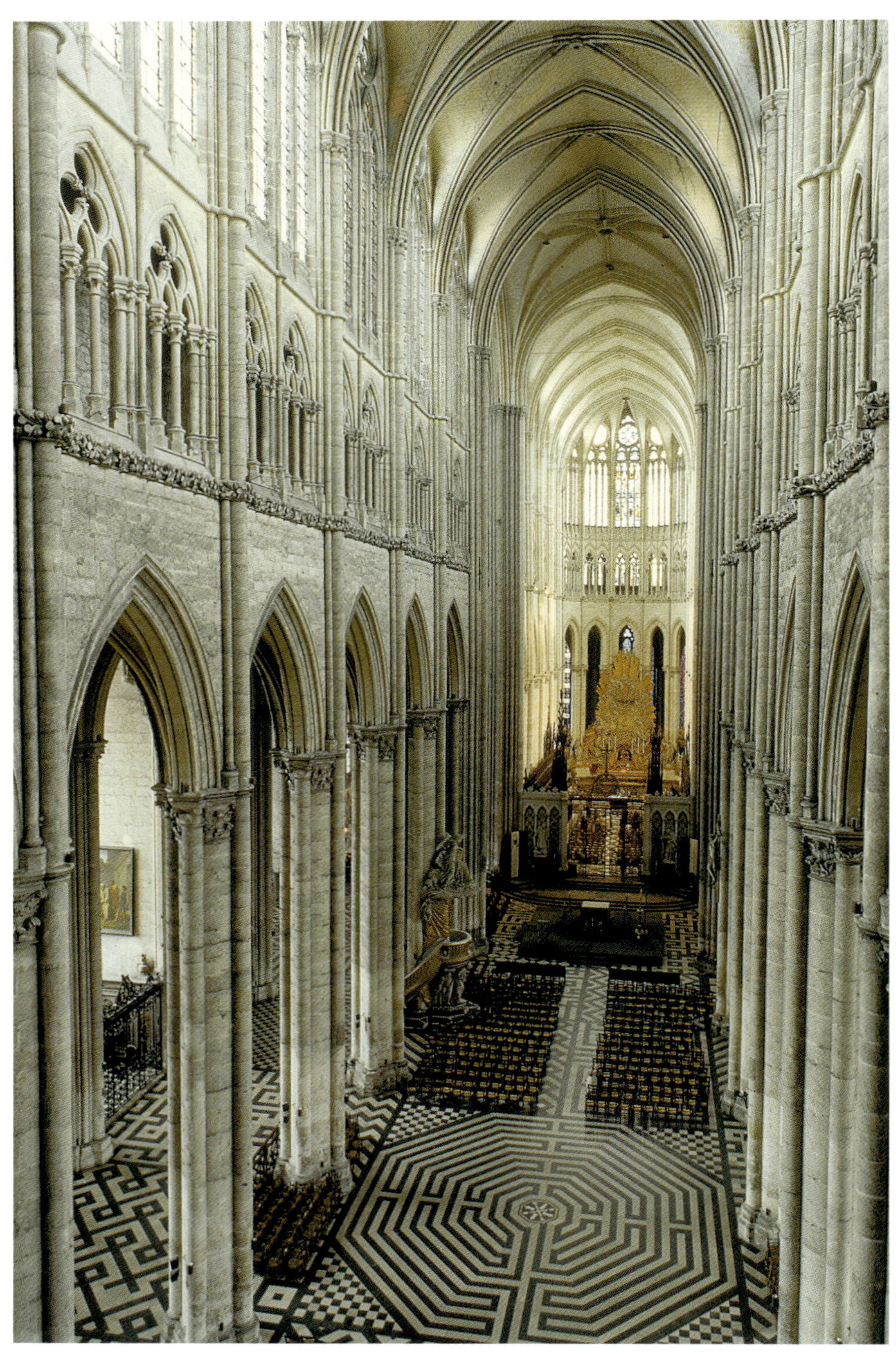

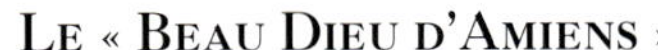

Le « Beau Dieu d'Amiens »

Les portails ouest forment un ensemble qui compte parmi les chefs-d'œuvre de la statuaire gothique. Sculpteurs et maîtres d'œuvre travaillent à l'unisson entre 1220 et 1236. Ils utilisent le moindre espace de ces quatre piliers soutenant la poussée des voûtes et l'extrême profondeur des portails pour offrir la plus belle imagerie de pierre du XIIIe siècle.

Les trois portails sont célèbres. Au trumeau du porche central, dit du Sauveur, le « Beau Dieu d'Amiens » accueille ses fidèles, ses visiteurs, de son visage si serein et paisible, signe d'apaisement et... de réconciliation. Au tympan, le Jugement dernier, entouré de quelque cent cinquante statues nichées dans les voussures. Les apôtres sont également là sous leur dais. À leurs pieds, la très célèbre frise de Quatre-Feuilles, où se reflètent, dans une vérité naïve, une multitude de petites scènes de la vie quotidienne : vertus et vices, arts et métiers, différentes allégories, etc. Au-dessus de la galerie des Rois, avec la série des rois de Juda, ancêtres de la Vierge, se déploie une vaste rose flamboyante restaurée par Viollet-le-Duc au XIXe siècle.

La Vierge dorée

Il convient encore de visiter un autre chef-d'œuvre, la façade sud du transept. Au trumeau se dresse une Vierge au sourire malicieux, à l'attitude presque coquette si l'on en juge par le léger mouvement de déhanchement. C'est la très médiatique Vierge dorée – elle le fut jadis – si souvent recopiée. Sur le linteau du portail, les figures des apôtres, pleines d'humanité, circulent, comme libres de leurs mouvements : scène extraordinaire, loin de ces statues-colonnes

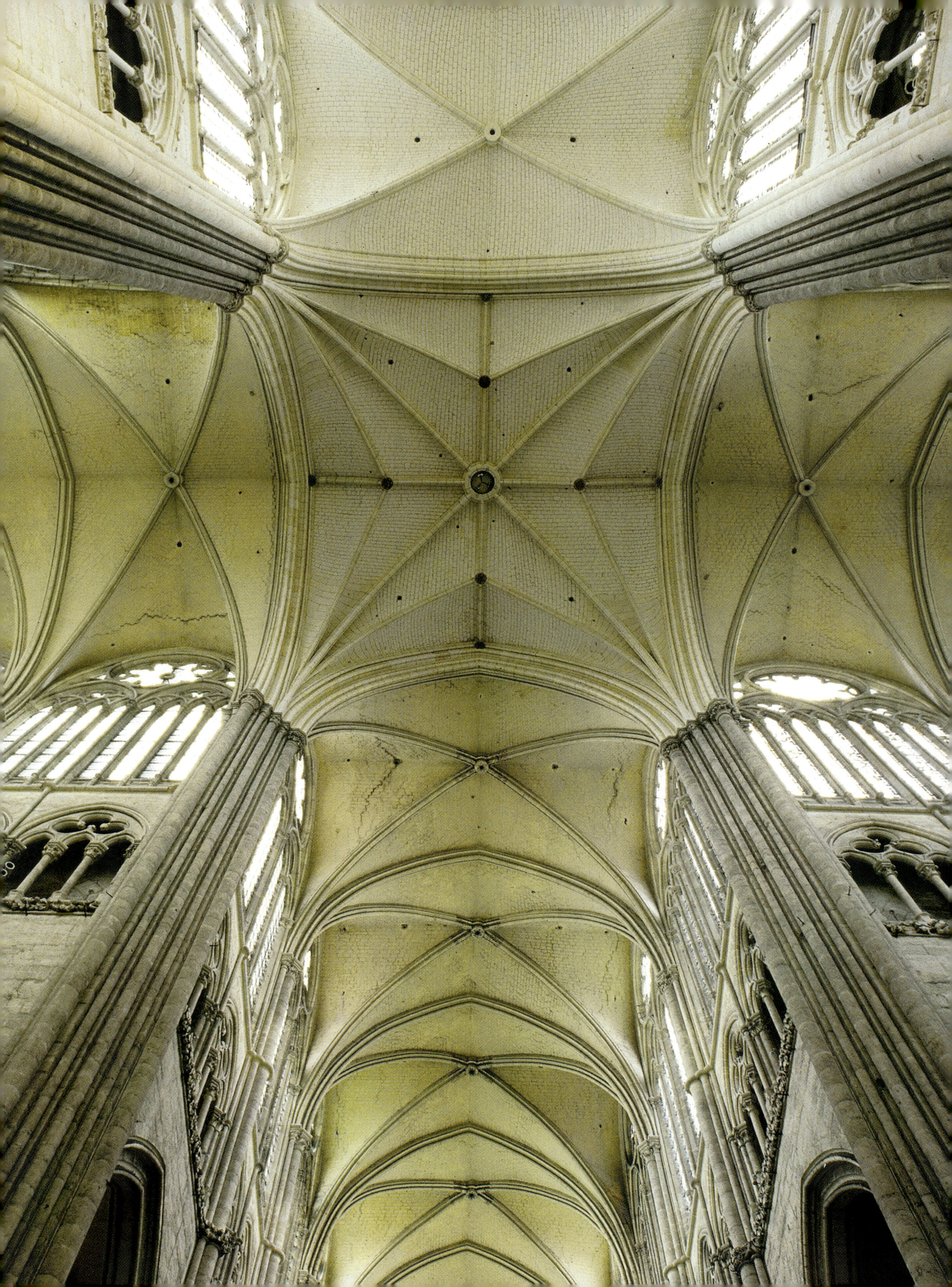

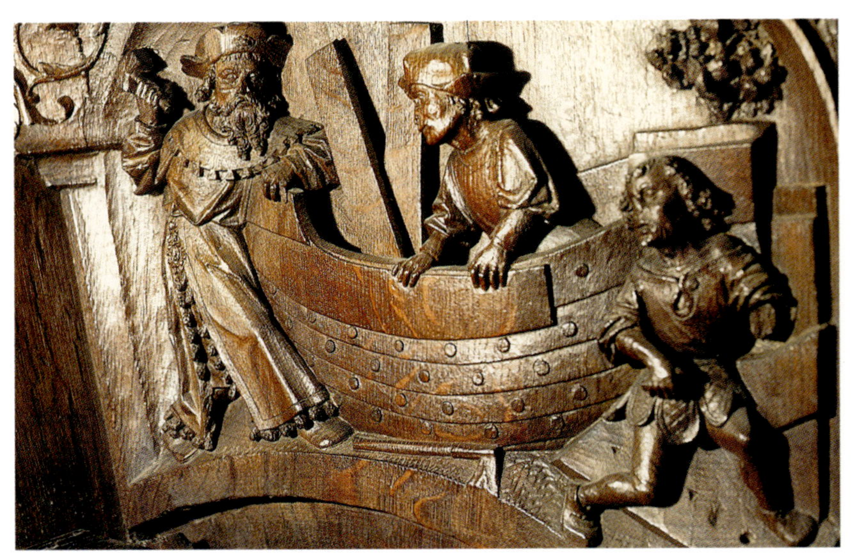

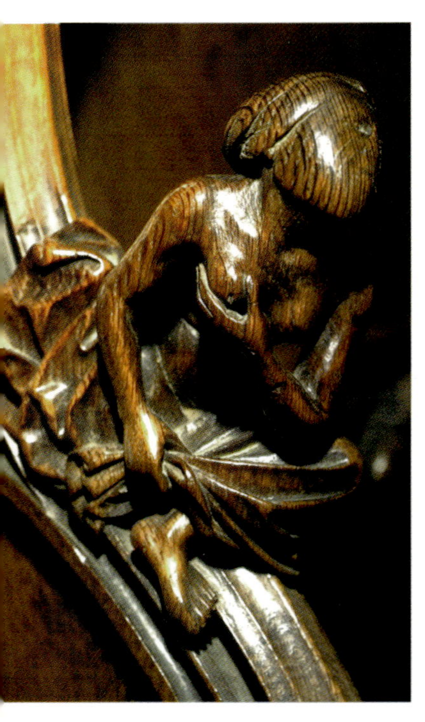

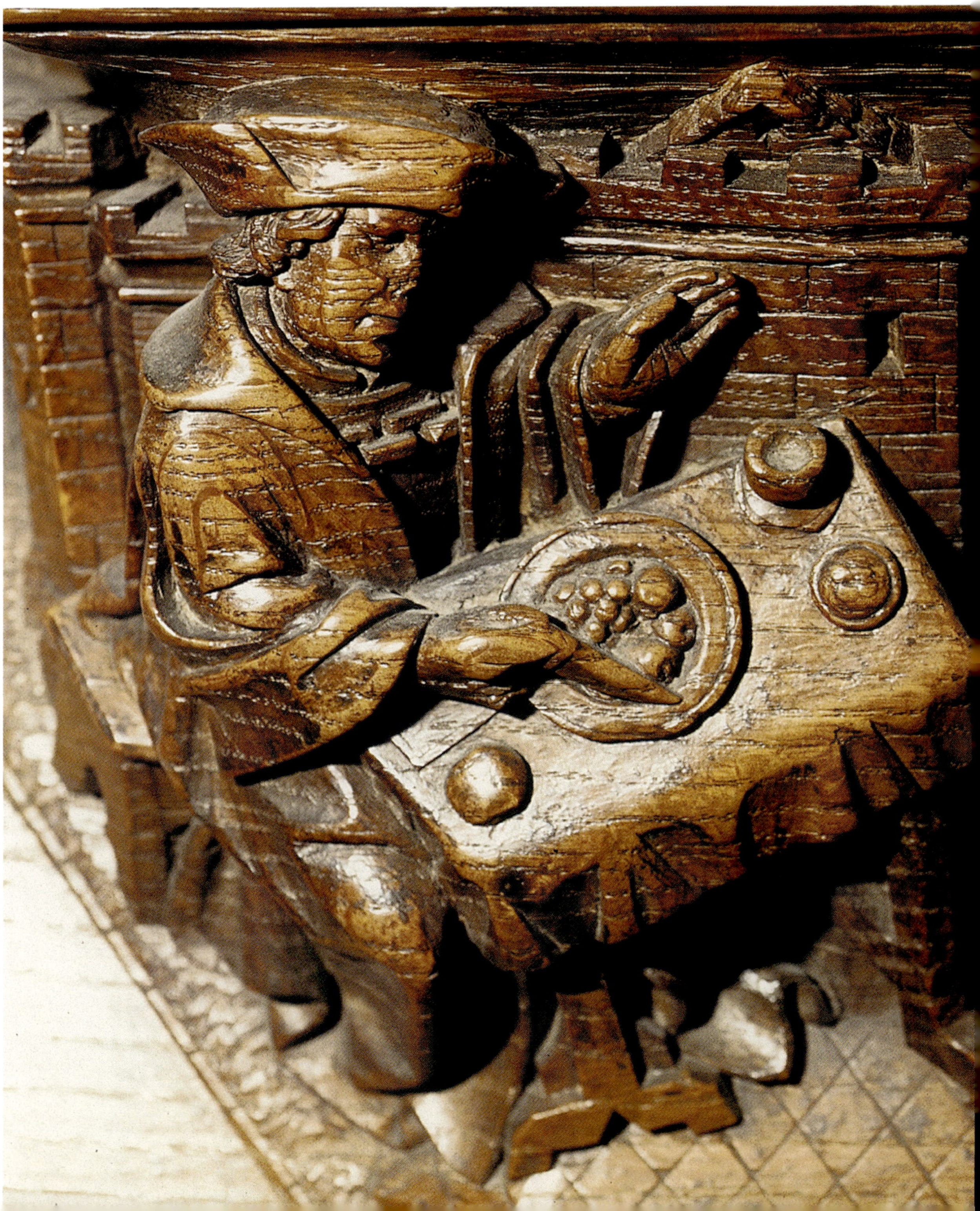

Cent dix stalles de chêne, commencées le 13 juillet 1508, entourent le chœur. Elles représentent, outre des scènes religieuses, de nombreux thèmes de la vie quotidienne au XVIe *s.*

inertes. Ils sont là, causent entre eux, tendent l'oreille aux fidèles, prêts à transmettre les prières et à obtenir les grâces de Dieu.

LES QUATRE MILLE PERSONNAGES DU CHŒUR

À l'intérieur, dans ce prodige de clarté et de technique, il nous faut citer l'un des décors les plus étonnants et les plus riches de France, une œuvre unique due à la générosité d'un prévôt du chapitre, Adrien de Hénecourt : entre 1488 et 1530 furent réalisées la clôture du chœur et cent dix stalles de chêne. Le sculpteur a utilisé un bois traité par un séjour de cinq ans en mer, à Saint-Valéry, suivi d'un autre séjour de plusieurs années en eau douce afin de réduire la sève, et enfin d'une longue exposition à l'air libre. Les deux stalles maîtresses ont été sculptées dans un même chêne, haut de 13 mètres. Si les XIVe et XVe siècles ont vu les tours nord et sud s'édifier, la cathédrale d'Amiens n'a pratiquement pas bougé depuis la guerre de Cent Ans : elle fut protégée des deux guerres mondiales comme elle l'avait été de la Révolution et, avant elle, des guerres de Religion. Les destructions subies doivent davantage aux chanoines du XVIIIe siècle, qui, comme partout, ont enlevé le jubé, les pavages, des vitraux et une grande partie des tableaux de la fameuse confrérie du Puy-Notre-Dame. Elle nous arrive aujourd'hui presque indemne, miracle de l'art gothique dans sa pureté la plus grandiose !

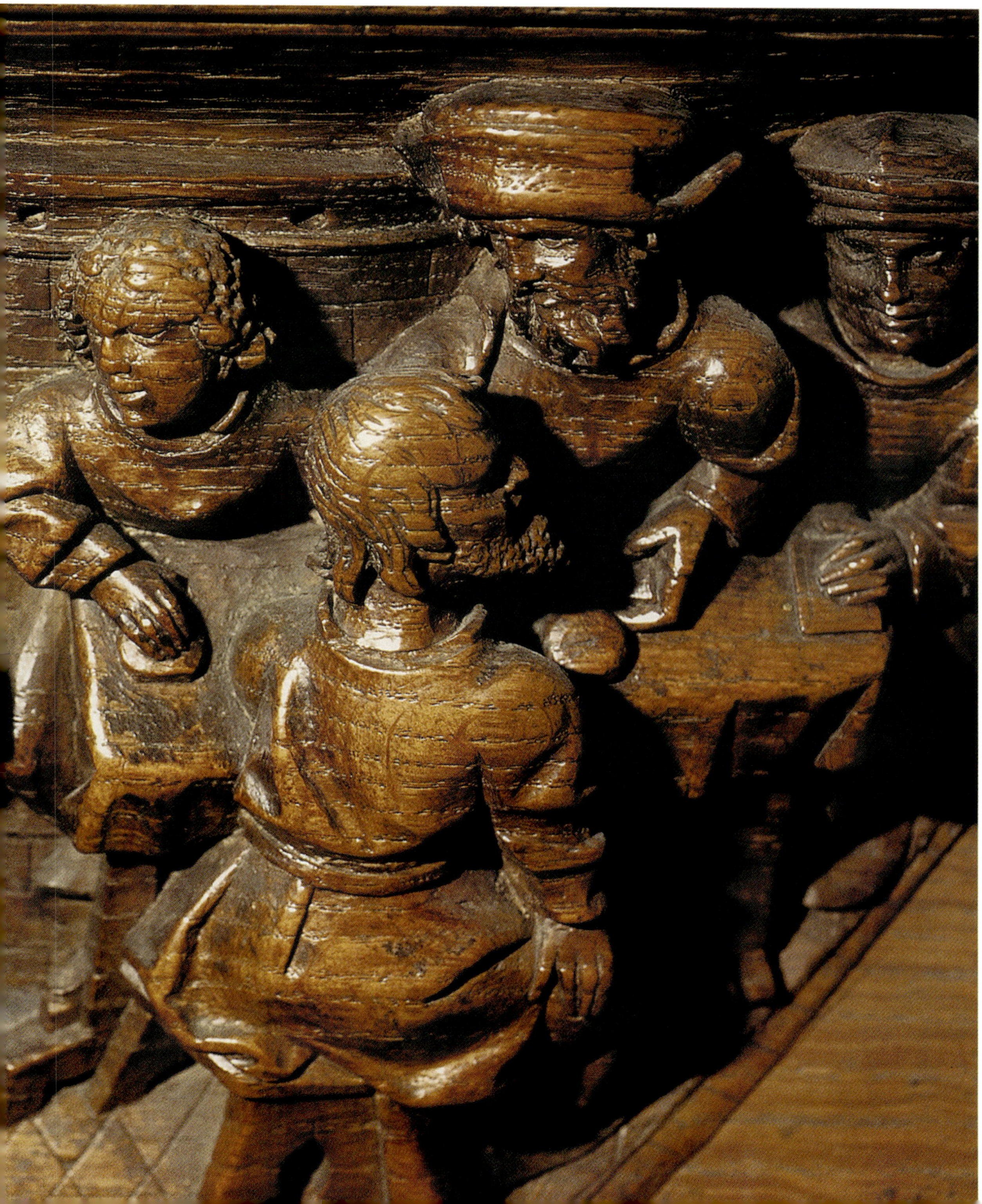

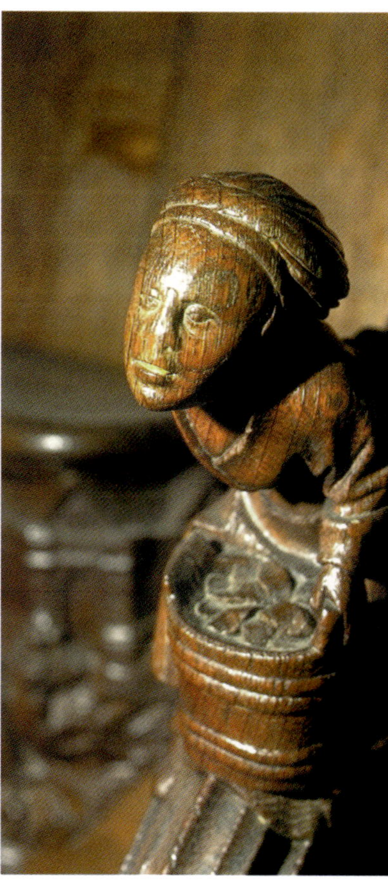

Pages suivantes : détail de la clôture du chœur, quatre groupes taillés dans la pierre et polychromés illustrent la vie de saint Firmin.

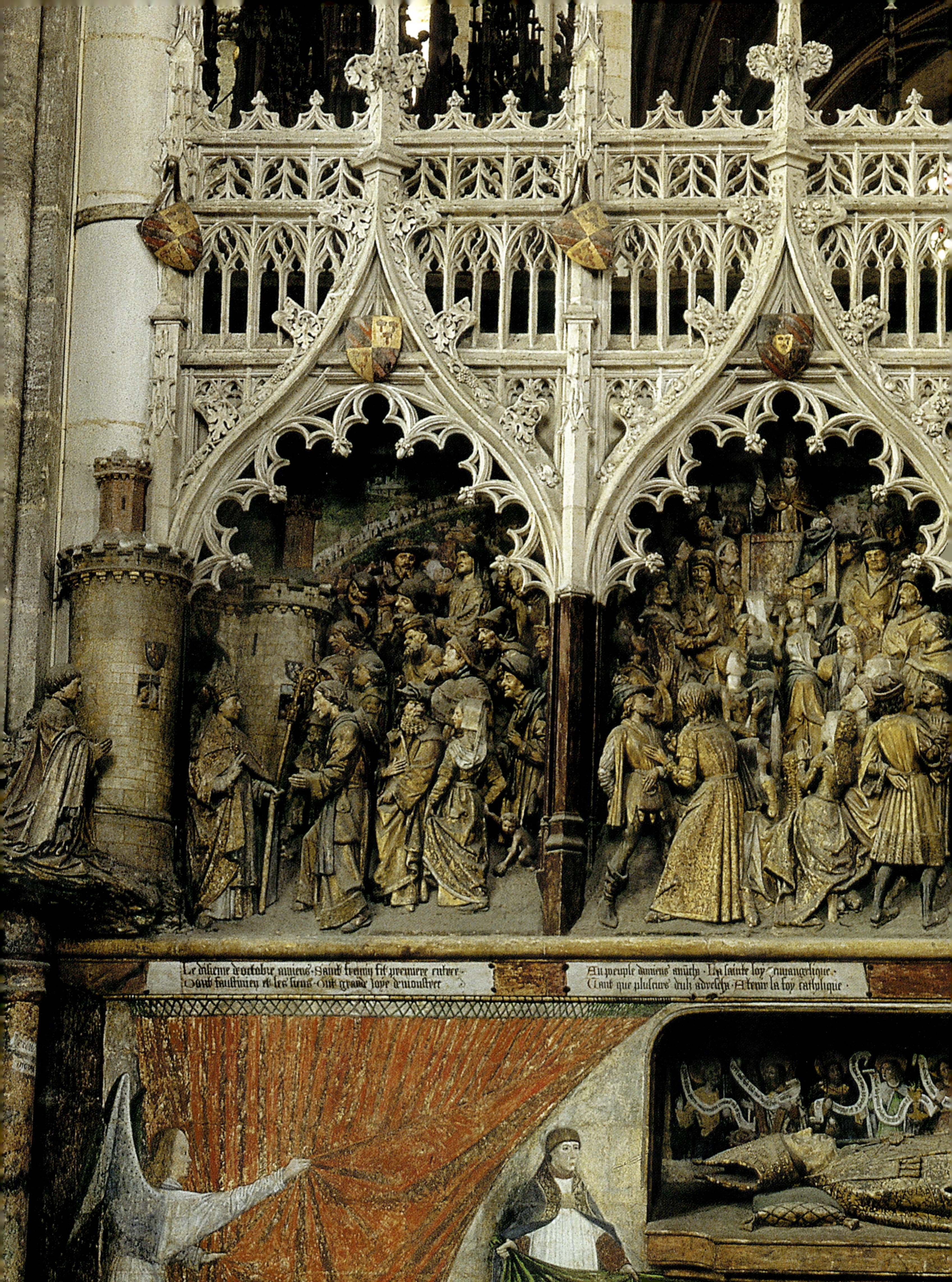
Le disieme doctobre amiens · Sainct firmin fit premiere entree ·
Dont faustinien et les siens · ont grande joye demonstrer
Au peuple damiens anuncha · la sainte loy euangelique ·
Tant que plusieurs deulx adrescha · a tenir la foy catholique ·

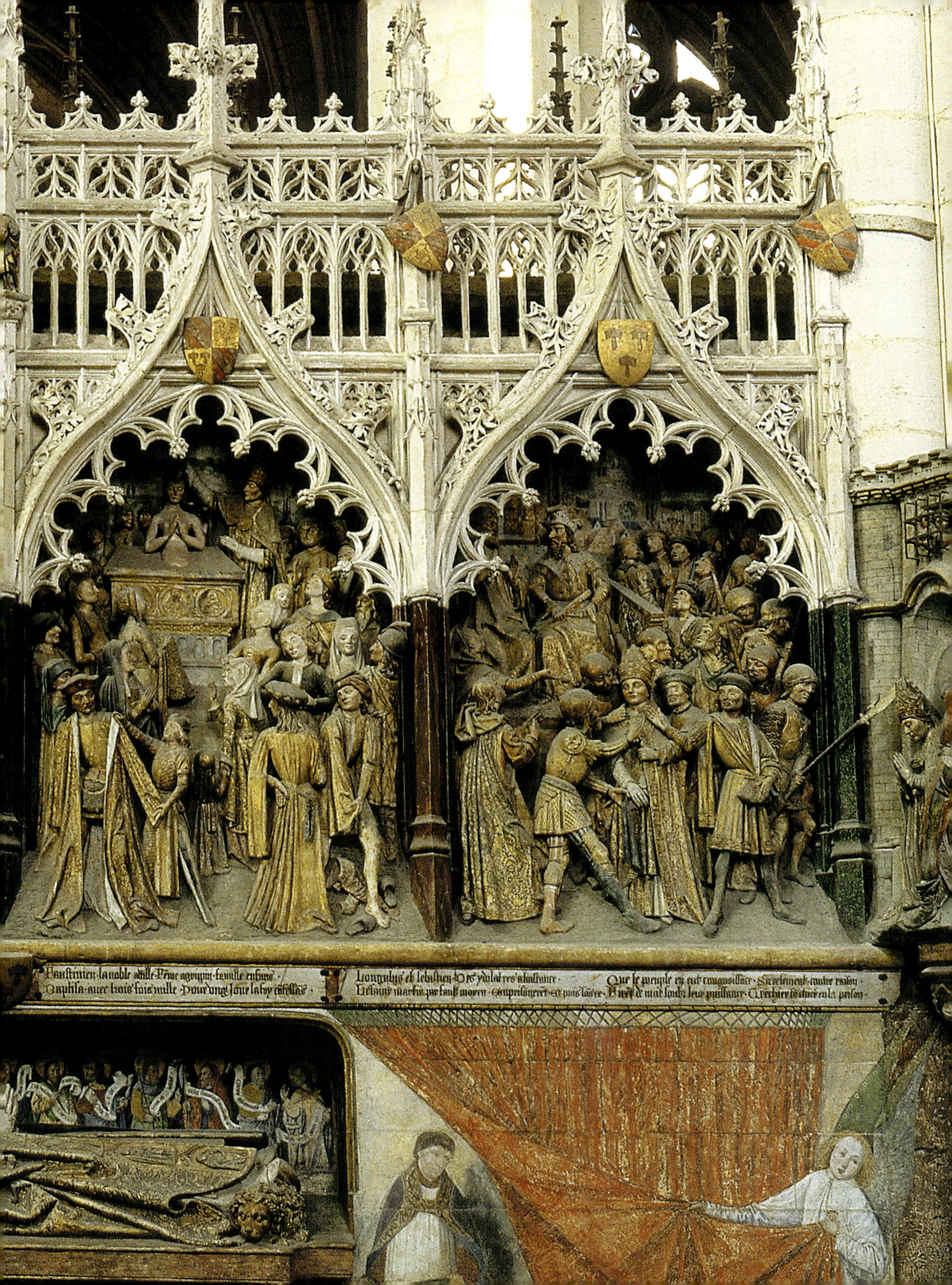

Beauvais

Saint-Pierre, fragile envolée du chœur

XIIIe-XVIe S.

À NE PAS MANQUER

Le chevet,
la façade du croisillon sud,
le portail Saint-Pierre,
les vantaux,
le transept,
le chœur,
les fenêtres hautes,
les vitraux,
le déambulatoire,
les chapelles rayonnantes,
l'horloge astronomique,
le cloître,
la Basse-Œuvre.

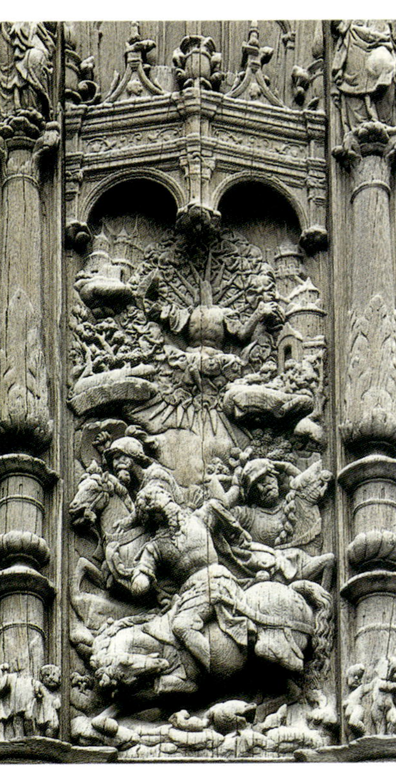

Ci-dessus : détail des vantaux du portail, sculptés par Jean le Pot. Figurent ici des scènes de la vie de saint Paul.

Page ci-contre : la façade, richement décorée, est flanquée de deux tourelles.

C'est l'histoire d'une ambition folle, d'un rêve brisé par l'orgueil ; une histoire d'honneur et de démesure. Elle met aux prises ces jeunes communes du XIIe siècle à peine affranchies de la tutelle des seigneurs. Laquelle affirmera le mieux sa puissance, sa richesse, son indépendance ? Ce besoin de reconnaissance, d'affirmation, passe à Beauvais par un projet fou, celui d'édifier la plus grande et la plus belle des cathédrales. Mais quelle gifle !

Elle fut commencée, interrompue, démolie, réparée. Résultat : Beauvais ne possède pour toute cathédrale qu'un chœur et son transept. Un chœur pour la plus téméraire des cathédrales, d'une audace exceptionnelle, le plus haut, le plus grand, le plus prestigieux du monde gothique. Sa voûte mesure près de 48 mètres de haut, une hauteur telle qu'il fallut doubler les piliers, jeter sur l'abside une armée d'arcs-boutants. Un chef-d'œuvre si scandaleusement inachevé que François Ier offrit une partie de ses revenus sur le sel pour terminer la nef. Mais rien n'y fit : le projet était bien trop ambitieux, bien trop démesuré.

La plus haute, la plus grande, la plus belle

L'histoire de Beauvais est exemplaire. Elle symbolise à elle seule la folle aventure des cathédrales du XIIIe siècle, ces mille projets nés dans la tête de religieux et d'architectes osant le rêve étayé par une foi sans faille. Il existait à Beauvais une cathédrale carolingienne dédiée à Notre-Dame, qu'on appelait la Basse-Œuvre. Il n'en reste que trois travées accolées à la cathédrale inachevée.

Au Xe siècle, une nouvelle cathédrale fut mise en chantier ; mais deux incendies – en 1180 et en 1225 – poussèrent alors le chapitre et l'évêque à repenser totalement le plan : un projet insensé qui devait aboutir à la cathédrale la plus haute et la plus grande qu'on ait jamais construite. Arrêtons-nous quelques instants au financement de ce projet. À Beauvais, on dispose d'un témoignage de la plus haute importance, celui de l'évêque Milon de Nanteuil. Il établit que les revenus de tous les bénéfices vacants du diocèse seraient consacrés à l'œuvre de la cathédrale, auxquels s'ajouteraient le dixième des revenus de l'évêque et le tiers de celui des archidiacres – et cela pendant dix ans.

Guerre civile autour d'une cathédrale

Les bourgeois sont également mis à contribution. Beauvais a toujours été une ville prospère et turbulente, en perpétuel conflit avec son évêque-comte. C'est le roi Louis VI et non l'évêque qui, en 1122, accorde à ses bourgeois une charte de commune qui ne cessera d'être remise en question. Les évènements qui se déroulent à Beauvais, alors que le projet de la grandiose cathédrale Saint-Pierre prend forme, ne sont rien d'autre qu'une guerre civile. Le roi, qui désire imposer son maire à la ville, se voit confronté à l'évêque. Milon de Nanteuil ne veut ni du maire ni de la commune et place la ville sous interdit. Rien n'y fait. Beauvais est matée par Louis IX et l'évêque – contraint à l'exil – meurt à Rome en 1236. Mais, belle revanche, le synode réuni à Senlis en 1235 lui donne raison, obligeant le roi à conclure la paix avec son successeur. Paix de façade entaillée de procès et d'escarmouches, mais pour l'heure, le chantier de la cathédrale peut enfin commencer !

La pierre saisie dans son élan

Qui sont les architectes de Beauvais ? Aucun nom ne nous est parvenu. Le mot d'ordre : faire mieux et surtout plus haut qu'à Amiens. Plus de vingt ans sont nécessaires pour mener à bien cette immense tâche. Mais, première déconvenue : les voûtes du chœur s'effondrent en 1284. Mauvais mortier – comme le suggère Viollet-le-Duc au XIXe siècle – ou erreur de conception de l'architecte, qui a voulu monter ses voûtes trop haut ? La perte est immense car les fenêtres et les vitraux étaient déjà posés.

Tout est à reprendre sans renoncer pour autant au plan initial. La reconstruction est confiée à Guillaume de Roye et à son assistant Aubert d'Aubigny. Avec beaucoup de prudence, ils réduisent les écarts entre les grands piliers, qui passent de quatorze à vingt. Ils multiplient les arcs-boutants, tout en renforçant les culées. Le chœur est ainsi maintenu par deux rangées d'arcs-boutants à double volée.

Quarante ans plus tard, le chapitre peut enfin prendre possession des lieux. Le résultat est ahurissant : on est d'abord saisi par la lumière, l'extraordinaire clarté qui émane des quatre séries de baies ; puis apparaissent les piliers qui vont se perdre sous les voûtes sexpartites. Mais on est surtout frappé par la hauteur, inimaginable, la légèreté, l'aisance et l'harmonie de la pierre suspendue par le génie des hommes du Moyen Âge. Ne parle-t-on pas du chœur de

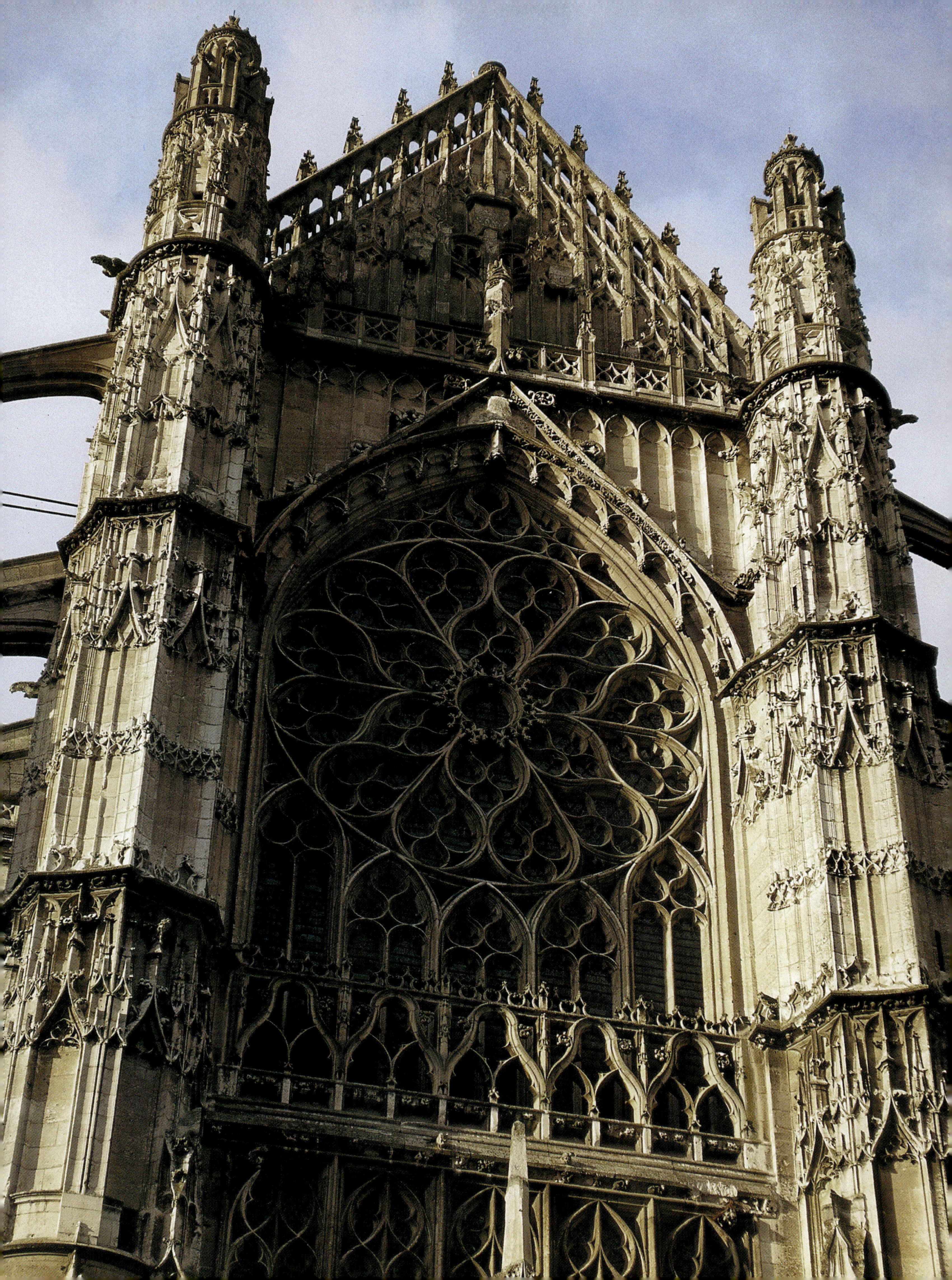

Beauvais comme d'une « cage lumineuse » ? Aux verrières des chapelles rayonnantes du déambulatoire et du triforium s'ajoutent celles des hautes fenêtres, la plupart du XIIIe siècle, mesurant à elles seules 18 mètres de haut.

UNE CATASTROPHE ANNONCÉE

La guerre de Cent Ans met en sommeil le chantier. Et pourtant le chapitre et la commune décident qu'ouvriers et matériaux seraient affranchis de taxes et d'impôts. Faut-il rappeler que les milices bourgeoises qui repoussent, en 1346, les Anglais venus assiéger leur ville seront elles-mêmes massacrées quelques semaines plus tard à Crécy ? L'un de ses évêques, Pierre Cauchon, ayant pris le parti des Anglais, reconnaît Henri VI comme seul roi de France. Puis, chassé par Charles VII, il se réfugie à Rouen. La suite... on la connaît : il préside le tribunal ecclésiastique qui condamnera Jeanne d'Arc.

Les travaux reprennent à la fin du XVe siècle avec pour seul objectif de doter Saint-Pierre d'un transept et d'une nef à la hauteur de son vertigineux chœur. En 1499, les fondations sont creusées et le 20 mai 1500, après une messe et une procession solennelles, la première pierre du transept est posée par l'évêque Louis de Villiers de l'Isle-Adam, qui vient d'achever son palais épiscopal. Le chantier est confié à une véritable dynastie de bâtisseurs : les Chambiges. Martin Chambiges arrive de Sens. Il travaillera plus tard à Senlis et à Troyes. Son fils Pierre et son gendre Jean de Damas sont également là. Michel de Laliet leur succédera.

Le croisillon nord est partiellement achevé en 1537. Mais la cathédrale est un gouffre financier : dons royaux et épiscopaux ne suffisent pas. La collecte d'argent est générale : le pape autorise la consommation de beurre pendant le carême en échange d'offrandes ; le Parlement de Paris oblige l'évêque et le chapitre à verser chacun huit cents livres pour l'œuvre de la cathédrale ; on va même jusqu'à organiser une vente d'indulgences accordées par le pape Léon X.

En 1569, une tour de pierre et sa flèche de 150 mètres de hauteur – la plus haute de la chrétienté – , œuvre de Jean Vast, se dresse enfin à la croisée du transept. Mais c'est une catastrophe ! Catastrophe financière, péché d'orgueil qui prive la cathédrale de sa nef ! Mais surtout catastrophe architecturale : quatre ans plus tard, le 30 avril 1573, la tour s'effondre alors que la procession de l'Ascension vient de quitter la cathédrale : les deux piliers ouest ont cédé, faute de nef pour

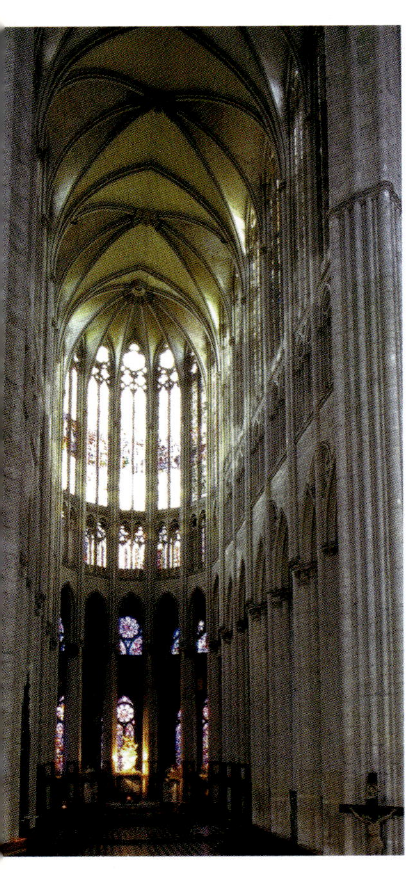

Ci-contre et ci-dessus : des voûtes d'une prodigieuse hardiesse, culminant à plus de 48 m de hauteur. Le triforium est à claire-voie et les hautes fenêtres culminent à 18 m.

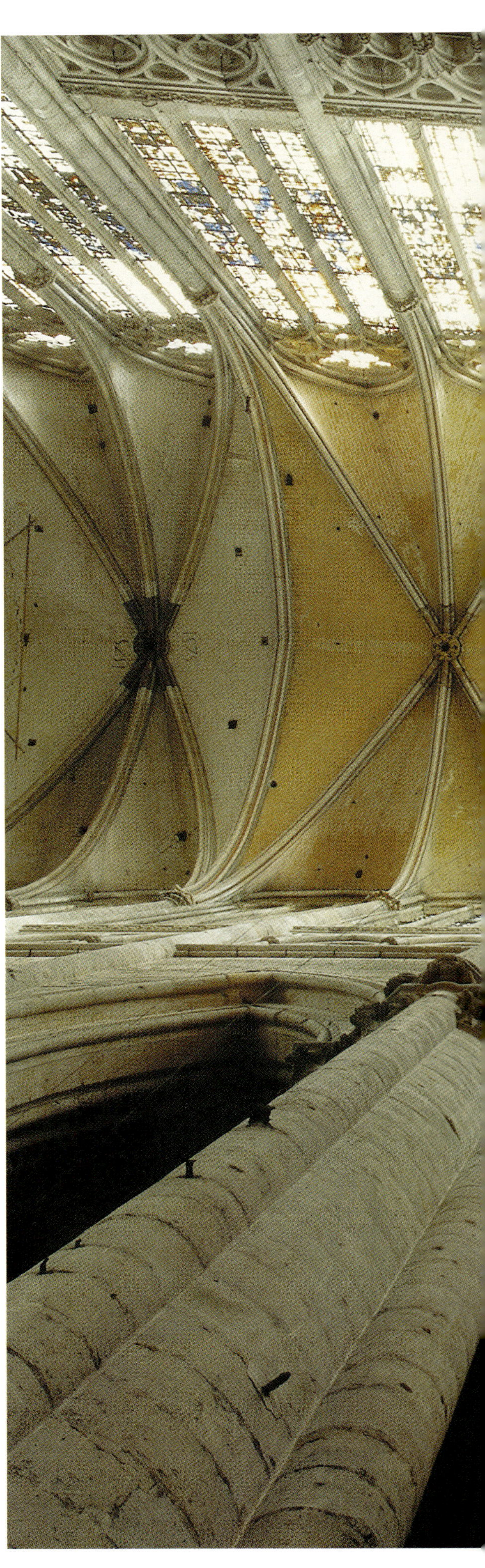

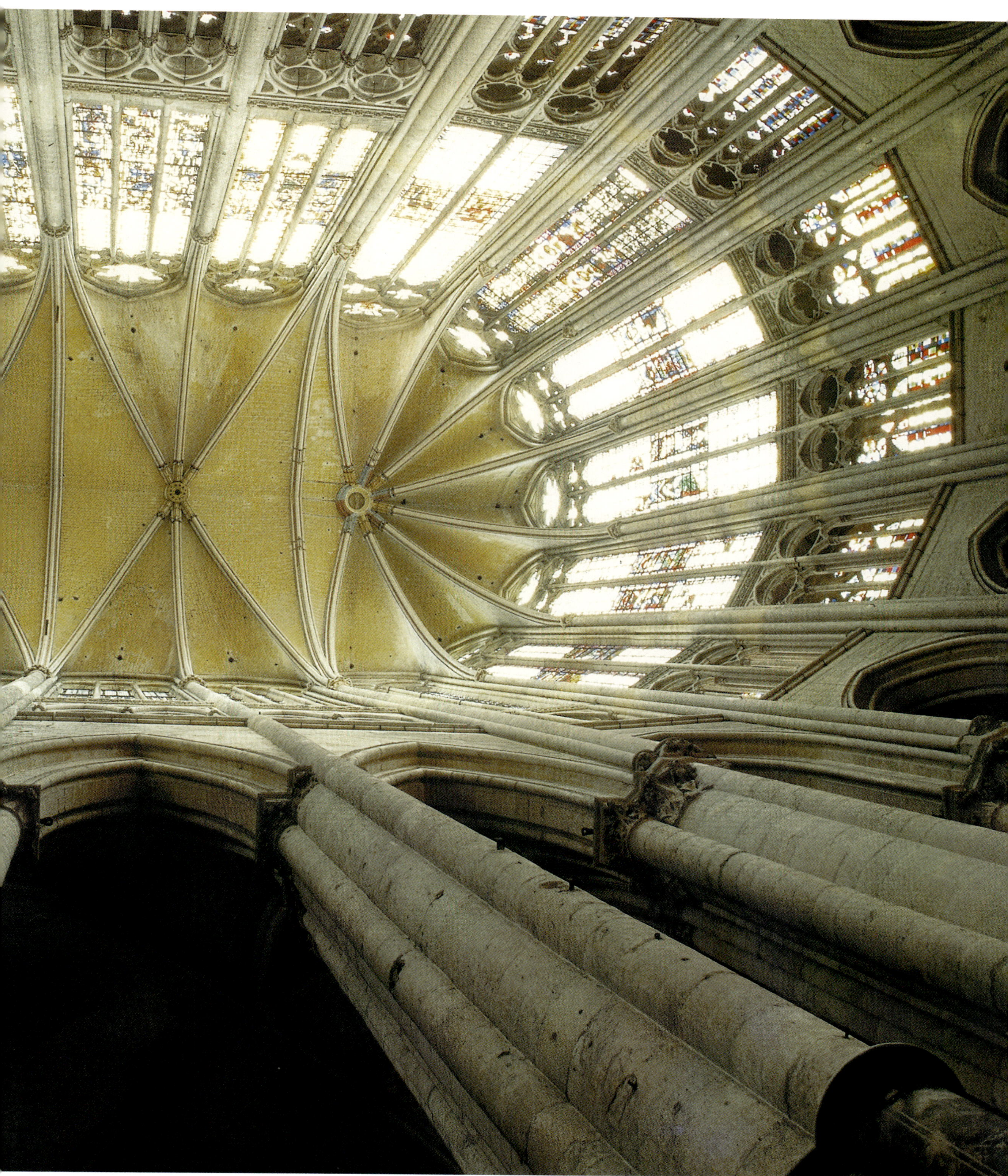

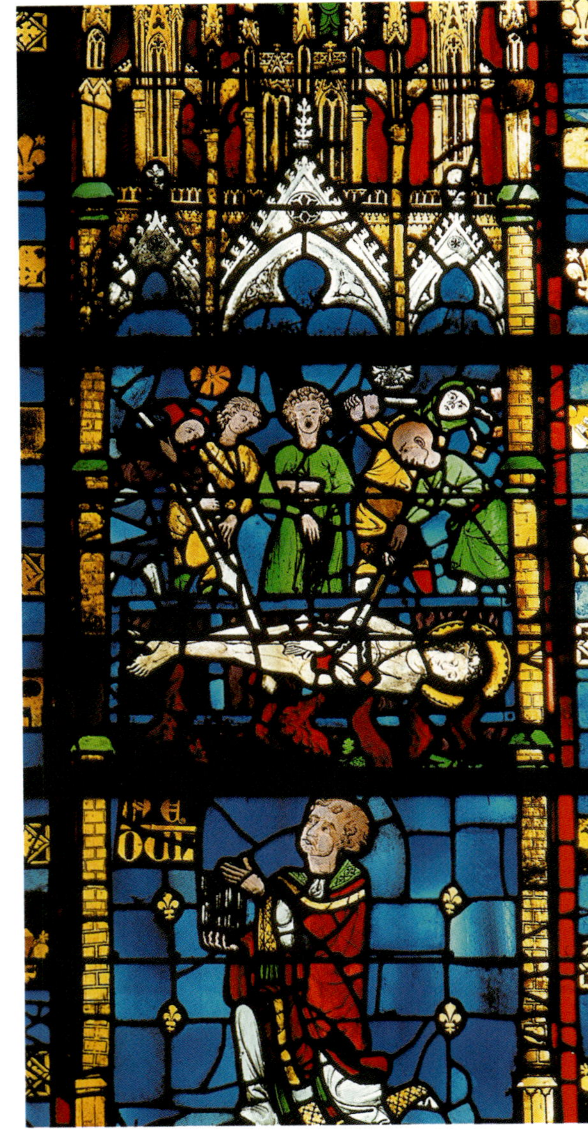

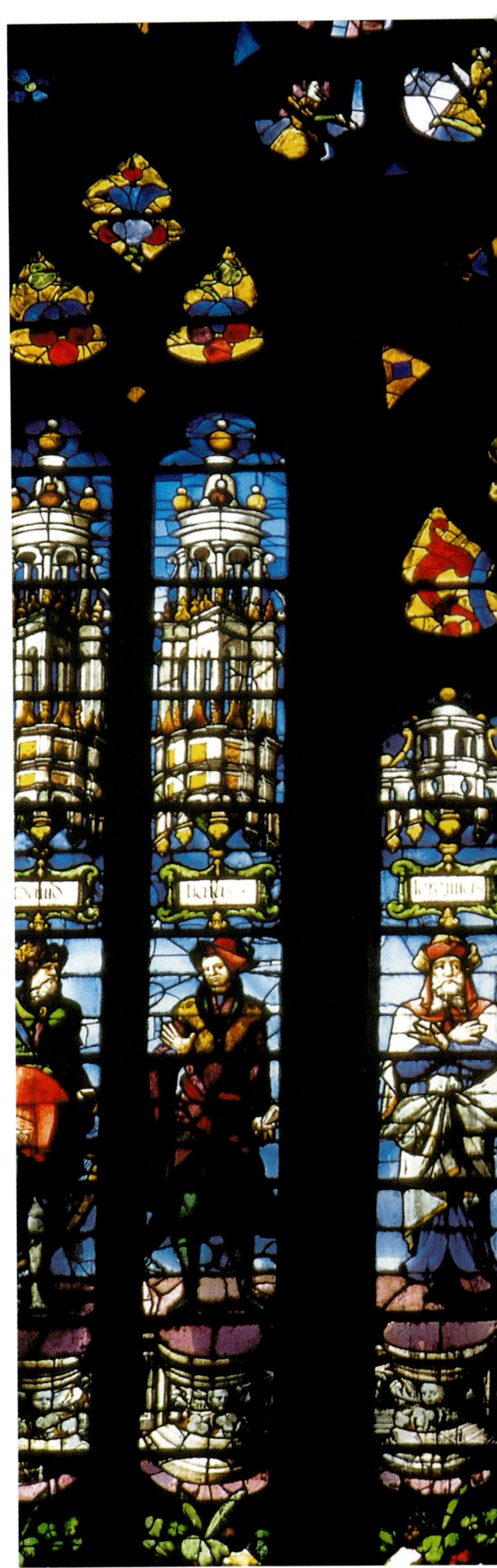

À droite : le martyre de saint Vincent.

Ci-contre : les sibylles, dans le croisillon nord (1537).

Ci-dessous : détail des vitraux de Roncherolles, dans la chapelle du Sacré-Cœur (1552).

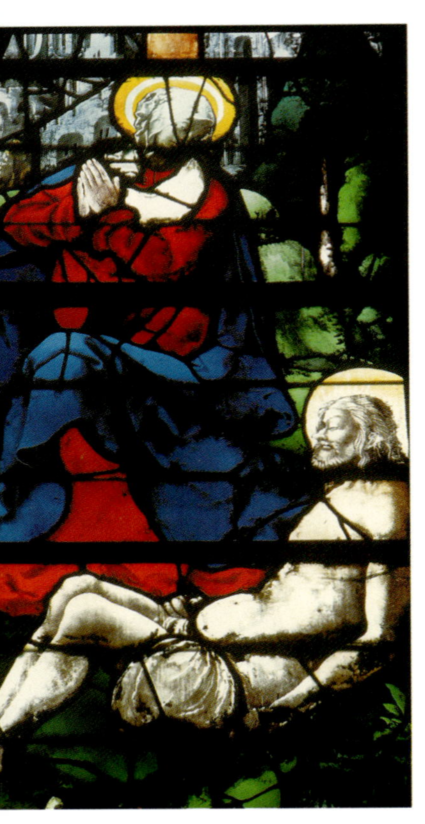

contrebalancer les butées. Les murs du transept s'écroulent, entraînant dans leur chute les verrières, les stalles, le jubé et blessant deux personnes. Des travaux de consolidation étaient pourtant prévus !

En quelques jours, on décide de réparer les dégâts. Mais il fallait d'abord équilibrer ce qui restait dangereusement en suspens... Aucun volontaire ne se présenta et le chapitre dut promettre la vie sauve à un condamné à mort pour mener à bien cette tâche périlleuse. L'évêque vendit sa résidence parisienne, le chapitre quelques joyaux de son trésor. On se contenta cependant de recouvrir de bois les voûtes du transept surélevées d'une petite tour.

Puis le rêve de la plus grande cathédrale d'Occident s'enfonça dans l'oubli : les guerres de Religion, le manque d'argent, la lassitude firent de Beauvais une œuvre inachevée. Ne dit-on pas que « le chœur de Beauvais, la nef d'Amiens, le portail de Reims et le clocher de Chartres feraient la plus belle cathédrale du monde » ?

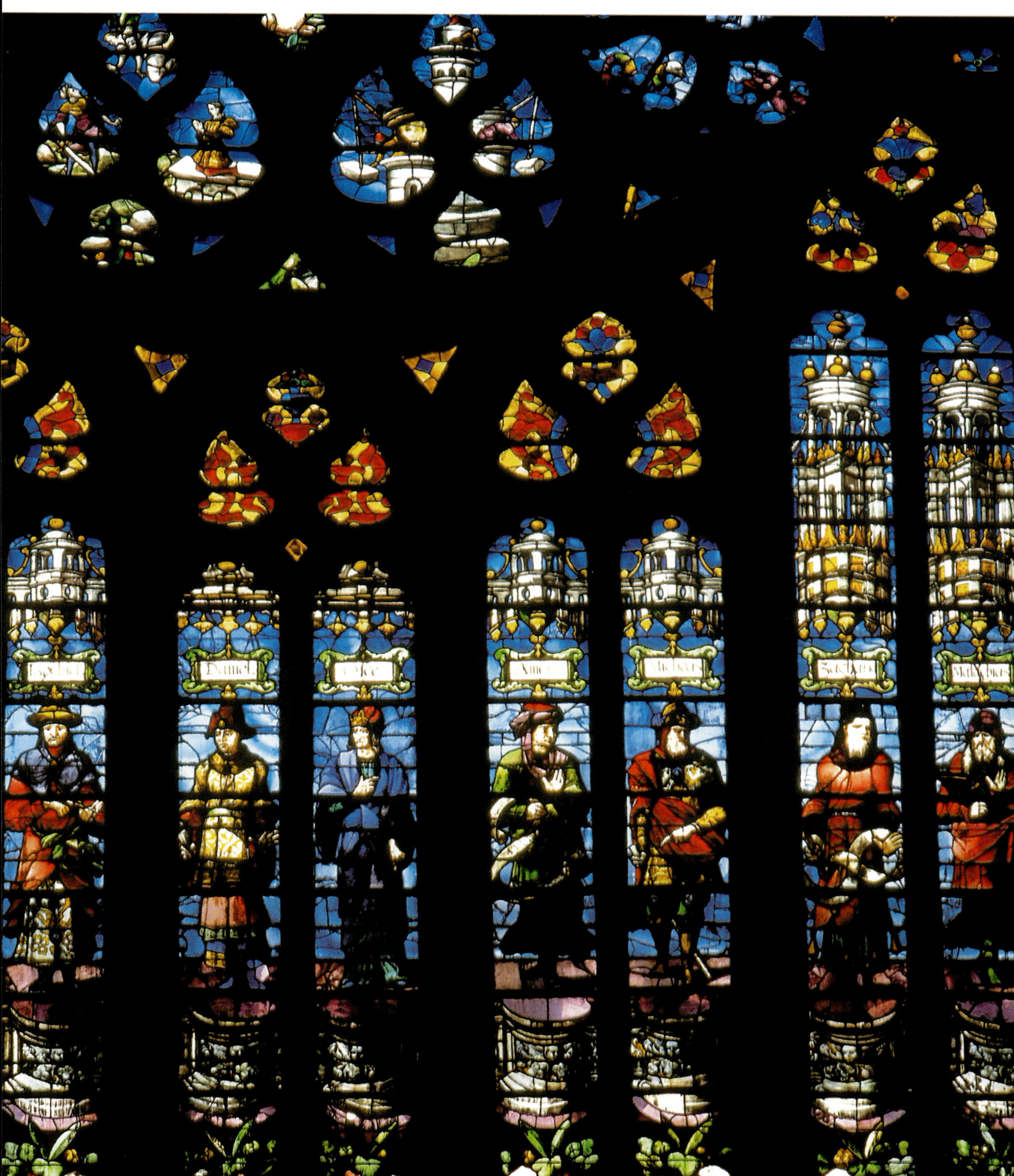

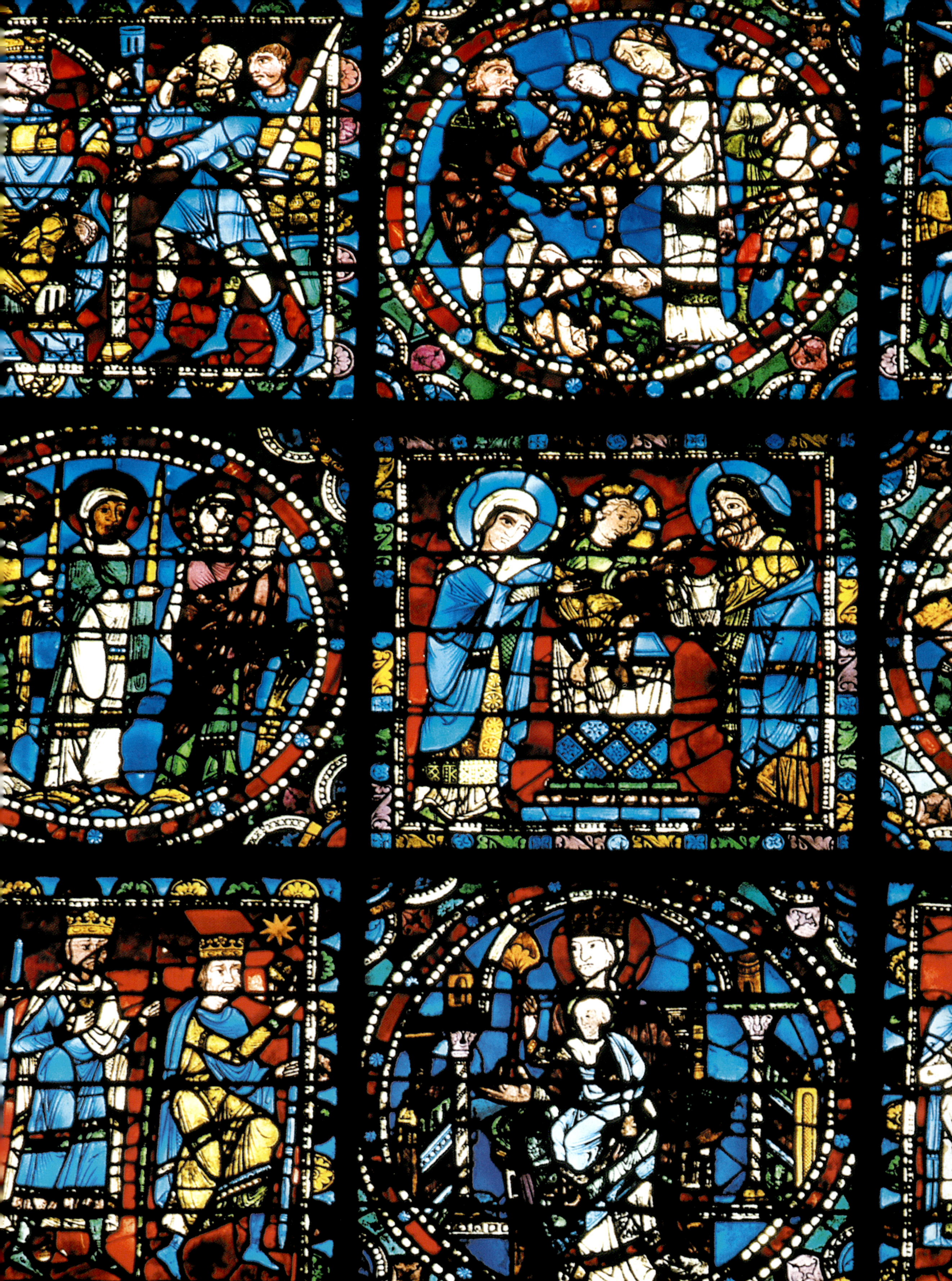

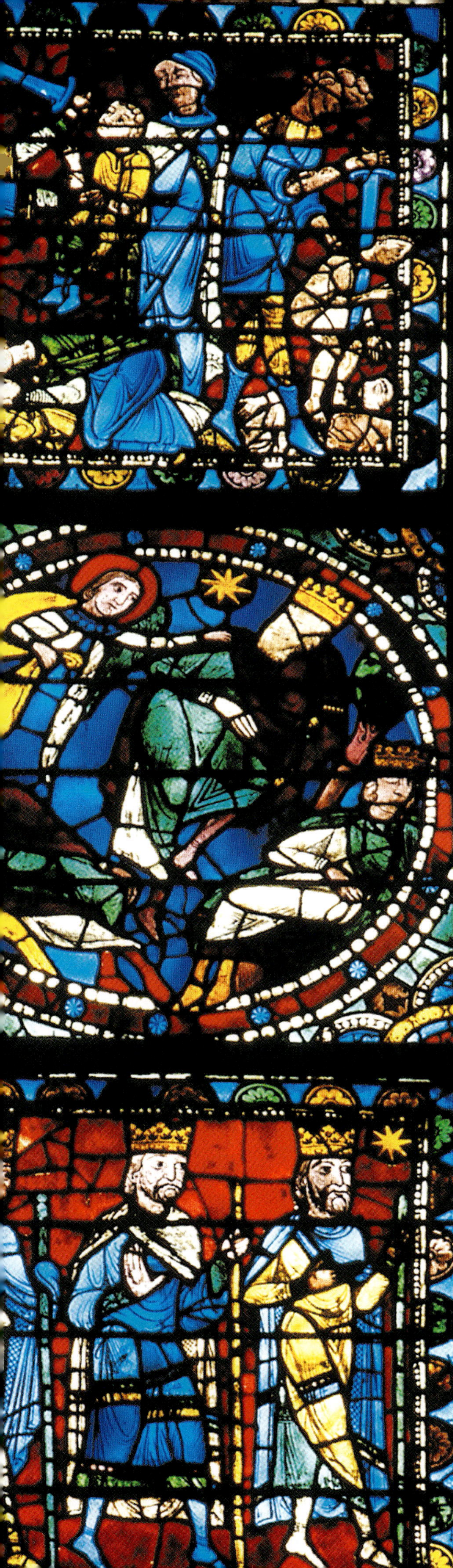

L'Île-de-France

Pays de Dieu, de Chartres à Senlis, domaine du roi, une date marquerait-elle cette terre d'abondance ? 1142. Cette année-là, Suger achevait le chœur de Saint-Denis, son abbatiale offrant au monde chrétien l'exemple éblouissant de l'intérieur lumineux des grandes églises gothiques.
Quant à ce type de tour au profil élancé, c'est à Chartres qu'on le doit. L'Île-de-France, berceau des cathédrales gothiques, n'attendait plus alors que son modèle le plus parfait : Notre-Dame de Paris, commencée en 1163.

Chartres : vitrail du déambulatoire.

Chartres

Notre-Dame, des milliers de figures sculptées

XIIe-XIIIe S.

À NE PAS MANQUER
LA FAÇADE OCCIDENTALE,
LE PORTAIL ROYAL,
LE PORTAIL NORD,
LE CHEVET,
LE PORTAIL SUD,
LA NEF,
LE CHŒUR,
LE TRANSEPT,
LES VITRAUX,
LE VITRAIL
DE NOTRE-DAME-
DE-LA-BELLE-VERRIÈRE,
LA CLÔTURE DU CHŒUR,
LA VIERGE DU PILIER,
LES PARTIES HAUTES,
LE TRÉSOR,
LE VOILE DE LA VIERGE,
LA CRYPTE.

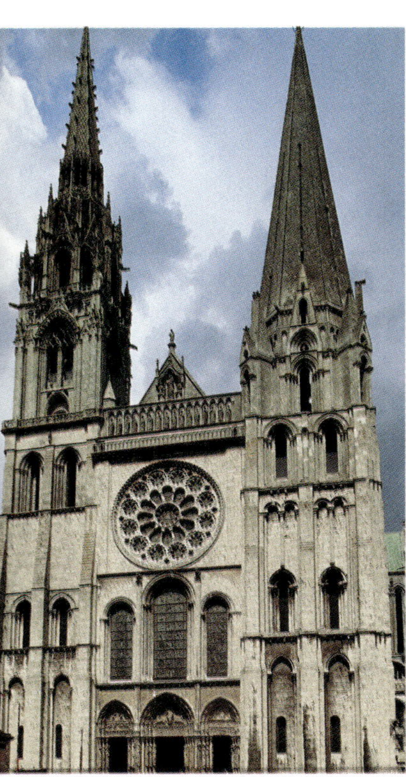

Ci-dessus : la façade occidentale.

Page ci-contre : le portail sud, les confesseurs ; on reconnaît, de gauche à droite : saint Laumer, Léon le Grand, saint Ambroise et saint Nicolas.

Pages suivantes : le portail Royal. Une lecture spirituelle inspirée par l'École de Chartres.

Marcheurs de juillet, un jour viendra où, comme Péguy, vous apercevrez, crevant l'horizon de la plaine beauceronne, « l'épi le plus dur qui soit jamais monté » : deux élégantes flèches dissemblables dominant une toiture de cuivre vert-de-grisé. Vous mettrez alors vos pas dans ceux des rois, des humbles, des pauvres, des poètes, bref, de ces millions de pèlerins venus avant vous implorer Notre-Dame de Chartres sur la colline sacrée, si nombreux au Moyen Âge qu'à certaines époques de l'année la nef ne désemplissait pas, même la nuit.

« Ainsi nous naviguons vers votre cathédrale... Vous nous voyez marcher, nous sommes la piétaille... » (*la Tapisserie de Notre-Dame*, Charles Péguy, 1913).

Par le portail Royal

Aujourd'hui comme hier, Chartres accueille ses visiteurs par son admirable portail Royal. Regardez bien ce portail sorti indemne de l'incendie de 1194 ; il a été construit entre 1145 et 1155 ; il vous montre les débuts d'un art nouveau et figure parmi les tout premiers exemples de la statuaire gothique. Voyez ces longues statues figées dans leurs colonnes. Reconnaissez-vous David, Salomon, Moïse, la reine de Saba et les autres, dont les noms ont été érodés par le temps ? Avec ses deux hautes tours, cette façade est peut-être la plus belle réussite de l'art religieux français. Nous voici maintenant à l'intérieur, dans le vaisseau, saisis par la splendeur architecturale de la nef baignée par les bleus et les rouges des vitraux. Comment ne pas ressentir l'extraordinaire élan d'enthousiasme qui poussa un jour des hommes à élever pareille magnificence ! Que ne sommes-nous ces pèlerins du Moyen Âge invités à emprunter le labyrinthe, ce long cheminement de 294 mètres partant du bas de la nef, pour découvrir les œuvres de Dieu...

Déesse gauloise et Vierge noire

Chartres a toujours été un site vénéré. La peuplade gauloise des Carnutes honorait ici, sur cette même colline, la déesse de l'enfantement, préfiguration du culte de la Vierge, et venait boire à une source sacrée dont on peut encore voir le puits dans la crypte, devenu lieu de pèlerinage depuis qu'au Ier siècle des chrétiens y furent jetés. Mais c'est le portrait de la Vierge noire, appelée Notre-Dame-sous-Terre parce que située dans la crypte, qui fit de cette colline chartraine le premier lieu de pèlerinage marial de la Gaule. La statue, haute de 80 centimètres, taillée dans du bois de poirier, pourrait être une très ancienne copie de la déesse gauloise. Celle que l'on voit aujourd'hui n'est qu'une reproduction exécutée au XIXe siècle, l'original ayant disparu à la Révolution.

Au IVe siècle, Chartres est élevé au rang d'évêché. La première basilique, érigée sur les bases d'un temple gallo-romain, est brûlée au VIIIe siècle par le duc d'Aquitaine. Reconstruite, elle est la cible des raids vikings du IXe siècle. Il faut attendre l'évêque Gilisbert pour qu'elle atteigne une certaine ampleur avec l'aménagement de la crypte soutenant le chevet du nouveau sanctuaire. En septembre 1020, tout brûle de nouveau.

Mais cette fois-ci Chartres a une chance extraordinaire : elle a pour évêque Fulbert, personnage hors du commun, l'un des maîtres de l'illustre école de Chartres, la plus célèbre de France. C'est lui qui va assurer à la fois le financement et le recrutement des ouvriers et des maîtres d'œuvre. En huit ans, avec l'aide de son architecte Bérenger, il bâtira un majestueux édifice : une nef mesurant, sans le transept, 105 mètres de long sur 33 mètres de large, dimensions exceptionnelles pour l'époque. Plus tard, au milieu du XIIe siècle, alors que saint Bernard, de passage à Chartres, prêche la deuxième croisade dans une cathédrale en chantier, on verra s'élever le portail Royal et les deux grandes tours de la façade : au sud, le clocher Vieux, haut de 106 mètres, solide comme une forteresse, surmonté de sa flèche octogonale en pierre – de cette œuvre romane, certains ont pu dire qu'elle était « peut-être le morceau d'architecture le plus parfait du monde » ; au nord, le clocher Neuf, qui culmine à 115 mètres. Sa flèche, véritable dentelle de pierre, ne sera édifiée qu'au début du XVIe siècle, par Jehan de Beauce.

Des scènes de consternation

Mais le destin s'acharne sur Chartres. Le 10 juin 1194, à peine achevée, la cathédrale est anéantie par l'un des pires incendies que la ville ait connus. Sa charpente en bois disparaît dans les flammes. Ne résistent que la crypte, les clochers et la façade ouest. Par bonheur, les

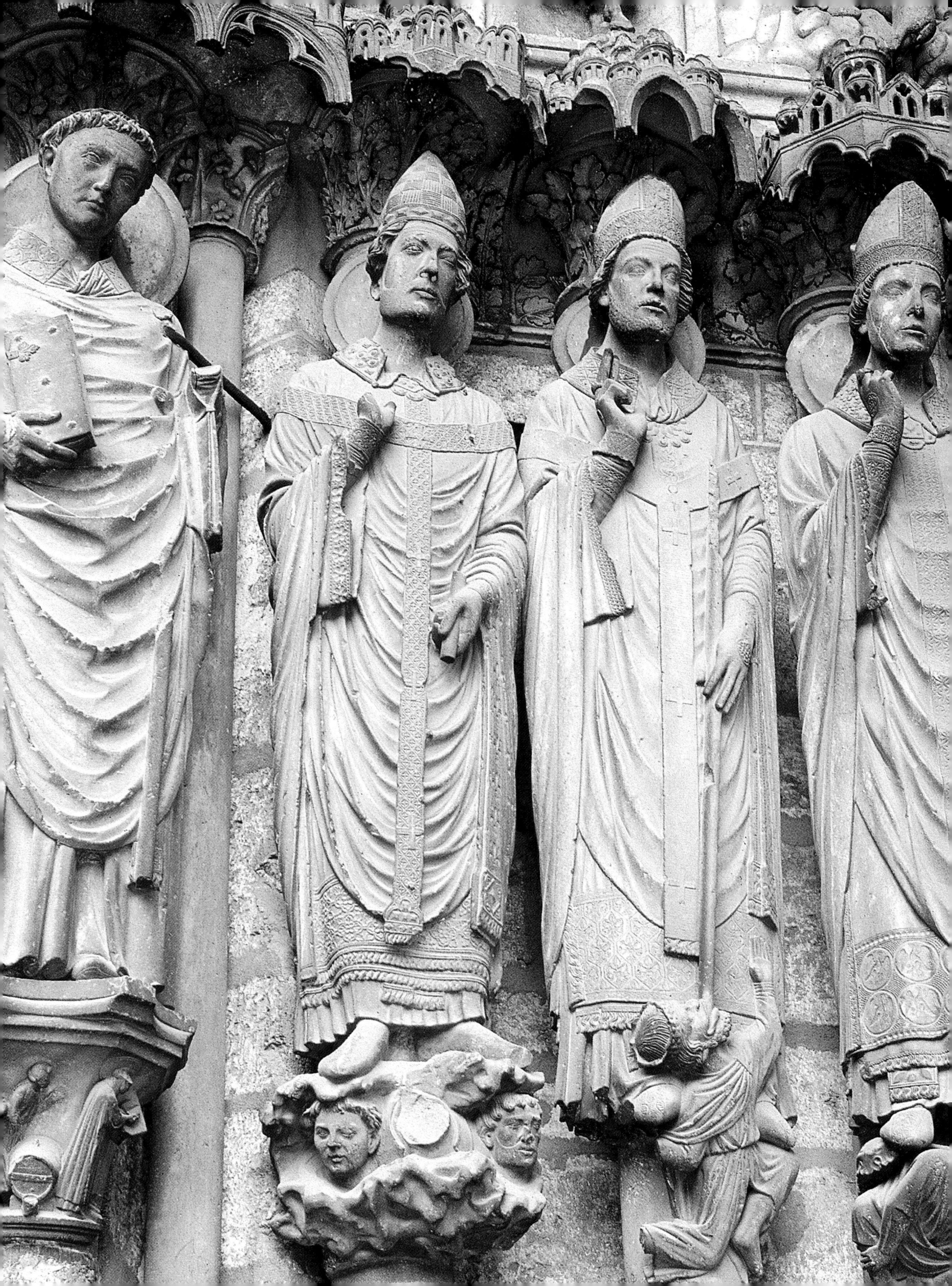

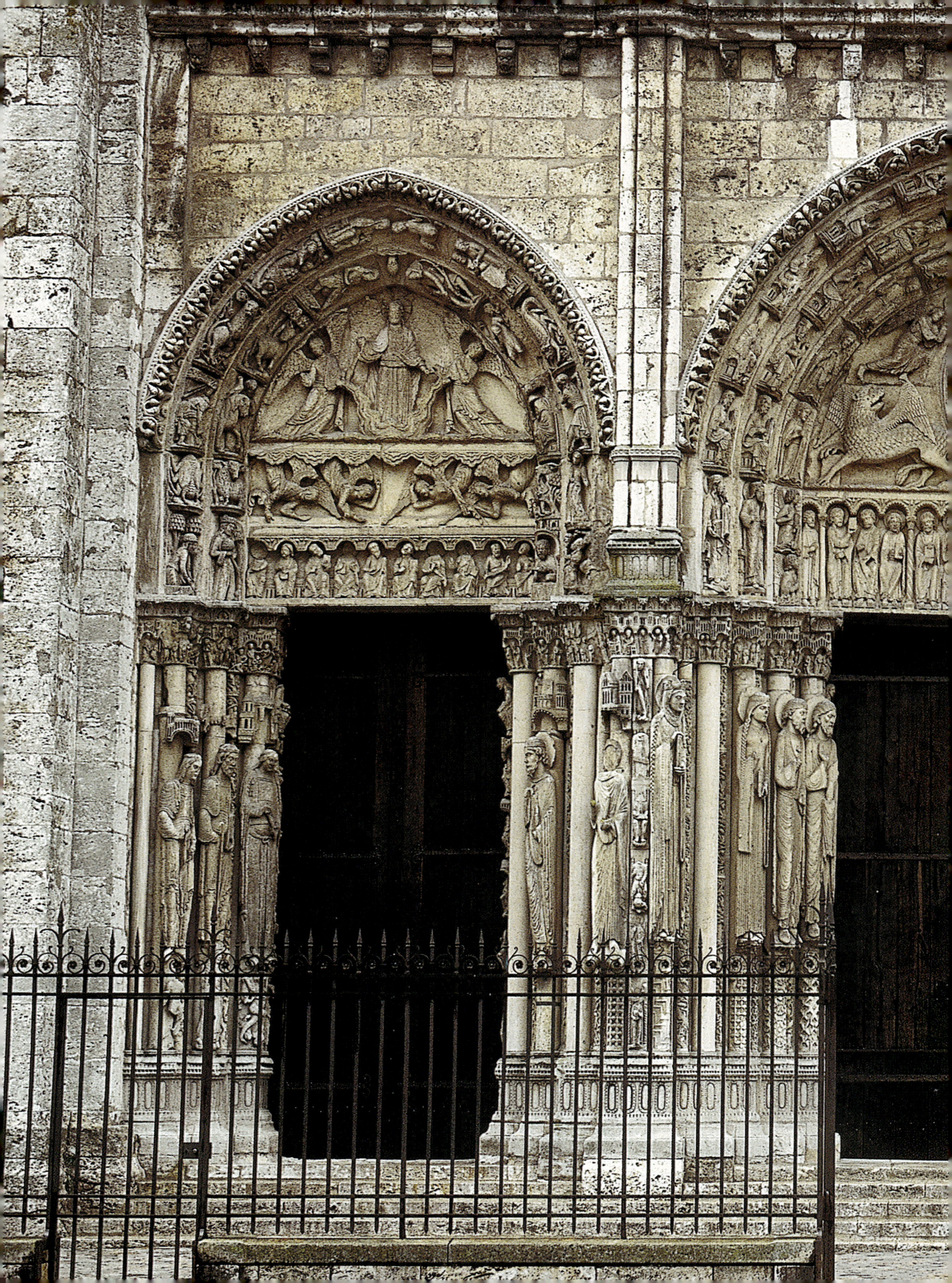

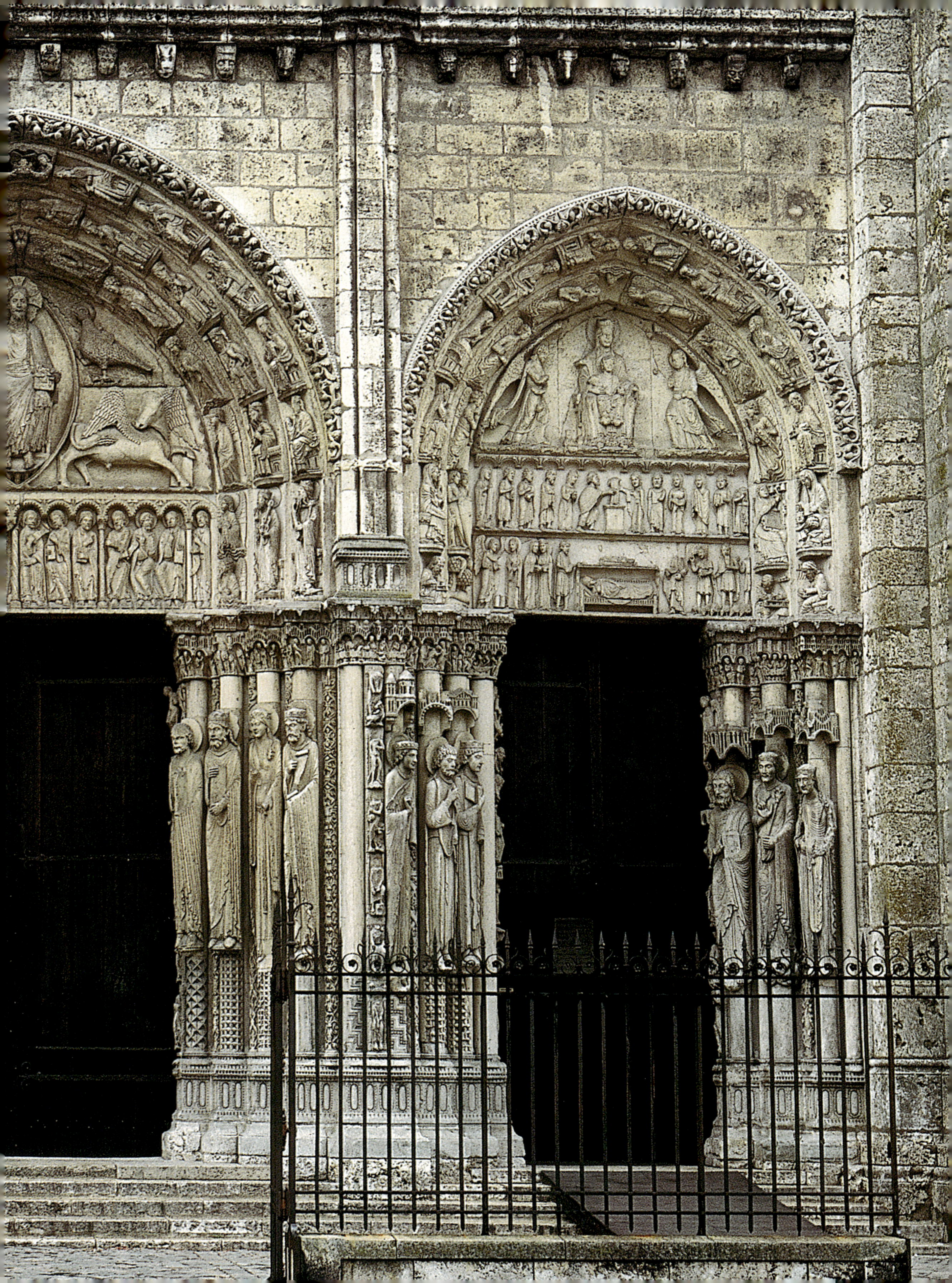

tout premiers vitraux qu'elle supporte sous la rosace – Jessé endormi et surtout ce chef-d'œuvre de l'art primitif connu sous le nom de Notre-Dame-de-la-Belle-Verrière – échappent à la destruction. Ce dernier sera réinséré dans un vitrail du XIIIe siècle.

L'annonce de la catastrophe choque l'Europe entière. Partout se déroulent des scènes de consternation et de désolation. Mais il est une source de désespoir peut-être plus grande encore : la perte de la tunique en soie que portait la Vierge lors de la naissance du Christ, offerte à la cathédrale par Charles le Chauve en 876 et que l'évêque Gantelme avait brandie au-dessus des remparts lors du siège de la ville par les Normands en 911, redonnant courage aux Chartrains. Alors, quand on la retrouve intacte dans la crypte, on se dit que l'incendie est d'origine divine : la Vierge désire que l'on construise une église plus belle encore. Des collectes s'organisent. Des confréries se forment et très vite les caisses de l'œuvre de Chartres sont pleines.

UNE ARCHITECTURE DE LA LÉGÈRETÉ

Entre 1194 et 1225, les dames, les chevaliers, les mondains s'attellent avec les bourgeois et les

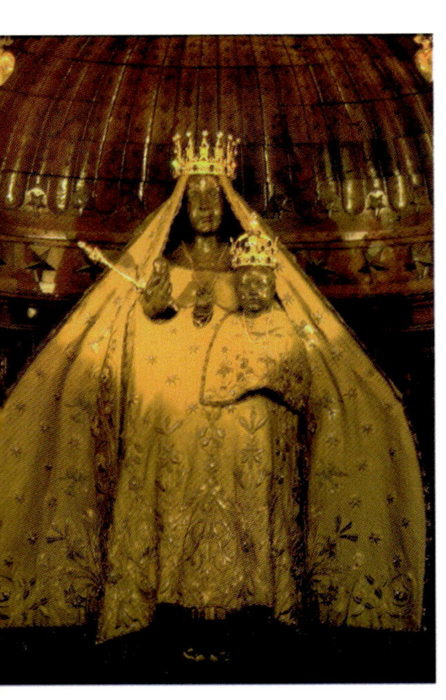

Ci-dessus : Notre-Dame-du-Pilier (début XVIe s.).

Ci-contre : la clôture du chœur, de style flamboyant, est due à Jehan de Beauce. Son achèvement a nécessité plus de deux siècles (1514-1727).

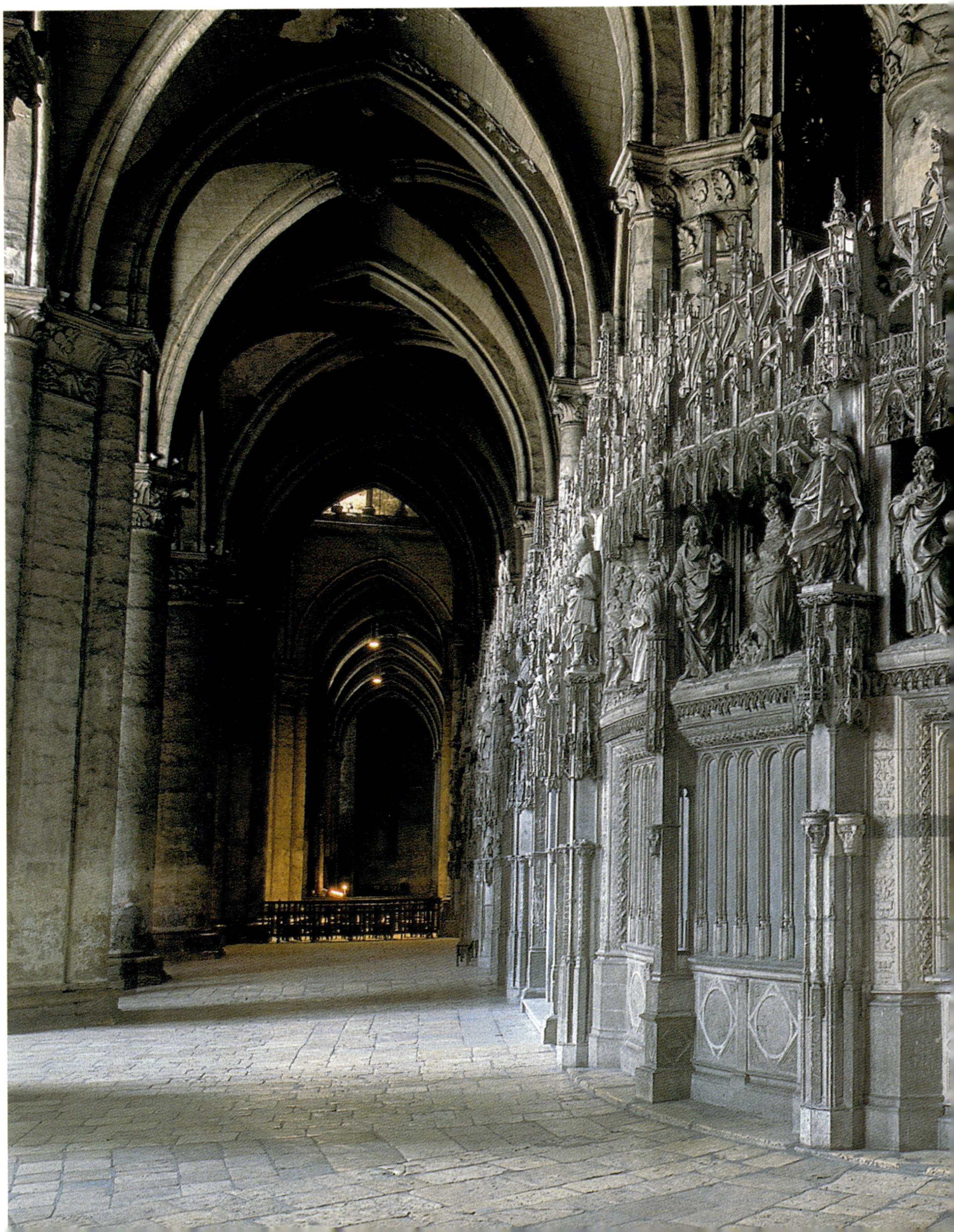

paysans aux charrettes de bois, de ciment et de pierre – de cette pierre de Berchères extraite à 10 kilomètres de Chartres, calcaire siliceux aussi dur que le marbre – pour les hisser sur la colline, écrit un chroniqueur de l'époque. Un privilège et un honneur réservés à ceux qui ont confessé leurs péchés et pardonné à leurs ennemis... De partout, des villages entiers se mobilisent. Il faut charrier des tonnes de blocs de calcaire, dégager les décombres, nourrir les bâtisseurs.

Mais la foi qui transporte les montagnes autorise toutes les hardiesses. Quel est donc le maître d'œuvre qui le premier ose abandonner la tribune pour le triforium en contrebutant la poussée des voûtes par des arcs-boutants ? Qui a eu l'audace de monter les voûtes de la nef à près de 36 mètres, d'ouvrir dans les murs d'immenses fenêtres hautes (leur hauteur est presque la même que celle des grandes arcades) ? On ne le saura probablement jamais. Le génial architecte à qui les chanoines ont confié la direction des travaux demeure un inconnu, comme du reste celui de Bourges et bien d'autres de ce début du XIIIe siècle.

Quoi qu'il en soit, en cinquante ans, la cathédrale est rebâtie. C'est celle que nous avons aujourd'hui sous les yeux. Comme il faut conserver la crypte et

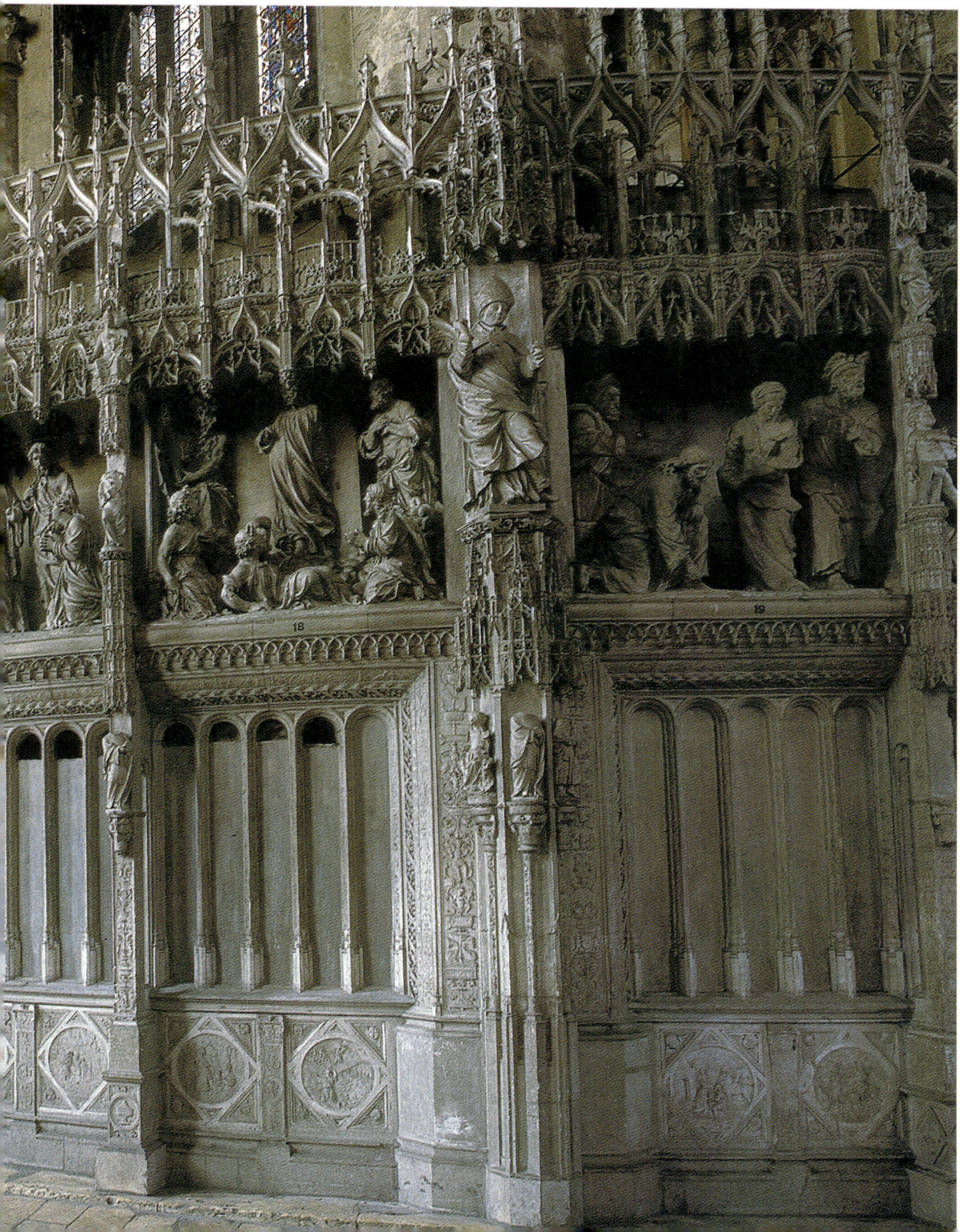

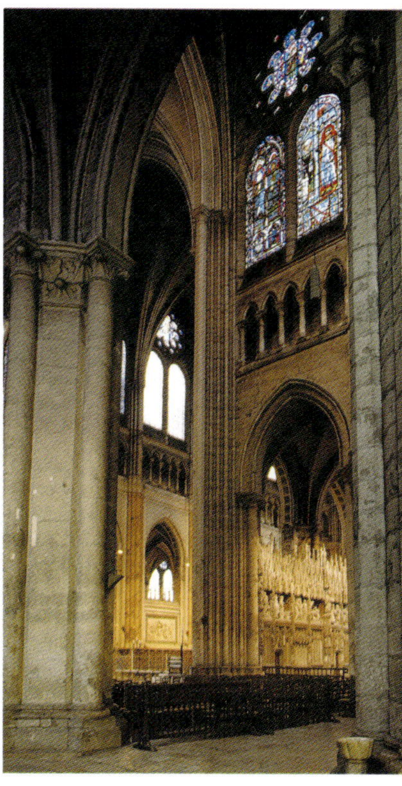

Ci-dessus : transept et chœur ; l'élévation à trois étages et les techniques mises en œuvre ici seront reprises à Reims, Amiens, etc.

tout ce qui pouvait être réutilisé du splendide sanctuaire roman, l'agrandissement se fait par les bras du transept, et surtout par le haut. L'édifice doit également pouvoir accueillir le flot ininterrompu des pèlerins le plus près possible de l'autel. D'où ce chœur profond ceint d'un déambulatoire s'ouvrant sur sept chapelles rayonnantes. Quant à la nef, voûtée de pierre en berceau brisé, soutenue par des piliers alternativement ronds et octogonaux, elle est si large qu'elle ne sera jamais dépassée. Ici, on parle d'architecture de la légèreté, d'un art de logicien : un souci d'ordre et de rigueur né de l'étude d'Aristote est à l'origine de cette « vertigineuse unité » raisonnée comme une somme. chanoines de Chartres peuvent se réinstaller dans leurs stalles. Les tours – ces tours gothiques au profil élancé mis au point à Chartres et qui vont se répandre partout en Europe – sont reliées par le portail Royal et rattachées par un narthex à la nef. Mais ce qui frappe à Chartres, c'est l'immense population de statues, témoin de la nouvelle statuaire : pas moins de quatre mille figures sculptées ! Regardez les plus anciennes, ces statues-colonnes du portail Royal encore attenantes au pilier. Au tympan de ce portail trône un Christ en gloire entouré des symboles des quatre évangélistes. En à peine un siècle, le sculpteur travaille la pierre différemment, donne naissance à

Ci-contre : détail des vitraux de la façade du transept nord ; célébration de la Mère.

Ci-contre à droite : détail de la verrière de gauche de la façade occidentale : la Passion du Christ.

Page ci-contre : Notre-Dame-de-la-Belle-Verrière, vitrail honoré d'une grande dévotion par les fidèles et les pèlerins.

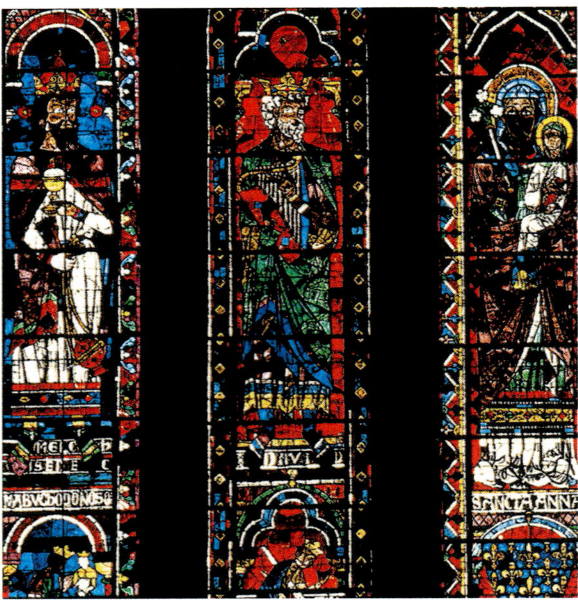

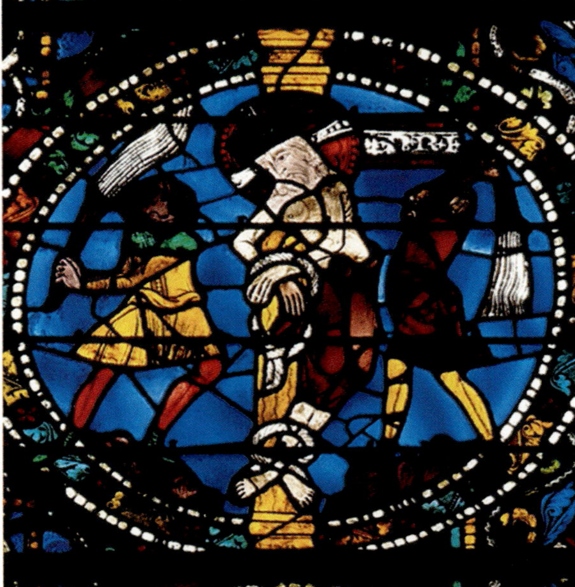

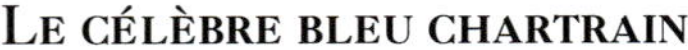

Le célèbre bleu chartrain

À Chartres, pour la toute première fois, des vitraux de couleur sont commandés dès le début des travaux. Ils doivent habiller les immenses fenêtres qui atteignent ici la hauteur des voûtes. Les fours des verriers sont à 50 kilomètres de là, en lisière de la grande forêt de Senonches. Mais c'est aux maîtres verriers installés au pied de la cathédrale que l'on doit le célèbre bleu chartrain, ce bleu de cobalt qui donne à la cathédrale une lumière si particulière. Cent soixante-dix verrières en tout sont assemblées, couvrant 2 600 mètres carrés. Parmi les généreux donateurs souvent représentés tout en bas, on remarque Louis IX et sa mère Blanche de Castille, qui ont offert l'immense, la magnifique rose du transept nord représentant la Vierge tenant sur ses genoux un Jésus entouré d'anges, de colombes, de rois et de prophètes. En vingt ans, le gros œuvre est achevé et dès 1221 les des visages expressifs, des attitudes aisées de personnages vivants, des « statues actrices » jouant la vie de Jésus ou les miracles des apôtres. Voyez les sculptures de l'Ancien Testament sur le porche du transept nord et leurs pendants du Nouveau Testament sur le porche sud, toutes sont sorties des ateliers chartrains du XIIIe siècle et sont les œuvres de sculpteurs inconnus.

Le 17 octobre 1260, Louis IX célébrait la dédicace de Chartres. Et, si elle ne fut le siège que d'un seul sacre royal – le 27 février 1594, Henri de Navarre devint Henri IV dans un chœur que Jehan de Beauce venait d'entourer d'une magnifique clôture composée de deux cents statues –, Chartres ayant l'immense privilège d'être la seule de nos cathédrales qui nous soit parvenue quasiment intacte, telle qu'a pu l'admirer le roi au XIIIe siècle.

« Ainsi nous naviguons vers votre cathédrale... », nous, pèlerins de Dieu en marche vers l'éternité.

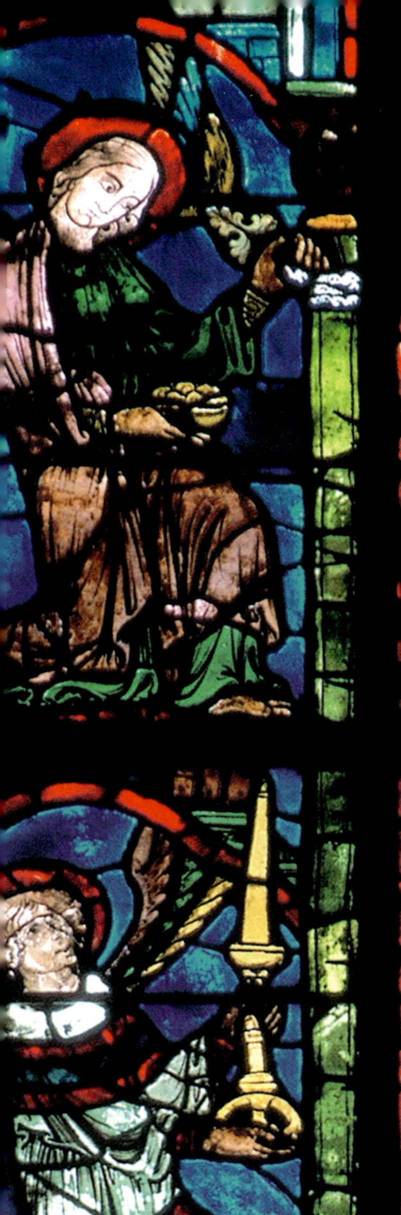
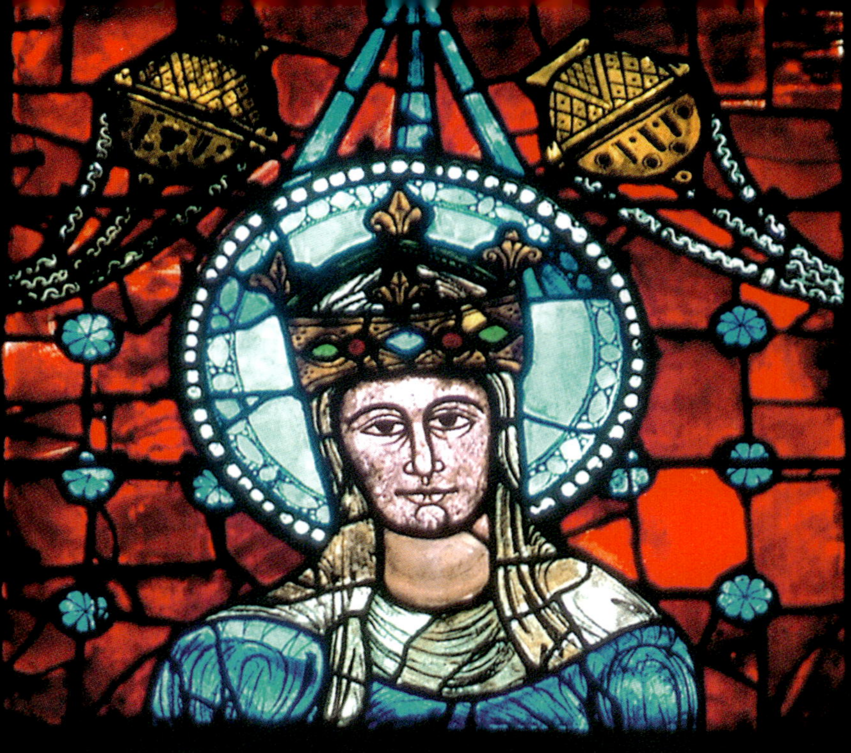
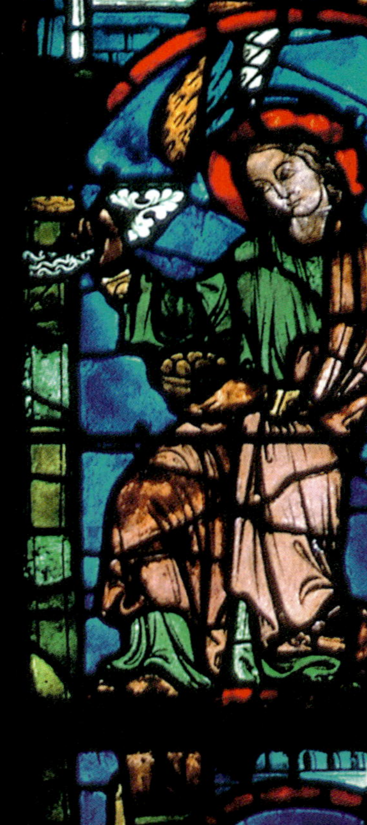
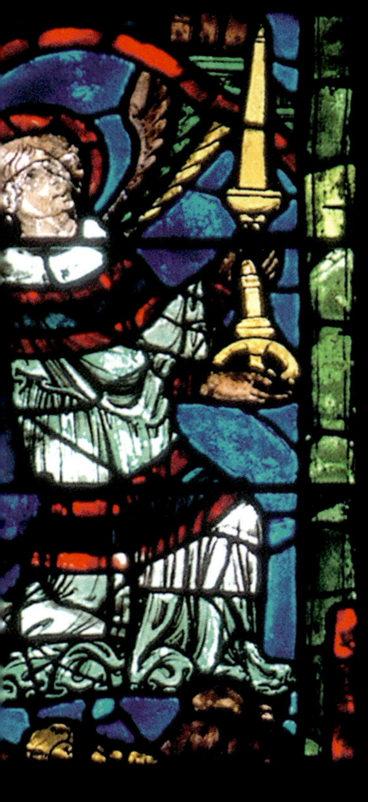
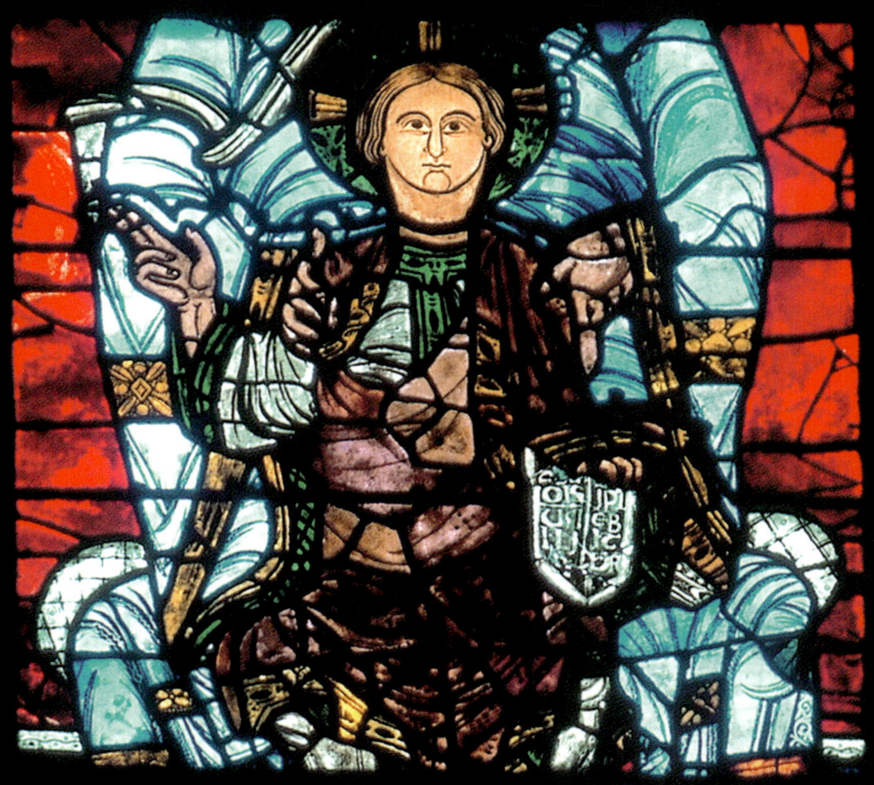
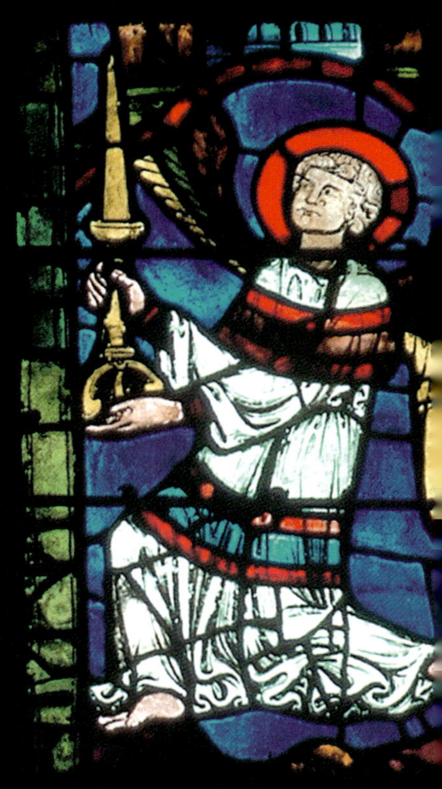
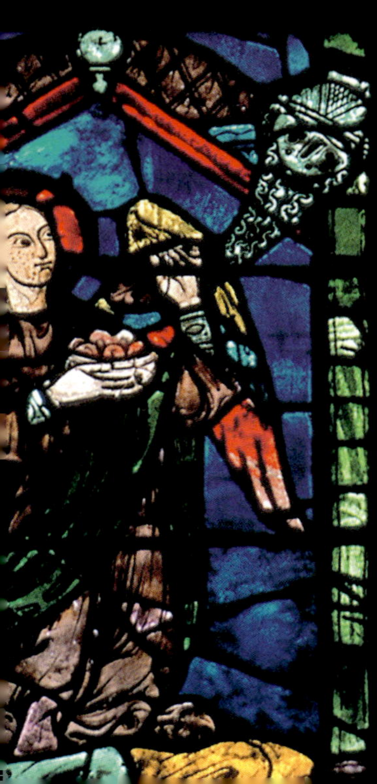
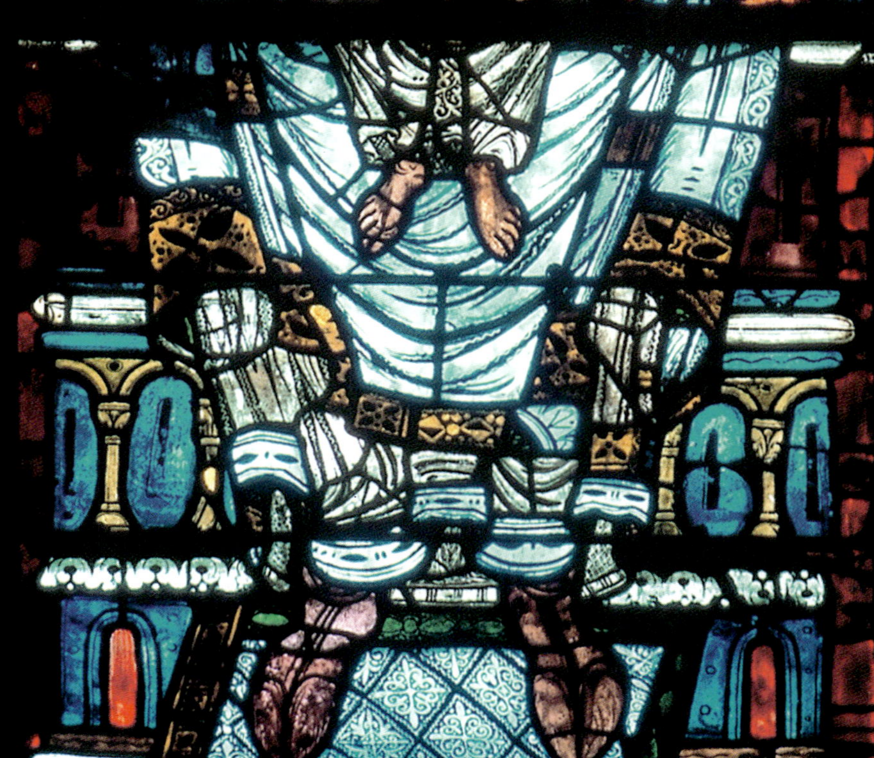
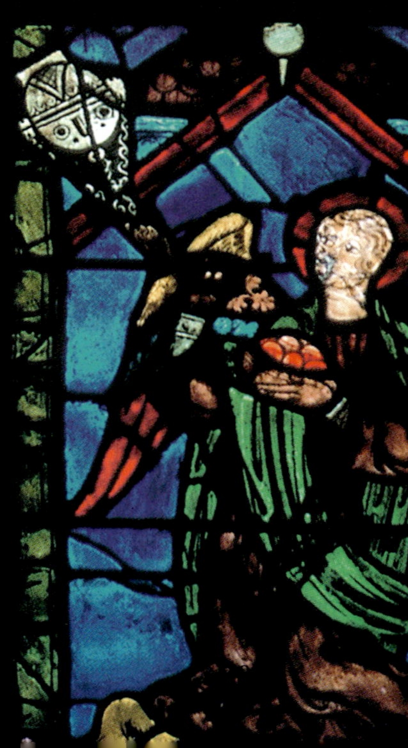

Senlis

Notre-Dame, l'assomption de la Vierge

XIIe ET XVIe S.

À NE PAS MANQUER
LA FLÈCHE,
LE GRAND PORTAIL,
LA FAÇADE
DU CROISILLON SUD,
LA NEF,
LE CHŒUR,
LA CHAPELLE
DE LA PORTE SUD.

Ci-dessous : détail des voussures du portail de la façade ouest, consacrée à la Vierge.

Senlis, première des grandes cathédrales dédiées à Notre-Dame ! Cette *Domina nostra* – d'après le terme inventé par saint Bernard – n'a jamais figuré aux tympans des églises romanes. Alors, comment fit-elle pour détrôner le Jugement dernier traditionnel partout ailleurs, figure imposée de la période pré-gothique ? Faut-il rappeler l'importance de la représentation de la Vierge dans les églises anglaises du XIIe siècle ? Est-ce Suger qui l'imposa progressivement aux cathédrales de l'Île-de-France ?

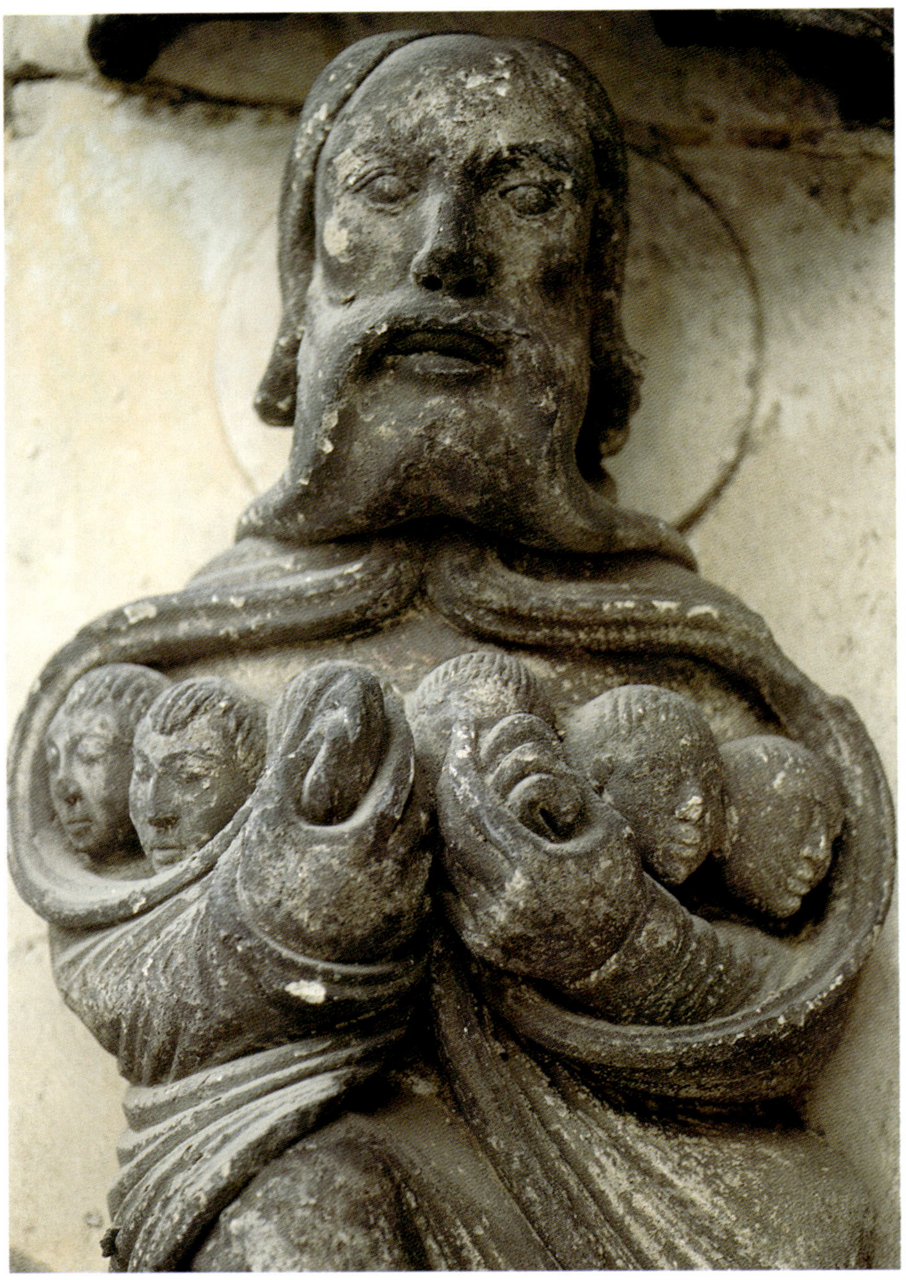

Pour la première fois, une Vierge en façade

La Vierge apparaît à Chartres dès 1145, sur le portail droit de la façade ouest. À Senlis, en 1170, elle occupe pour la première fois le portail central, vingt et un ans avant la consécration de la cathédrale. Le linteau et le tympan, décorés d'une double arcade, sont consacrés à son couronnement et son assomption : sculptures extraordinairement vivantes, liberté de mouvements, modèles imités à l'infini. Les apôtres entourent la tombe, voyez l'empressement des anges à emporter son âme. Et, pour témoins, ces grands personnages de l'Ancien Testament qui annoncèrent la venue du Messie – Jean-Baptiste, Samuel, Moïse, Abraham, etc. Leurs têtes, décapitées à la Révolution, ont été recomposées entre 1845 et 1846 par le sculpteur Robinet. Au-dessous apparaît un de ces calendriers si fréquents dans les édifices gothiques où chaque mois est symbolisé par une scène de vie champêtre.

Le premier art gothique

Senlis, étroitement liée à la dynastie capétienne, n'est autre que le cadre de son émergence. C'est à Senlis, en effet, que l'archevêque de Reims proposait en 987 aux barons de choisir pour roi Hugues Capet, qui sera sacré à Noyon. La ville devient propriété de la Couronne. Elle y a son palais, tout proche de l'immense forêt de Compiègne, l'un des lieux de chasse favoris.

La cathédrale royale de Senlis est commencée en 1153 par l'évêque Thibaut de Senlis, deux ans après la mort de son ami Suger, abbé de Saint-Denis et conseiller du roi de France. L'évêque est un homme ambitieux. Il veut plus grand, plus beau que tout ce qui l'étonne. Le chœur est sans doute terminé avant 1180, si on se réfère à un texte qui parle de lampes brûlant devant l'autel de Marie. En 1191, la cathédrale est pour ainsi dire achevée. Avec les tribunes qui ceinturent le vaisseau central, les fenêtres bien plus petites que celles d'aujourd'hui, les voûtes sexpartites et les piliers et colonnes alternés, c'est un édifice caractéristique du premier art gothique.

Le 16 juin 1191, soit seize ans après Saint-Denis et dix ans avant Paris, Notre-Dame de Senlis est consacrée par l'évêque Geoffroy en présence de l'archevêque de Reims et des évêques de Soissons, Laon, Noyon et Meaux. Recueillis, oui,

Page ci-contre : extérieur du croisillon sud, œuvre de Pierre de Chambiges (XVIe s.). Les armes du roi de France font partie d'une décoration flamboyante, qui contraste avec l'austérité de la façade ouest.

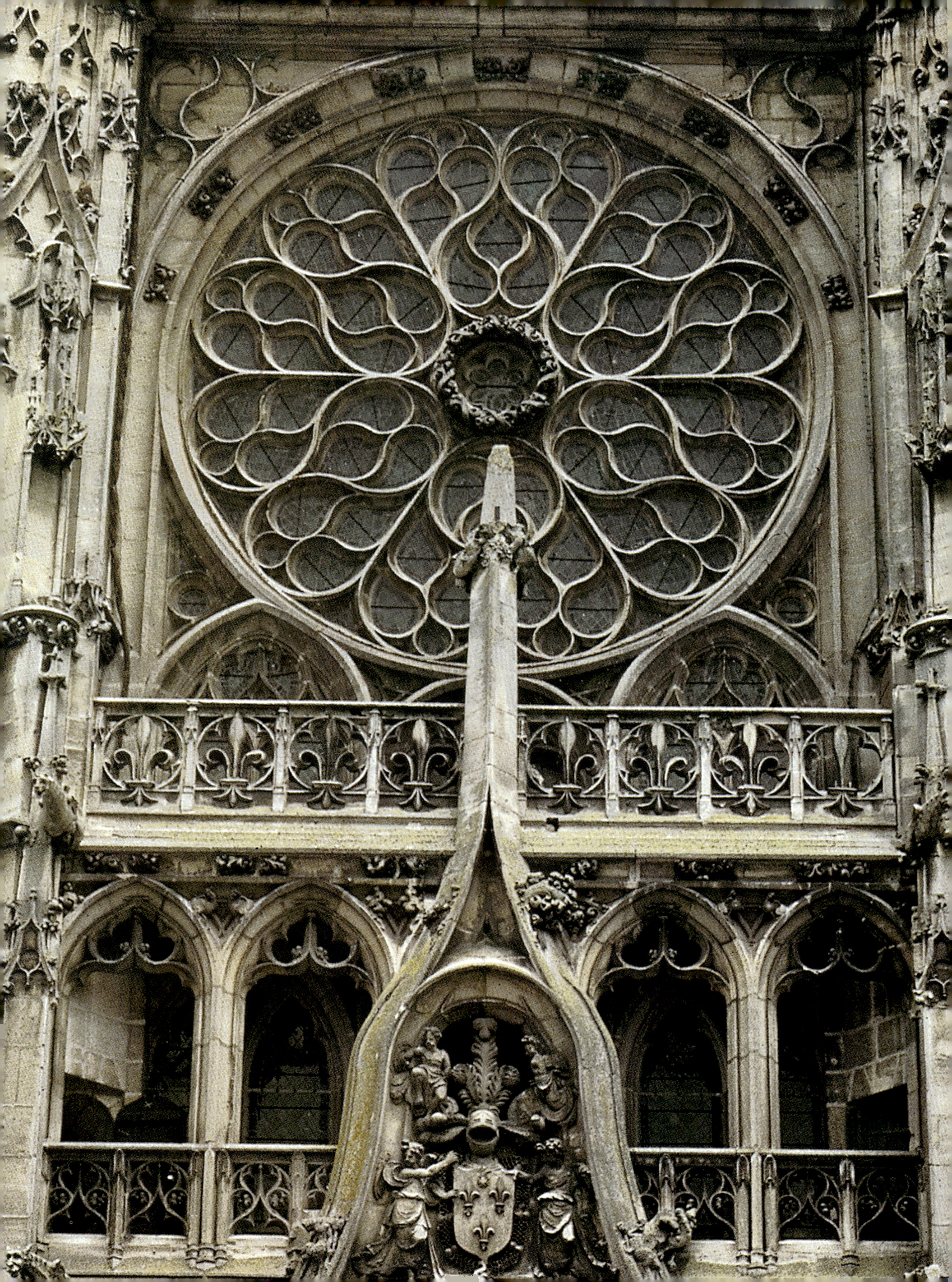

mais attentifs, l'œil à la fois admiratif et critique. Chacun d'entre eux n'a-t-il pas entrepris la construction de sa propre cathédrale ?
Senlis est de dimensions somme toute modestes. Sa longueur est à peine supérieure à 70 mètres, avec une nef de 18 mètres de haut et près de 10 mètres de large.
La décoration intérieure se compose de tentures murales, d'un orgue et de trente candélabres. Sous Louis IX est ajoutée la prestigieuse tour sud, avec sa flèche de 78 mètres de haut, comparable à celle que Suger avait fait construire à Saint-Denis. La cathédrale se voit également dotée d'une croisée supplémentaire. Au XIVe siècle, notons l'adjonction d'une salle capitulaire sur le flanc nord et d'une chapelle côté sud. Les travaux s'arrêtèrent là...

L'apport flamboyant

En juin 1504, un terrible incendie ravage l'édifice. Les voûtes de la nef s'effondrent. Le plomb de la toiture, fondu par la chaleur, s'écoule en torrent dans les ruelles avoisinantes. La catastrophe n'épargne que la façade occidentale ainsi que les tours du chœur.
La restauration en gothique flamboyant tardif est en grande partie l'œuvre de Martin Chambiges et de sa famille, fils et gendre. Première étape, le transept. Puis l'argent se fait attendre. Le chapitre pousse le roi à affecter une partie des revenus de la gabelle aux travaux de restauration. En signe de reconnaissance, les statues de Louis XII, Anne de Bretagne et François Ier se dressent au portail sud, devant une place qui a été élargie.
Les façades nord et sud du transept devront attendre la seconde moitié du XVIe siècle, et notamment la chapelle du croisillon sud avec ses clés de voûtes très ouvragées. Le style flamboyant éclate dans les parties hautes de la nef, percées de grandes fenêtres. Les voûtes ont gagné 6 mètres, donnant à la nef et au chœur une impression d'étroitesse.
Mais l'élément le plus marquant demeure la présence des superbes tribunes flanquant la nef, qui sont l'héritage du premier art gothique. Si le déambulatoire a conservé quatre de ses chapelles d'origine, la chapelle axiale, abattue en 1897, a été reconstruite en plus large dans un style imité du XIVe siècle.

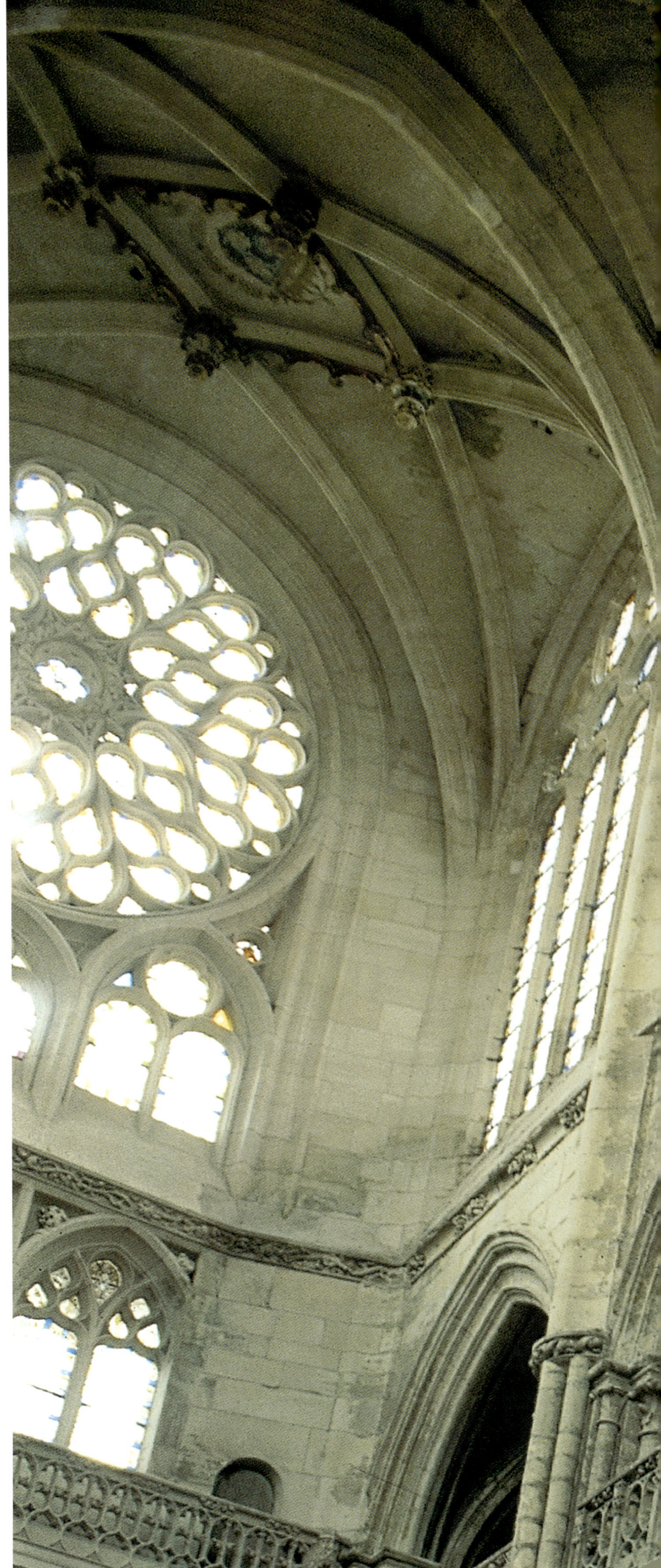

Ci-contre : la croisée de la nef et du transept. Les profondes tribunes, voûtées d'ogives, sont les plus belles de France.

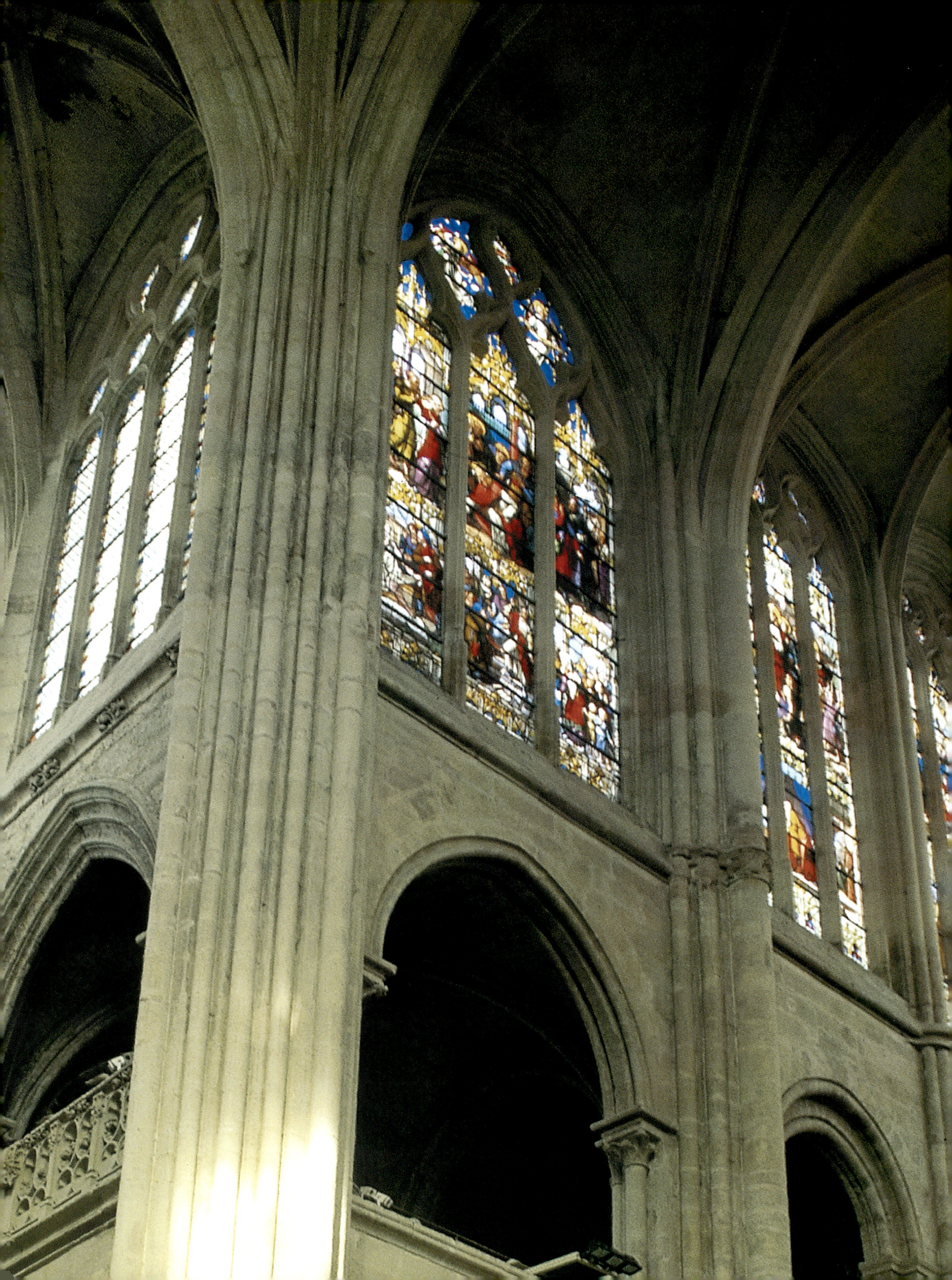

Saint-Denis

Saint-Denis, la nécropole des rois de France

XIIe ET XIIIe S.

À NE PAS MANQUER
LES PORTAILS,
LA NEF,
LE CHŒUR,
LA VIERGE ROMANE,
LES TOMBEAUX,
LA CRYPTE.

En ce 11 juin 1144, lorsque le roi Louis VII et la reine Éléonore d'Aquitaine, accompagnés des grands dignitaires du royaume, des hauts barons, de dix-neuf archevêques et évêques et suivis d'une foule innombrable, pénètrent dans la nouvelle église dédiée à saint Denis, c'est l'éblouissement. Jamais on n'avait vu chose pareille : tant de lumière inondant un tel édifice ! Un chœur grandiose où tout est légèreté, une alternance de colonnes de lumière et de pierre et puis, suprême ravissement, des rangées de hautes fenêtres dont certaines sont en vitraux colorés.

Combien sont-ils à comprendre ce jour-là qu'ils assistent, dans ce lieu hautement symbolique servant de nécropole aux rois de France et situé au cœur d'une monarchie qui commence à affirmer sa puissance et son autorité, à la naissance d'un style qui va bouleverser l'architecture : l'art que l'on qualifiera plus tard de gothique ? Les bâtisseurs de Saint-Denis ont en effet utilisé ici, pour la première fois et de façon systématique, la croisée d'ogives, une technique mise au point par les maçons, maîtres bâtisseurs venus des vallées de l'Oise et de l'Aisne.

Le « cortège de grands pontifes revêtus d'habits blancs, superbement coiffés de leur mitre pontificale et de riches parements embellis de médaillons, tenant leur crosse dans la main » – comme l'écrira Suger plus tard –, n'a en tout cas d'yeux que pour les colonnes de ce chœur qui, en lieu et place des lourds piliers de l'architecture romane, offrent grâce et légèreté. Rien ne fait plus obstacle à la lumière, cette lumière colorée qui circule librement dans le sanctuaire. Alors, de retour dans leurs diocèses et leurs monastères, évêques et abbés n'auront plus qu'une idée en tête : remettre en chantier leur église sur le modèle de Saint-Denis.

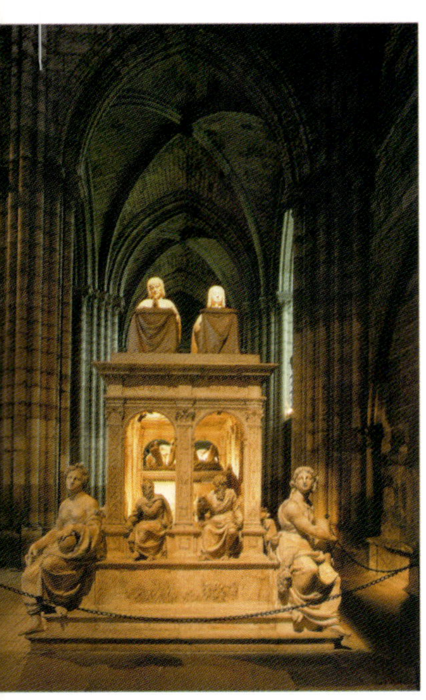

Ci-dessus : le tombeau de Louis XII et d'Anne de Bretagne, monument double, présentant en haut les souverains en pleine gloire et en dessous leurs corps raidis par la mort.

Page ci-contre : statues de Louis XVI et de Marie-Antoinette.

SUGER, CONSEILLER, DIPLOMATE, ABBÉ ET RÉGENT...

Un personnage est à l'origine de ce miracle architectural : Suger. Né vers 1081 dans une famille dont on ignore tout, celui-ci entre très jeune comme moine à Saint-Denis. Mais, lié par une amitié forgée dans l'enfance à Louis VI le Gros – roi sous le règne duquel apparaissent pour la première fois la bannière des rois de France ornée de flammes rouge et or aux couleurs de l'abbaye de Saint-Denis et le cri de guerre : « Montjoie Saint-Denis » – il devient son ambassadeur auprès de la papauté, où il acquiert une réputation d'excellent gestionnaire et d'habile diplomate. Il sera également théologien, économiste, juriste, architecte... Nommé abbé de Saint-Denis en 1122, il devient en quelque sorte, tout en restant le conseiller du roi, le détenteur de la légitimité des Capétiens, son abbaye abritant la sépulture des rois de trois dynasties.

Mais peut-être est-ce à lui que s'adressent les reproches de Bernard de Clairvaux, réformateur de l'ordre cistercien, dénonçant « les cloîtres remplis du bruit des affaires » et le luxe éhonté de certains abbés vivant entourés d'une véritable cour... Alors il comprend : il mettra autant de vigueur à réformer son abbaye que l'autorité et le prestige de la monarchie. En guise d'approbation, Bernard lui enverra, en 1127, une lettre accompagnée d'un rameau d'olivier. Après la mort de Louis VI, Suger reste le conseiller de son successeur, Louis VII le Pieux. Mais, pour se faire pardonner le massacre de Vitry, celui-ci décide, contre l'avis de Suger, qu'il nomme régent du royaume, de partir en croisade, répondant à l'appel lancé en 1146 par Bernard de Clairvaux à Vézelay. À son retour, en 1152, il répudie sa femme, soupçonnée d'une liaison amoureuse avec Raymond de Poitiers. On connaît la suite : quelques mois plus tard, Éléonore se marie avec le roi d'Angleterre Henri II, faisant passer l'Aquitaine sous contrôle anglais, ce qui déclenche une guerre appelée à durer trois cents ans...

SUR LES LIEUX DU MARTYRE DE SAINT DENIS

L'abbaye, proche de Paris, est dédiée à son premier évêque qui souffrit le martyre vers 250, confondu avec Denys l'Aréopagite, converti par saint Paul et détenteur selon la légende de ses visions, racontées dans le texte des visions de saint Paul transmis à l'abbaye par l'empereur Louis le Pieux et traduit ici, à Saint-Denis, au IXe siècle, par l'Irlandais Jean Scot Erigène. Lorsque Suger entreprit de rebâtir l'église de Saint-Denis, il s'appuya sur cette traduction pour élaborer son projet architectural : fidèle aux visions de saint Paul retranscrites par Denys, il fit de la maison de Dieu un lieu où tout est légèreté et lumière. Il ne pouvait en outre oublier les nombreux morts et blessés que l'on relevait à chaque fête, lorsqu'une foule immense venait en une incroyable cohue s'écraser devant les reliques – celles de saint Denis et de ses deux compagnons

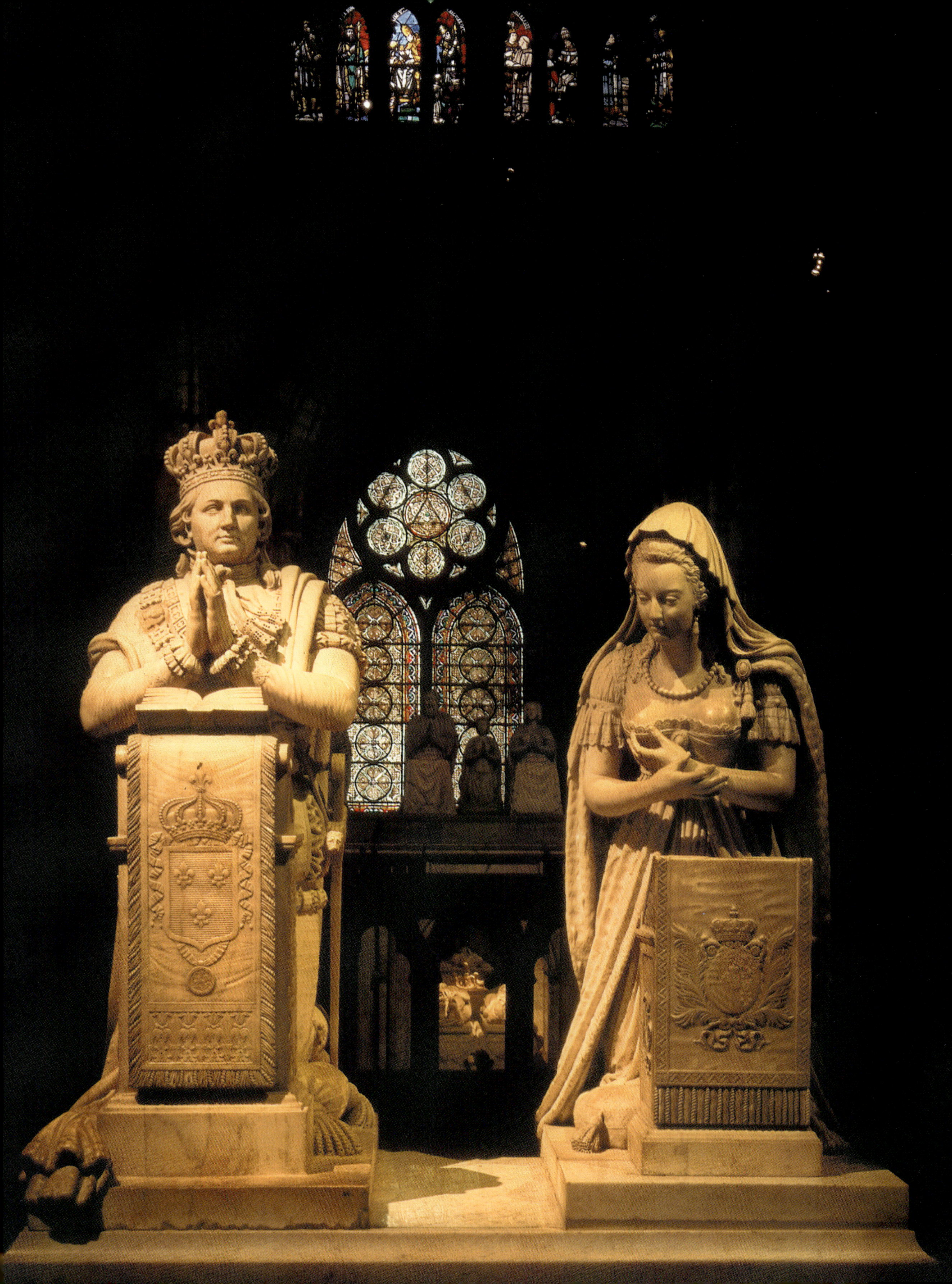

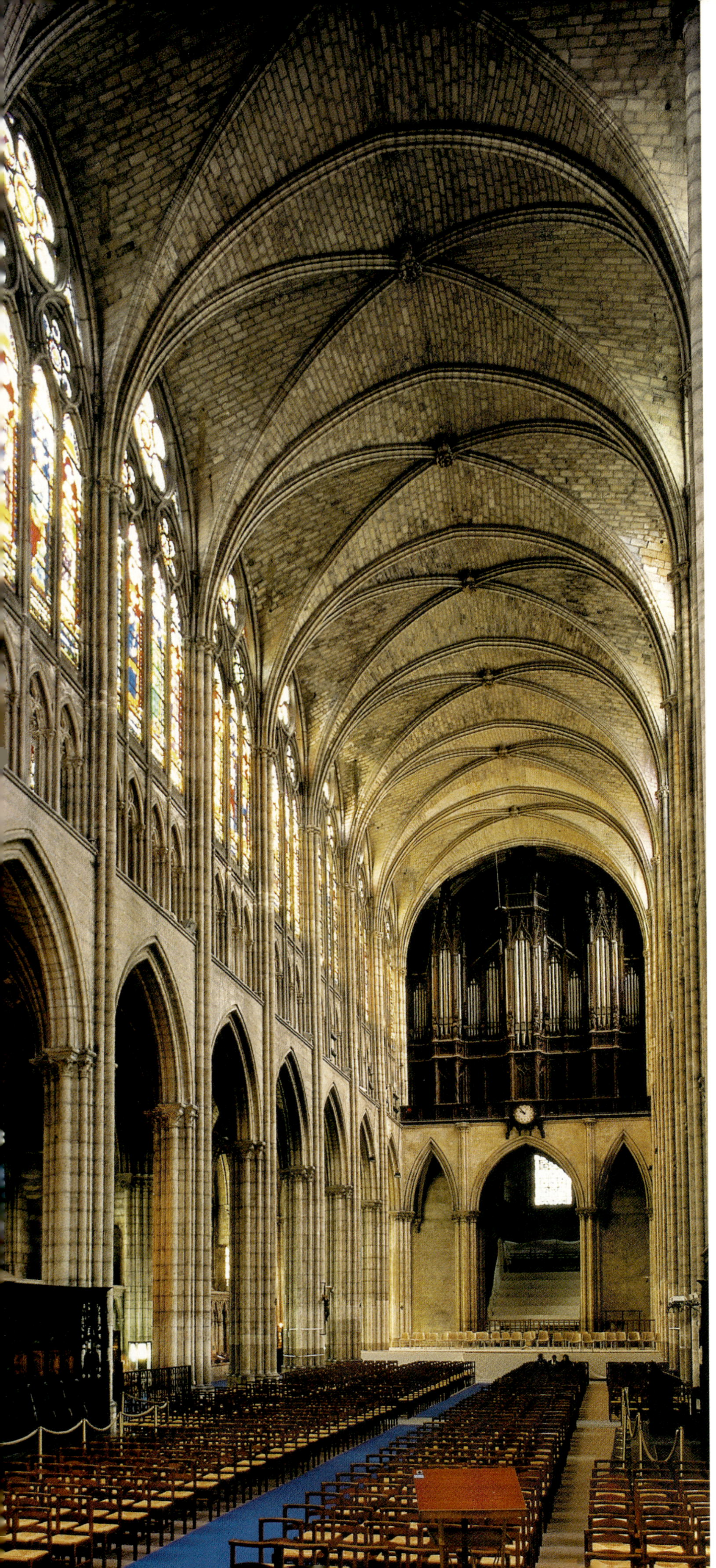

martyrs, Rustique et Éleuthère, qui eurent ensemble la tête tranchée ici même, au lieu dit Vicus Catulliacus.

Trois églises ont précédé celle de Suger : une première, construite vers 475 à l'instigation de sainte Geneviève, une deuxième sous les Mérovingiens et embellie par l'exceptionnel orfèvre qu'était saint Éloi, et une troisième sous le règne de Pépin le Bref, rebâtie en 775 par l'abbé Fulrad. Suger choisit d'ajouter à la nef et à la crypte romane, formée d'un couloir annulaire facilitant la circulation autour des reliques, un chœur, un puissant narthex et un clocher. Et dans ce chœur, il voulut exposer les reliques, jusqu'alors confinées dans la crypte.

Une révolution architecturale

Les travaux commencent en 1137, financés en partie par les recettes de la célèbre foire du Lendit et par les dons des pèlerins. Car la générosité royale et les immenses revenus de l'abbaye, qui possède la quasi-totalité des vignobles autour de Paris et dont le vin s'exporte jusqu'en Angleterre et en Flandre, suffisent à peine à combler les besoins en or, argent, pierres précieuses, cristal, émaux, qui sont énormes, et cela en totale opposition avec l'esprit cistercien, exigeant le dépouillement jusqu'à la nudité. Suger est en effet un précurseur. Il révolutionne tout ce qu'il entreprend : l'architecture, la sculpture, l'art du vitrail, la décoration. Rien n'est trop beau pour honorer Dieu, dit-il.

La première phase des travaux s'ouvre par la façade ouest, très largement inspirée de l'architecture normande. Au-dessus du porche, Suger innove : il fait percer une grande rosace. Après la façade est, il passe à la construction du chœur, qui durera quatre ans, de 1140 à 1144. Elle permet à Suger et à l'architecte qu'il vient d'engager (mais dont le nom ne nous est pas parvenu) d'exprimer la plénitude de leur art. Ici, tout est symbole : dans la crypte élargie, douze colonnes figurent les douze apôtres que surmonte la clé de voûte, symbole du Christ ; dans le déambulatoire bâti au-dessus pour faire cercle autour du chœur, douze autres colonnes – les douze prophètes qui annoncent la venue du Christ. Et les neuf chapelles de l'abside ne peuvent être, dans l'esprit de Suger, que les neuf rangs de la hiérarchie angélique. Mais le plus audacieux, ce sont les hautes fenêtres qui baignent le déambulatoire dans ces bleus si particuliers émanant des vitraux. De l'œuvre de Suger ne subsistent, et seulement en partie, que la façade ouest, le narthex, le déambulatoire et la crypte. Sur le grand portail de bronze de son église, Suger avait fait graver ces vers : « Qui que tu sois, si tu veux rendre honneur à ces portes, n'admire ni l'or ni la dépense, mais le travail et l'art [...] Qu'il éclaire les esprits et les guide, par de vraies lumières, à la vraie lumière, dont le Christ est la vraie porte. »

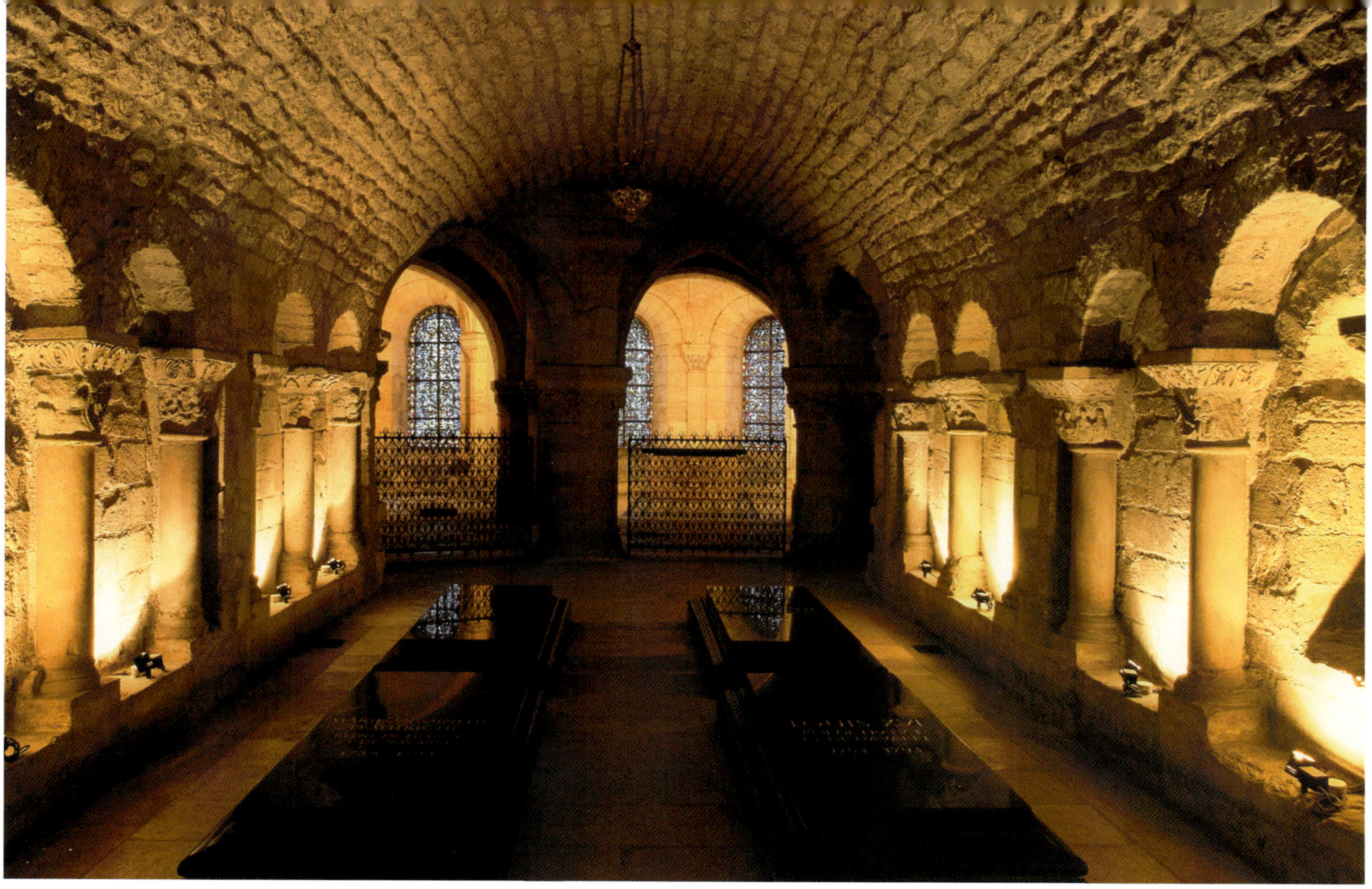

Tous les cercueils royaux depuis Clovis

À la mort de l'abbé, en 1151, les travaux s'arrêtent ; ils ne reprendront qu'au siècle suivant. À partir de 1231, Louis IX étend le chœur, rebâtit la nef, le transept et les murs latéraux de l'église. Sous les ordres du plus célèbre architecte du Moyen Âge, Pierre de Montreuil, Saint Louis fait de Saint-Denis un admirable chef-d'œuvre de l'art gothique, digne de son statut de nécropole de la monarchie française. Pour cela, il fait rechercher tous les cercueils royaux depuis Clovis, qu'il place de part et d'autre du maître-autel.

Visiter Saint-Denis, c'est ainsi parcourir l'histoire de France et celle de la sculpture funéraire. Les plus grands artistes sont à chaque époque mis à contribution : les artistes italiens pour le tombeau de Louis d'Orléans et de Valentine de Milan, Philibert de l'Orme pour celui de François Ier et de Claude de France, Pierre Lescot et Germain Pilon pour celui d'Henri II et de Catherine de Médicis. Henri IV, qui abjura le protestantisme dans ces lieux le 25 juillet 1593, est quant à lui privé de monument funéraire : aucun projet n'étant suffisamment grandiose, sa veuve y a renoncé ! Pas de statue non plus pour le Roi-Soleil, qui fut transporté à Saint-Denis de nuit, en catimini, pour éviter la colère du peuple. Mais le monument le plus surprenant en raison de son impitoyable réalisme, c'est sans doute celui de Louis XII et d'Anne de Bretagne, exécuté à Tours par Jean Juste : on y voit jusqu'aux détails des incisions qui furent pratiquées avant l'embaumement.

Et l'église abbatiale devint cathédrale

Si l'on ajoute que l'abbaye royale détenait aussi les regalia – les insignes utilisés lors des sacres (sceptre, couronne, épée) –, qu'y étaient rédigées les chroniques officielles du royaume, qu'on y couronnait les reines de France jusqu'à Marie de Médicis, on ne s'étonnera pas d'apprendre que la Révolution s'acharna sur elle. Les tombeaux des « tyrans » furent vidés. Deux semaines durant, la basilique fut pillée et on jeta les cadavres royaux dans une fosse commune remplie de chaux. La restauration de l'église, commencée vers 1813 dans des conditions catastrophiques, reprit au XIXe siècle, après l'effondrement de la tour nord, sous la direction du jeune Viollet-le-Duc, qui entreprit ainsi le premier chantier de sa longue carrière. Cette église abbatiale qui fut le modèle de tant de cathédrales devint cathédrale elle-même le 9 octobre 1966, la création des départements de la périphérie parisienne ayant entraîné celle de l'évêché de Seine-Saint-Denis.

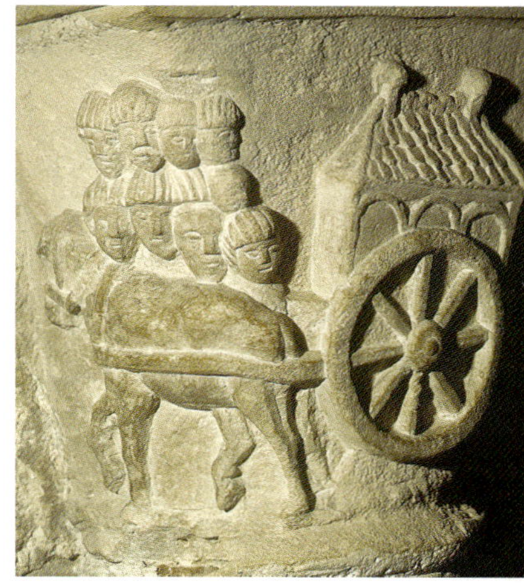

En haut : le caveau des Bourbons, dans la crypte.

Ci-dessus : l'un des chapiteaux romans de la crypte, construite par Suger au XIIe s. et restaurée par Viollet-le-Duc au XIXe s.

Page ci-contre : la nef vue du chœur. C'est l'un des plus fameux exemples de gothique rayonnant. Elle est due à l'architecte Pierre de Montreuil.

Paris

Notre-Dame, un sol sacré depuis des millénaires

XIIe-XIIIe ET XIXe S.

À NE PAS MANQUER
LA FAÇADE,
LES PORTAILS,
LE CHEVET,
LA NEF,
LE CHŒUR,
LES ROSACES,
LES STALLES,
LE MUR SCULPTÉ,
LA STATUE DE LA VIERGE,
LA CRYPTE,
LES PARTIES HAUTES,
LE TRÉSOR.

Silhouette symbole arc-boutée à son île au cœur de la Cité, ainsi la voici, cette cathédrale mythique si légère, si harmonieuse et combien robuste. Elle est là, bien à quai, immense vaisseau qui a jeté sa flèche à plus de 90 mètres de haut. Existe-t-il au monde un monument plus admiré et qui, pourtant, étonne encore le plus blasé des visiteurs ? Sa toiture à la charpente inchangée depuis l'origine, son chevet flanqué d'une des plus aériennes couronnes d'arcs-boutants de 15 mètres de volée, sa nef, ses tribunes, ses trois roses, ses douze portails, rien ne déçoit, tout ici est chef-d'œuvre. Y a-t-il à Notre-Dame le moindre recoin, la moindre parcelle de pierre qui n'ait été peint, décrit, enluminé, légendé, hanté par l'Histoire sous le regard inquiétant de quelques gargouilles monstrueuses ?

LA PAROISSE DE LA FRANCE

« Si ce monument est un jour achevé – notait Robert de Thorigny en 1177 – aucun autre ne pourra lui être comparé. » Depuis plus de huit siècles, elle est le rendez-vous de l'Histoire, la paroisse de la France, le cadre de toutes ses solennités. Écoutez encore ses pierres résonner du fameux procès en réhabilitation de Jeanne d'Arc ; de couronnements, de mariages royaux, celui de Marguerite de Valois notamment, en 1574. Elle seule dans le chœur et lui, Henri de Navarre, futur Henri IV, encore huguenot, qui se tient à la porte de la cathédrale. C'est là, en 1687, que Bossuet prononce l'oraison funèbre du grand Condé. Et que, le 2 décembre 1804, Napoléon se fait sacrer empereur par le pape Pie VII, sous l'œil attentif du peintre David. Depuis, combien de requiem, de magnificat, de *Te Deum* furent célébrés par une République aux racines si peu laïques ?

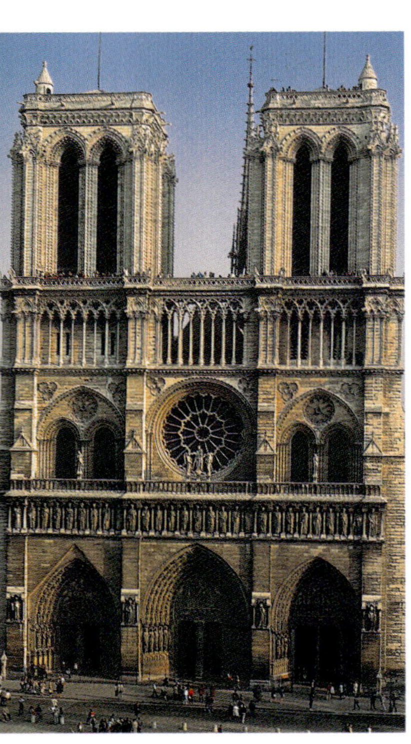

Ci-dessus : la façade principale. Son édification dura un demi-siècle, de 1200 à 1250.

Page ci-contre : détail de la flèche élevée par Viollet-le-Duc au XIXe s. en remplacement de celle qui avait été abattue avant la Révolution. Parmi les statues que l'on aperçoit, en haut celle de saint Thomas, la main portée au front, sous les traits de Viollet-le-Duc.

UN REDOUTABLE ADMINISTRATEUR

En cette seconde moitié du XIIe siècle, Maurice de Sully est celui par qui tout fut possible. Énergique évêque de Paris, il a rêvé sa cathédrale. Elle deviendra le modèle des grandes églises gothiques. Quel chemin parcouru par ce fils de paysan originaire de Sully-sur-Loire ! Il s'était assez distingué à l'école du monastère bénédictin de Fleury-sur-Loire (aujourd'hui Saint-Benoît-sur-Loire) pour qu'on l'envoyât à Paris. Plus tard, brillant orateur, il est remarqué par l'Université, qui lui offre un poste de professeur en théologie. En 1159, il est chanoine de la cathédrale de Paris et, l'année suivante, évêque. Il le restera trente-six ans. Quand le pape Alexandre III pose la première pierre de la cathédrale en 1163, celle de Sens s'achève. Étrange préséance ! Il faut savoir que l'évêque de Paris dépendait alors de l'archevêque de Sens, et cela jusqu'en 1622, date à laquelle il est promu archevêque.

Maurice de Sully est un passionné d'architecture. Il sélectionne lui-même ses maîtres d'œuvre. Pourtant, aucun nom ne nous est parvenu. Mais c'est surtout un redoutable administrateur qui réussit à collecter des sommes monumentales. Il fait appel aux princes, aux rois. Il met à contribution son chapitre et tous les fidèles du diocèse. Ne dit-on pas qu'il aurait fait financer une partie des travaux par d'anciennes « pécheresses » et par des usuriers repentis ! Lui-même, à sa mort, lègue la quasi-totalité de ses biens à l'œuvre de la cathédrale.

UNE AUDACE FOLLE

Le site choisi était alors occupé par deux églises dépendant de l'enclos épiscopal, l'une consacrée à Notre-Dame, l'autre à saint Étienne. Elles sont abattues au fur et à mesure de l'avancée des travaux. Cette île au milieu de la Seine est un lieu sacré depuis des millénaires, point de jonction des routes nord-sud et est-ouest, aujourd'hui symbolisé par une étoile gravée sur le parvis de la cathédrale : le kilomètre zéro depuis Paris.

La découverte d'un pilier sculpté de divinités gauloises et romaines y atteste la présence d'un temple. Mais quelle extraordinaire perméabilité des croyances ! Ne retrouve-t-on pas dans les motifs figuratifs et décoratifs de Notre-Dame certains thèmes d'inspiration païenne ! Et notamment un autel gallo-romain du dieu celte Erec dans les stalles du chœur.

La cathédrale qui s'élève n'a pas d'équivalent : avec ses 35 mètres, elle est une fois et demie plus haute que les plus hautes. Presque plus rien de roman ; un parti pris de la verticalité aussi bien dans la hauteur que dans l'élancement des piles et des arcs. Sa longueur atteint 130 mètres, sa largeur 50 mètres. Viollet-le-Duc a fait le calcul : avec ses vastes tribunes – Notre-Dame est la dernière cathédrale à tribunes –, neuf mille fidèles peuvent s'y entasser. Les travaux avancent à une vitesse stupéfiante. Quarante ans seu-

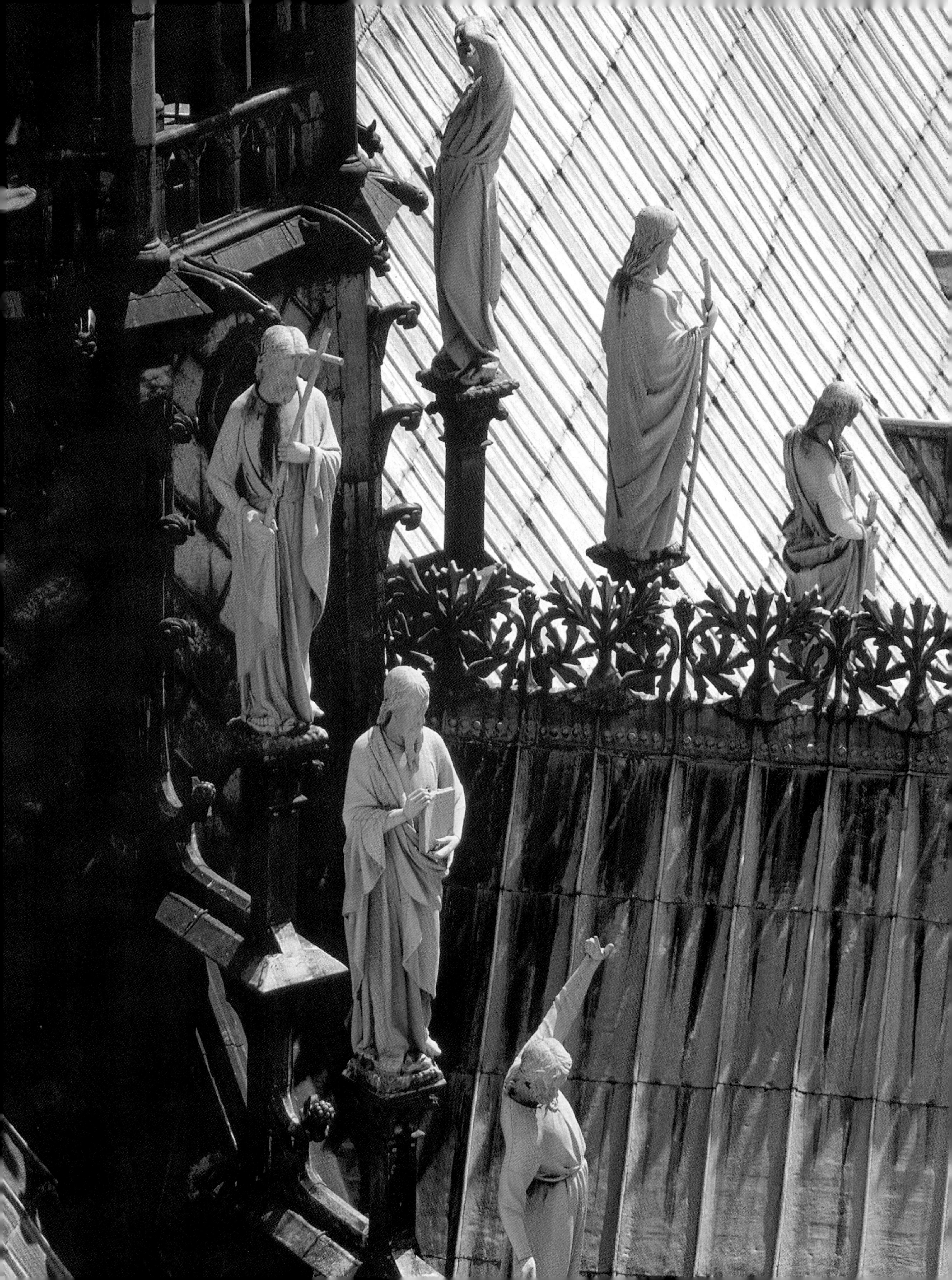

lement sont nécessaires pour élever la nef et ses doubles bas-côtés. La voûte qui la couvre est une voûte d'ogives sexpartite sur deux travées, divisée en six voûtains et portée par six piliers. L'important était alors de maîtriser la pression et le poids des arcs. Dans ce but, les piliers se renforcent de chapiteaux sculptés en pleine pierre.

Naissance de l'arc-boutant

Les hautes fenêtres que l'on voit aujourd'hui dans la nef et le chœur ont été agrandies entre 1235 et 1267, en remplacement des baies étroites des tribunes, incapables d'éclairer l'immense nef. Mais, pour oser ces ouvertures et consolider les voûtes, il fallut inventer une technique révolutionnaire : l'arc-boutant, né sans doute d'une béquille provisoire placée par des maçons pour mieux raccorder l'arc et son pilier. Si Paris est la première cathédrale à maîtriser la technique de l'arc-boutant, elle est aussi la première à créer de grandes verrières et de grandes roses gothiques. Les trois superbes roses de Notre-Dame de Paris

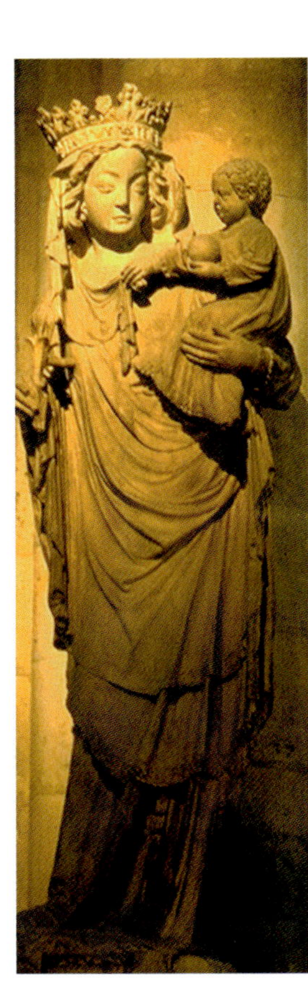

Ci-dessus : la statue de Marie (XIVe s.), se trouvait à l'origine dans une église de l'île de la Cité. Elle n'a été mise en place à Notre-Dame qu'en 1855.

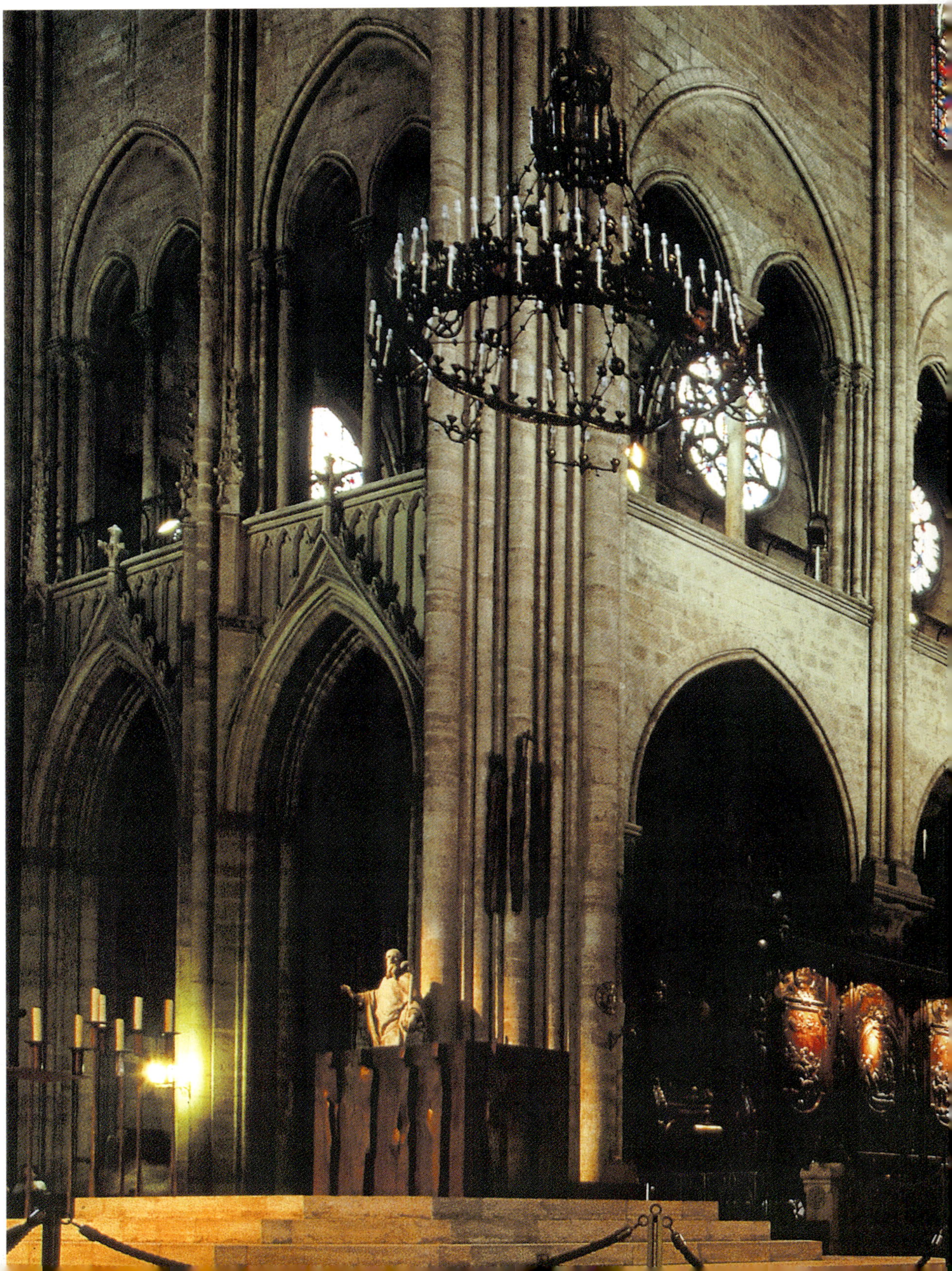

datent toutes du XIIIe siècle. Lorsque Maurice de Sully s'éteint, en 1196, le chœur est achevé. Il ne reste que les dernières travées occidentales et surtout la façade. Paris est alors le centre intellectuel de l'Europe. Et cette nouvelle Athènes attire tant d'étudiants – les clercs – que s'ouvre, à l'ombre de sa cathédrale, dès avant 1257, sur la rive gauche, l'une des premières universités de la chrétienté, la Sorbonne.

En 1225, on aménage entre les piliers les chapelles latérales, ce qui oblige à revoir le plan d'ensemble de l'édifice en allongeant d'une travée les croisillons du transept. En 1239, la façade dépasse largement la galerie des Rois ; elle arrive à l'étage de la rosace quand Louis IX pénètre à l'intérieur de la cathédrale pieds nus pour déposer sur l'autel la couronne d'épines du Christ, don de l'empereur de Constantinople. Peut-on encore imaginer l'extraordinaire apparat des cérémonies qui s'y déroulaient au XIIIe siècle et qu'amplifiait encore la musique polyphonique ? Celle-ci se développa ici grâce à Léonin, chef de chœur de

Ci-dessous : une élévation à trois étages caractéristique du premier âge gothique – grandes arcades, tribunes et fenêtres hautes.

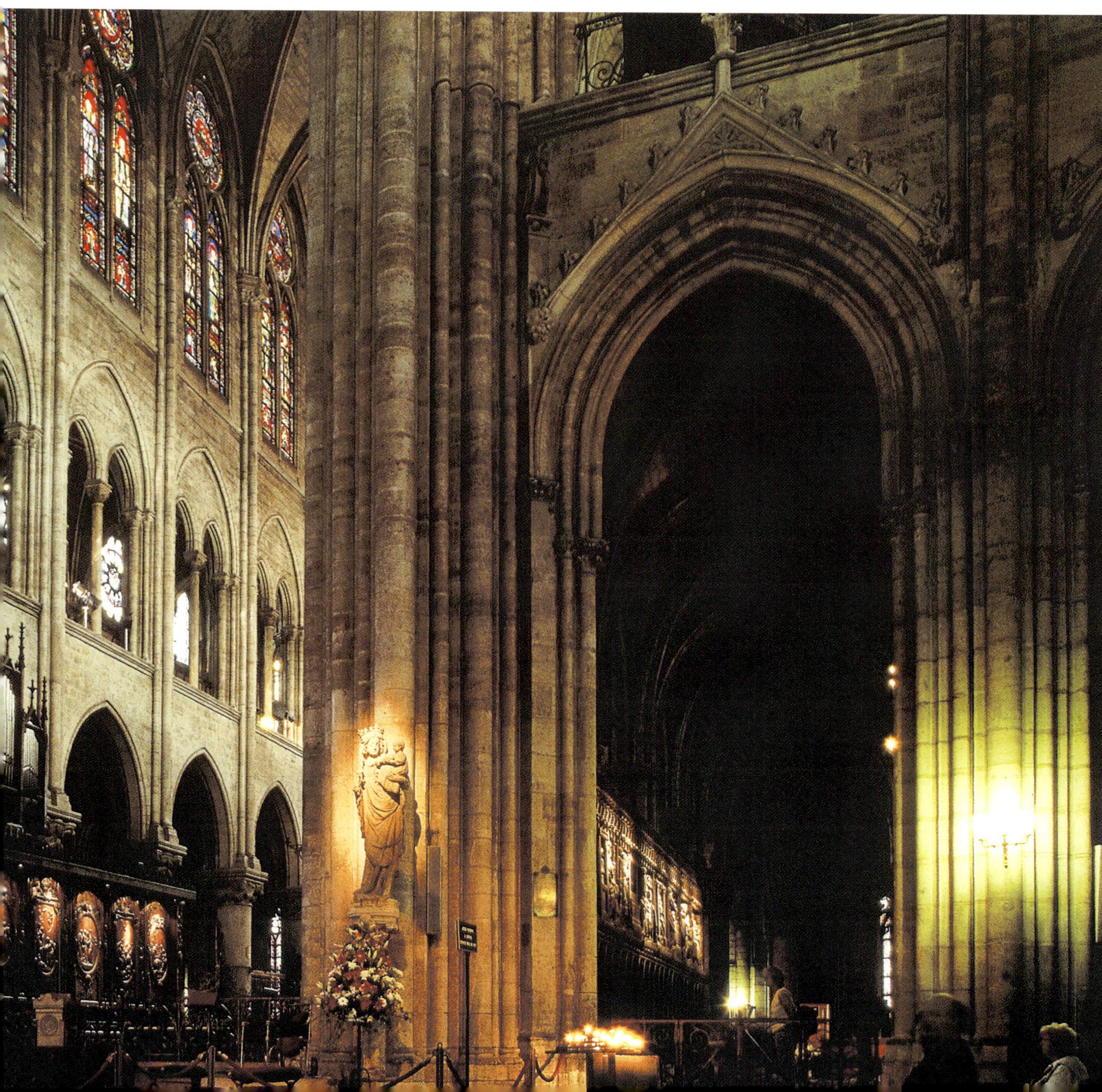

Notre-Dame de Paris, à la fin du XIIe siècle et à son successeur, le « Grand » Pérotin.
En admirant les voûtes tournantes du déambulatoire portées par des piles puissantes aux chapiteaux magnifiquement sculptés de feuillage, on comprend mieux pourquoi des sculpteurs ont abandonné le chapiteau historié. Ils sont placés trop haut pour être utilisés à des fins de récit. Désormais, les chapiteaux ne sont plus que végétation luxuriante.

Une façade dissymétrique

La façade achevée en 1250 est un chef-d'œuvre de sobriété, d'équilibre et de majesté. Peut-on rêver plus strict ordonnancement sans qu'il y ait pour autant rigidité : d'abord, quatre puissants contreforts reliés à l'horizontale par la galerie des Rois, et plus haut par une galerie ajourée courant à la base des deux tours. Au cœur de cette somptueuse composition, la grande rose, de 10 mètres de diamètre, longtemps la plus vaste qui fût jamais percée. Tout fut si bien travaillé, si bien pensé, si parfaitement exécuté, que rien n'a bougé depuis sept siècles. Pouvait-on imaginer plus belle auréole à la statue de la Vierge à l'Enfant flanquée de deux anges !
Mais regardez bien : les maîtres d'œuvre du Moyen Âge ont joué admirablement la dissymétrie pour éviter toute forme de monotonie : les trois portails sont inégaux, le portail central du Jugement dernier est plus grand que les deux autres. Et surtout, l'une des deux tours, hautes chacune de 69 mètres, est plus large que l'autre ! La tour sud possède « Emmanuel », le fameux bourdon de 13 tonnes. Ne dit-on pas à son sujet que la grande pureté de son timbre viendrait, lorsqu'il fut fondu, au XVIIe siècle, de ce que les femmes de Paris jetèrent leurs bijoux d'or et d'argent dans le bronze en fusion ?

Une hymne à la Vierge

Parmi les douze portes – chiffre symbolique – qui donnent accès à l'intérieur de la cathédrale, il en est une particulièrement émouvante, la porte sud, commencée en 1257. L'Histoire nous laisse deux noms : Jean de Chelles, qui y travailla au tout début, et Pierre de Montreuil, qui l'acheva. Au tympan, le martyre de saint Étienne et à ses côtés, six statues d'apôtres ; en huit médaillons, d'étonnantes scènes qui représentent la vie quotidienne des étudiants de la Sorbonne au XIIIe siècle. À l'intérieur, les rosaces éclatent à chaque extrémité des croisillons comme des soleils en feu. La plus belle, la plus ancienne,

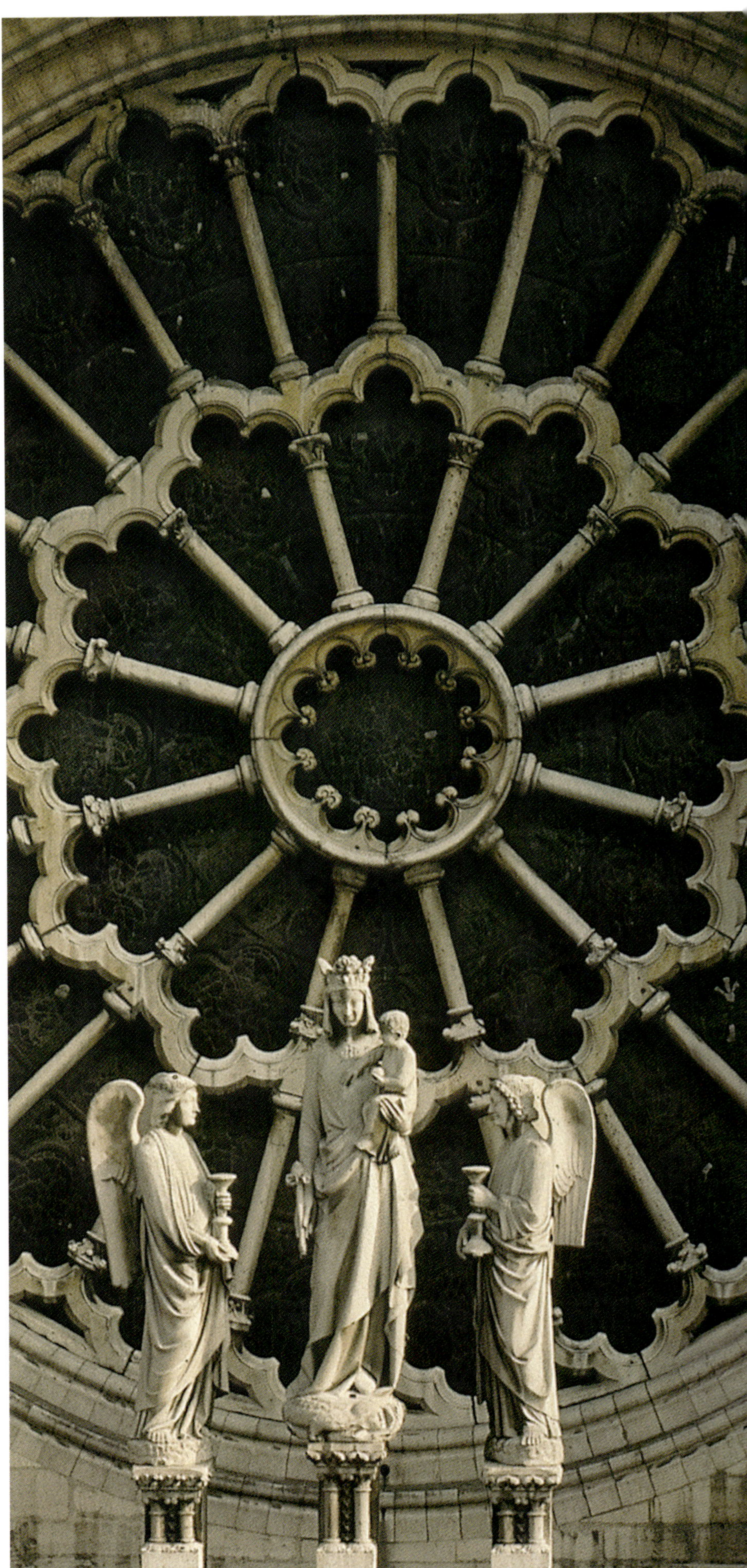

c'est celle du transept nord, inchangée depuis le XIIIe siècle : donnerait-elle cette impression de tourner avec ses seize rayons autour de l'oculus central représentant la Vierge et l'Enfant ? Ils sont occupés par quatre-vingts figures de l'Ancien Testament. Mais qu'est-ce que Notre-Dame de Paris sinon un hymne à sa gloire. Elle est présente partout : l'enfance et la vie d'adulte sur la façade occidentale, présence suppliante dans le Jugement dernier au portail central, couronnement à la porte Rouge ; au tympan du portail nord, c'est elle encore qui intervient pour le moine Théophile perclus de regrets après avoir vendu son âme au diable.

Heurs et malheurs

En 1638, Louis XIII vouait la France à la Vierge Marie. Louis XIV mit le chœur au goût du jour sous la direction de Mansart et Robert de Cotte avec force marbre et métal doré. Pour cela, ils démantelèrent le jubé, les stalles, les bas-reliefs et le maître-autel du XIIIe siècle.
Au XVIIIe siècle, les vitraux sont tour à tour démontés et remplacés par du verre blanc. En 1771, Soufflot, l'architecte du Panthéon, abat le Beau Dieu du trumeau central et le tympan du portail central pour mieux faire passer la chaise à porteurs du roi. La Révolution mutile, pille et jette à bas les statues du portail ; notamment vingt-huit statues royales de la galerie des Rois datant de la restauration. Vingt et une têtes, les originales, ont été retrouvées en 1977. Les statues que les révolutionnaires prirent pour les rois de France furent découronnées et descendues. Elles servirent longtemps de latrines. Exposées au musée de Cluny, elles montrent encore quelques traces de polychromie.
En 1844, le style gothique, lancé par le poète Victor Hugo, est à la mode : *Notre-Dame de Paris* date de 1831. Le gouvernement de Louis-Philippe confie à Viollet-le-Duc et à Lassus les travaux de restauration de l'édifice, dont il ne reste alors qu'un squelette sans flèche et sans clochetons, aux fenêtres béantes, au point que les oiseaux y volent librement. Les travaux s'étalent sur vingt ans. Lorsque la nouvelle consécration a lieu, en 1864, beaucoup considèrent que Notre-Dame a retrouvé son éclat du Moyen Âge. Sans doute faut-il en dénoncer les excès, comme l'abus de gargouilles et de chimères occupant les toits. L'ancienne flèche, détruite à la Révolution, est reconstruite. Parmi les douze apôtres qui, par groupes de quatre, occupent tous ses côtés, on distingue saint Thomas, patron des architectes, qui porte des instruments de mesure. Son visage, c'est celui de Viollet-le-Duc. Mais regardez bien : l'architecte se retourne pour admirer une fois encore la plus belle des cathédrales que les Parisiens des XIIe et XIIIe siècles laissent en legs à l'humanité.

Page ci-contre : devant la rose de la façade, la statue de la Vierge à l'Enfant est encadrée par deux anges.

Ci-dessous : la grâce et la légèreté du chevet.

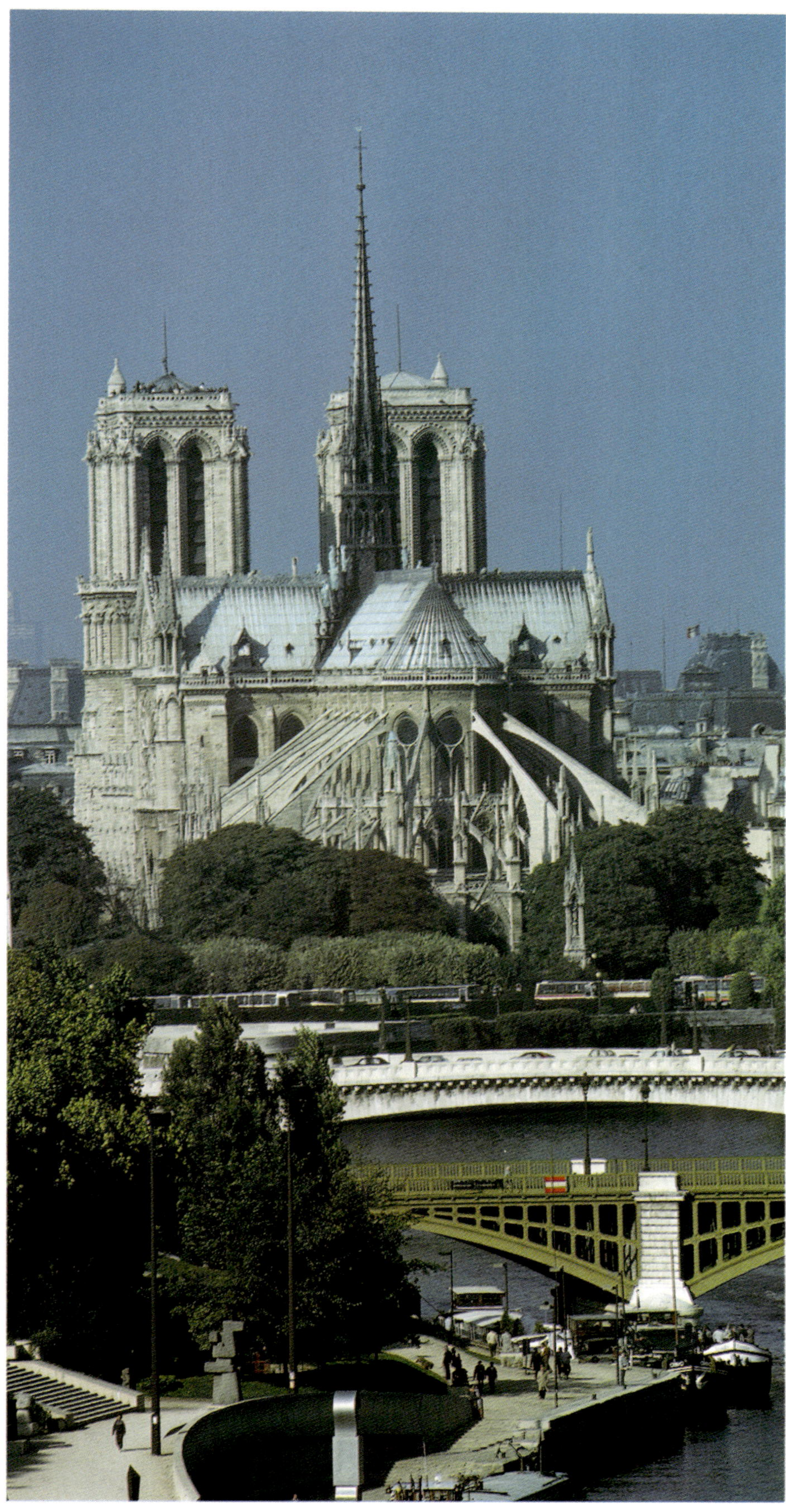

Glossaire

Abside : extrémité en demi-cercle située derrière le chœur, généralement dirigée vers l'est (l'orient).
Arc-boutant : maçonnerie en forme d'arc prenant appui sur un contrefort ou une culée. Il a pour rôle de neutraliser la poussée des voûtes. Il peut être à double volée et à double étage, recevant ainsi les poussées à deux hauteurs différentes.
Arcade : ensemble d'arcs maçonnés reposant sur des piliers ou des colonnes.
Baie : ouverture ou fenêtre.
Baldaquin : ouvrage supporté par des colonnes et couronnant l'autel.
Baptistère : lieu où se trouvent les fonts baptismaux.
Barlong : de forme rectangulaire.
Bas-côté : ou collatéral, nef latérale de la cathédrale.
Basilique : construction qui comprenait dans l'Antiquité une nef principale et une nef latérale. Titre honorifique donné par le pape à certains sanctuaires.
Bas-relief : sculpture en faible saillie se détachant d'un fond uni.
Capitulaire : salle où se tient l'assemblée du chapitre.
Cathédrale : du latin cathedra, siège, trône. L'église où se trouve le siège de l'évêque.
Chanoines : prêtres diocésains regroupés auprès du siège épiscopal. Ils constituent le chapitre de la cathédrale avec la charge, notamment, de réciter en commun l'office. Ce sont les chanoines « séculiers », à ne pas confondre avec les chanoines « réguliers », vivant en communauté sous l'autorité d'une règle.
Chapelles rayonnantes : ou absidioles, petites chapelles qui s'ouvrent sur le déambulatoire.
Chapiteau : bloc de pierre sculpté, mouluré ou orné qui coiffe le fût d'une colonne ou d'un pilier.
Chapitre : communauté de chanoines dont la mission est de seconder l'évêque dans ses tâches pastorales. Ils assurent l'office liturgique à la cathédrale.
Châsse : reliquaire de grande taille renfermant les reliques d'un saint.
Chevet : le « chef », la « tête » de l'église, son extrémité orientale au-delà du chœur. On désigne en général par chevet l'architecture extérieure du monument.
Chœur : partie de l'église où se déroule l'action liturgique.
Cintre : courbe intérieure d'une voûte. Un arc « en plein cintre » est un arc en demi-cercle.
Claire-voie : rangée de fenêtres se situant au-dessus de la nef.
Clé de voûte : pierre taillée en biseau, placée au sommet de la voûte pour équilibrer ses poussées.
Contrebuter : action de soutenir une voûte ou un mur par des contreforts pour neutraliser la poussée en sens contraire.
Contrefort : pilier en saillie contre un mur pour le renforcer à l'endroit des poussées.
Coupole ou dôme : voûte hémisphérique ou polygonale. La coupole peut être soit sur pendentifs (sorte de triangles sphériques), soit sur trompes (petites voûtes placées dans les angles).
Croisée du transept : intersection de la nef et du transept.
Croisée d'ogives : intersection de deux arcs d'ogive au sommet d'une voûte. C'est l'élément caractéristique du style gothique.
Croisillons : nord et sud, ils forment les bras du transept.
Crypte : chapelle souterraine, placée en général sous le chœur, où étaient déposées les reliques d'un saint. Elle sert souvent de fondation à une église ou à une cathédrale.
Cul-de-four : se dit d'une voûte formant un quart de sphère.
Culée : élément de maçonnerie qui neutralise par sa masse les poussées des arcs-boutants.
Déambulatoire : galerie de circulation entourant le chœur et reliant ainsi les bas-côtés. Il s'ouvre souvent sur des chapelles rayonnantes.
Ébrasement : ouverture qui se situe entre le mur et la fenêtre.

Écoinçon : ouvrage de menuiserie ou de maçonnerie qui épouse l'angle de deux murs.

Église, cathédrale-halle : se dit lorsque les nefs latérales sont aussi hautes que la nef principale.

Enfeu : niche à fond plat pratiquée dans le mur pour y recevoir une sculpture.

Entrelacs : ornement composé de lignes courbes qui se croisent.

Flamboyant : évolution tardive du style gothique de la fin du XIVe siècle jusqu'au XVIe siècle, avec multiplication et entrecroisement des nervures. Style flamboyant à la manière des flammes dans la souplesse des arcs et la forme des fenêtres. Il se caractérise aussi par l'exubérance des décorations.

Fût : partie principale d'une colonne entre la base et le chapiteau.

Gâble : motif ornemental de forme triangulaire encadrant l'arc d'une baie et généralement ajouré (voir Rouen).

Gargouille : conduit en pierre sculptée destiné à rejeter les eaux de pluie loin des murs.

Gothique : forme d'art architectural qui, succédant à l'art roman, s'est épanouie en Europe du XIIe siècle à la Renaissance. Il se caractérise essentiellement par la croisée d'ogives.

Grisaille : vitrail monochrome.

Indulgence : remise de peines temporelles par l'autorité ecclésiastique (y compris celles du purgatoire), souvent obtenue en contrepartie de dons. Ce système fut dénoncé par Luther.

Jubé : clôture séparant le chœur de la nef.

Linteau : traverse horizontale de pierre ou de bois formant la partie supérieure d'un portail pour soutenir la maçonnerie.

Mandorle : représentation de forme ovale entourant le Christ pour en souligner la divinité.

Narthex : vestibule ou portique à l'entrée principale de la cathédrale.

Nef : corps principal d'une cathédrale ; elle est comprise entre la façade et le chœur. Ressemble à la nef renversée d'un navire.

Nervure : arête ou moulure saillante d'une voûte.

Oculus : fenêtre arrondie ou œil-de-bœuf.

Ogive : arc diagonal marqué d'une nervure de pierre saillante pour renforcer et soutenir la voûte.

Piédroit : pilier encadrant un portail ou la naissance d'une arcade.

Pignon : triangle supérieur d'un mur dont le sommet supporte le faîtage.

Pilastre : pilier rectangulaire engagé dans un mur et formant une légère saillie.

Pinacle : ornement pyramidal ou conique couronnant et consolidant par son poids un contrefort.

Porche : élément architectural placé devant la façade de la cathédrale afin de protéger les fidèles et les sculptures des intempéries.

Remplage : ensemble de pierres remplissant l'espace vide entre deux parements de mur ou servant d'armature aux vitraux des fenêtres ou des roses.

Roman : période architecturale qui va du Xe au XIIe siècle, caractérisée par l'apparition des voûtes en pierre.

Rosace : vitrail circulaire de grande taille orné d'un entrelacs en forme de grande rose.

Rose : grande baie circulaire aménagée dans un mur, décorant les façades des cathédrales et apportant un éclairage naturel.

Stalles : sièges de bois, généralement sculptés, situés de part et d'autre du chœur et réservés aux chanoines.

Tour-lanterne : tour ajourée, de dimensions imposantes, qui s'élève à la croisée du transept et permet d'éclairer l'édifice par le haut.

Transept : nef transversale qui coupe la nef principale et donne à la cathédrale une forme de croix.

Travée : partie de la nef située entre deux colonnes ou deux piliers.

Triforium : galerie haute formée de baies ajourées et courant au-dessus des bas-côtés. Il s'ouvre sur la nef.

Trumeau : pilier qui soutient en son milieu le linteau d'un portail.

Tympan : espace sculpté en forme de demi-cercle situé entre le linteau et les voussures du portail.

Verrière : baie garnie de vitraux.

Voussure : arc qui constitue l'archivolte surmontant le portail.

Voûte : maçonnerie destinée à couvrir un espace vide entre deux supports parallèles (murs, piliers, colonnes).

Voûte d'arêtes : voûte formée par l'intersection de deux berceaux de même hauteur.

Voûte en berceau : voûte créée par un arc en plein cintre.

Voûte en plein cintre : voûte dont la courbe est en demi-cercle.

Voûte sur croisée d'ogives : voûte formée par l'intersection de deux arcs.

Les Cathédrales de France

Les cathédrales actuelles sont répertoriées **en gras** et les anciennes cathédrales *en italique*.

Agde (Hérault)
ancienne cathédrale Saint-Étienne, XIIe s.
Agen (Lot-et-Garonne)
cathédrale Saint-Caprais, XIIe-XVIe s.
Aire-sur-l'Adour (Landes)
cathédrale Saint-Jean-Baptiste, fin XIe-XIXe s.
Aix-en-Provence (Bouches-du-Rhône)
cathédrale Saint-Sauveur, XIIe-XVe s.
Ajaccio (Corse-du-Sud)
cathédrale Notre-Dame-de-l'Assomption, XVIe s.
Albi (Tarn)
cathédrale Sainte-Cécile, XIIIe-XVIe s.
Alès (Gard)
ancienne cathédrale Saint-Jean, ruines du XIIe s., reconstruite aux XVIIe-XVIIIes.
Amiens (Somme)
cathédrale Notre-Dame, XIIIe-XVIe s.
Angers (Maine-et-Loire)
cathédrale Saint-Maurice, XIe-XVe s.
Angoulême (Charente)
cathédrale Saint-Pierre, XIIe-XIXe s.
Annecy (Haute-Savoie)
cathédrale Saint-Pierre, XVIe s.
Antibes (Alpes-Maritimes)
ancienne cathédrale Notre-Dame-de-la-Platéa, XIIIe s., reconstruite au XVIIIe s.
Apt (Vaucluse)
ancienne cathédrale Sainte-Anne, XIIe-XVIIIe s.
Arles (Bouches-du-Rhône)
ancienne cathédrale Saint-Trophime, XIIe-XVe s.
Arras (Pas-de-Calais)
cathédrale Notre-Dame-et-Saint-Vaast, XIXe s.
Auch (Gers)
cathédrale Sainte-Marie, XVe-XVIIe s.
Autun (Saône-et-Loire)
cathédrale Saint-Lazare, XIIe s.
Auxerre (Yonne)
ancienne cathédrale Saint-Étienne, XIIIe et XVIe s.
Avignon (Vaucluse)
cathédrale Notre-Dame-des-Doms, XIIe-XVIIe s.
Bastia (Haute-Corse)
ancienne pro-cathédrale Sainte-Marie, VIIIe s.
Bayeux (Calvados)
cathédrale Notre-Dame, XIIe-XIXe s.
Bayonne (Pyrénées-Atlantiques)
cathédrale Notre-Dame, XIIIe, XVe et XIXe s.
Bazas (Gironde)
ancienne cathédrale Saint-Jean-Baptiste, XIIIe et fin XVIe s.
Beauvais (Oise)
cathédrale Saint-Pierre, XIIIe-XVIe s.
Belfort (Territoire de Belfort)
cathédrale Saint-Christophe, XVIIIe s.
Belley (Ain)
cathédrale Saint-Jean, XIVe-XVe s.
Besançon (Doubs)
cathédrale Saint-Jean, XIIe-XIIIe s. et XVIIIe s
Béziers (Hérault)
ancienne cathédrale Saint-Nazaire, XIIIe-XIVe s.
Blois (Loir-et-Cher)
cathédrale Saint-Louis, XVIe-XVIIe s.
Bordeaux (Gironde)
cathédrale Saint-André, XIIIe-XVe s.
Boulogne-sur-Mer (Pas-de-Calais)
ancienne cathédrale Notre-Dame, crypte du XIIe s.
Bourg-en-Bresse (Ain)
ancienne cathédrale Notre-Dame-de-l'Annonciation, XVIe s.
Bourges (Cher)
cathédrale Saint-Étienne, XIe-XVIe s.
Cahors (Lot)
cathédrale Saint-Étienne, XIIe-XIVe s.
Calvi (Haute-Corse)
ancienne cathédrale Saint-Jean-Baptiste, reconstruite au XVIIIe s.
Cambrai (Nord)
cathédrale Notre-Dame ruines du XIIe s., reconstruite au XIXe s.
Carcassonne (Aude)
ancienne cathédrale Saint-Nazaire-et-Saint-Celse, XIIe-XIVe s.
Carcassonne (Aude)
cathédrale Saint-Michel, XIIIe-XIVe s.
Carpentras (Vaucluse)
ancienne cathédrale Saint-Siffrein, XVe-XVIe s.
Castres (Tarn)
ancienne cathédrale Saint-Benoît, XVIIe-XVIIIe s.
Cavaillon (Vaucluse)
ancienne cathédrale Notre-Dame-et-Saint-Véran, XIIe-XIIIe s.
Cervione (Haute-Corse)
ancienne cathédrale Saint-Érasme, fin XVIe-XVIIIe s.
Châlons-en-Champagne (Marne)
cathédrale Saint-Étienne, XIIIe et XVIIe s.
Chalon-sur-Saône (Saône-et-Loire)
ancienne cathédrale Saint-Vincent, XIIe-XVe s.
Chambéry (Savoie)
cathédrale Saint-François-de-Sales, XVe s.
Chartres (Eure-et-Loir)
cathédrale Notre-Dame, XIIe-XIIIe s.
Clamecy (Yonne)
ancienne cathédrale Notre-Dame-de-Bethléem, XIIe et XVe s.
Clermont-Ferrand (Puy-de-Dôme)
cathédrale Notre-Dame, XIIIe et XIXe s.
Condom (Gers)
ancienne cathédrale Saint-Pierre, reconstruite au XVIe s.
Corbeil-Essonnes (Essonne)
cathédrale Saint-Spire, XIIIe-XIVe s.
Coutances (Manche)
cathédrale Notre-Dame, XIIIe s.
Créteil (Val-de-Marne)
cathédrale Notre-Dame, XXe s.
Dax (Landes)
ancienne cathédrale Sainte-Marie, XVIIe-XIXe s.
Die (Drôme)
ancienne cathédrale Notre-Dame, XIIIe s.
Digne (Alpes-de-Haute-Provence)
ancienne cathédrale Notre-Dame-du-Bourg, XIe-XIIIe s.
Digne (Alpes-de-Haute-Provence)
cathédrale Saint-Jérôme, fin XVe s.
Dijon (Côte-d'Or)
cathédrale Saint-Bénigne, reconstruite au XIIIe s.
Dol-de-Bretagne (Ille-et-Vilaine)
ancienne cathédrale Saint-Samson, XIIIe-XIVe s.
Elne (Pyrénées-Orientales)
ancienne cathédrale Sainte-Élalie-et-Sainte-Julie, XIe et XIVe s.
Embrun (Hautes-Alpes)
ancienne cathédrale Notre-Dame, XIIe-XIIIe s.
Entrevaux (Alpes-de-Haute-Provence)
ancienne cathédrale Notre-Dame de l'Assomption, XVIe et XVIIe s.
Évreux (Eure)
cathédrale Notre-Dame, XIIIe-XVIIe s.
Évry (Essonne)
cathédrale de la Résurrection, XXe s.
Forcalquier (Alpes-de-Haute-Provence)
ancienne cathédrale Notre-Dame, XIIe s.
Fréjus (Var)
ancienne cathédrale Notre-Dame-et-Saint-Étienne, XIIe s.
Gap (Hautes-Alpes)
cathédrale Notre-Dame-et-Saint-Arnoux, XIXe s.
Grasse (Alpes-Maritimes)
ancienne cathédrale Notre-Dame-du-Puy, XIIe et XVIIe s.
Grenoble (Isère)
cathédrale Notre-Dame, XIIe s., façade du XIXe s.
Le Havre (Seine-Maritime)
cathédrale Notre-Dame, XVIe-XVIIe s.
Langres (Haute-Marne)
cathédrale Saint-Mammès, XIIe et XVIIIe s.
Laon (Aisne)
ancienne cathédrale Notre-Dame XIIe-XIIIe s.
Laval (Mayenne)
cathédrale de la Trinité, XIe-XXe s.
Lavaur (Tarn)
ancienne cathédrale Saint-Alain, XIe-XIIIe et XVe s.
Lectoure (Gers)
ancienne cathédrale Saint-Gervais-et-Saint-Protais, XVIIe-XVIIIe s.
Lescar (Pyrénées-Atlantiques)
ancienne cathédrale Notre-Dame-de-l'Assomption, XIIe et XVIIe s.
Lille (Nord)
cathédrale Notre-Dame-de-la-Treille, XIXe s.
Limoges (Haute-Vienne)
cathédrale Saint-Étienne, XIIIe-XIXe s.
Lisieux (Calvados)
ancienne cathédrale Saint-Pierre, XIIe et XIIIe s.
Lodève (Hérault)
ancienne cathédrale Saint-Fulcran, XIIIe-XVe s.
Lombez (Gers)
ancienne cathédrale Sainte-Marie, XIVe s.
Lucciana (Haute-Corse)
ancienne cathédrale Santa-Maria-Assunta, dite de La Canonica, XIe s.
Luçon (Vendée)
cathédrale Notre-Dame, XIIe et XVIIe s.
Lyon (Rhône)
cathédrale Saint-Jean, XIIe-XVe s.

Maguelonne (Hérault)
ancienne cathédrale Saint-Pierre, XIe-XIIe s.

Le Mans (Sarthe)
cathédrale Saint-Julien, XIIe-XVe s.

Marseille (Bouches-du-Rhône)
ancienne cathédrale Sainte-Marie-Majeure, dite Ancienne Major, XIIe s.

Marseille (Bouches-du-Rhône)
cathédrale Sainte-Marie-Majeure, dite Nouvelle Major, XIXe s.

Meaux (Seine-et-Marne)
cathédrale Saint-Étienne, XIIIe-XVIe s.

Mende (Lozère)
cathédrale Notre-Dame-et-Saint-Privat, XIVe-XVe, puis XVIIe s.

Metz (Moselle)
cathédrale Saint-Étienne, XIIIe et XVIe s.

Mirepoix (Ariège)
ancienne cathédrale Saint-Maurice, XIIIe-XIVe s.

Montauban (Tarn-et-Garonne)
cathédrale Notre-Dame-de l'Assomption, fin XVIIe et XVIIIe s.

Montpellier (Hérault)
cathédrale Saint-Pierre, XIVe et XVIIIe-XIXes.

Moulins (Allier)
cathédrale Notre-Dame, XVe-XVIe et XIXe s.

Moûtiers-Tarentaise (Savoie)
ancienne cathédrale Saint-Pierre, XIe et XVIIe s.

Nancy (Meurthe-et-Moselle)
cathédrale Notre-Dame-de l'Annonciation, XVIIIe s.

Nanterre (Haut-de-Seine)
cathédrale Sainte-Geneviève-et-Saint-Maurice, XVe et XXe s.

Nantes (Loire-Atlantique)
cathédrale Sainte-Pierre, XVe-XIXe s.

Narbonne(Aude)
ancienne cathédrale Saint-Just, XIIIe et XIVe s.

Nevers (Nièvre)
cathédrale Saint-Cyr-et-Sainte-Julitte, XIe-XVIe s.

Nice (Alpes-Maritimes)
cathédrale Sainte-Réparate, rebâtie au XVIIe s.

Nîmes (Gard)
cathédrale Notre-Dame-et-Saint-Castor, XIe, XVIIe et XIXe s.

Noyon (Oise)
ancienne cathédrale Notre-Dame, XIIe-XIIIe et XXe s.

Oloron-Sainte-Marie (Pyrénées-Atlantiques)
ancienne cathédrale Sainte-Marie, XIIe-XIVe s.

Orange (Vaucluse)
ancienne cathédrale Notre-Dame-de-Nazareth, XIIe et XVIe s.

Orléans (Loiret)
cathédrale Sainte-Croix, XVIIe-XIXe s.

Pamiers (Ariège)
cathédrale Saint-Antonin, XIVe-XVIIe s.

Paris
cathédrale Notre-Dame, XIIe-XIIIe et XIXe s.

Périgueux (Dordogne)
ancienne cathédrale Saint-Étienne-de-la-Cité, XIIe et XVIIe s.

Périgueux (Dordogne)
cathédrale Saint-Front, XIIe-XIIIe et XIXe s.

Perpignan (Pyrénées-Orientales)
cathédrale Saint-Jean-Baptiste, XIVe-XVIe s.

Poitiers (Vienne)
cathédrale Saint-Pierre, XIIe-XIVe s.

Pontoise (Val-d'Oise)
cathédrale Saint-Maclou, XIIe et XVIe s.

Le Puy-en-Velay (Haute-Loire)
cathédrale Notre-Dame, VIe-XIIe et XIXe s.

Quimper (Finistère)
cathédrale Saint-Corentin, XIIIe-XVe et XIXe s.

Reims (Marne)
cathédrale Notre-Dame, XIIIe-XVe s.

Rennes (Ille-et-Vilaine)
cathédrale Saint-Pierre, XVIIe-XIXe s.

Rieux-Volvestre (Haute-Garonne)
ancienne cathédrale de la Nativité-de-la-Vierge, XIVe s.

La Rochelle (Charente-Maritime)
cathédrale Saint-Louis, XVIIe-XIXe s.

Rodez (Aveyron)
cathédrale Notre-Dame, XIIIe-XVIe s.

Rouen (Seine-Maritime)
cathédrale Notre-Dame, XIIIe-XVIe s.

Saint-Bertrand-de-Comminges (Haute-Garonne)
ancienne cathédrale Notre-Dame, XIIe et XVIe s.

Saint-Brieuc (Côtes-d'Armor)
cathédrale Saint-Étienne, XIIIe-XVIIIe s.

Saint-Claude (Jura)
cathédrale Saint-Pierre, XIVe-XVe s.

Saint-Denis (Seine-Saint-Denis)
cathédrale Saint-Denis, XIIe-XIIIe s.

Saint-Dié (Vosges)
cathédrale Saint-Dié, XIIe-XIXe s.

Saintes (Charente-Maritime)
ancienne cathédrale Saint-Pierre, XIIe, XVe, XVIIe et XVIIIe s.

Saint-Étienne (Loire)
cathédrale Saint-Charles-Borromée, XXe s.

Saint-Flour (Cantal)
cathédrale Saint-Pierre-et-Saint-Flour, XIVe et XVe s.

Saint-Jean-de-Maurienne (Savoie)
ancienne cathédrale Saint-Jean-Baptiste, XIe-XVe s.

Saint-Lizier (Ariège)
ancienne cathédrale Saint-Lizier, « concathédrale », XIIe-XIVe s.

Saint-Lizier (Ariège)
ancienne cathédrale Notre-Dame-de-la-Sède, « concathédrale », XIIe-XVIe s.

Saint-Malo (Ille-et-Vilaine)
ancienne cathédrale Saint-Vincent, XIIe-XVIe s.

Saint-Omer (Pas-de-Calais)
ancienne cathédrale Notre-Dame, XIIIe-XVIe s.

Saint-Papoul (Aude)
ancienne cathédrale Saint-Papoul, XIIe, XIVe et XVIe s.

Saint-Paul-Trois-Châteaux (Drôme)
ancienne cathédrale de la Vierge Marie, XIIe s.

Saint-Pol-de-Léon (Finistère)
ancienne cathédrale Saint-Paul-Aurélien, XIVe-XVIe s.

Saint-Pons-de-Thomières (Hérault)
ancienne cathédrale Saint-Pons, XIIe, XVIe et XVIIIe s.

Sarlat (Dordogne)
ancienne cathédrale Saint-Sacerdos, XIVe, XVIe et XVIIIe s.

Sées (Orne)
cathédrale Notre-Dame, XIIe-XIVe et XIXe s.

Senez (Alpes-de-Haute-Provence)
ancienne cathédrale Notre-Dame-de-l'Assomption, XIIe-XIIIe s.

Senlis (Oise)
ancienne cathédrale Notre-Dame, XIIe et XVIe s.

Sens (Yonne)
cathédrale Saint-Étienne, XIIe, XVIe et XVIIIe s.

Sisteron (Alpes-de-Haute-Provence)
ancienne cathédrale Notre-Dame, XIe s.

Soissons (Aisne)
cathédrale Saint-Gervais-et-Saint-Protais, XIIe-XIIIe s.

Strasbourg (Bas-Rhin)
cathédrale Notre-Dame, XIIe-XVe s.

Tarbes (Hautes-Pyrénées)
cathédrale Notre-Dame-de-la-Sède, XIIe s.

Toul (Meurthe-et-Moselle)
ancienne cathédrale Saint-Étienne, XIIIe-XVe s.

Toulon (Var)
cathédrale Sainte-Marie-Majeure, XIIe et XVIIe s.

Toulouse (Haute-Garonne)
cathédrale Saint-Étienne, XIIIe-XVIIe s.

Tours (Indre-et-Loire)
cathédrale Saint-Gatien, fin XIIe-XVIe s.

Tréguier (Côtes-d'Armor)
ancienne cathédrale Saint-Tugdual, XIVe-fin XVIIIe s.

Troyes (Aube)
cathédrale Saint-Pierre-et-Saint-Paul, XIIIe-XIVe et XVIe s.

Tulle (Corrèze)
cathédrale Notre-Dame, XIIe, remaniée aux XIIIe et XIVe s.

Uzès (Gard)
ancienne cathédrale Saint-Théodorit, XVIIe et XIXe s.

Vaison-la-Romaine (Vaucluse)
ancienne cathédrale Notre-Dame-de-Nazareth, XIIe-XIIIe s.

Valence (Drôme)
cathédrale Saint-Apollinaire, XVIIe et XIXe s.

Vannes (Morbihan)
cathédrale Saint-Pierre, XIIe-XVIe et XIXe s.

Vence (Alpes-Maritimes)
ancienne cathédrale de la Nativité-de-Notre-Dame, XIe-XVIIIe s.

Verdun (Meuse)
cathédrale Notre-Dame, XIe-XVIe et XVIIIe s.

Versailles (Yvelines)
cathédrale Saint-Louis, XVIIIe s.

Vienne (Isère)
ancienne cathédrale Saint-Maurice, XIIe-XVIe s.

Viviers (Ardèche)
cathédrale Saint-Vincent, XIIe-XVIIe s.

Remerciements

L'éditeur tient à remercier pour le concours et l'aide précieuse
qu'ils lui ont apportés pour la réalisation des photographies :
la Caisse nationale des monuments historiques ;
les mairies d'Auxerre, de Lescar, Narbonne, Noyon, Senlis et Toul ;
les associations « Cathédrale vivante » de Vienne et « Les amis de la cathédrale et de Saint-Martin » de Laon ;
messieurs les curés-archiprêtres de Dol-de-Bretagne et de Tréguier.

Crédits photographiques

Première de couverture : la cathédrale de Bourges, Jean-Paul Paireault ;
Quatrième de couverture : la cathédrale de Rouen, Richard Nourry ;

Richard Nourry : 5, 10, 11, 20-21, 22-23, 24, 25, 26-27, 28, 29, 30-31, 31, 32, 33, 34-35, 35, 36, 37, 38-39, 39, 40, 40-41, 42-43, 43, 44, 45, 46, 47, 50, 51, 52, 52-53, 80, 81, 82, 83, 86, 87, 132-133, 134, 136, 137, 138-139, 139, 140-141, 141, 142, 143, 144, 145, 146-147, 147, 164, 164-165, 166-167, 168, 169, 170, 171, 182, 183, 184, 185, 186, 186-187, 188-189, 190, 192, 192-193, 194, 194-195, 198, 199, 200-201, 202, 204, 206, 207, 210, 211, 212, 213, 215, 216, 216-217 ;

Jean-Paul Paireault : 17, 18-19, 48-49, 54, 55, 56-57, 58, 59, 60-61, 61, 62-63, 64, 65, 66, 67, 68-69, 88, 89, 90, 90-91, 91, 100-101, 134-135, 196-197, 202-203, 203, 205, 214, 218, 219 ;

Ludovic Truchy : 70, 71, 72-73, 73, 74, 74-75, 76, 77, 78-79, 84-85, 92, 93, 94-95, 96, 97, 98, 99, 100, 102, 103, 104-105, 105, 106, 107, 108, 109, 110-111, 112, 113, 114, 114-115, 116-117, 118, 119, 120, 121, 122, 123, 124-125, 126, 126-127, 128-129, 130, 131, 148, 149, 150, 151, 152-153, 153, 154, 155, 156, 156-157, 158-159, 160, 161, 162, 163, 172-173, 174-175, 175, 176, 177, 178, 179, 180, 181 ;

Gérard Chenuet : 191, 208-209.

Les Plus Belles Cathédrales de France
publié par Sélection du Reader's Digest

Impression et reliure : Milano Stampa

DEUXIÈME ÉDITION
Premier tirage

Achevé d'imprimer : août 2002
Dépôt légal en France : septembre 2002
Dépôt légal en Belgique : D-2002-0621-75

Imprimé en Italie
Printed in Italy

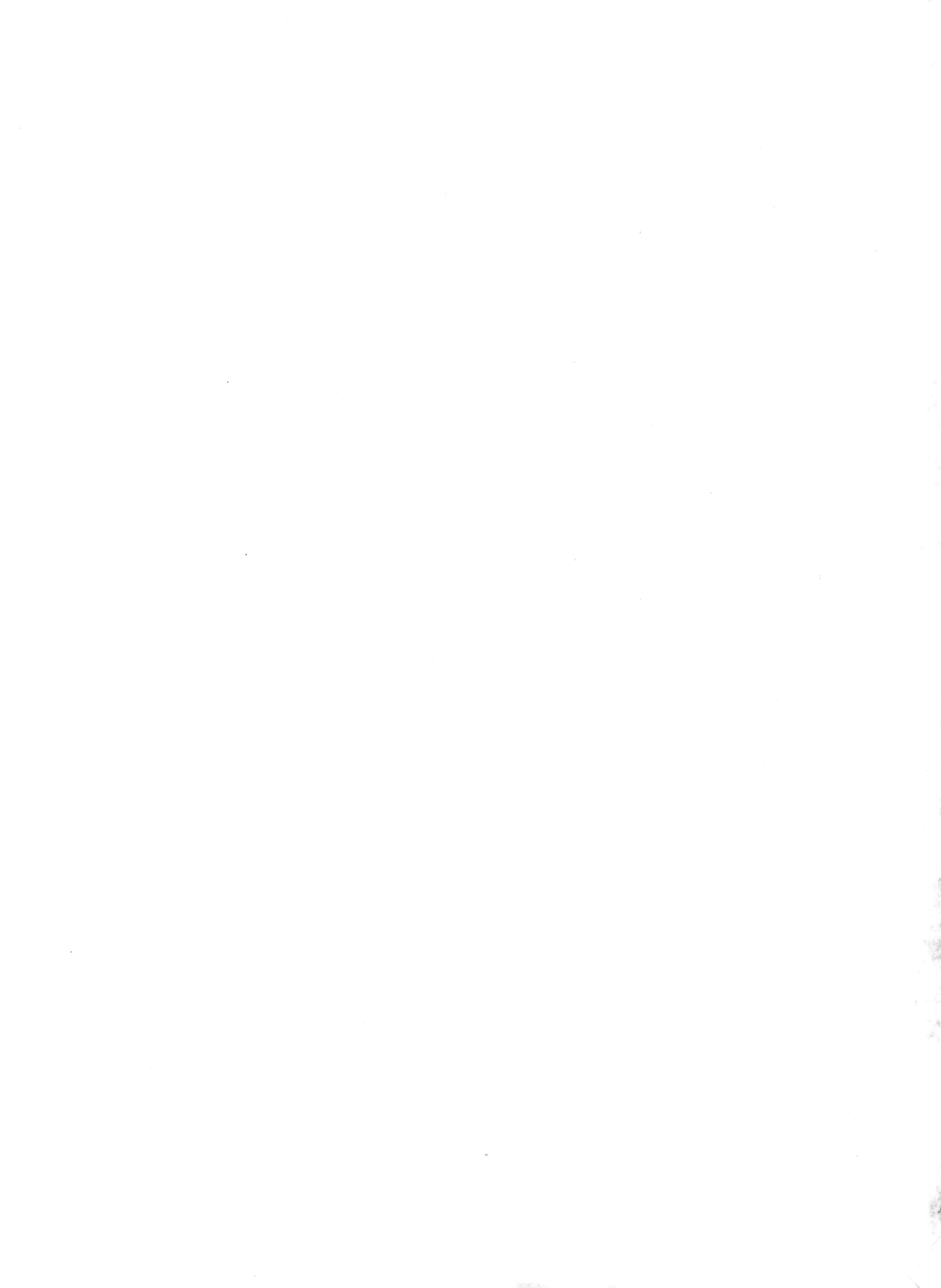